中华优秀传统文化经典选读

赵敏俐 主编

中国教育出版传媒集团

高等教育出版社·北京

内容简介

　　本书顺应国家大力弘扬中华优秀传统文化的建设与发展需求，旨在帮助高校学生近距离接触、了解中华优秀传统文化的原典原著。全书以原典导读的形式展开行文，从浩如烟海的文献典籍中选择若干经典篇目，按照经、史、子、集的顺序编排。导读内容包括：对文章所出自的著作撰写简明的书目介绍，对文章中的疑难词语作简要的注释和注音，各节后出示若干思考与练习题，以供讲授和阅读参考，各节末尾设知识链接栏目，用以扩充知识量。

　　教材所选文章系中华优秀传统文化经典著作的精华，单个版块内部及各个版块之间体现逻辑上的联系，整部教材具有相对完整的体系。文章内容兼顾人格熏陶、道德修养、知识储备诸方面的综合功能，超越学科界限，所选文章多数具有较强的可读性，避免艰深晦涩和过于专业化。本书既可作为高等学校文化素质类课程教材，也可供传统文化爱好者阅读学习。

图书在版编目（CIP）数据

　　中华优秀传统文化经典选读 / 赵敏俐主编. -- 北京：高等教育出版社，2023.4
　　ISBN 978-7-04-058560-5

　　Ⅰ.①中…　Ⅱ.①赵…　Ⅲ.①中华文化-高等学校-教材　Ⅳ.①K203

　　中国版本图书馆CIP数据核字（2022）第061641号

中华优秀传统文化经典选读
ZHONGHUA YOUXIU CHUANTONG WENHUA JINGDIAN XUANDU

策划编辑	吴佳宁	责任编辑	吴佳宁	封面设计	王 鹏	版式设计 徐艳妮
责任校对	窦丽娜	责任印制	韩 刚			

出版发行	高等教育出版社		网　　址	http://www.hep.edu.cn
社　址	北京市西城区德外大街4号			http://www.hep.com.cn
邮政编码	100120		网上订购	http://www.hepmall.com.cn
印　刷	辽宁虎驰科技传媒有限公司			http://www.hepmall.com
开　本	787mm×1092mm　1/16			http://www.hepmall.cn
印　张	23.5			
字　数	470千字		版　次	2023年4月第1版
购书热线	010-58581118		印　次	2023年4月第1次印刷
咨询电话	400-810-0598		定　价	45.40元

本书如有缺页、倒页、脱页等质量问题，请到所购图书销售部门联系调换
版权所有　侵权必究
物 料 号　58560-00

目 录

导论

　　《中华优秀传统文化经典选读》是首都师范大学中国国学教育学院编写的国学教育系列教材之一，面向各个专业的大学本科生。作为一部通识性国学教材，本书所选篇目是中国古代传统文化中的优秀篇章。为便于学生更好地理解这些优秀篇章，本书对中国古代传统文化的定性、定位及选取的对象，对国学经典解读应当遵循的基本理论等问题先做简要说明。

第一节　中国古代传统文化的界定

　　所谓的中国古代传统文化，需要从三个方面加以界定。一是文化指的是什么，二是怎样理解传统，三是中国古代所指的具体时段。

一、文化的定义和结构划分

　　文化有广义和狭义之分。广义的文化将人类社会－历史生活的全部内容通通纳入文化领域。狭义的文化则排除人类社会－历史生活中关于物质制造活动及结果的部分，专注于精神创造及其成果。广义文化称为大文化，狭义文化称为小文化。本教材所持的是广义的大文化观念。

　　关于文化结构有物质文化与精神文化两分说；物质、制度、精神三层次说；物质、制度、风俗习惯、思想与价值四层次说；物质、社会关系、精神、艺术、语言符号、风俗习惯六大子系统说。本教材立足于物质、制度、精神三层次说。物质文化，相当于通常所说的经济基础。制度文化，指社会的上层建筑。精神文化，是意识形态及其产品。这三个层面并非各自独立、互不相关，而是存在密切的联系。

二、中国古代传统文化所涉阶段

　　所谓传统，指历史的遗留，是已经过去的时期的产物。传统所涉时段，有长短之分。就中国文化传统而言，有古代传统，也有近代和现代传统。中国古代传统文化，它的上限是史前传说的部落联盟时期，即尧、舜任部落联盟首领阶段，下限是清王朝灭亡。时间跨度大约4000年。本书所选择的中华优秀传统文化经典著述，限于这个时段之内。

三、古代传统文化基本功能的界定

什么是古代传统文化？这要遵照循名责实的原则，对于"传统"一词的含义加以辨析。《说文解字·人部》："传，遽也。从人，专声。"段玉裁引《周礼·行夫》郑玄注："传遽，若今时乘传骑驿而使者也。"[①] 传，最初指古代传达信息、转交公文的使者，由此衍生出延续、流传、继承等方面的意义。所谓传统，首先是指能把历史上创造出来的成果留给后世并且得到继承，正如黑格尔所言：

> 我们必须感谢过去的传统，这传统有如赫尔德所说，通过一切变化的因而过去了的东西，结成一条神圣的链子，把前代的创获给我们保存下来，并传给我们。[②]

中国古代传统文化，指的就是保存下来并且被后世继承的成果。中国古代传统文化的历史继承，确实形成许多连续的链条。儒学有儒学谱，道教有天师世系，佛教有传灯录。类似的传承链条，在其他许多文化领域都可以见到，所谓的传人分布在各个文化层面。

人类社会—历史生活所创造的成果有的能够保存下来并被后人所继承，成为传统文化。有的则未能保存下来，无法成为传统文化。有的虽然保存下来，但是没有被后代所继承，也不能被作为传统文化加以对待，中国古代就存在这种情况。

杨朱学说连同儒、墨，曾是战国时期的三大显学。这个学派的有些思想虽然被保存下来，但在历史上却后继无人。杨朱称："古之人损一毫利天下不与也，悉天下奉一身不取也。"[③] 他很欣赏这种做法，然而这种主张却难以得到后人的认同，稍后于杨朱的孟子，就对他提出严厉批评。对于丧葬方面的安排，杨朱提出如下主张："既死，岂在我哉？焚之亦可，沈之亦可，瘗之亦可，露之亦可，衣薪而弃诸沟壑亦可，衮衣绣裳而纳诸石椁亦可，唯所遇焉。"[④] 杨朱主张丧葬根据实际情况随意处置，这在重视丧葬之礼的中国古代，属于大逆不道，根本无法传承下去，同样不能纳入传统文化系列。类似的情况还有很多，因而不能称它们为传统文化。本教材所选录的先秦诸子文章，涉及儒、墨、道、法、兵诸家，没有杨朱学派的著述，这是因为它无法进入中国古代传统文化系列。

中国古代文化的传承，有的具有明显的轨迹，通过学派薪火相传；有的则是无形的，以潜移默化的形式进行。墨家是先秦诸子的重要学派，一度成为战国时期的显学。可是，进入秦汉以后，这个学派后继无人，基本处于消亡状态。但是这个学

---

① ［汉］许慎撰，［清］段玉裁注：《说文解字注》，上海古籍出版社 1981 年版，第 377 页。
② ［德］黑格尔：《哲学史讲演录》第一卷，贺麟、王太庆译，商务印书馆 2017 年版，第 8 页。
③ 杨伯峻撰：《列子集释》，中华书局 1979 年版，第 230 页。
④ 杨伯峻撰：《列子集释》，中华书局 1979 年版，第 223—224 页。

派初创期的许多思想、主张，并没有因此失传，而是融入其他学派之中，在历史上继续发挥作用。有鉴于此，本教材选录《墨子》的《兼爱》《非攻》《节用》，作为中国古代传统文化的经典篇目以供讲授、阅读。

传统文化首先要具有传承功能，其次还要具有统领作用。这是由"统"字的本义引申而来。《说文解字·系部》："统，纪也。从系，充声。"段玉裁注：

> 《淮南·泰族训》曰："茧之性为丝，然非得女工煮以热汤，而抽其统纪，则不能成丝。"按：此其本义也。引申为凡纲纪之称。《周易》"乃统天"，郑注云："统，本也。"①

统字的本意是从茧中抽丝，这项工作的关键是寻其端绪，找到每根丝的首部。"统，纪也"，按照段玉裁对"纪"字的说法，"众丝皆得其首是为统"。统指统领、总领、统辖，它的这种意义是由茧中抽丝引申而来。所谓传统文化，指的是具有统领作用的文化，否则，不能进入传统文化的系列。古人追溯中国古代传统文化的根源，已经注意到它具有的统领作用。清人阮元的《文韵说》有如下论述：

> 综而论之，凡文者在声为宫商，在色为翰藻，即如孔子《文言》云龙风虎一节，乃千古宫商翰藻奇偶之祖，非一朝一夕之故一节，乃千古嗟叹成文之祖；子夏《诗序》情文声音一节，乃千古声韵性情排偶之祖。②

这里提到的《文言》，指《周易·乾·文言》，相传出自孔子之手，本教材已收录。所说的《诗序》指《毛诗序》，相传是子夏所作，本教材亦予以收录。阮元对于《周易·文言》特别推崇，他在《书梁昭明太子文选序后》中写道："孔子《文言》实为万世文章之祖。此篇奇偶相生，音韵相和，如青白之成文，如咸韶之合节，非清言质说者比也，非振笔从书者比也，非佶屈涩语者比也。"③阮元的这篇文章也收录在本教材中。阮元反复强调《周易·文言》是千古文章之祖，就是因为它在声韵、词藻、奇偶句的运用方面，对于古代的文章写作具有统领作用，凡是文学写作都无法脱离这些因素的调遣，因此《周易·文言》对文章写作具有普遍的示范作用。

能够冠以"传统"二字的文化必须具有统领作用，这是从第二个层面对传统文化加以界定。所谓具有统领作用，就要在时间和空间维度上有较大的覆盖面，而不是局限于一时一隅。儒家学说是中国传统文化的精华，上至天子，下至庶民百姓，都把它作为自己的信仰，没有哪个朝代例外。作为与儒家互补的道家，它在中国古代同样具有广大的覆盖面。即以《老子》一书为例，西汉文帝曾向河上公请教《老子》，汉景帝对这部道家经典也非常推崇，东汉桓帝信奉黄老之学并且祭祀老子。《老子》一书有唐玄宗的开元御注、宋徽宗的政和御注、明太祖的洪武御注。东汉

---

① ［汉］许慎撰，［清］段玉裁注：《说文解字注》，上海古籍出版社1981年版，第645页。
② ［清］阮元撰：《揅经室集》续三集卷三，邓经元点校，中华书局1993年版，第1066页。
③ ［清］阮元撰：《揅经室集》三集卷二，邓经元点校，中华书局1993年版，第608页。

时张陵在蜀地创立天师道，信徒多为贫苦农民，这个教派把《老子》作为宗教经典，令入教的民众加以习诵。至于处在天子与庶民百姓之间的士大夫阶层，把《老子》作为处世经典者更是极其众多。再如作为中国古代传统哲学的精气说、五行说、阴阳学说，更是渗透到社会生活的各个领域，仿佛是哲学天网，疏而不漏，各种事物均在它的笼罩之下。

综上所述，所谓传统文化，主要有两个方面的规定：一是具有传承功能，二是具有统领作用，有广大的覆盖面。这二者呈现互为因果的关联，因为传统文化具有统领作用，有广大的覆盖面，因此焕发生生不息的活力，可以薪火相传，延绵不断。由于传统文化具有传承的功能，它的统领作用才有可能在广大的领域得到发挥。

第二节　中国古代传统文化的历史生成

中国古代传统文化的历史生成是一个漫长复杂的过程。从空间维度审视，它的历史生成呈现多源性特征；从时间维度考察，中国古代传统文化的历史生成呈现渐进性、阶段性特征，是一个动态演变的过程。

一、历史生成的多源性

中国古代传统文化历史生成的多源性，体现在它是多部族、多民族、多地域文化融汇的产物，而不是生成于单一的族类和地域。这种多族类、多地域的文化融汇，可以追溯到史前传说时代的文化。

龙凤崇拜是中国古代传统文化的重要组成部分，属于信仰、习俗层面，可归入精神文化系列。直到当下，中华民族仍然把自己视为龙的传人，把凤凰视为国鸟。龙、凤成为中国古代传统文化的重要象征物，它的来源可以追溯到远古时期的图腾崇拜。《左传·昭公十七年》记载，东夷郯国君主到鲁国参加朝会，孔子向他询问郯国以鸟名官的缘由，这位君主回答道："大皞氏以龙纪，故为龙师而龙名。我高祖少皞挚之立也，凤鸟适至，故纪于鸟，为鸟师而鸟名。"[1] 大皞氏风姓，具体记载见于《左传·僖公二十一年》。闻一多先生指出：

> "风"字从"虫"，"虫"与"巳"在卜辞里是一字。原来古人说"风姓"或"巳姓"，译成今语，都是"蛇生的"（"生""姓"古今字）。[2]

太皞氏风姓，把蛇作为图腾对象，而龙则是先民在想象中对于蛇所做的升华。太皞氏用龙名来称呼官职，是蛇图腾使之然。少皞氏以鸟名官，这个部族以鸟为图腾。《诗经·商颂·玄鸟》所载玄鸟生商传说，就是出自少皞系统。太皞氏和少皞氏的

---

[1] 杨伯峻编著：《春秋左传注》（修订本），中华书局1990年版，第1386—1387页。

[2] 闻一多撰：《伏羲考》，田兆元导读，上海古籍出版社2006年版，第35页。

图腾，衍生出中华古族的龙凤崇拜，这是来自两个部族的文化进行融汇的产物。

五行说是中国古代传统哲学的内容，在这个体系中，与东、南、西、北、中相对应的帝依次是太暤、炎帝、少暤、颛顼、黄帝，仅从名称上就可以看出，五行说中的五方之帝，分别取自史前传说时代的五个部族，是把五个不同部族的首领尊称为五方之帝。

在五行说体系中，与东、南、西、北、中相对应的色彩分别是青、赤、白、玄、黄。玄是指黑色。五种色彩与五方的搭配，也可以从部落文化中找到源头。《礼记·檀弓上》称："夏后氏尚黑"，"殷人尚白"，"周人尚赤"[①]。《礼记·明堂位》也有这方面的记载。五行说体系中与北、西、南相配的玄、白、赤，分别是夏、商、周三个部族所崇尚的色彩。至于东方与青色相配，则与东方之帝太暤相关。太暤氏为龙蛇图腾，蛇以青色居多。中央之帝是黄帝，故以黄色相配。五行说中的五色，明显是多部族文化融汇的结果。

本教材收入《尚书·尧典》，文中分别列举东南西北各方的名称以及当地居民的活动方式。而《山海经·大荒经》则依次标示四方之神与四方之风的名称，与《尚书·尧典》的记载有重合之处。袁珂先生认为《尧典》的记载，"即此四方神与四方风神话之历史化者也。"[②]《尚书·尧典》作为追溯唐尧时期历史状况的经典文献，从侧面反映出地域文化在中国古代早期的风貌并且作为传统文化的重要来源被记载下来。

进入文明社会以后，中国古代文化的民族与地域融汇继续进行并且融汇得更加充分，形成一系列新的传统文化因子。以中国古代文学为例，楚辞生成于南北文化的融汇，元杂剧是多民族文化融汇的产物，它们作为中国古代文学的经典样式，其生成都有多个源头。

中国古代传统文化历史生成的多源性，不但体现为域内各个族类、地域文化的融汇，域外文化的传入也参与了中国古代传统文化的生成，最典型的事例就是佛教艺术和佛教经典的中土化。本教材所收录的《六祖坛经·般若》，属于禅宗经典，是佛教般若学与中国玄学的结合。中国古代传统文化在历史生成的过程中，对域外文化的吸纳既有精神层面的因子，又有物质层面的元素。以狮子为例，这种野生动物东汉时期由西域传入中土，随着时间的推移，它逐渐成为中国古代传统文化的构成要素。狮子舞绣球，是古代精彩的艺术表演，并且一直延续到当下。而石狮雕像则成为门庭的守护神。

中国古代传统文化历史生成的多源性，体现出它的博大和丰富。这种海纳百川的历史生成，使得中国古代传统文化具有生生不息的活力，成为中华民族宝贵的财富。

---

① ［清］朱彬撰：《礼记训纂》，饶钦农点校，中华书局 1996 年版，第 83 页。

② 袁珂校注：《山海经校注》，巴蜀书社 1993 年版，第 403 页。

二、历史生成的漫长性

中国古代传统文化的历史生成，是一个动态的发展过程。传统文化作为古代历史的积淀，并不是在同一时段全部生成，而是具有阶段性，以渐进的方式完成，经历了漫长的历史时期。

房屋建筑是中国古代传统文化的重要组成部分，具有鲜明的民族特色，对此李泽厚先生有如下论述：

> 中国建筑最大限度地利用了木结构的可能和特点，一开始就不是以单一的独立个别建筑物为目标，而是以空间规模巨大、平面铺开、相互连接和配合的群体建筑为特征的。它重视的是各个建筑物之间的平面整体的有机安排。①

中国古代土木建筑的房屋确实以平面铺开为主，追求的是空间规模巨大和整体的有机安排。但是，这种建筑样式并不是在生民之初就已经出现，而是古代社会发展到一定历史阶段的产物。这可从文献记载和考古发掘的材料中得到印证。《韩非子·五蠹》篇写道：

> 上古之世，人民少而禽兽众，人民不胜禽兽虫蛇，有圣人作，构木为巢以避群害，而民悦之，使王天下，号之曰有巢氏。②

所谓构木为巢，就是把房屋建在高出地面的木柱上，犹如鸟类在树上筑巢。陈其猷先生援引石器时代新几内亚巴宗部落在柱子上建茅草屋的材料，得出的结论如下："据此，可证韩非此文所说构木为巢确是事实。"③ 这是先民所保留的人类在远古时期巢居的历史记忆。《周易·系辞下》也写道："上古穴居而野处，后世圣人易之以宫室，上栋下宇，以待风雨，盖取诸大壮。"④ 在巢居、穴居、野处的历史阶段，土木结构的房屋建筑根本无从谈起。只是到了西安半坡遗址所处的新石器时期的仰韶文化，土木结构、平面展开图的房屋部落才开始成形。追溯作为中国古代传统文化组成部分的房屋建筑，它的上限目前只能是仰韶文化，此前的巢居穴居不能作为传统文化看待。

房屋建筑属于物质层面的文化，土木结构、平面展开的房屋成为传统文化的组成部分，它的历史生成限于固定的时段，而不是与人类的出现同步。至于属于制度和精神层面的中国古代传统文化，它们的原始生成同样是渐进的，有相对应的历史阶段。实行郡县制，是中国古代传统文化在制度层面的重要特征。但是，行政区域划分实行郡县制，是在秦汉时期真正得以确立的，此前的夏、商、周三代，实行的

---

① 李泽厚：《美的历程》（修订插图本），天津社会科学院出版社 2001 年版，第 102 页。

② ［战国］韩非著，陈其猷校注：《韩非子新校注》，上海古籍出版社 2000 年版，第 1085 页。

③ ［战国］韩非著，陈其猷校注：《韩非子新校注》，上海古籍出版社 2000 年版，第 1086 页。

④ ［魏］王弼撰，楼宇烈校释：《周易注》，中华书局 2011 年版，第 364 页。

是分封制，中央王朝所辖的是邦国。先有分封制，然后才出现郡县制，这个制度层面的传统文化遗产，在近代中国继续发挥作用。精神层面的中国古代传统文化，它的历史生成同样是渐进的、分阶段的。在哲学上，先秦诸子哲学、魏晋玄学、宋明理学，分别生成于不同的历史阶段，本教材选录的子学系列的经典，有的就是各个历史阶段传统哲学的代表。王国维先生的《宋元戏曲考》写道：

> 凡一代有一代之文学，楚之骚，汉之赋，六代之骈语，唐之诗，宋之词，元之曲，皆所谓一代之文学，而后世莫能继焉者也。①

这里提到的骚、赋、骈语、诗、词、曲，均属于中国古代传统文化的文学类别，除此之外，还应该补充产生于周代的《诗经》。上述文学样式的成熟，各有相对应的历史阶段，后代无法对它们原样复制，而在它们所生成的历史时期之前，也无法产生处于完美状态的这些文学样式。赋的兴盛只能是在汉代，先秦时期则没有出现这样的局面。诗的极境出现在唐代，此前的南北朝则无法做到这一点。作为中国古代传统文化组成部分的文学遗产，它的历史生成同样具有明显的渐进性和阶段性。

三、历史生成的变异性

黑格尔在谈到传统时有以下论述：

> 这种传统并不是一尊不动的石像，而是生命洋溢的，有如一道洪流，离开它的源头愈远，它就膨胀得愈大。②

传统文化的所谓膨胀，主要体现在它的衍生性、变异性。衍生性就是由一种传统为源头，随着时间的推移派生出一系列分支。中国古代传统文化的历史生成，确实出现过这种衍生性。

唐代刘知几《史通》把古代史学著作分为六家，"一曰《尚书》家，二曰《春秋》家，三曰《左传》家，四曰《国语》家，五曰《史记》家，六曰《汉书》家"③。对于这种划分的根据，浦起龙所作的解释如下：

> 一，《尚书》，记言家也；二，《春秋》，记事家也；三，《左传》，编年家也；四，《国语》，国别家也；五，《史记》，通古纪传家也；六，《汉书》，断代纪传家也。④

浦起龙认为《史通》是按照编写体例，把史书分为六家。他对《春秋》以下五家体例所作的认定基本是正确的。可是，把《尚书》的体例概括为记言，则不符合这部

---

① 王国维：《王国维文学论著三种》，商务印书馆 2001 年版，第 57 页。
② ［德］黑格尔：《哲学史讲演录》第一卷，贺麟、王太庆译，商务印书馆 2017 年版，第 8 页。
③ ［唐］刘知几撰，［清］浦起龙通释：《史通通释》，王煦华整理，上海古籍出版社 2009 年版，第 1 页。
④ ［唐］刘知几撰，［清］浦起龙通释：《史通通释》，王煦华整理，上海古籍出版社 2009 年版，第 1—2 页。

著作的实际情况，对此，清人章学诚曾经质疑：

> 《尚书》典谟之篇，记事而言亦具焉；训诰之篇，记言而事亦见焉。古人事见于言，言以为事，未尝分事言为二物也。[①]

章氏的质疑是有道理的。从实际情况考察，《尚书》与其他五家不是并列的六种体例，而是源和流的关系。《尚书》是源，其余五家是流。《尚书》既记言又记事，《春秋》的记事体例源于《尚书》。《尚书》的篇目按照时间顺序编排，《左传》的编年体可以从《尚书》那里找到源头。《尚书》分虞夏书、商书、周书三大板块。历史上的夏、商、周不但是前后相继的三个朝代，而且是同时并存的三大部族，《尚书》的三大板块，其实是《国语》国别体的原型。对《尚书》三大板块作整体观照是一部通史，对单个板块进行审视则是断代史。《史记》《汉书》的体例也可以从《尚书》中找到它们的原始形态。章学诚称："《书》无定体，故易失其传；亦惟《书》无定体，故托之者众。"[②] 他把《春秋》《左传》《史记》《汉书》都视为《尚书》的流脉，这种看法是有道理的。对于《尚书》《左传》《史记》《汉书》的篇目，本教材均有选录，这些篇目确实显示出几部史学经典著作前后一脉相承的关联，《尚书》是中国古代史学经典之祖，它派生出后代多种体制的史学著作。

中国古代传统文化所体现的变异性，作为传统源头所具有的衍生功能，在书法领域也有明显的呈现。本教材收录了许慎的《说文解字序》，他把汉字的构造原理归纳为六书，即：指事、象形、形声、会意、转注、假借。现今所能见到的最早的汉字是甲骨文，可以说是汉字之祖。随着时间的推移，汉字书写先后出现篆、隶、楷、行、草五体，篆体又分大篆和小篆，大篆又称为籀文。如果再进一步划分，战国古文字有北方籀文与楚地籀文的区别。而篆、隶、楷、行、草五体，在历史的不同阶段又风貌各异。汉字书写如果以甲骨文为源头，那么后代各种字体的书法，都可以视为由甲骨文所衍生。

中国古代传统文化的变异性，还体现在它的后来居上，踵事增华的演进轨迹。本教材收录了萧统的《文选·序》。他在叙述文学发展规律时写道：

> 若夫椎轮为大辂之始，大辂宁有椎轮之质；增冰为积水所成，积水曾微增冰之凛。何哉？盖踵其事而增华，变其本而加厉，物既有之，文亦宜然。随时变改，难可详悉。[③]

萧统把踵事增华、变本加厉说成是文学发展的规律。中国古代传统文化的历史生成确实遵循这种规律，同一种类的传统文化往往是后来者居上。这从建筑艺术早期的发展轨迹及对它所作的文学叙事可以得到印证。李泽厚先生有如下论述：

---

① ［清］章学诚著，叶瑛校注：《文史通译校注》，中华书局1985年版，第31页。
② ［清］章学诚著，叶瑛校注：《文史通译校注》，中华书局1985年版，第39页。
③ ［梁］萧统编：《文选》第一册，［唐］李善注，上海古籍出版社1986年版，第1页。

在《诗经》等古代文献中，有"如翚斯飞"、"作庙翼翼"之类的描写，可见当时木建筑已颇具规模，并且具有审美功能。从"翼翼"、"斯飞"来看，大概已有舒展如翼、四宇飞张的艺术效果。但是，对建筑的审美要求达到真正高峰，则要到春秋战国时期。……这股建筑热潮大概到秦始皇并吞六国后大修阿房宫而达到最高点。①

按照这种说法，建筑艺术作为中国古代传统文化的组成部分，它的审美功能在《诗经》的时代已经比较充分地显示出来，到了春秋战国时期达到高峰，秦朝则达到最高点，确实是踵事增华，后来居上。如果把周族祖先颂歌中有关宫室建筑的叙事按照时间顺序予以排列，也会找到早期建筑艺术渐进的痕迹。根据《史记·周本纪》记载，公刘是周族记忆中的第四位男性祖先，《诗经·大雅·公刘》叙述的是这位周族祖先的业迹。他曾率领周族迁移到豳地（今陕西旬邑西南），先是"于时处处，于是庐旅"②。《说文解字·广部》："庐，寄也。秋冬去，春夏居。"③所谓庐，指临时搭建的窝棚，相当于当下所说的简易房。该诗末章称"于豳斯馆"，毛传："馆，舍也。"④公刘在豳地开始建筑固定的房舍，至于具体样式如何，诗中未做交代。这首诗对公刘用玉装饰的佩刀有具体描写，而对新建的房舍一笔带过，由此推断，所建房舍当是比较简陋，还不具备较强的审美功能。

古公亶父是周族先民记忆中的第十三代男性祖先，他率领周族迁移到岐山下的周原（今陕西岐山），并且开始大规模建造宫室宗庙，《诗经·大雅·绵》对此有生动的叙事。先是称"作庙翼翼"，后边又写道："乃立皋门，皋门有伉。乃立应门，应门将将。"翼翼，整齐之象。毛传："王之郭门曰皋门。伉，高貌。王之正门曰应门。将将，严正也。"⑤古公亶父时期的宫室宗庙建筑，已经初具规模，并且给人以整齐、崇高的感觉。

《诗经·小雅·斯干》作于周宣王时期，上距古公亶父已经多达十二代人，该诗叙述宫殿建筑的始末，其中写道："如跂斯翼，如矢斯棘，如鸟斯革，如翚斯飞。"毛传："棘，棱廉也。革，翼也。"⑥这是描写宫室的传神之笔，把它比作如人企足张开双臂，如同离弦的箭头棱角锋利，如同彩色山鸡起飞展翅。由此可以设想，所建造的宫室当是美轮美奂。从公刘经古公亶父再到周宣王时期，前后共经历二十多代人，时间跨度长达五百余年。周族房屋建筑的演变历程，充分表明早期建筑艺术的渐进性，体现的是踵事增华变本加厉。建筑艺术是这样，中国古代传统文化的其他门类也大体如此。

---

① 李泽厚：《美的历程》（修订插图本），天津社会科学院出版社2001年版，第100页。
② ［清］王先谦撰：《诗三家义集疏》，吴格点校，中华书局1987年版，第899页。
③ ［汉］许慎撰，［清］段玉裁注：《说文解字注》，上海古籍出版社1981年版，第443页。
④ ［清］王先谦撰：《诗三家义集疏》，吴格点校，中华书局1987年版，第901页。
⑤ ［清］王先谦撰：《诗三家义集疏》，吴格点校，中华书局1987年版，第838，840页。
⑥ ［清］王先谦撰：《诗三家义集疏》，吴格点校，中华书局1987年版，第650页。

中国古代传统文化相继渐进，同时又具有变异性，这二者有时是结合在一起的。从中国古代文学来看，从骚到赋，从唐诗到宋词再到元曲，生成于不同历史阶段的文学样式存在渊源关系，体现的是变异。史学由《尚书》到《春秋》《左传》，再到《史记》，这个链条的几种史书体式，也体现出渐进和变异。

中国古代传统文化历史生成的时段多种多样，同时又以渐进的方式而出现变异，从而使得中国古代传统文化的历史生成，整体上呈现的是动态推进的趋势。然而，黑格尔得出的结论却与此相反：

> 在个别的国家里，确乎有这样的情形，即：它的文化、艺术、科学，简言之，它的整个理智的活动是停滞不进的；譬如中国人也许就是这样，他们两千年以前在各方面就已达到和现在一样的水平。但世界精神并不沉陷在这种没有进展的静止中。①

黑格尔是一位西方中心主义者，又对中国古代传统文化的理解存在片面性，因此得出上述结论。他把传统比作一道洪流，却把中国古代传统文化视为一尊不动的石像，这就把中国古代传统文化排斥在所谓的世界精神之外。实际上，中国古代传统文化历史生成所呈现的动态推进的趋势，倒是可以比作万里长江。《荀子·子道篇》称：

> 昔者江出于岷山，其始出也，其源可以滥觞。及其至江之津也，不放舟；不避风则不可涉也，非维下流水多邪？②

长江流域水系众多，许多条河流汇入长江，这如同中国古代传统文化具有多个源头。汇入长江的河流发源于不同地区，这如同中国古代传统文化所属的众多门类生成于不同的历史阶段。长江主干分出一系列支流，这如同中国古代传统文化所属的一些系列呈现的源与流的关联。长江水奔流不息，后浪推前浪、后浪更比前浪高，这正如中国古代传统文化历史生成过程中的动态推进、踵事增华的趋势。

第三节　中国古代传统文化的早熟属性及特征

中国古代传统文化博大精深，源远流长，它的属性和特征非常鲜明，并且多种多样。形成中国古代传统文化属性和特征的原因颇为复杂，需要分门别类地加以梳理。

一、中国古代社会发展的早熟和稳固

中国是文明古国，中国古代传统文化的一个基本属性是它的早熟。这主要体现

---

① ［德］黑格尔：《哲学史讲演录》第一卷，贺麟、王太庆译，商务印书馆 2017 年版，第 8—9 页。

② ［清］王先谦撰：《荀子集解》，沈啸寰、王星贤点校，中华书局 1988 年版，第 532 页。

在两个方面：一是带着原始公社的血缘纽带直接迈入文明社会的门槛，二是象形文字体制的一次性固化。

在人类社会发展史上，通常文明社会的出现是以原始公社血缘关系的解体为前提。但是，中国古代社会有其特殊性。原始公社的血缘关系还没有解体，中国古代就已经进入文明社会，原始共同体的脐带在文明社会继续发挥作用。这种情况体现中国古代传统文化的超前性、早熟性。

中国古代文明社会的起点可以追溯到夏代，由于年代久远，夏代文献流传下来很少，无法对当时社会的情况进行具体描述。至于殷商和周代，则有充分的材料可以证明，它们依然保留着原始公社的血缘纽带。

《左传·定公四年》记载周初大分封，分周公"殷民六族……使帅其宗氏，辑其分族，将其类丑"。杨伯峻先生注：

> 宗氏，其大宗，即嫡长房之族。分族，其余小宗之族。辑，集合也。
> 类丑，同义词连用，此谓附属此六族之奴隶。①

周公被分封到鲁地，同时分给他的还有"殷民六族"，即由六个宗族组成的殷商遗民。这些殷民是以宗族为单位，保留的是原始氏族公社以血缘为纽带的体制。《左传·定公四年》还记载，周王朝把康叔分封在卫地，分以"殷民七族"。把唐叔分封在晋地，分以"怀姓九宗"。这里所说的七族、九宗，都是聚族而居的群体，以血缘为纽带。商代保留了原始氏族公社以血缘关联相组合的群体，并且作为历史遗产把它接受下来。

周代继续保留原始氏族公社以血缘关系为纽带的群族，这从周代文献反复提到的书社可以得到证明。《吕氏春秋·慎大》追述武王灭商之后的举措，其中包括"诸大夫赏以书社"，陈其猷先生所作解释如下：

> 《史记·孔子世家》"昭王将以书社地七百里封孔子"，《集解》云："服虔曰：'书，籍也。'"《索隐》云："古者二十五家为里，里则各立社，则书社者，书其社之人名于籍。"②

书社是周代基层的行政单位，每个书社二十五户。《孔子世家》提到的昭王，指楚昭王，楚地的基层单位也有书社。

《荀子·仲尼篇》追述管仲在齐国所受封赏时写道："与之书社三百，而富人莫之敢距也。"③可见齐国基层单位也称书社。关于书社的性质，杨向奎先生有如下论述：

> 《周礼》中的井田制是公社，与书社性质相似，都是地区域的农村公

---

① 杨伯峻编著：《春秋左传注》（修订本），中华书局1990年版，第1536页。
② ［战国］吕不韦著，陈其猷校释：《吕氏春秋新校释》，上海古籍出版社2002年版，第865页。
③ ［清］王先谦撰：《荀子集解》，沈啸寰、王星贤点校，中华书局1988年版，第107页。

社。如果说国内公社是氏族公社原生态的变种，那么，区域公社也就是鄙内公社，就是氏族公社的次生形态了。①

书社、公社都是由原始氏族社会脱胎而出。齐地有书社，"它有较普遍的氏族组织的残条存在，齐太公封国时的统治对象大部分是公社农民。"②书社制度的普遍存在，表明周代基层行政区划继续保留原始氏族公社的血缘关系。

二、社会发展早熟所形成的传统文化特征

中国古代是带着原始血缘关系的脐带进入文明社会，这是它的早熟性。在秦汉以后的历史阶段，一系列入主中原的北方少数民族，也带着原始氏族公社血缘关系的脐带。因此，在中国古代漫长的文明社会中，血缘关系一直是强有力的纽带，使得中国古代传统文化形成以下属性和特征。

（一）祖先崇拜的持久

祖先崇拜普遍存在于古代世界的各个民族，但是，中国古代传统文化的祖先崇拜，因为原始氏族公社血缘关系在文明社会的长期保留，与其他许多民族相比，显得更加强烈和持久，并且形成固定的祭祀制度，这种风尚贯穿整个古代。

中国古代先民祖先崇拜的情感是强烈的、持久的，并且留下一大批赞美祖先的歌诗，成为中国古代传统文化的宝贵遗产。《诗经·商颂》是殷商先民祭祀祖先所用的歌诗，所歌颂的英雄祖先包括契、成汤、武丁。本教材收录的《诗经·大雅》的《文王》《大明》是周族先民追述英雄祖先业迹的歌诗，赞美对象有王季、文王、武王。《大雅》的《生民》《公刘》则是歌颂周族祖先的赞美诗，分别以后稷、公刘、古公亶父为对象。至于本教材选录的《周颂·清庙》，则是周王朝祭祀文王所用的歌诗。秦汉以后历代朝廷，多有大量祭祀祖先的歌诗传世。

中国古代祖先崇拜诞生了一大批祭祖所用的歌诗，同时，其他形式的历史书写也渗透了祖先崇拜的文化心理。

一是诗文作者的恋祖情结。屈原的《离骚》以"帝高阳之苗裔兮"开头，把自己的血缘追溯到楚族男性始祖颛顼。汉代诗赋散文继承这一传统，本教材所选的《太史公自序》的主要内容就是追溯自己的始祖发端并且列举历代先祖的传承谱系，恋祖情结十分明显。除此之外，扬雄的《反离骚》，班固的《汉书·叙传》《幽通赋》，冯衍的《显志赋》，韦孟的《讽谏诗》，傅毅的《迪志诗》，都有对祖先业迹与遭遇的追述。③

二是氏族谱系的专书和相关文章成批涌现。王谟所辑《世本》，首列是氏族谱

① 杨向奎：《宗周社会与礼乐文明》（修订本），人民出版社 1997 年版，第 189 页。
② 杨向奎：《宗周社会与礼乐文明》（修订本），人民出版社 1997 年版，第 191 页。
③ 参见李炳海：《汉代文学的情理世界》，东北师范大学出版社 2000 年版，第 310—330 页。

系，从三皇时代一直到春秋时期，① 其他各辑本也都有氏姓篇。与氏族谱系关联最为密切的文章是墓志碑铭，东汉蔡邕、唐代韩愈写了大量这方面的碑文。除此之外，《大戴礼记·帝系》主要记载黄帝、颛顼部族的谱系。②《山海经·海内经》也有许多条目是族类谱系，只是它带有神话传说的性质，不可尽信。中国古代有关氏族谱系的著述，成为史学典籍的一个重要类别，反映的是古人祖先崇拜的稳固和持久。

基于根深蒂固的祖先崇拜情怀，古人把数典忘祖视为忘本和无知，并预言这样的人会断子绝孙，具体记载见于《左传·昭公十八年》。③ 这种强烈而持久的祖先崇拜情怀，还渗入礼仪的辞令中。《礼记·曲礼下》有如下记载：

> 国君去其国，止之曰："奈何去社稷也！"大夫，曰："奈何去宗庙也！"士，曰："奈何去坟墓也！"④

对于想要流亡到故国之外的大夫、士，以祖先的宗庙、坟墓加以劝阻和挽留，为的是唤起他的恋祖情怀，不离开祖先安眠的地方。

中国古代强烈而持久的祖先崇拜，还形成固定的祭祖制度和仪式。王国维先生曾作《殷卜辞中所见先公先王考》及续篇，⑤ 其中许多卜辞提到殷人对祖先的祭祀以及所用的物品。进入周代之后，对于祖先的祭祀更加规范，形成固定的礼制。《礼记·王制》有如下记载：

> 天子七庙，三昭三穆，与太祖之庙而七。诸侯五庙，二昭二穆，与大祖之庙而五。大夫三庙，一昭一穆与大祖之庙而三。庶人祭于寝。⑥

从天子到大夫，对祖先的祭祀都在宗庙进行，所祭祀对象的多寡按照等级递减。这三个阶层都要祭祀太祖，除此之外，所祭祀的祖先依次是六代、四代、两代。《礼记·祭法》也有这方面的记载。周代的祭祖礼仪在后代或为定制，各个朝代相沿不改。普通百姓虽然不设宗庙，但有宗族祠堂，当下许多地区还继续这种祭祀。

（二）孝作为伦理纲常的确立

中国古代社会长期保留原始公社的血缘纽带，由此形成稳固而持久的祖先崇拜传统。在人的血缘关系中，最亲近的莫过于父母。既然对已故祖先的崇拜成为传统，由此而来，对父母的孝也就理所当然，天经地义，这是人的天性和本能，也是逻辑推理得出的必然结论。孝在古代传统文化中居于特别重要的地位，并且很早就被确立为伦理纲常，成为价值评判的根本标准。本教材收录的《尚书·尧典》记

---

① 参见［汉］宋衷注，［清］秦嘉谟等辑：《世本八种》，中华书局 2008 年版，第 3—30 页。
② 参见［清］王聘珍撰：《大戴礼记解诂》，王文锦点校，中华书局 1983 年版，第 126—130 页。
③ 参见杨伯峻编著：《春秋左传注》（修订本），中华书局 1990 年版，第 1371—1373 页。
④ ［清］朱彬撰：《礼记训纂》，饶钦农点校，中华书局 1996 年版，第 59 页。
⑤ 参见王国维：《观堂集林》，中华书局 1959 年版，第 409—450 页。
⑥ ［清］朱彬撰：《礼记训纂》，饶钦农点校，中华书局 1996 年版，第 183—185 页。

载，四岳推荐舜接替尧的职位，所持的重要理由，就是他"以孝烝烝"。《论语·学而》记载孔子门生有若的话语："孝弟也者，其为仁之本与。"① 杨伯峻先生所作解释如下：

> "仁"是孔子的一种最高道德的名称。……《管子·戒篇》说，"孝弟者，仁之祖也"，也是这意。②

仁是儒家最高的道德标准，而孝又是仁之本、仁之祖，仁从孝生出，孝也就成为价值判断的根本标准。《论语》论孝的语录颇多，孝字共出现十九次。本教材收录的《孝经》，其把孝敬父母作为核心内容，在此基础上展开论述，形成体系。《大戴礼记》中的《曾子大孝》《曾子事父母》也是把孝敬父母作为主要叙事内容。孝是中国古代传统文化最为推崇的美德，汉代皇帝的谥号都冠以孝字，由此可见其在古代价值判断体系中具有举足轻重的地位。

孝指对父母生以事之，死以送之，贯穿人生的全程。送终是尽孝的最后阶段，中国古代对此极为重视。传世文献记载的礼仪，丧礼最为详尽，也最为繁琐。《礼记》的《檀弓》《丧服小记》《丧大记》《奔丧》《问丧》《服问》《间传》，记载的均是与丧礼有关的仪式解说。《礼记·三年问》则是专门论述三年之丧。古代父母的丧期是二十五个月，故称三年之丧。《荀子·礼论》也有专门段落解说三年之丧。中国古代传统文化的组成要素中，三年之丧是极其重要的部分，这是把孝确立为伦理纲常和价值判断根本标准的产物。《论语·阳货》篇记载，宰我认为三年之丧时间过长，影响正常的社会生活，对此，孔子予以反驳。关于这次对话，李泽厚先生所作评论如下：

> 且不管三年丧制是否儒家杜撰，这里重要的，是把传统礼制归结和建立在亲子之爱这种普遍而又日常的心理基础和原则之上。把一种本来没有多少道理可讲的礼仪制度予以实践理性的心理学的解释，从而也就把原来是外在的强制性的规范，改变而为主动性的内在欲求，把礼乐服务和服从于神，变而为服务和服从于人。③

事实的确如此。经过孔子的解说，三年之丧的礼制显得更加合理，也愈加牢固，从古代一直延续到当下，只是不同历史阶段的具体做法有所改变而已。丧事从简，是从古到今许多有识之士反复呼吁的，很大程度上针对的主要是三年之丧。

（三）宗法制派生的忠孝君臣观念及价值本位

中国古代早期是在没有脱落原始公社脐带的情况下进入文明社会的，保留着原

---

① 杨伯峻译注：《论语译注》，中华书局 1980 年版，第 2 页。
② 杨伯峻译注：《论语译注》，中华书局 1980 年版，第 3 页。
③ 李泽厚：《美的历程》（修订插图本），天津社会科学院出版社 2001 年版，第 82 页。

始公社的血缘关系。在此基础上形成的国家体制，是血缘关系与政治相结合，两种纽带合二而一，称为宗法制。杨向奎先生称：

> 当我们讨论亚细亚生产方式时，决不能忘记在东方正是这种公社制度在阶级社会维持了几百年的实例。因为它是原始公社制度的延伸，国家对公社农民的普遍奴役制容易出现早期宗法封建制。①

这里所说的阶级社会，也就是通常所说的文明社会。中国从夏代开始进入文明社会，宗法制的国家形式可以从夏初算起。直到战国时期，宗法制才开始衰落、崩溃，它在中国古代沿续长达千年之久。尽管宗法制国家形式在秦汉以后只有残余，但是，在此前历史阶段所形成的许多观念、制度却继续留存，一直伴随古代社会的终结，有的在当下仍然有遗留。宗法制对中国古代传统文化产生的影响，主要有以下几个方面。

第一，忠臣孝子相统一的忠孝观及忠孝难以两全的困境。

宗法制是血缘关系与政治关系的合二而一。大家长、宗族首领同时也是各级君主，对家长、族长的孝，也就是对君主的忠。君父同尊、忠孝相通，这是本教材所录《孝经》反复论述的重点问题。忠孝双全成为中国古代普遍的理想追求，事君如事父也是众多官员的人生实践。强调忠与孝的统一，是中国古代传统文化的核心价值观。但是，在现实生活中，往往忠孝无法两全。古代许多人都陷入这种两难境地。要么是舍弃两方中的一方，要么是两方全都舍弃。无论作出哪种选择，结局都是悲剧性的。或者是被舍弃的一方受到伤害，或是当事人自杀身亡。这种结局是传统忠孝观衍生的副产品，是古代传统文化无法解决的难题。

第二，世卿世禄与圣主贤臣遇合的理想和贵族养士。

宗法制社会的政治结构有大宗小宗之分：

> 原始的公社制度保留在国家形成时期的大、小宗间，小宗成员沦为士、自由农民；而大宗是统治者，城邦国家形成在宗族的基础上。②

大宗和小宗在进入文明社会之后分别成为贵族和平民。中国古代早期实行的是世袭制，贵族永远是贵族，平民永远是平民。这种状况一直持续到春秋时期。春秋时期各诸侯国执掌朝政者，都是出自氏族中的大宗，有的是与国君同姓，还有的是与国君有血缘关系。由大宗著姓执掌朝政并且彼此之间存在血缘关系，这种情况到战国时期开始解体，士人在这个阶段才有机会步入政坛。

中国古代早期实行的是世卿世禄制度，贵族出自大宗，但也有个别例外。商汤任用伊尹，武丁任用傅说，周文王、周武王任用姜太公，被起用者都是出身低微的平民，这在当时属于例外。对于处在平民地位的小宗成员而言，伊尹、傅说、姜太

---

① 杨向奎：《宗周社会与礼乐文明》（修订本），人民出版社 1997 年版，第 187 页。
② 杨向奎：《宗周社会与礼乐文明》（修订本），人民出版社 1997 年版，第 187 页。

公的与君主遇合，客观上满足了他们的心理期待，因此，圣主贤臣遇合成为中国古代传统文化的重要话题，这可以说是世卿世禄制度的副产品。如果不是当时的世卿世禄制度，伊尹等人进入贵族阶层不会产生如此强烈的效应。战国许多士人平步青云，朝为田舍郎，暮登天子堂，但是他们并没有被作为圣主贤臣遇合的典型看待，无法与伊尹等人的传说相比。世卿世禄制度在战国之后没有延续下去，而世卿世禄时期生成的圣主贤臣遇合的案例，却成为中国古代传统文化的重要话题。

战国时期随着世卿世禄制度的崩溃、士人阶层的崛起，出现了贵族养士的社会潮流。对此，钱穆先生有如下论述：

> 平民学者逐步得势，贵族阶级对他们亦逐加敬礼。于是从国君养贤进一步到公子养贤。（从另一面看，此乃属贵族阶级之奢僭，所以自趋灭亡之路也。）国君养贤始如魏文侯、鲁缪公，而大盛于齐威、宣王时之稷下。如齐宣王之于王斗、颜斶，燕易王之让位于子之，秦昭王之跪见张禄先生，燕昭王之筑黄金台师事郭隗，皆当时国王下士之极好榜样。
>
> 公子养贤，以孟尝、平原、信陵、春申四人为著。孟尝君尤开风气之先。其父靖郭君为齐威王弟，父子为齐威、宣、湣三朝相。[①]

贵族养士是世卿世禄制度崩溃阶段出现的社会潮流，此前各个历史时期见不到这种现象。养士的国君属于原始氏族公社衍生出的大宗。以养士著称的战国四公子，孟尝君田文是齐国君主的宗室成员，平原君赵胜是赵惠文王之弟；信陵君魏无忌是魏昭王的少子、安釐王的异母弟，至于楚国春申君黄歇，钱穆先生指出：

> 且七国自秦外多用宗戚主政。四君并称，如信陵平原孟尝皆贵戚，知春申正亦以王弟当朝。[②]

春申君出自楚国宗室，钱穆先生所作的考辨颇详，论据确凿。战国时期"自秦外多用宗戚主政"，当时世卿世禄制度虽然即将解体，但仍然有强大的势力。正是在这种形势之下，出现贵族竞相养士的风尚。这是世卿世禄制度解体前留给后世的遗产，也可以说是这种制度的副产品。贵族养士的风尚在秦汉以后仍然延续并且成为中国古代传统文化在制度层面的一个特色。后代养士的贵族，或是天子的宗室成员，或是天子的外戚，多数与天子存在血缘关系。贵族养士对中国古代传统文化做出了贡献，在文献编纂、文学创作等领域，许多成果都是出自贵族所养的门客幕僚。本教材收录的梁昭明太子萧统的《文选序》，就是这位贵族公子与门客幕僚编纂《文选》之后所写。

第三，道德与法律的混淆不清。

---

① 钱穆：《国史大纲》（修订本上册），商务印书馆 1996 年版，第 109—110 页。
② 钱穆：《先秦诸子系年》，商务印书馆 2017 年版，第 472 页。

在宗法制社会,"宗族执政,宗法即国法"①。所谓的宗法用于调节宗族成员之间的关系,是以血缘纽带为根据,基本属于伦理范围,是宗族成员必须遵循的道德纲常。而国法则关乎国家政治,属于法律范围。把宗法作为国法,是宗法制社会的必然选择。由此而来,导致道德与法律之间混淆不清,二者之间没有明显的界限,所谓的法庭,往往成为道德法庭,对此,黑格尔有如下论述:

> 道德在中国人看来,是一种很高的修养。但在我们这里,法律的制定以及公民法律的体系即包含有道德的本质的规定,所以道德即表现并发挥在法律的领域里,道德并不是单独地独立自存的东西,但在中国人那里,道德义务的本身就是法律、规律、命令的规定。所以中国人既没有我们所谓法律,也没有我们所谓道德。那乃是一个国家的道德。②

黑格尔主要针对孔子创立的儒家学说立论,他对中国古代以道德代替法律所作的分析是深刻的,古代确实存在这种情况。本教材选录《韩非子·五蠹》的段落,开头就称"儒以文乱法"并举出案例加以证明:楚国直躬因举报其父窃羊,以不孝的罪名被害。鲁人在战斗中三次临阵逃脱,为的是供养其父,孔子认为这是孝,加以举荐任用。这是典型的以道德取代法律的做法。本教材收入的《韩非子·孤愤》,强调"人臣循令而从事,案法而治官",反复呼吁任用"能法之士",这在一定程度上是针对以道德取代法律的现象而言的。古代宗法制留给后代的遗产之一是法律与道德的混淆不清,以道德取代法律,秦汉以后这种趋向仍在延续,这份遗产是一个沉重的包袱。直到当下,如何划定法律与道德的界限,仍然是一个司法难题。

第四,以群体为本位的价值观和追求社会和谐的理念。

宗法制社会是血缘关系和政治关系的合二而一。参与社会活动的成员,不是作为单独个人的身份出现,而是充当家族或宗族的代表。单独个人的社会担当,他所履行的责任和义务,都要从本家族或宗族的立场出发,因此,所形成的不是个体本位而是群体本位。这种以群体为本位的价值取向,是中国古代传统文化的核心内容,在整个古代社会贯穿始终,是基本的价值尺度。因此,无论儒家还是道家,都把群体本位作为立论的基础。本教材选录的《大学》,把修身的归宿概括为齐家、治国、平天下。由家而至国,由国而至天下,所指的对象也是群体,是以群体为本位。《老子》第五十四章在论述道的功用时写道:

> 修之于身,其德乃真;修之于家,其德乃余;修之于乡,其德乃长;修之于国,其德乃丰;修之于天下,其德乃普。③

这段话与《大学》的齐家、治国、平天下段落极其相似,遵循相同的思维逻辑,秉

---

① 杨向奎:《宗周社会与礼乐文明》(修订本),人民出版社1997年版,第187页。

② [德]黑格尔:《哲学史讲演录》第一卷,贺麟、王太庆译,商务印书馆2017年版,第136页。

③ [魏]王弼注,楼宇烈校释:《老子道德经注校释》,饶钦农点校,中华书局2008年版,第143—144页。

持的也是群体本位理念，只是中间所涉群体单元除了家、国、天下之外，又多出了乡这个层面。总之，中国古代传统文化的价值取向，无论是行动主体本身还是行动对象的设定，都是以群体为本位。

宗法制的本质是家族制度政治化，政治关系与血缘关系纠结在一起，从而使得政治关系带有亲情色彩。《礼记·曲礼下》记载，天子对于五官之长、方伯所作的称呼为："天子同姓，谓之伯父，异姓谓之伯舅。"天子对各州首领的称呼为："天子同姓，谓之叔父，异姓谓之叔舅。"[①]天子对于下属的方伯、州牧，以叔伯和舅氏相称呼，《左传》有一系列这方面的记载，周天子称齐桓公为伯舅，称晋文公为伯父。这种称谓本身显得温情脉脉，追求的是天下的太平、社会的和谐。《左传·隐公三年》记载卫国大夫石碏如下话语："君义、臣行、父慈、子孝、兄爱、弟敬，所谓六顺也。"杨伯峻先生注援引《管子·五辅》提到的八礼，除了这里提到的六顺，又增加夫妻关系，共八项，把这八项称为"礼之经也"。[②]《左传》《管子》提到的人伦关系，既有血缘关系又有政治关系，强调的是这两个系列人际关系的和谐，这是宗法制社会的必然要求，而且在这种体制中更容易实现，因为政治关系与血缘关系二者是统一的。追求人际关系的和谐，而反对人与人之间的竞争，这是中国古代传统文化的基本走势并且以礼制的形式固定下来，成为古代社会的重要遗产，也为当下的中国所借鉴。本教材收录的《诗经·小雅》中的《鹿鸣》和《伐木》，所展现的均是和谐融洽的人际关系。前者是贵族设宴招待来宾，席间其乐融融。《伐木》则是以宗族宴会为题材，宴请的客人既有父系的诸父，又有母系的诸舅，诗中还特别强调同姓兄弟不要疏远。《鹿鸣》和《伐木》均是表现宗法制社会人际关系和谐之美的作品，其中既涉及人与人之间的政治关联，又提到血缘纽带的重要性。本教材选录的《礼记·乐礼》则把乐的本质与来源归结为和，并且说成是天地精神的载体。《论语·学而》称："礼之用，和为贵。"[③]这里还是强调和谐，把它视为礼的基本规定和功能。

三、汉字完整体系的早熟、稳固与传统文化的特征

完整的文字体系的形成，是古代民族成熟的重要标志之一。汉字完整体系的形成具有早熟性，由此派生出中国古代传统文化的一系列特征。

（一）汉字完整体系的早熟、稳固

关于汉字完整体系形成的具体历史阶段，裘锡圭先生所做的推断如下：

汉字形成完整的文字体系，很可能也就在夏商之际。……夏王朝有完整的世系流传下来这件事，就是原始文字有了巨大改进的反映。汉字大

---

① ［清］朱彬撰：《礼记训纂》，饶钦农点校，中华书局1996年版，第62—63页。
② 杨伯峻编著：《春秋左传注》（修订本），中华书局1990年版，第32页。
③ 杨伯峻译注：《论语译注》，中华书局1980年版，第8页。

概就是在这样的基础上，在夏商之际（约在前十七世纪前后——校按：据夏商周断代工作，"前17世纪"可改为"前1600年"）形成完整的文字体系的。[①]

汉字完整体系的形成，可以追溯到夏商之际的公元前1600年，这与古希腊文字相比明显超前。希腊文的字母来源于腓尼基字母。起初希腊各城邦所用字母不尽相同，至公元前四世纪统一。希腊文字完整体系的形成，较之汉字晚了1000多年。汉字所记载的历史事实，可以追溯到原始社会末期的尧、舜时期，距今已经4000年以上。希腊文字拥有的早期文献，时间上限是公元前8至前6世纪。而中国出土的甲骨卜辞，是公元前14世纪到前12世纪的遗物，同样明显早于希腊历史记事的上限。

当然，汉字并不是世界上最早形成完整体系的文字。古代西亚所用的楔形文字，公元前3000年左右由两河流域的苏美尔人所创造，属于象形文字。古埃及最初也是象形文字，又称圣书字，是一种表意兼表音的文字，其意符和声符都来自象形。古埃及第五王朝末代法老乌纳斯，修建了一座金字塔，塔的内部饰有《金字铭文》和《普塔霍台普智箴言"》。这两部重要的古埃及文献得以保存至今。乌纳斯在位的下限是公元前2350年，由此推断，古埃及象形文字形成完整的体系，与楔形文字大体相当，在公元前3000年左右。

西亚的楔形文字，古埃及的圣书字，它们形成完整的体系均早于汉字一千年以上，但是，这两种文字在古代未能一直延续，而是在公元七世纪伊斯兰教出现之后，被阿拉伯文所取代，阿拉伯文属于拼音文字，不再是象形文字。由此而来，楔形文字、古埃及圣书字的传统也就随着伊斯兰教的出现而结束。汉字则不同，它的完整体系形成之后，在整个古代没有发生根本的变化，尽管它的字形有甲骨文、金文、籀文、小篆、隶书的分别，但是它一直是方块字、形声字，这种基本体制一直延续到当下而没有被拼音文字所取代，表现出超强的稳固性，从而使它兼有早熟和稳固的双重属性。这也是中国古代传统文化鲜明的特点之一。

（二）汉字早熟和稳固属性派生的技术和艺术

汉字完整体系形成所具有的早熟性和稳固性，是中国古代传统文化的鲜明特征之一，同时，它的这种特征又派生出中国古代传统文化许多其他特征。

第一，在物质文化层面，汉字的早熟和稳固推动书写工具、材料和方式的持续发展。汉字具有早熟性，对它的书写至少可以追溯到公元前十七世纪，即汉字完整体系的形成时期。在此后漫长的历史阶段，汉字书写材料经历了由龟甲兽骨到青铜器，再到简帛的演变，最终，造纸术出现并成为中国古代四大发明之一。西汉时期已经出现麻纤维纸，近些年在西安灞桥、甘肃居延等地的考古发掘中都发现有这类纸张。东汉蔡伦在前代造纸技术的基础上又有了进一步推进。《后汉书·宦者列传》

[①] 裘锡圭：《文字学概要》，商务印书馆1988年版，第27页。

中关于蔡伦的传记有如下记载：

> 自古书契多编以竹简，其用缣帛者谓之为纸。缣贵而简重，并不便于人。伦乃造意，用树肤、麻头及敝布、鱼网以为纸。元兴元年奏上之，帝善其能，自是莫不从用焉，故天下咸称"蔡侯纸"。①

汉和帝元兴元年，指公元 105 年，从此以后，纸张取代竹帛，成为主要的书写材料。

中国古代的书写工具，经历了由刀到笔的转变，甲骨、竹简所用的书写工具主要是刻刀，帛和纸的书写则用笔和墨。中国古代传统文化包括文房四宝，即纸墨笔砚，这些物质文化成果的持续演进，得益于汉字的早熟和稳固。

中国古代汉字的早熟和稳固，还推动书写方式由人工书写向机器书写的超前转变。所谓的机器书写，指的是印刷术。中国古代印刷术经历了雕版印刷和活字印刷两个阶段。雕版印刷产生于隋唐之际，活字印刷是北宋庆历年间由平民毕昇发明。《梦溪笔谈》卷十八有如下记载：

> 板印书籍唐人尚未盛为之，自冯瀛王始印五经，已后典籍皆为板本。庆历中，有布衣毕昇又为活板。其法用胶泥刻字，薄如钱唇，每字为一印，火烧令坚。……昇死，其印为余群从所得，至今宝藏。②

北宋仁宗庆历年间（1041—1048），毕昇的活字印刷术正式问世，大批量的书籍印刷更加便利，有力地推动了宋代文化的发展。

中国古代四大发明，有两项与文字的书写直接相关，纸和印刷术都服务于汉字的书写，汉字的早熟和稳固为这两项发明提供内在动力，汉字的书写需求促使这两项发明在世界上率先出现。

第二，在制度文化层面，汉字的学习成为古代教育和人才任用的重要内容。

汉字是形声字，它的构造比较复杂，书写的难度也远远大于拼音文字。正因为如此，汉字的学习成为古代教育的重要内容，《周礼·地官·保氏》记载贵族子弟教育的六艺，其中第五项是"六书"，郑玄注："六书，象形、会意、转注、处事、假借、谐声也。"③郑玄对六书所作的解释，与许慎《说文解字序》所作的论述相同。贵族子弟在读期间学习汉字的构成原理，进行识字教育，其中还包括汉字的书写。古代朝廷招生也把汉字书写人员作为对象。《后汉书·孝灵帝纪》记载，光和元年，"始置鸿都门学生"。李贤等注：

> 鸿都，门名也，于内置学。时其中诸生，皆敕州、郡、三公举召能为

---

① ［南朝宋］范晔撰：《后汉书》，［唐］李贤等注，中华书局 1965 年版，第 2513 页。
② ［宋］沈括：《梦溪笔谈》，上海书店出版社 2003 年版，第 153 页。
③ ［汉］郑玄注，［唐］贾公彦疏：《周礼注疏》，上海古籍出版社 1990 年《十三经注疏》之四，第 212 页。

尺牍辞赋及工书鸟篆者相课试，至千人焉。①

擅长书法的人员成为太学招生对象，结业后授予官职，这样一来，汉字的学习和书写又成为官制的构成内容。

第三，在精神文化层面，汉字的早熟和稳固，也派生出中国古代传统文化的一系列特色。

首先，汉字的早熟和稳固，使得对汉字的研究在古代成为专门的学问并且起步甚早。汉字的构成包括形、音、义三部分，这三个方面均有系列专书传世，主要是字书、辞书、韵书。字书以《说文解字》为代表，辞书以《尔雅》为最早，后来又陆续推出《广雅》《埤雅》等，统称"十雅"，《韵书》则以《广韵》为代表。对这些字书、辞书、韵书的注解阐释，构成中国古代小学的基础。中国古代传统文化以小学为根底。章太炎先生称："刘歆言小学，独举书数。若夫理财正辞，百官以治，万民以察，莫大乎文字。"②文字的实际功用覆盖人类生活的广阔领域，这是古代小学把文字学作为核心内容的外部原因。汉字的早熟和稳固，则是中国古代传统文化重视小学功夫的内在依托。

其次，汉字的早熟和稳固，使得中国古代传世文献极其丰富，在世界上处于领先地位，同时也造成如下欠缺：

> 由于对文字的依赖，便以笔录取代口传，以阅读代替听讲。在这种情况下，口头文字便无法获得像古希腊那样的发展，宏伟的史诗也就难以产生出来。③

以本教材选录的《诗经·大雅·文王》为例，它虽然可以被称为周族史诗，但是，在规模上无法与古希腊、古罗马的史诗相比，叙事风格也迥然不同。至于中国藏族的《格萨尔王传》、蒙古族的《江格尔》、柯尔克孜族的《玛纳斯》等，这些口传的民族英雄史诗，可以与古希腊、古罗马史诗相媲美，能够弥补中国古代传统文化口传说唱文学的不足。

最后，汉字的早熟和稳固，使得中国古代书法、绘画艺术得到长足发展，成为传统文化的重要组成部分。汉字是形声字，其中象形所占比例很大。裘锡圭先生写道：

> 商代后期一般文字的字形，跟图画已经有了很大距离。但是作为一种文字来看，象形程度仍然应该算是相当高的。④

在汉字完整体系已经形成的殷商后期，文字的象形程度仍然很高，这成为汉字的主

---

① ［南朝宋］范晔撰：《后汉书》，［唐］李贤等注，中华书局1965年版，第341页。

② 章太炎撰：《国故论衡》，陈平原导读，上海古籍出版社2003年版，第7页。

③ 李炳海：《民族融合与中国古代文学》，东北师范大学出版社1997年版，第214页。

④ 裘锡圭：《文字学概要》，商务印书馆1988年版，第44页。

要特征。由象形文字演变为书法艺术，是通过文字书写得以实现。传世和出土的甲骨文、金文，先民在进行刻写时往往按照审美的方式进行操作。从整个章法布局到具体文字的刻写，经常可以见到艺术匠心。字的横竖、安排、字与字之间的距离、前后句文字的流转，都注意到彼此之间的照应，这就是书法艺术的萌芽。甚至具体的书写格式，也为后代书法艺术所继承：

> 汉字自上而下的直行排列法，显然早在商代后期之前就已经确立。……
>
> 商代后期的晚期铜器上的铭文和兽骨上的记事文字，几乎全都由右向左排行。可见在当时，一般文字是以左行为常规的。汉字的这种自上而下、自右而左的排列方式，沿用了三千多年，一直到解放后的五十年代中期，才基本上为自左而右、自上而下的横行排列法所取代（在本世纪初期，已经出现了一些横行排列的印刷品。不过在五十年代正式改直排为横排之前，这种印刷品的数量一直很少）。[①]

后代书法艺术的书写格式，遵循的正是这种原则。由汉字的象形程度高而演变出书法艺术，这是事物发展的必然，可谓顺理成章、水到渠成。虽然严格意义的书法是在汉末出现的，但是，早期的汉字书写，已经包括丰富的书法元素。书法艺术是中国古代传统文化的显著特色，这得益于它的象形属性，也得益于它的早熟和稳固。世界上只有中国文化和伊斯兰文化中的书法是一门举足轻重的艺术。而在实行拼音文字的西方世界，书法并没有成为专门的艺术门类。

书画同源，中国古代绘画和书法可以说是孪生姐妹。因此，绘画艺术所遵循的基本原理，在许多方面与书法艺术相通。比如，绘画的散点透视着眼于画面的架构，以大观小是注重画面的具体构图，遗貌取神是追求整体和谐。中国画的深度空间靠线条的浓墨枯湿形成，各种墨的皴法用来表现物体背光的暗度。这些绘画技法同样运用在书法中。中国古代经常在画面上题写诗文，这种相得益彰的配合，同样体现出书画同源、书画一体的中国古代传统文化的特色。本教材所选录的篇目，既有书论，又有画论，还有许慎的《说文解字序》，为的是把汉字、书法、绘画相贯通，从整体上把握三者之间的内在关联及其历史渊源和演变。

第四节　农业文明、自然经济生成的传统文化特征

中国古代以农业立国，创立的是农业文明，形成的是自然经济生态。中国古代传统文化的一系列特征，都是由农业文明、自然经济所孕育。农业文明、自然经济，是中国古代传统文化得以生成的经济基础。

---

① 裘锡圭:《文字学概要》，商务印书馆 1988 年版，第 45 页。

一、农业生产的季节性与天文历法及四时政务

农业生产具有很强的季节性，春种、夏管、秋收、冬藏是农业生产必须遵循的基本规律。所谓的夏管，指夏季对农作物的田间管理。如果违误农时，势必造成歉收。农业生产有很强的季节性，必须对一年之内各个季节有准确的把握，这就促进了历法、天文科学的发展以及四时政务制度的确立。

（一）历法的产生：用夏之时

中国古代较为完备的历法的产生，至迟可以追溯到夏代。《大戴礼记·夏小正》相传是夏代的历法，把一年划分为十二个月，逐月记载各个时段的物候及农事活动。《论语·卫灵公》记载孔子的"行夏之时"的话语。对此，杨伯峻先生作了如下解释：

> 据古史记载，夏朝用的自然历，以建寅之月（旧历正月）为每年的第一月，春、夏、秋、冬合乎自然现象。……就是在周朝，也有很多国家是仍旧用夏朝历法。①

夏历对季节的划分合乎自然规律，对农业生产很适合，所以，在古代一直沿用。《逸周书·周月解》也写道：

> 万物春生、夏长、秋收、冬藏，天地之正，四时之极，不易之道。夏数得天，百王所同。②

古代除了夏历，还有殷历、周历，每年第一个月分别比夏历早一个月和两个月，总称三正，分别以建寅、建丑、建子称之。夏数得天，也就是夏代的历法合乎自然节气。中国古代完备历法的确立可以追溯到夏代，距今已经四千年。夏代历法在古代一直沿用，并且在当下的日历上仍作标示，即传统的农历。

（二）观象授时：星象天文学

古代确定季节所依据的是物候，可以称为物候历，其中星象是确定季节的重要物候。星辰在不同季节，处在天空的位置会出现变化，但同一季节它的空间位置则是相对固定的。古人观察星辰用以确定季节，从而促进了天文学的发展，并且在某些方面处于古代世界的领先地位。战国时期天文学家石申著《天文》八卷，后世尊称为《石氏星经》。这个学派的成果被后世研究者称为《石氏星表》。

> 《石氏星表》不但是我国最早的星表，而且在世界上也是属于最古老

---

① 杨伯峻译注：《论语译注》，中华书局1980年版，第173页。
② 黄怀信、张懋镕、田旭东撰：《逸周书汇校集注》，李学勤审定，上海古籍出版社1995年版，第619页。

的之列。……中国潘鼐则认为是在公元前 450 年左右测定的。西方留存至今的最古星表是公元 2 世纪埃及亚历山大城的希腊天文学家托勒玫在其巨著《天文学大成》中所录的星表。……《石氏星表》肯定要比传世的托勒玫星表时代要早得多。[1]

《石氏星表》除了记载二十八宿，还录有一百二十一颗恒星赤道坐标的位置，是世界现存最早的星表。另一位战国时期的天文学家，齐国的甘德，则发现了木星最亮的一颗卫星——木卫二。"甘氏的这个发现是在公元前 364 年，这比伽利略在公元 1610 年发明了望远镜之后才发现木星卫星早了近两千年。"[2] 除此之外，中国古代对太阳黑子、彗星、新星与超新星、日食与月食所作的记录，在世界上也是最早的。

（三）政务制度：四时月令

现存古代早期最完备的历书当推《吕氏春秋》十二纪和《礼记·月令》，它们的内容基本相同。这两部典籍记载一年四季十二个月的物候、星象以及人的活动安排及禁忌，它们不但是历书，而且带有政务制度的性质。比如，用兵一般在秋季，行刑则在冬季。《礼记·月令》对于人的活动所作的规定，是以农业生产的季节性为依托，根据农忙还是农闲而规定人们从事相应的活动。如果不按这些规定行事，就会被视为违背先王之教。《国语·周语中》记载，东周王朝的卿士单襄公出使宋国，路经陈国，目睹陈灵公不理国政所造成的混乱景象，列举古代历书一系列相关规定，批评陈灵公。其中许多规定，都可以从《礼记·月令》中找到根据。《礼记·月令》兼有历书和政务制度条文的性质，因此，对它所作的阐释，成为汉代经学的重要内容。东汉崔寔作《四民月令》，蔡邕有《月令问答》《月令篇名》。《月令》成为专门学问和传统文化的重要元素，追究其根源，还是由农业生产的季节性而来。

本教材收录的《尚书·尧典》，其中对一年四季所作的记载，对星象的展示，同样体现出农业生产季节性的特点。

二、农业生产的重复、往复与敬老及思维模式

古代农业生产有季节性，又有周期性、重复性。从时间维度观察，古代农业生产基本是周而复始，循环往复，由此孕育了古代传统文化的相应属性。

（一）农业生产的重复性与敬老

中国古代农业生产主要依靠经验，而不是工具的改革和技术的进步。对于从事

---

[1]　薄树人撰：《开元占经——中国文化史上的一部奇书》，载于〔唐〕瞿昙悉达编：《唐开元占经》前言，中国书店 1989 年版，第 5—6 页。

[2]　〔唐〕瞿昙悉达编：《开元占经》前言，中国书店 1989 年版，第 6 页。

古代农业生产的先民而言，经验丰富者不是年轻人，而是老年人，即所谓的老农。老年人在农业生产中经验丰富，在社会和家庭生活中拥有话语权、支配权，社会也因此形成尊老敬老的风尚，并且在制度层面有养老之礼。《礼记·王制》记载：

> 凡养老，有虞氏以燕礼，夏后氏以飨礼，殷人以食礼，周人脩而兼用之。五十养于乡，六十养于国，七十养于学，达于诸侯。
>
> 有虞氏养国老于上庠，养庶老于下庠；夏后氏养国老于东序，养庶老于西序。殷人养国老于右学，养庶老于左学；周人养国老于东胶，养庶老于虞庠。虞庠在国之西郊。①

这里所说的学、庠、序，指的均是学校。养老之礼在朝廷所办的学校举行，为的是使在校的贵族子弟受到尊老敬老的教育。《礼记·王制》记载的养老之礼，在具体的细节上未必全部属实，但是，古代朝廷确实有养老之礼，这个制度覆盖整个古代文明社会。除此之外，还有许多养老敬老的规定，对此，《礼记·王制》记载甚详。

农业文明形成的养老敬老的风尚，中国古代年纪大的男性蓄留胡须，这是年纪大的标志，也成为审美观照的对象。只是到了近代，男性蓄留胡须的历史传统才逐渐断绝。

尊老敬老是农业文明所形成的文化特色，在其他类型的生产方式中并不全都如此。《史记·匈奴列传》记载，古代匈奴族逐水草迁徙，过着游牧生活。"壮者食肥美，老者食其馀。贵壮健，贱老弱。"②匈奴族这种习俗的生成，是因为游牧业竞于气力，以骑射为基本功。当然，这种习俗客观上适应了种族强盛、繁衍的需要。

（二）农业生产的往复性及对应的思维模式

古代农业生产有季节性又有周期性。从时间维度来看，每年为一个周期，以春种为始，以秋收冬藏为终。春种是把种子播到田里，秋收冬藏则是把成熟的果实收集储藏起来。春播的行为方式是往，秋收冬藏则是复。春种称为稼，是外向型，故女性结婚称为嫁。秋收是穑，属于内敛。古代农业生产每年的节奏是一往一复并且年年如此，重复进行。这种固定的劳作方式，逐渐积淀为民族的文化心理，形成往复型的思维模式。

《周易·复卦》卦辞有"反复其道，七日来复"之语，对此，《象》传称："反复其道，七日来复，天行也。"③这是把有往有复，以七天为周期，视为天道运行的规律。《吕氏春秋·大乐》篇写道：

---

① ［清］朱彬撰：《礼记训纂》，饶钦农点校，中华书局1996年版，第202、205页。

② ［汉］司马迁撰，［南朝宋］裴骃集解，［唐］司马贞索隐，［唐］张守节正义：《史记》，中华书局编辑部点校，中华书局1982年版，第2879页。

③ ［清］李道平撰：《周易集解纂疏》，潘雨廷点校，中华书局1994年版，第263页。

> 太一出两仪，两仪出阴阳。阴阳变化，一上一下，合而成章，浑浑沌
> 沌，离则复合，合则复离，是谓天常。天地车轮，终则复始，极则复反，
> 莫不咸当。①

这是把循环往复视为天地运行的基本规律，提到宇宙观和本体论的高度加以确认。《老子》第十六章写道：

> 夫物芸芸，各复归其根。归根曰静，是谓复命。复命曰常，知常曰
> 明，不知常，妄作，凶。

对于"各复归其根"，王弼注："各返其所始也。"② 这是从生命哲学的角度立论，把返本复始看作是生命正常的运行状态。总之，循环往复的思维模式，在中国古代具有普遍性，覆盖各个领域。本教材选录的《礼记·曲礼上》，把有来有往视为礼的基本准则。《孙子兵法·势篇》也称："终而复始，日月是也。死而复生，四时是也。"③ 总之，用循环往复的思维方式观照世界、审视自身，是农业文明所孕育的中国古代传统文化的一个重要特色。

三、农业生产的定居与兴土木、恋家园、慎武事

农业与游牧业一个重要的差异，就是农业生产必须以定居的方式进行，而不能像游牧业那样逐水草迁移。首先必须定居，然后才有可能从事农业生产。农业文明的这种属性，也孕育出中国古代传统文化的一系列特色。

（一）建筑的发达与艺术化

中国古代先民很早就进入农业生产阶段，与此相伴随的是为了定居而进行房屋建筑。中国古代建筑，可以追溯到西安半坡遗址的圆形和方形大房。在此后的历史阶段，建筑不再限于住房，而是扩展到苑囿、神庙、陵墓。建筑不仅追求实用，而且日益艺术化，成为审美观照的对象。中国古代建筑以土木结构为主，基本是就地取材，反映农业文明的自给自足。古代建筑以平面延展为主，追求的是空间的开阔。即使像万里长城这样宏伟的建筑，其根源也可追溯到农业文明的定居。

（二）安土重迁与游子怀乡

农业生产必须定居，持续的定居生活，形成中国古代先民安土重迁的心理和习惯。《尚书·盘庚》记载，殷王盘庚决定迁都，遭到众多贵族的强烈反对。盘庚对他们苦口婆心地加以诱导并且软硬兼施，费尽周折才取得迁都的成功。《老子》第八十章设计的小国寡民社会，其中提到"使民重死而不远徙"，这是把迁徙与死亡

---

① ［战国］吕不韦著，陈其猷校释：《吕氏春秋新校释》，上海古籍出版社 2002 年版，第 258 页。

② ［魏］王弼注，楼宇烈校释：《老子道德经注校释》，中华书局 2008 年版，第 35 页。

③ ［三国］曹操注，郭化若今译：《孙子兵法译注》，上海古籍出版社 2012 年版，第 34 页。

联系在一起，迁徙被视为不祥之事。《礼记·曲礼下》记载："国君去其国，止之曰：'奈何去社稷也！'"[1]对于想要离开国家而到外地去的君主，用社稷加以挽留。社，指土神，稷，指谷神，合在一起代指国家。从这个礼仪用语也可以看出，安土重迁心理是农业生产的定居方式所生成的。

中国古代先民安土重迁的心理和习惯，促使大量游子怀归诗文的创作。作者覆盖社会多个阶层，有服劳役兵役的征夫，有京城太学生，有流落他乡的文人，还有在外地任职的官员。游子思乡成为中国古代文学的重要主题。相反，乐不思蜀在历史上则成为笑柄。

（三）和平稳定与慎武忌兵

农业生产以定居的方式进行，需要稳定安宁的社会环境。如果战争频繁，则无法进行正常的农业生产。中国古代以农业立国，农业文明所生成的是对和平的珍视，对战争的疏远和拒斥。中华民族爱好和平的优秀传统，是农业文明的必然产物。《国语·周语上》记载，周穆王将要征伐犬戎，祭公谋父向他进谏称"先王耀德不观兵"。所谓的耀德，指彰显美德，以德进行感化教育；观兵，指炫耀武力，穷兵黩武。《国语·齐语》记载，春秋时期齐桓公称霸，"隐武事，行文道"。上述记载表明，无论是对外征伐，还是疆域内诸侯国之间的战争，以农为本的周王朝对此都持反对态度，而把和平安定作为治国理政的根本目标。《礼记·乐记·宾牟贾》篇对于周武王伐商之后的举措有如下记载：

> 济河而西，马散之华山之阳，而弗复乘；牛散之桃林之野，而弗复服；车甲衅而藏之府库，而弗复用；倒载干戈，包之以虎皮；将帅之士，使为诸侯。名之曰"建櫜"。然后天下知武王之不复用兵也。

对于其中的建櫜，王引之称："今按建当读为鞬。《方言》曰：'所以藏弓谓之鞬。'"[2]以上就是马放南山、刀枪入库的典故，在历史上作为佳话流传。本教材选录了《孙子兵法》的《势篇》和《虚实篇》，这部兵书在战略层面同样体现出农业文明所生成的理念。《谋攻篇》称："不战而屈人之兵，善之善者也。"[3]《孙子兵法》虽然是一部兵书，却把不战而胜作为理想的追求。

农业文明孕育了先民热爱和平的传统，与此相对应的是对战争的疏远、拒斥，这在《老子》一书中表现得尤为明显。《老子》第三十章称："师之所处，荆棘生焉。大军之后，必有凶年。"第三十一章称："兵者，不祥之器，非君子之器，不得已而用之，恬淡为上，胜而不美。"[4]老子深刻揭示出战争的负面效应，

这是中国古代文学的重要主题。曹操的《蒿里行》、杜甫的《兵车行》、李华的《吊古战场文》等，是这类作品的传世名篇。

四、自然经济孕育的宗教、哲学和人生境界

中国古代创立的是农业文明，农业是主要的生产部门。除此之外，还有畜牧、采集、渔猎等生产方式与农业生产相配合。农业、畜牧业等均属于自然经济。中国古代传统文化是在自然经济的母体中孕育，自然经济的属性，对中国古代传统文化发挥着制导和统辖作用。中国古代传统文化的许多特点，可以从自然经济那里找到根源。

（一）自然神、自然管理神崇拜与顺应自然

自然经济很大程度上是靠天吃饭，受自然条件的直接影响，对自然条件高度依赖。和世界上其他民族一样，中国古代最初的宗教是拜物教，把自然存在物作为崇拜对象。进入文明社会之后，原始拜物教继续存在并且形成固定的祭祀制度。但是，古代先民所祭祀的并不是所有自然存在物，而是与自然经济密切相关者，是日常生产和生活所依赖的自然物。《国语·鲁语上》记载，鲁国展禽叙述各类祭祀对象，他在列举祖先祭祀之后说道：

> 加之以社稷山川之神，皆有功烈于民者也；……及天之三辰，民所以瞻仰也；及地之五行，所以生殖也；及九州名山川泽，所以出财用也。非是不在祀典。

对于其中的地之五行，韦昭注："五行，五祀，金木水火土也。"[①]展禽列举的上述祭祀对象，均是与自然经济直接相关者。其中提到的山川，天之三辰的日、月、星，都是自然经济的依赖对象，是能够造福人类的自然存在物。展禽提到的祭祀对象还有社稷及地之五行，这些被祭祀的神灵并不是自然存在物本身，而是自然存在物的管理者，对此，《左传·昭公二十九年》有具体记载：

> 故有五行之官，是谓五官，实列受氏姓，封为上公，祀为贵神。社稷五祀，是尊是奉。木正曰句芒，火正曰祝融，金正曰蓐收，水正曰玄冥，土正曰后土。……少皞氏有四叔，曰重、曰该、曰修、曰熙，实能金、木及水。使重为句芒，该为蓐收，修及熙为玄冥，世不失职，遂济穷桑，此其三祀也。颛顼氏有子曰犁，为祝融；共工氏有子曰句龙，为后土，此其二祀也。后土为社；稷，田正也。有烈山氏之子曰柱为稷，自夏以上祀之。周弃亦为稷，自商以来祀之。[②]

---

① 上海师范大学古籍整理组校点：《国语》上册，上海古籍出版社 1978 年版，第 170 页。
② 杨伯峻编著：《春秋左传注》（修订本），中华书局 1990 年版，第 1502—1504 页。

这里对社稷五祀的来源交代得很清楚。社稷五祀是指祭祀在对自然物进行管理方面功勋卓著的英雄祖先，起初分别出自少皞氏、颛顼氏、共工氏、烈山氏。金木水火土成为五行，其中的土神称为后土，与社神相重合，指的均是土地神。稷神，指五谷之神。

《礼记·郊特牲》还有如下记载：

> 天子大蜡八。伊耆氏始为蜡。蜡也者，索也。岁十二月，合聚万物而索飨之也。蜡之祭也，主先啬而祭司啬也，祭百种以报啬也。飨农，及邮表畷，禽兽，仁之至，义之尽也。古之君子，使之必报之。迎猫，为其食田鼠也；迎虎，为其食田豕也。迎而祭之也。祭坊与水庸，事也。[①]

天子年终大蜡，祭祀多种神灵，据传这种做法从远古的伊耆氏时代就已经开始。首先祭祀发明和管理农业的先啬、司啬，然后祭祀野猫、老虎，因为它们能吃掉危害农作物的老鼠和野猪；还祭祀堤坊和水塘。这些祭祀对象被视为农业保护神。蜡礼相当于中国古代的感恩节，是自然崇拜的产物。

上述各类祭祀在秦汉以后时有损益，但是，对自然神、自然管理神的祭祀，一直在中国古代延续。作为这种祭祀的遗留，在北京有先农坛。遍布基层农村的土地庙，则一直保留到二十世纪中叶。

中国古代祭祀自然神、自然管理神，体现的是自然经济的属性，即对自然的依赖在制度、习俗层面的投射。由此而来，顺应自然成为中国古代先民的普遍理念，也是传统文化的一个重要特色。先秦诸子存在众多学派，没有任何学派与顺应自然的理念相违背。《老子》第二十五章称："人法地，地法天，天法道，道法自然。"[②] 老子所说的道，指的是自然之道。《论语·泰伯》记载孔子之语："大哉尧之为君也！巍巍乎！唯天为大，唯尧则之。"[③] 所谓的则天，也就是顺应自然。本教材选录的《老子》《庄子·逍遥游》，阮籍的《大人先生传》作为道家的代表性文献，均以顺应自然为宗旨。

中国古代传统文化生成于自然经济的母体之中，它所强调的是对自然的顺应、利用，而不是改造。本教材选录的《孟子·梁惠王上》《荀子·天论》，承载的都是这种理念。中国古代先民不是把自身凌驾于自然之上，而是把自身看作自然的产儿，以敬畏的心理面对自然。

（二）天人合一的生命哲学

中国古代先民生活在自然经济的文化生态中，一方面，他们没有把自己凌驾于自然之上，而是顺应自然；另一方面，他们又不把自己疏离于自然之外，而是视自

---

① ［清］朱彬撰：《礼记训纂》，饶钦农点校，中华书局1996年版，第397—398页。
② ［魏］王弼注、楼宇烈校释：《老子道德经注校释》，中华书局2008年版，第64页。
③ 杨伯峻译注：《论语译注》，中华书局1980年版，第89页。

己为整个自然的一部分。人是有生命的自然存在物。古人把自身视为整个自然的有机组成元素，在这种理念统辖之下而形成的中国古代传统哲学，在本质和形式上是天人合一的生命哲学。

《吕氏春秋·尽数》篇有如下段落：

> 精气之集也，必有入也。集于羽鸟与为飞扬，集于走兽与为流行，集于玉珠与为精朗，集于树木与为茂长，集于圣人与为琼明。精气之来也，因轻而扬之，因走而行之，因美而良之，因长而养之，因智而明之。[①]

这是把精气视为生命之源，人和万物因为精气的灌注而充满生机活力。人和万物因精气而相通，是天与人的合一。精气灌注于万物，顺应物性和自然，使世界呈现出丰富性、多样性。

《管子·内业》篇亦有类似论述：

> 凡物之精，此则为生。下生五谷，上为列星。流于天地之间，谓之鬼神。藏于胸中，谓之圣人。[②]

这里所说的精，指的还是精气，把它视为万物得以生成的本源。人与鬼神、五谷、列星，都是精气的产物，世界被作为精气灌注的一个整体看待。人为万物之灵，而精气的运化则使人与万物成为一体。这种天人合一的状态原初就是如此，而不是后来整合的结果。

《庄子·天下》篇称："《易》以道阴阳"，中国古代阴阳学说最初生成于《周易》。《周易》本经的基本符号是阳爻（—）和阴爻（— —），分别代表阳和阴，是由人的两性区别而来，是表示生命哲学理念的符号。《易传》对《周易》本经所作的解释，秉持的是阴阳渗透的理念，本教材节选的《说卦》段落，就是用阴阳观念解说八卦及对卦之间的相互作用。《说卦》还有如下论述：

> 乾为首，坤为腹，震为足，巽为股，坎为耳，离为目，艮为手，兑为口。
>
> 乾，天也，故称乎父。坤，地也，故称乎母。震一索而得男，故谓之长男。巽一索而得女，故谓之长女。坎再索而得男，故谓之中男。离再索而得女，故谓之中女。艮三索而得男，故谓之少男。兑三索而得女，故谓之少女。[③]

第一段论述把八卦亦即八种自然存在物与人的肢体器官建立起对应关系，指出人与自然在形态上的同构。第二段论述把天、地说成是雷、风、水、火、山、泽的父

---

① ［战国］吕不韦著，陈其猷校释：《吕氏春秋新校释》，上海古籍出版社 2002 年版，第 139 页。

② 黎翔凤撰：《管子校注》，梁运华整理，中华书局 2004 年版，第 931 页。

③ ［清］李道平撰：《周易集解纂疏》，潘雨廷点校，中华书局 1994 年版，第 703—704 页。

母，它们是天地的三儿三女。这是按照人类家庭的血缘关系解说八卦的构成，还是强调人与自然的同构关系，是在组成方式上的同构。所谓人与自然的同构，也就是天人合一、人与自然的合一。

《周易·系辞下》称："天地细缊，万物化醇。男女构精，万物化生。"孔颖达疏："细缊，相附著之义。"① 这是用阴阳观念解释天地万物繁衍生息，其中包括人类自身的繁衍。所持的还是天人合一的生命哲学理念，人和天均以阴阳相交的方式进行繁衍。

五行说作为中国古代传统哲学的内容，同样是以天人合一为基本框架的生命哲学。《礼记·礼运》写道："故人者，其天地之德，阴阳之交，鬼神之会，五行之秀气也。"对于结尾一句，孔颖达疏："秀，谓秀异，言人感五行秀异之气，故有仁义礼知信，是五行之秀气也。"② 这是把人说成生于五行的秀异之气，所谓的五行，指木、金、火、水、土，儒家把它们与仁、义、礼、知（智）、信建立起对应关系。《礼记·礼运》还写道："故人者，天地之心也，五行之端也，食味，别声，被色而生者也。"对此，方性夫所作解释如下：

> 天地散而为五行，故仁之端则木之性所立也，义之端则金之性所立也。火之于礼，水之于知，土之于信，亦若是而已，故曰"五行之端也"。五行滋而为五味，人以养其口；感而为五声，人以养其耳；形而为五色，人以养其目。然后人得生焉，故曰"食味，别声，被色而生者也"。③

天地派生出金、木、水、火、土五行，而人又是"五行之秀气"，这就从物质和精神两个层面，把人说成与天地、五行一体相通，同气相连。人的形体、生命是天地、五行所给予的，作为人之美德的仁、义、礼、智、信，也能从天地、五行中找到源头。既然人的形体、精神出自天地、五行，当然是天人合一。

五行说体系中的天人合一理念，还体现在把人的五脏与五行之物建立起对应关系，具体记载见于《礼记·月令》《吕氏春秋·十二纪》以及《黄帝内经》等典籍中。这种人与自然的同构模式，与阴阳学说对天人合一理念的表达方式有相通之处。中医学的五行说体系，把人的肝、心、脾、肺、肾，与怒、喜、思、忧、恐、酸、苦、甘、辛、咸，建立起对应关系，用以论证病因，实施治疗。这是把天人合一的生命哲学理念具体运用于生命科学的实践中。

本教材选录的董仲舒《春秋繁露·人副天数》、班固《白虎通义·性情》以及《太极天地上》《人物之性气质之性》，均是天人合一生命哲学的代表作。

---

① 《十三经注疏》整理委员会整理，李学勤主编：《十三经注疏·周易正义》，北京大学出版社1999年版，第310页。
② ［清］朱彬撰：《礼记训纂》，饶钦农点校，中华书局1996年版，第345—346页。
③ ［清］朱彬撰：《礼记训纂》，饶钦农点校，中华书局1996年版，第348页。

（三）独立自足的精神境界

自然经济的基本特点是自给自足。生产和生活资料的获取，是在自然经济内部通过劳动来实现，而不是靠贸易；所生产的物质成果主要是满足消费，而不是用于交换。传世本《老子》第八十章对于自然经济自给自足的特点作了如下描述：

> 小国寡民，使有什伯之器而不用，使民重死而不远徙。虽有舟舆，无所乘之；虽有甲兵，无所陈之；使人复结绳而用之。甘其食，美其服，安其居，乐其俗。领国相望，鸡犬之声相闻，民至老死不相往来。[①]

这里展示的是带有复古色彩的自然经济状态，其中的"甘其食，美其服，安其居，乐其俗"，指的就是自然经济所形成的人的独立自足心理。这种心理不是向外驰骛，而是自我满足，自得其乐。中国古代传统文化所生成的是群体本位，是对自然的顺应，在这个大前提下，形成了独立自足的民族心理，而这种独立自足的心理状态，又得益于天人合一的生命哲学。既然古代先民把自己视为自然的一部分，而自然界是独立自足的，人本身当然也应该具有独立自足的心理和精神境界。

中国古代有众多思想流派，尽管各流派的思想观念存在许多差异，但是，追求精神境界的独立自足则是共同的倾向。《老子》对自然经济的自给自足特征表述得极其充分。第二十八章称："知其荣，守其辱，为天下谷。为天下谷，常德乃足，复归于朴。"这是把谦下守柔说成是进入独立自足精神境界的途径。第四十六章称："祸莫大于不知足；咎莫大于欲得。故知足之足，常足矣。"[②]这是反对心灵向外驰骛，而把独立自足作为人生的终极归宿。本教材选录《论语》的《先进》《述而》的条目，展示的就是独立自足的人生境界。《孟子》中《告子上》的性善论、《公孙丑上》论浩然之气，也是追求精神境界的独立自足。至于庄子的《逍遥游》、阮籍的《大人先生传》、《六祖坛经·般若品》《朱子近思录》所载程颢论含容之气，也是把精神境界的独立自足作为人生修养的目标。而《大学》《中庸》论诚段落，则是把独立自足的精神境界落实到正心诚意这个关键问题上。

黑格尔《美学》第二卷曾经谈到"从东方开始发展的另一种观照方式"，这就是"个别的人身被理解为具有内在的自由、独立自足性和无所依存性"，他写道：

> 采用这种观照方式的主要是阿拉伯人。他们居在沙漠里，面对着无边大海似的平原，头上是晴朗的天空。在这样的自然界里他们要依靠自己的勇气和膂力乃至维持生活的手段，如骆驼、马和刀矛之类。[③]

黑格尔所描述的阿拉伯人过着游牧生活，处于自然经济的生态之中。他们精神境界的独立自足性，就是在这种自给自足的自然经济中产生的。中国古代的自然经济是

---

① ［魏］王弼注，楼宇烈校释：《老子道德经注校释》，中华书局 2008 年版，第 190 页。
② ［魏］王弼注，楼宇烈校释：《老子道德经注校释》，中华书局 2008 年版，第 74、125 页。
③ ［德］黑格尔：《美学》第二卷，朱光潜译，商务印书馆 2020 年版，第 160 页。

以农业为主，畜牧业、游牧业则处于次要地位。就其形成独立自足的精神品格而言，古代的中国与阿拉伯世界有相似之处，并且可以从自然经济的文化生态中找到这种精神的最终根源。

独立自足的精神境界，是单独个人乃至整个民族的一种自信和尊严，是优秀的传统文化之一。但是，这种精神境界也容易流于故步自封、闭关自守，从而成为历史的惰性。

第五节　周文化对古代传统文化几项制度的定型

在中国古代传统文化发展的历程中，周文化起着举足轻重的作用。《论语·八佾》篇有如下记载："子曰：'周监于二代，郁郁乎文哉！吾从周。"[1] 在孔子看来，周文化借鉴夏、商文化，制度健全，丰富多彩，应该加以遵循。周文化对中国古代传统文化所发挥的至关重要的作用，主要体现在几项制度的定型：即同姓不婚制度、嫡长子继承制度、敬鬼神而远之的礼乐制度。

一、同姓不婚制度

周族具有自觉的优生理念，禁止同姓婚姻，而实行异姓通婚。《左传·僖公二十三年》记载，郑国大夫叔詹说道："男女同姓，其生不蕃。"对此，杨伯峻先生所作解释如下：

> 宣三年《传》云："吾闻姬、姞耦，其子孙必蕃。"蕃，蕃殖也，子孙昌盛之意。昭元年《传》子产之言曰："侨又闻之：'内官不及同姓，其生不殖。"与此意同。[2]

叔詹是郑国大夫，子产曾任郑国执政大夫，《左传·宣公三年》记载的"姬、姞耦，其子孙必蕃"，出自郑国大夫石癸之口。郑国君主姬姓，出自周族。上述记载表明，郑国作为姬姓诸侯国，秉持的是同姓不婚的理念并且从优生学的角度加以阐释，这种理念和制度当是出自周族。

《国语·晋语四》记载晋国大夫胥臣如下话语：

> 异姓则异德，异德则异类。异类虽近，男女相及，以生民也。同姓则同德，同德则同心，同心则同志。同志虽远，男女不相及，畏黩敬也。黩则生怨，怨乱毓灾，灾毓灭姓。是故娶妻避其同姓，畏乱灾也。[3]

胥臣对于同姓不婚、异姓通婚的道理从两个方面进行阐述。异姓相婚有利于繁衍后

①　杨伯峻译注：《论语译注》，中华书局 1980 年版，第 29 页。
②　杨伯峻编著：《春秋左传注》（修订本），中华书局 1990 年版，第 408 页。
③　上海师范大学古籍整理组校点：《国语》（上册），上海古籍出版社 1978 年版，第 356 页。

代，同姓相婚则亵渎应有的崇敬之情，会导致祸乱，最终使族姓灭亡。晋也是姬姓诸侯国，胥臣的上述话语，反映的仍然是周族的婚姻理念及制度。

周族同姓不婚的传统，可以追溯到这个族群的初始阶段。周族姬姓，出自黄帝集团。《诗经·大雅·生民》开篇写道："厥初生民，时维姜嫄。"周族姬姓，而其女性始祖则是姜姓，姬、姜两姓通婚，姜姓出自炎帝部族。本教材所选录的《诗经·大雅·大明》，其中提到周族祖先王季和文王的婚姻。"挚仲氏任，自彼殷商，来嫁于周，曰嫔于京。乃及王季，维德之行。"王季所娶是来自挚国的任氏之女，挚国是殷商的附属国。《诗经·大雅·大明》还写道："有命自天，命此文王，于周于京。缵女维莘。长子维行，笃生武王。"郑玄笺："莘国之长女大姒则配文王。"① 文王所娶是莘国姒姓之女，出自夏族。《诗经·大雅·绵》叙述文王祖父古公亶父迁徙到岐山的创业经历，其中写道："古公亶父，来朝走马。率西水浒，至于岐下。爰及姜女，聿来胥宇。"对于末尾两句，程俊英先生译为："他与妻子名太姜，勘察地址好建房。"② 古公亶父娶的是姜氏女，出自炎帝部族。

周族女性始祖姜姓，从古公亶父到王季，再到文王，祖孙三代依次从姜姓、任姓、姒姓娶女，严格遵循同姓不婚的定制，后来历朝周王均无例外。那么，中国古代早期其他部族，是否也像周族那样，实行异姓通婚呢？实际情况并非全都如此。《后汉书·南蛮西南夷列传》记载，长沙武陵蛮的始祖是盘瓠，"生子一十二人，六男六女。盘瓠死后，因自相夫妻"③。盘瓠出自帝喾高辛氏，属于东夷部族，这个集团实行的是同姓相婚。另外，神话传说中的伏羲、女娲，也是兄妹婚。上述传说表明，中国古代早期确实存在同姓相婚的族群，并不是都像周族那样把同姓不婚作为固定的制度。

由周族所确立的同姓不婚制度，合乎优生学原理，对此，周族先民有明确的认识，而且这一点已经为现代医学所证明。同姓不婚制度为中华民族的繁衍生息提供活力，有利于子孙昌盛，体魄健壮。同时，还引发一系列相关的文化现象。

周族同姓不婚制度的确立，使得中国古代的婚姻基本是在异姓之间进行。由此而来，古代文学作品涉及婚姻题材，娶妻的一方特别关注女方的姓氏并且通过语言加以强调，《诗经》就是如此。《郑风·有女同车》是一首迎亲诗，作品以新郎的口吻反复吟唱："彼美孟姜，洵美且都。""彼美孟姜，德音不忘。"④ 郑是姬姓国，娶妻者应当是郑国贵族，迎娶的则是姜姓长女。《鄘风·桑中》是一首恋歌，男方唱道："云谁之思，美孟姜兮。"卫也是姬姓国，还是把姜姓女子作为求偶对象。《陈风·衡门》是一首隐士诗，其中写道："岂其娶妻，必齐之姜？""岂其娶妻，必宋之子？"⑤ 陈是妫姓国，齐是姜姓国，宋是子姓国。姜姓、子姓分别出自炎帝和殷

① ［清］王先谦撰：《诗三家义集疏》，吴格点校，中华书局1987年版，第875、828、831页。

② 程俊英译注：《诗经译注》，上海古籍出版社1985年版，第496—497页。

③ ［南朝宋］范晔撰，［唐］李贤等注：《后汉书》，中华书局1965年版，第2829页。

④ 程俊英译注：《诗经译注》，上海古籍出版社1985年版，第151页。

⑤ 程俊英译注：《诗经译注》，上海古籍出版社1985年版，第84、239—240页。

商，属于高门著姓，陈国男子择偶的首选是姜姓、子姓女子，反映的是同姓不婚习俗及对出身门第的重视。

同姓不婚制度的确立，使得异性之间的婚恋具有特殊的情调。对于婚恋男女而言，对方不但性别相异，而且姓氏不同，是异性别姓的结合。这种双重差异，使得男女两性彼此之间有一种新奇感，有时甚至带有神秘感。本教材所选录的《关雎》《蒹葭》是两首恋歌，其中男方对女子的执着追求，反映的是异姓通婚所产生的新奇感；相反，如果是同姓通婚，恐怕不会有这种情调。

同姓不婚制度的确立，还使得古代早期的谱系传说也按照异姓通婚的惯例生成。《山海经》和《大戴礼记·帝系》有一系列谱系传说，涉及婚姻基本都是在异姓之间进行。这些谱系不尽可信，但所反映的同姓不婚制度则有历史根据。

二、嫡长子继承制度

周文化为中国古代传统文化确立的另一种制度，就是嫡长子继承制。王国维先生在《殷周制度论》中写道：

> 欲观周之所以定天下，必自其制度始矣。周人制度之大异于商者，一曰立子立嫡之制，由是而生宗法及丧服之制，并由是而有封建子弟之制，君天子臣诸侯之制。二曰庙数之制，三曰同姓不婚之制。此数者，皆周之所以纲纪天下。[1]

夏朝王位的继承方式，由于传世文献不足，难以进行确认。商朝主要实行兄终弟及制，由弟弟继承兄长的王位。直到康丁之后的五个王，父子相承的传递方式才稳定下来。周族实行嫡长子继承制，是从成王开始正式确立下来，一直没有改变并且为以后的历代王朝所沿袭，罕有例外。

古代贵族实行的是一夫多妻制，各级君主有一个正妻，称为嫡，所生的儿子为嫡子。其余妻妾为庶，其子为庶子。按照周制的规定，继承各级君主之位的人，必须是正妻所生的长子，也就是嫡长子。嫡长子继承制的确立，其初衷在于防止贵族内部因争夺继承权而相互残杀，是从等级、名分上确定嫡长子在继承权方面不可动摇的优先地位。《公羊传·隐公元年》称："立适以长不以贤，立子以贵不以长。"何休注："适，谓适夫人之子，尊无与敌，故以齿。"[2] 适，通"嫡"。这两句论述的均是确立嫡长子必须遵循的原则。君主正妻可能会有几个儿子，即所谓的嫡子，而享有君位继承的必须是长子，是以序齿的方式确定继承人。君主的儿子有嫡出，有庶出，君主继承人必须是嫡出，这就是所谓的"立子以贵不以贤"，嫡贵庶贱，故立子以贵。

嫡长子是君主继承人，因此，周人对嫡长子予以特殊关注。《诗经·大雅·板》

---

① 王国维：《观堂集林》，中华书局 1959 年版，第 453—454 页。
② ［汉］何休注，［唐］徐彦疏：《春秋公羊传注疏》，中华书局 1980 年版《十三经注疏》本，第 2197 页。

写道："大宗惟翰，怀德惟宁，宗子惟城。无俾城坏，无独斯畏。"郑玄笺："大宗，王之同姓世適子也。……宗子，谓王之適子。"①郑玄所作的注释是正确的。在《板》诗的作者看来，天子周姓贵族的嫡长子如同筑土墙时竖立在两端的支柱，天子的嫡长子如同护卫王室的城墙。因此，提醒周王对这两类长子要倍加珍惜爱护，不要使他们受到伤害。

春秋时期，申生是晋献公的嫡长子，是法定的君主继承人。后来，晋献公又娶骊姬为妻，生奚齐。晋献公听从骊姬的主张，想立奚齐为太子。因此，先是令申生迁出都城，到曲沃居住，后来又令申生与他一道率兵出征。对于晋献公的上述举措，晋国大夫士蒍、里克相继提出批评，具体记载见于《左传·闵公元年》《左传·闵公二年》。两位晋国大夫是在捍卫嫡长子继承制，但是，申生最终未能继承君位，而是饮恨自杀。

嫡长子继承制在周代是一种制度，同时也是人们进行政治和道德评判的依据。《左传·隐公三年》记载，公子完是卫庄公的嫡长子，可是，庄公又宠爱姬妾所生的州吁，公子完的地位受到威胁。针对这种情况，卫国大夫石碏向庄公进谏时说道：

> 且夫贱妨贵，少陵长，远间亲，新间旧，小加大，淫破义，所谓六逆也。②

这里提到的贱与贵、少与长、远与亲、新与旧、小与大、淫与义，前者指州吁，后者指公子完。在石碏看来，嫡长子继承制受到威胁，不但违反法制，而且不合乎道义。无论在政治法庭，还是在道德法庭，嫡长子的继承权都是天经地义。

周代是宗法制社会，政治纽带和血缘关联结合在一起。嫡长子继承权的确立，使得宗法制得以巩固。秦汉以后，虽然宗法制只是残存，但是，家族制却在延续。古代家族依然实行嫡长子继承制，天子皇权也是如此。中国古代社会体制的稳定，嫡长子继承制发挥了重要的作用。

嫡长子继承制的确立，目的是保障各级政权的稳定。但是，古代社会的许多动乱，又往往由嫡长子继承权所引发。本教材选录的《左传·隐公元年》"郑伯克段于鄢"一文，就是因为嫡长子继承权受到威胁而出现的一场内乱，这类事件在后代反复重演。从这个角度来看，嫡长子继承权有时是引发内乱的祸根，这是封建专制无法解决的矛盾。

三、近人、敬鬼神而远之的礼乐制度

周代创造的是礼乐文明，周公的制礼作乐，在中国古代传统文化发展史上具有里程碑意义。《史记》的《周本纪》《鲁周公世家》都有周公制礼作乐的记载。传世

---

① ［清］王先谦撰：《诗三家义集疏》，吴格点校，中华书局1987年版，第919—920页。

② 杨伯峻编著：《春秋左传注》（修订本），中华书局1990年版，第32页。

文献中有关周代礼乐制度的经典文献是《周礼》《仪礼》《礼记》，统称"三礼"。杨向奎先生指出："《周礼》《仪礼》只能是根据西周流行的典章制度系统化、理想化而成书，成书时代不会早于战国。"① 至于《礼记》，本教材已有提要，它是阐述周礼的著作，其中也记载了许多周代的礼制。总而言之，这三部著作是考察周代礼乐制度的基本依据。

《周礼》又称《周官》，记载周代的官制，亦即行政建制。全书分天官、地官、春官、夏官、秋官、冬官六个部分。这六个板块的排列顺序，体现的是农业文明、自然经济生成的顺应自然、天人合一理念。其中的《冬官》文献亡佚，传世本以《考工记》补之，记载的是手工业制造方面的官制及工艺。

传世的《仪礼》共十七篇，其中的《丧服》《士丧礼》《既夕礼》《士虞礼》属于丧葬礼。另外十三篇则是人际间送往迎来、聚会宴饮等方面的礼仪。关于《仪礼》，杨向奎先生指出：

> 这是一部来源颇古而范围较广的礼书，其中礼仪，许多还在春秋时代流行着。来源颇古的礼，西周初经过加工改造，以适应当时社会的需要。②

《仪礼》涉及的范围很广，覆盖人际交往的众多领域。针对士的阶层，有《士冠礼》《士昏礼》《士相见礼》《士丧礼》。在行政建制乡一级层面，有《乡饮酒礼》《乡射礼》。在宴饮方面，有《燕礼》《公食大夫礼》《特牲馈食礼》《有司彻》。至于君臣相见、诸侯朝拜则有《聘礼》《觐礼》。

《周礼》《仪礼》是礼之经，周代礼乐制度的主要内容已经基本收录其内。从这两部经典的内容来看，它主要是针对世间的政治架构和人际关系而制定的相关的条文，体现的是宗法制、等级制观念以及礼主敬、礼尚往来的思想。所规定的具体条文，在现实中能够进行操作，具有鲜明的实践性品格。就此而言，《周礼》《仪礼》是官制、礼制之书，是从制度层面为中国古代传统文化确立范型。秦汉以后各个朝代，尽管官制时有变更，已经与《周礼》存在许多差异，同时许多先秦古礼也随着时间的推移而消亡；但是，《周礼》和《仪礼》所确定的基本体制、仪式以及周代的礼制观念，始终是中国古代传统文化的基本遵循。研究"三礼"成为古代专门的学问。《十三经》把"三礼"全都收录其中，从中可见周代礼制的垂范作用。

《礼记·表记》在对夏、商、周三代进行对比时写道："周人尊礼尚施，事鬼敬神而远之，近人而忠焉。"③ 周文化的特点之一是"近人而忠焉"，对人亲近而尽心竭力，这从《周礼》《仪礼》两部经典中得到充分的体现。周人对鬼神敬而远之，主要体现于祭祀。如前所述，周人祭祀的主要对象是祖先神、自然神及自然管理神，对这些神灵的具体祭祀，采用的均是敬而远之的方式。

---

① 杨向奎：《宗周社会与礼乐文明》（修订本），人民出版社 1997 年版，第 297 页。
② 杨向奎：《宗周社会与礼乐文明》（修订本），人民出版社 1997 年版，第 297 页。
③ ［清］朱彬撰：《礼记训纂》，饶钦农点校，中华书局 1996 年版，第 792 页。

　　首先，各类祭祀都是按照等级进行的。对于祖先的祭祀，从天子到庶人，庙数依次减少，从七庙、五庙、三庙降至寝，等级越低，所祭祀的祖先数量越少。对于其他神的祭祀同样划分为等级。《礼记·王制》称："天子祭天地，诸侯祭社稷，大夫祭五祀。"郑玄注："五祀，谓司命也，中雷也，门也，行也，厉也。此祭谓大夫有地者。其无地，祭三耳。"[①] 按照这种规定，高级别贵族祭祀地位高的尊贵之神，普通的神不在他们的祭祀范围之内。地位低的阶层只祭祀普通的小神，而无缘祭祀尊贵的大神。上述规定限制了人们祭祀神灵的范围，客观上起到敬鬼神而远之的效果。

　　其次，神职人员的职责也是敬鬼神而远之。周代主持祭祀的神职人员有巫、觋，职责是使"明神降之"，就是使神灵降临。宗、祝的职责是使神"能有明德，民神异业，敬而不渎"[②]。由此可以看出，神职人员负责的不过是使神灵降临、显灵而已，并没有与神灵的直接沟通和对话。所谓的"敬而不渎"，指的正是敬鬼神而远之。

　　周人祭祀的至上神是天帝，通常简称为帝。对此裘锡圭先生有如下论述：

　　　　据近人研究，在战国以前，"帝"一般只用来称天神（主要是称上帝），商代人虽有称直系先王为帝的习惯，如称帝乙、帝辛，但那只是所谓"措之庙而立之主曰帝"，是庙号而非生称。[③]

帝字在战国之前的文献中出现的频率很高，通常指的是天帝、上帝。这位至尊神的称号尽管反复出现在战国以前的文献中，但是，见不到他直接现身于人间、与人进行交流沟通的记载，而是在冥冥之中发挥作用，始终与世人保持一定的距离。《左传》多次记载天帝对人间事务的干预，但是，他并不直接出现，而是由第三者传达他的旨意。作为第三者出现的，或是含冤而死的申生，或是郑国燕姞的祖先神，还有天使以及化为厉鬼的赵氏祖先神，具体记载分别见于《左传·僖公十年》《左传·宣公三年》《左传·成公五年》《左传·成公十二年》。天帝作为至尊神隐蔽其身，与世人保持疏远的关系。而作为第三者出现的鬼神，多是在当事人的梦中传达天帝旨意，当事人与这些幽灵也不是在现实中直接沟通，仍然有幽明之隔。《墨子·明鬼下》记载，天帝派人面鸟身的句芒神降临，见到正处于庙中的郑穆公，赐予他十九年延寿的福祉，天帝还是没有直接出面。上述事实表明，周人在与至尊天神的关系方面，敬鬼神而远之的倾向表现得极为充分。

　　与周人敬鬼神而远之形成鲜明对照的古犹太教，作为上帝的耶和华不但在人间出现，而且还和世人作面对面交流。《圣经·出埃及记》所记载神召摩西传说就很有代表性：

---

　　① ［清］朱彬撰：《礼记训纂》，饶钦农点校，中华书局 1996 年版，第 185 页。
　　② 上海师范大学古籍整理组校点：《国语》（下册），上海古籍出版社 1978 年版，第 560 页。
　　③ 裘锡圭：《古代文史研究新探》，江苏古籍出版社 1992 年版，第 147 页。

耶和华的使者从荆棘里火焰中向摩西显现。摩西观看，不料，荆棘被火烧着，却没有烧毁。摩西说："我要过去看这大异象，这荆棘为何没有烧坏呢？"耶和华神见他过去要看，就从荆棘里呼叫说："摩西！摩西！"他说："我在这里。"神说："不要近前来，当把你脚上的鞋脱下来，因为你所站之地是圣地。"又说："我是你父亲的神，是亚伯拉罕的神，以撒的神，雅各的神。"摩西蒙上脸，因为怕看神。

至尊神上帝与牧羊的摩西直接交往，出现在摩西面前并且与他对话，类似场面在中国战国以前文献中绝无仅有。犹太教不是敬鬼神而远之，与此相反，上帝经常出没于世间，与人保持亲密的接触。《圣经·创世纪》对耶和华与亚伯兰交往所作的叙事，也是人神亲密接触的典型案例。而由周人所奠定的敬鬼神而远之的礼制，则成为中国古代文化的重要传统，在后代一直延续。

天地是周人的至尊神，对其进行祭祀是天子的特权，对此，《礼记·郊特牲》有如下记载：

祭之日，王皮弁以听祭报，示民严上也。丧者不哭，不敢凶服，氾扫反道，乡为田烛，弗命而民听上。

祭之日，王被衮以象天。戴冕璪十有二旒，则天数也。乘素车，贵其质也。旂十有二旒，龙章而设日月，以象天也。天垂象，圣人则之，郊所以明天道也。[①]

祭天大典在南郊举行，故称祭天之礼为郊。祭天，也就是祭祀天地，天子是参祭的主角，同时也是祭天之礼的最高主管。祭祀之前，"王皮弁以听祭报"，身穿朝服听取祭天准备工作的汇报。根据《周礼·天官》的记载，进行汇报的是小宗伯。在进行祭祀的这一天，所有人都要为祭祀营造庄严吉祥的氛围并提供一系列服务。祭天要筑坛、以牛犊为牺牲。焚柴升烟，采取的仍然是敬鬼神而远之的方式。天子乘坐不加文饰的车辆，表示对天帝的诚敬。天子的服装、旗帜绘以日月星辰，悬垂的装饰物以十二为级，取法天象。在整个祭祀活动中，显示的是天子至高无上的权威，作为效仿上天的主角出现。对此，黑格尔有如下论述：

中国人有一个国家的宗教，这就是皇帝的宗教，士大夫的宗教。这个宗教尊敬天为最高的力量，特别与以隆重的仪式庆祝一年的季节的典礼相联系。我们可以说，这种自然宗教的特点是这样的：皇帝居最高的地位，为自然的主宰，举凡一切与自然力量有关联的事物，都是从他出发。与这种自然宗教相结合，就是从孔子那里发挥出来的道德教训。[②]

---

① ［清］朱彬撰：《礼记训纂》，饶钦农点校，中华书局1996年版，第396页。
② ［德］黑格尔：《哲学史讲演录》第一卷，贺麟、王太庆译，商务印书馆1997年版，第136页。

黑格尔把祭祀天神上帝称为自然宗教、国家宗教、皇帝的宗教，确实有一定的道理。他已经发现皇权在这种宗教中所起的决定性作用，是皇权支配宗教，而不是二者并立、合一或是宗教统辖皇权。这就揭示出中国古代传统文化的一个重要特点，"与欧洲不同，在中国，宗教是从属于、服务于政治的"，[①] 历代王朝都是如此。如果追本溯源，可以把周代近人、敬鬼神而远之的礼制作为起点。

黑格尔称孔子的道德教训是从自然宗教中发挥出来的，属于猜测之辞，却是天才的猜测。《论语·阳货》篇记载，孔子确实针对三年之丧有过议论，李泽厚先生对此写道：

> 孔子不是把人的情感、观念、仪式（宗教三要素）……引向外在的崇拜对象或神秘境界，相反，而是把这三者引导和消溶在以亲子血缘为基础的世间关系和现实生活之中，使情感不导向异化了的神学大厦和偶像符号，而将其抒发和满足在日常心理－伦理的社会人生中。[②]

孔子是周代礼乐文明的继承人和阐释者，他的宗教导向，与周代确立的近人、敬鬼神而远之的礼制一脉相承。周代确立的礼制既然是近人、敬鬼神而远之，必然以人为出发点和归宿，重视人在宗教中所起的统辖作用，这是合乎逻辑的必然选择。本教材选录《礼记》的《曲礼上》和《乐记·乐礼》，均是周代礼制的文字载体，是立足于人际关系、现实生活展开的论述，其中的情感、观念、仪式，均置于日常心理－伦理的社会人生中。

第六节　中国古代传统文化的凝聚、融汇、辐射功能

中国古代传统文化源远流长，博大精深，富有民族特点。中国古代传统文化在漫长的历史发展过程中，蓄积并释放巨大的能量，具有很强的凝聚、融汇和辐射功能。

一、中国古代传统文化的凝聚力

中国古代传统文化具有很强的凝聚力。所谓文化凝聚，就是能把周边的文化吸引到自己周围并且与自身相聚集、凝结在一起，形成坚牢的文化共同体。中国古代传统文化的凝聚功能，是由多方面原因决定的，有它自身的生成机制。

（一）四方朝宗的心理期待与满足

《礼记·礼运》篇写道：

> 故圣人耐以天下为一家，以中国为一人者，非意之也，必知其情，辟

---

① 李泽厚：《美的历程》（修订插图本），天津社会科学院出版社 2001 年版，第 186 页。

② 李泽厚：《美的历程》（修订插图本），天津社会科学院出版社 2001 年版，第 82 页。

于其义，明于其利，达于其患，然后能为之。

郑玄注："耐，古能字。……意，心所无虑也。"[1] 这里提出的治国理政理想是："以天下为一家，以中国为一人"，意谓天下犹如一家人，和睦相处，这个家庭是凝聚天下之人而组成。

"以天下为一家"是儒家的美政理想，着眼于王权的凝聚力。这种理想是中国古代传统文化反复出现的心理期待，通过各种形式加以表达。

朝廷具有凝聚力的重要象征，就是四方周边能定期前来朝觐、进贡。《尚书·禹贡》叙述九州风土物产并且标明各处向夏王朝进贡的物品，是按照天下一家的理念编写的重要历史文献。《诗经·商颂》是商族的祖先颂歌，《玄鸟》写道："邦畿千里，维民所止。肇域彼四海，四海来假，来假祁祁。"[2] 商朝版图广大，疆域远达四海。四海之民前来归附，数量极其众多。来假，指的是朝宗，拜谒朝廷。商族另一首祖先颂歌《殷武》也有类似诗句："昔有成汤，自彼氐羌。莫敢不来享，莫敢不来王，曰商是常。"[3] 来享，指到朝廷拜谒、觐见。来王，指拥戴商王。《商颂》中的《玄鸟》《殷武》这两首诗表现的是朝廷强大的凝聚力，是四方朝宗得以实现的心理满足。

边远各族使者到朝廷觐见，是中国古代一大盛事，其中最隆重的莫过于朝正，即正月的朝宗，通常是在正月初一。中国古代诗歌在描写元日的朝宗场面时，一般都要提到来自边远地区的各族使者。班固《东都赋》载于《文选》卷一，其中写道：

> 春王三朝，会同汉京。是日也，天子受四海之图籍，膺万国之贡珍。
> 内抚诸夏，外绥百蛮。[4]

正月初一是岁、月、日之始，顾称三朝。元日朝会是对朝廷凝聚力的检阅，也是各族代表聚会的良机。《全唐诗》卷一所载唐太宗李世民的《正日临朝》诗有如下几句："百蛮奉遐赆。万国朝未央。虽无舜禹迹。幸欣天地康。车轨同八表。书文混四方。"[5] 李世民对四方朝宗的盛况深表欣慰，这是国家统一所产生的效应。未央，本是西汉宫殿名称，位于长安，这里代指大唐朝廷。清代乾隆朝每年元日朝会之后，上元前还另选吉日为外藩设曲宴进行招待，先是在丰泽园，后来移至紫光阁，乾隆皇帝为此写了许多即兴诗。载于《日下旧闻考》卷二十四的《元正二日紫光阁赐蒙古王公及回部宴即席得句》云："旧藩已似世臣尽，新部胥娴国礼佳。"[6] 这首

---

① ［清］朱彬撰：《礼记训纂》，饶钦农点校，中华书局 1996 年版，第 344 页。

② ［清］王先谦撰：《诗三家义集疏》，吴格点校，中华书局 1987 年版，第 1105—1106 页。

③ ［清］王先谦撰：《诗三家义集疏》，吴格点校，中华书局 1987 年版，第 1117 页。

④ ［梁］萧统编：《文选》第一册，［唐］李善注，上海古籍出版社 1986 年版，第 35 页。

⑤ ［清］彭定求等编：《全唐诗》卷一，中华书局 1960 年版，第 3 页。

⑥ ［清］于敏中等编纂：《日下旧闻考》（一），北京古籍出版社 2000 年版，第 341 页。

诗作于乾隆二十九年（1764年）正月二日，这两句意谓：旧时的外藩已似朝廷世臣一样忠诚，新增加的成员都娴熟朝廷的盛典礼仪。上述事实从一个侧面透视出中国古代传统文化的重要取向，即对四方朝宗的心理期待以及这种期待得到满足后的喜悦，是对天下共主、中央朝廷凝聚力的高度关注。

（二）分封制和郡县制的凝聚功能

中国古代传统文化具有强大的凝聚功能，从制度层面而言，得益于早期的分封制以及后来适时地转变为郡县制。这两种政治体制的历史上升期，使得中华文化形成强大的国家实体，所积蓄的能量具有强烈的凝聚功能。凝聚功能的强弱，取决于国家政治实体能量的大小。分封制、郡县制的历史上升期，也是中国古代传统文化凝聚力日益增强的阶段。

周代实行的是分封制，《左传·定公四年》记载："昔武王克商，成王定之，选建明德，以蕃屏周。"杨伯峻先生注："选明德之人，建立国家，为周室藩屏。"[1] 文中列举所选明德之人建立的诸侯国，有周公建立的鲁国，康叔建立的卫国，唐叔建立的晋国。周公是成王的叔父，康叔、唐叔是周公之弟，建立的均是姬姓诸侯国，把它们作为周王室的藩屏，在周边拱卫王室。《国语·郑语》记载，西周太史在叙述王朝的疆域时说："是非王之支子母弟甥舅也，则皆蛮、荆、戎、狄之人也。"韦昭注："王支子母弟，姬姓是也。甥舅，异姓是也。"[2] 西周王朝版图的中土部分，是姬姓或异姓诸侯国。而被封为诸侯的异姓，与周王室有血缘关系，故称为甥舅。中土国边，则是发展相对滞后的其他部族。

周代是宗法制社会，依然保存着原始氏族公社的血缘纽带。周代的分封，也是按照血缘关系的远近区别亲疏。这种分封制客观上适应了宗法制的需要，中土众多有血缘关系的诸侯国能够整合成一个命运共同体，内部积蓄了足以凝聚周边的能量。由于中土的姬姓与异姓诸侯国绝大多数与周王室具有血缘纽带关系，它们作为周王朝的屏障，对周王朝有向心力，天子能够把这些诸侯国的君王凝聚在自己的周围。由此看来，传统文化在周代所表现的凝聚力，可分为核心圈与外围圈两个层面。在核心圈，周王朝凝聚同姓和异姓诸侯国。在外围圈，周王朝及各诸侯国凝聚周边各族群。居于边缘地带的各族群，既是周王室的凝聚对象，同时，也依附于和它相邻的诸侯国，齐、鲁、晋等诸侯国均是周边族群的宗主国。《逸周书·王会解》叙述成王时期的成周之会，遵循的是先内后外的顺序。所谓内，指王室和各诸侯国。所谓外，指周边各族群。对于王室和各诸侯国，先同姓，后异姓。与会者所处的位置，与同周王室血缘关系的亲疏及所居地域的方位相对应。从位次排列可以看出，周王朝分封制形成的凝聚力，有内圈与外圈之别。

分封制是适应宗法制的需要而形成的，有其合理性。战国时期，宗法制已经

---

① 杨伯峻编著：《春秋左传注》（修订本），中华书局1990年版，第1536页。

② 上海师范大学古籍整理组校点：《国语》，上海古籍出版社1978年版，第507、508页。

基本解体，以分封制为依托的周王室徒有其名。因此，由郡县制取代分封制，成为历史发展的必然，秦朝的建立实现了这种转变。郡县制建立的是大一统帝国，中央朝廷的权力更加集中，形成的是君主专制。这种体制克服了分封制后期出现的诸侯纷争、尾大不掉等弊病，有利于国家的统一和安定。中国古代实行郡县制所产生的文化凝聚力，同样可划分为内圈和外圈两个界面，有核心圈和外围圈的区分，这与分封制时期的情况并无本质的差异。《逸周书·明堂解》叙述朝廷集会的具体位次，朝廷大臣、中土诸侯在宫殿之内，周边族群则位于殿门之外。《宋文鉴》卷二所载范仲淹《明堂赋》，基本是按照《逸周书·明堂解》的模式加以复制，只是个别细节稍有增加。历代名堂之制所出现的位次排列，反映出中国古代传统文化所具有的凝聚力和层面划分。

中国古代传统文化的凝聚力，相继以分封制和郡县制为依托，这两种政权形态是中国古代传统文化产生凝聚力的制度保障。不过，在不同的历史时期，这两种体制对于文化凝聚力所起的作用差别很大。在两种体制的历史上升期，文化凝聚力逐渐强大，西周成康盛世、汉唐盛世、清代康乾盛世属于这种类型。当这两种体制进入衰落期，文化的凝聚力也就相应地减弱。各个王朝的后期，呈现的就是这种趋势。归根结底，文化凝聚力是国力的体现，而国力的强弱，很大程度取决于所选择的体制是否合乎国情。中国古代的分封制、郡县制，均有其历史的必然性与合理性，中国古代传统文化的凝聚功能，与这两种体制密切相关，不能分割。

（三）移风易俗与入乡随俗的结合

强调移风易俗，是中国古代传统文化的一贯主张，也是儒家教化思想的重要组成部分。《礼记·乐记》反复强调："乐也者，圣人之所乐也，而可以善民心，其感人深，其移风易俗，故先王著其教焉。""故乐行而伦清，耳目聪明，血气和平，移风易俗，天下皆宁。"[1] 这是把乐的功能归结为移风易俗。本教材选的《乐记·乐礼》，也是从移风易俗的角度把礼和乐加以对比。本教材收录的《毛诗序》也写道："故正得失，动天地，感鬼神，莫近于诗。先王以是经夫妇，成孝敬，厚人伦，美教化，移风俗。"[2] 这是把移风易俗作为诗教的功能之一，与《乐记》论乐一脉相通。总之，移风易俗是中国古代历代王朝的基本国策，是古代传统文化的重要指向。

儒家在提出移风易俗主张的同时，又对各地的习俗表示尊重，不强行加以改变，《礼记·王制》有如下论述：

> 广谷大川异制，民生其间者异俗，刚柔轻重迟速异齐，五味异和，器械异制，衣服异宜。修其教，不易其俗；齐其政，不易其宜。中国戎夷，

---

① ［清］朱彬撰：《礼记训纂》，饶钦农点校，中华书局1996年版，第575、582页。

② ［清］阮元校刻：《十三经注疏》，中华书局1980年影印本，第270页。

五方之民，皆有性也，不可推移。①

这是从自然地理环境的差异和人的天性不齐立论，正视各地习俗的不同，承认其合理性，并且进一步强调，在各地区实施教化、行使权力，不必改变当地的习俗。《左传·定公四年》记载：把康叔分封在卫地，"皆启以商政，疆以周索"。杜预注："居殷故地，因其风俗，开用其政。疆理土地以周法。"② 这是要求康叔在卫地沿用殷商的行政法规并且保持那里原有的习俗。把唐叔分封在夏族故地，即晋地，"启以夏政，疆以戎索"。沿用夏朝政令，"则晋周围之戎狄，尚处游牧时代，逐水草而居，则田间小径大路，自必与其游牧生活相适应。"③ 对于周初分封所采取的上述变通性政策，杨向奎先生所作论述如下：

> 周初于各族的传统，都适当承袭保存，此所以封建诸侯时，于卫"启以商政，疆以周索"，于唐"启以夏政，疆以周索"。绝不抹杀当地之传统及固有文明，这样各国发展水平不一，今后发展也并不平衡，但这有利于因地制宜，不削足适履，宗周三百多年的发展迅速，春秋战国时之灿烂光辉的文明，没有西周的渊源，没有周公的改革是很难想象的。④

周代礼乐文明的创造，很大程度上得益于教化上的移风易俗与施政上入乡随俗的结合，同时，这也是中国古代传统文化具有强大凝聚力的重要原因。所谓移风易俗，是对国民素质的提升，对社会文化生态的净化，这就必然使整个中土文化的发展水平不断攀升，蓄积的正能量与日俱增，从而产生强大的凝聚力。而入乡随俗，不改其宜，则使施政对象得到应有的尊重，在心理上乐于接受，从而凝聚于施政的一方。从长远来看，移风易俗力度较大的中土，与不改其宜的边远地区，势必在文化层次上拉大距离。古代文化发展的历程表明，一种文化的层次越高，就越有凝聚力，而不改其宜的文化，迟早会向高层次的文化靠拢，被它的魅力所吸引。可以这样说，移风易俗与入乡随俗的有机结合，是中国古代传统文化具有强大、持久凝聚力的政策保障，这种做法在当下仍然延续着它的价值。

（四）原始儒学的民族普适性

中国古代传统文化的核心是儒家学说，由孔子所创立的原始儒学，对于中华民族具有普适性，这是中国古代传统文化具有强大、持久凝聚力的思想根源。李泽厚先生写道：

> 原始儒学由于来自巫术礼仪，在这种远古礼仪中，对原始氏族首领的

---

① ［清］朱彬撰：《礼记训纂》，饶钦农点校，中华书局1996年版，第191页。
② 杨伯峻编著：《春秋左传注》（修订本），中华书局1990年版，第1538页。
③ 杨伯峻编著：《春秋左传注》（修订本），中华书局1990年版，第1539页。
④ 杨向奎：《宗周社会与礼乐文明》（修订本），人民出版社1997年版，第164页。

品质、人格的宗教要求与社会政治要求本就混在一起。[①]

原始儒学是否来自巫术，这个问题可以继续讨论。至于原始儒学重视人的品格的修养，则是确凿无疑的事实，孔子本人是这样，他对弟子的教育同样如此。原始儒家所提倡的仁、义、礼、智、信等品德，客观上适应中国古代社会的需要，因此得到普遍认可。《史记·孔子世家》写道："孔子布衣，传十馀世，学者宗之。自天子王侯，中国言《六艺》者折中于夫子，可谓至圣矣！"[②]孔子学说在中土具有如此崇高的地位，凝聚力极强，很大程度上源自他对人的品格的高度重视以及所提出的一系列道德准则。

原始儒学带有宗法制的胎记，其中有关人的品格、性理的思想，有许多最初生成于原始氏族社会。在中国古代，入主中原的游牧民族带有浓厚的原始社会遗风，天性淳厚，民风质朴，与原始儒学在人格修养方面一拍即合。《金史·世宗本纪》记载，金世宗完颜雍曾说过如下一段话：

> 女真旧风最为纯直，虽不知书，然其祭天地、敬亲戚、尊耆老、接宾客、信朋友，礼意款曲，皆出自然，其善与古书所载无异。[③]

完颜雍是针对整个女真族而言，认为这个游牧民族的旧风与"古书所载无异"，也就是与原始儒学提倡的美德相吻合。《元史》卷一二〇有如下记载：

> 察罕武勇过人，幼牧羊于野，植杖于地，脱帽置杖端，跪拜歌舞。太祖出猎，见而问之。察罕对曰："独行则帽在上而尊，二人行则年长者尊。今独行，故致敬于帽。且闻有大官至，先习礼仪耳。"帝异之，乃挈以归。[④]

察罕是色目人血统，出自西域。原始儒学有揖让跪拜之礼，强调长幼尊卑之序。察罕少年时代就能演习礼仪，敬老尊长，可谓无师自通，与儒家礼仪不谋而合。从上述典型例证可以看出，孔子创立的原始儒学，与入主中原的游牧民族在人格修养方面一脉相通。孔子所赞扬的许多优秀品质，先天存在于这些大朴未散的族群之中。一旦入主中土，必然成为原始儒学凝聚的对象，对孔子顶礼膜拜。中国古代传统文化凝聚力的内核，是原始的儒家学说，这是它的精神能源。本教材所选录的《孝经》是中国古代传统文化的经典，其中许多内容，可以与入主中土的游牧民族的原始遗风相互印证。

---

① 李泽厚：《论语今读》前言，《中国文化》1995 年第 11 期。

② ［汉］司马迁撰，［南朝宋］裴骃集解，［唐］司马贞索隐，［唐］张守节正义：《史记》卷四十七，中华书局编辑部点校，中华书局 1982 年版，第 1947 页。

③ ［元］脱脱等撰：《金史》卷七，中华书局编辑部点校，中华书局 1975 年版，第 164 页。

④ ［明］宋濂等撰：《元史》卷一百二十，中华书局编辑部点校，中华书局 1976 年版，第 2955 页。

二、中国古代传统文化的融汇功能

中国古代传统文化具有强大、持久的凝聚力，同时，还有多方面的融汇功能。它在动态生成、发展的历程中，把许多因素加以整合并且进行消化、吸收，成为自身的有机组成部分。中国古代传统文化的融汇功能，体现在多种多样的方式之中。因为融汇的对象不同，所采用的方式也就存在差异。

（一）血缘认同与祖谱整合

中华民族是由多民族组成的大家庭，各族成员在相互融汇过程中形成了血缘认同的心理。所谓血缘认同，指各族成员承认存在共同的血统，出自相同的祖先。这种血缘认同，带来谱系的融汇。

中国古代以华夏族为正宗，传说中炎黄二帝及五帝是中华民族的共同祖先。正因为如此，人们在追溯本族的由来时，往往和炎黄二帝、五帝联系在一起，表现出血缘认同的心理。《山海经》记载许多谱系，体现的就是这种倾向。如《大荒北经》记载，犬戎的始祖是黄帝。苗氏的始祖是颛顼。《海内经》记载的谱系，颛顼的始祖是黄帝，鲧的始祖也是黄帝。《大戴礼记·帝系》所记载的谱系，是整合多种谱系而成的，最终追溯到黄帝，成为远古谱系的定本。这是以整合的方式对各族谱系进行融汇，最后黄帝成为华夏始祖。

进入文明社会以后，许多少数民族的祖先传说，依旧具有明显的血缘认同倾向。《史记·匈奴列传》称："匈奴，其先祖夏后氏之苗裔也，曰淳维。"[①] 十六国时期的赫连勃勃是匈奴人，他对王买德说道："朕大禹之后，世居幽朔。……今将应运而兴，复大禹之业。"[②] 这个记载见于《晋书》卷一三○，匈奴族首领而以大禹的后裔自命，把自己的血缘追溯到夏族。鲜卑拓跋氏是北魏王朝的建立者，《魏书·序纪》写道：

> 昔黄帝有子二十五人，或内列诸华，或外分荒服。昌意少子，受封北土，国有大鲜卑山，因以为号。[③]

拓跋氏有自己的祖先谱系，但是把黄帝奉为本族始祖，是把《山海经》所载黄帝谱系与本族谱系加以整合的结果。

中国古代许多民族都确认本族的华夏血统并且通过谱系整合加以印证。由血缘认同而加以整合的谱系，许多已经写入正史，成为中国古代传统文化的有机组成部分。尽管这些经过整合的谱系不尽可信，但是，它所表达的民族认同心理却是真实的，从中可以看到中国古代传统文化在这方面的融合功能。

---

① ［汉］司马迁撰，［南朝宋］：裴骃集解，［唐］司马贞索隐，［唐］张守节正义：《史记》卷一百一十，中华书局编辑部点校，中华书局1982年版，第2879页。

② ［唐］房玄龄等撰：《晋书》，中华书局1993年版，第3205页。

③ ［北齐］魏收撰：《魏书》卷一，中华书局编辑部点校，中华书局1974年版，第1页。

（二）猎奇求异与精神、物质消费品的输入

中国古代传统文化的融汇功能还体现在对多种艺术因素的吸纳上。这个过程从先秦时期就已经开始。《礼记·明堂位》有如下记载：

> 季夏六月，以禘礼祀周公于大庙，……升歌《清庙》，下管《象》，朱干玉戚，冕而舞《大武》。皮弁素积，裼而舞《大夏》。《昧》，东夷之乐也。《任》，南蛮之乐也。纳夷蛮之乐于大庙，言广鲁于天下也。①

鲁国在太庙祭祀周公，是规格很高的祭祀大典。在典礼中除了表演华夏传统的古乐，还把东方和南方边远地区土著的音乐也纳入其中，对于乐的运用具有兼容并包的特点。

汉乐府诗有《铙歌》十八首，是配乐演唱的杂言诗。这组诗与中土的《诗经》、楚辞差异很大，对此，萧涤非先生指出："此当由于《铙歌》为北狄西域之新声，故与当时楚之《安世》、《郊祀》二歌全然异其面目。"②《铙歌》的曲调来自北狄西域，西汉朝廷的音乐机关乐府演唱这组歌诗，使它成为大汉之乐。

张骞通西域，从那里引进葡萄和苜蓿，前者用于酿酒，后者作为从大宛输入的马匹的饲料。张骞通西域还把那里的乐曲带回中土，崔豹《古今注》有如下记载：

> 《横吹》，胡乐也。张博望入西域，传其法于西京。唯得《摩诃》、《兜勒》二曲。李延年因胡曲更造新声二十八解，乘舆以为武乐。后汉以给边将军。和帝时，万人将军得用之。③

张骞从西域带回的乐曲，经过西汉武帝时期乐府令李延年的改造变成由二十八段组成的军乐，在军队行进时进行演奏，高级将领才能享用。关于《摩诃》《兜勒》两个曲名的含义，章太炎先生所作解释如下："西域即用梵语，'摩诃'译言'大'，'兜勒'、'兜离'译言'声音高朗'。"④

张骞通西域的重要成果，是中国古代传统文化对外来之物的引进接纳。这种引进的最初动机是猎奇，因为葡萄用于酿酒，这在当时的中土是见不到的。大宛马，又称天马、汗血马，也是中土见不到的良马。这种马以苜蓿为饲料，引进它的同时就要种植本是生长在西域的苜蓿，这是一个连锁反应。由此可以看出，中国古代传统文化对精神和物质消费对象的输入接纳，在开始阶段主要是出自猎奇求异。由这种心理而产生中国古代传统文化对外来因素的融汇。汉魏六朝的笔记小说，如《西京杂记》《古今注》《博物志》等，还记载许多从西域等地输入中土的奇异之物。中

---

① ［清］朱彬撰：《礼记训纂》，饶钦农点校，中华书局1996年版，第482页。

② 萧涤非：《汉魏六朝乐府文学史》，人民文学出版社1984年版，第51页。

③ ［晋］崔豹撰：《古今注》，上海古籍出版社编：《汉魏六朝笔记小说大观》，王根林、黄益元、曹光甫点校，上海古籍出版社1999年版，第239页。

④ 章太炎撰：《国故论衡》，陈平原导读，上海古籍出版社2003年版，第93页。

国古代传统文化对精神和物质消费对象的引进接纳，成为志怪小说重要的取材对象。类似现象在汉代以后仍然经常出现。

（三）民族本位与佛教的中国化

佛教在东汉时期传入中国。佛教在中国的传播和接受，经历了一个本土化的过程，中国古代传统文化对佛教的吸纳，不是原封不动地全盘接受，而是以民族本位对它进行改造、吸纳，使它成为中国古代传统文化的有机组成部分。

禅宗是最具有中国特色的佛教派别，它的生成及教义，都是中国古代传统文化对印度佛教加以融汇的结果。禅宗的先驱可以追溯到东晋、后秦时的僧肇。他是高僧鸠摩罗什的弟子，先是醉心于老庄玄学，后来译《维摩诘经》，乃转治佛学。治学历程决定了他的佛学思想必然融入中土文化的因素。

僧肇的《涅槃无名论》在引《维摩诘经》的"不离烦恼，而得涅槃"之语后写道：

> 玄道在于妙悟，妙悟在于即真。即真则有无齐观，齐观则彼己莫二。所以天地与我同根，万物与我一体。[①]

这段论述明显脱胎于《庄子·齐物论》，甚至所用的话语都极其相似。他在《维摩经注·文殊师利问疾品》中又写道：

> 齐天地为一旨，而不乖其实，镜群有以玄通，而物我俱一。物我俱一，故智无照功。不乖其实，故物物自周。[②]

《庄子·齐物论》有"天地，一指也""万物与我为一"之语，《庄子·应帝王》又称："至人之用心若镜，不将不迎，应而不藏，故能胜物而不伤。"僧肇的上述话语，是糅合《庄子》的相关论述，属于典型的引庄入佛。僧肇所处的时期，玄学理论已经成熟。他使佛教般若学与玄学融为一体，是印度佛教中国化的重要一步。

僧肇从鸠摩罗什那里主要接受的是《维摩诘经》思想，认为涅槃必须在烦恼的尘世中证得。《肇论·不真空论》中写道："然则道远乎哉，触事而真；圣远乎哉，体之即神。"[③] 这两句话明显是借鉴孔子语录而来。《论语·述而》："子曰：'仁远乎哉？我欲仁，斯仁至矣。'"《论语·子罕》："子曰：'未之思也，夫何远之有？'"僧肇对孔子上述话语，不但师其意，而且师其辞，同样是采用疑问语气。从僧肇的佛教著作可以看出，在印度佛教中土化的早期，对于中国古代传统文化的儒、道两家学说均有吸纳和借鉴。

---

① 石峻等编：《中国佛教思想资料选编　汉魏六朝卷》，中华书局 2014 年版，第 162 页。

② 石峻等编：《中国佛教思想资料选编　汉魏六朝卷》，中华书局 2014 年版，第 179 页。

③ ［东晋］僧肇著，张春波校释：《肇论校释》，中华书局 2020 年版，第 60 页。

禅宗经典以《坛经》为代表，本教材选录了其中的《般若品》以及与其有渊源关系的《般若波罗蜜多心经》。《坛经》记载的是禅宗实际创立者慧能的禅法思想，其中提到的定慧、无相、顿悟等理念，与道家学说存在密切关联。另外"由于对中国传统生产方式和生活方式的适应，增强了禅宗自身的应变能力"。① 禅宗成为地道的中国化佛教，是中国古代传统文化动态生成过程中新增的活跃元素。

中国古代传统文化还包括佛教石窟艺术。"它的石窟艺术也随着这种时代的变迁、阶级的升降和现实生活的发展而变化发展，以自己的形象方式，反映了中国民族由接受佛教而改造消化它、而最终摆脱它。清醒的理性主义、历史主义的华夏传统终于战胜了反理性的神秘迷狂，这是一个重要而深刻的思想意识的行程。"②

（四）非汉语专名的中译与胡语声韵的汉化

中国古代传统文化的融汇功能还体现在语言声韵领域。一是非汉语名物的中译兼顾音和义，二是对胡语声韵的借鉴。

张骞通西域把葡萄和苜蓿带入中土，这两种植物名称采用的是音译，葡萄，字形从草，表示它是植物。葡，字形从草、从匍。匍，指匍匐。葡萄蔓生，如果任其自然，则匍匐在地。萄，字形从草、从匋，匋指陶器，构形从缶，缶是古代酒器。葡萄用于造酒，故用匋字作为专名的后缀。再看苜蓿，属于豆科植物，它的荚类似人的眼睛，故苜字构形从草、从目。苜蓿是多年生草本植物，故蓿字构形从草、从宿。宿，表示多年生。《离骚》提到的宿莽就是多年生草本植物。

再看佛字，是梵语的音译，通常释为觉者、觉。佛，字形从人、从弗。《说文解字·丿部》："弗，矫也。"段玉裁注："矫者，揉箭箝也，引申为矫拂之用，今人不能辩者久矣。"③ 弗字的本义是对箭杆进行矫正，使之挺直。佛字构形从人、从弗，意谓对人加以矫正，也就是使人觉悟之义。

以上列举的非汉语名物中译，所用汉字兼顾音、义两个方面。这种情况在古代传世文献中还有许多，是以汉字为本位对非汉语名物加以翻译，使其音和义都融入汉字系统。不过，人们通常只是注意到音译，而忽略了汉字所表达的意义与其构形的关系。

中国古代对于域外有些名物，采用的不是音译，而是意译，所作的意译仍然体现出以中土为本位、以华夏为中心的理念。如，称古罗马帝国为大秦，是以中土为本位的称呼。秦地在中国西部，所谓的大秦，指在秦地遥远的西部。大，谓遥远。再如，大夏，古代中亚古国名。中土称西方为夏，所谓的大夏，指遥远的西方之地。上述称谓，与古罗马依据与它距离的远近，而将东方分为远东、中东、近东，二者异曲同工，秉持的均是民族本位，以自我所在之地为中心。

---

① 参见潘桂明译注：《坛经全译·前言》，巴蜀书社 2000 年版，第 37 页。
② 李泽厚：《美的历程》（修订插图本），天津社会科学院出版社 2001 年版，第 173 页。
③ ［汉］许慎撰，［清］段玉裁注：《说文解字注》，上海古籍出版社 1981 年版，第 627 页。

新体诗、词是中国古代文学两类重要的样式，它们的生成，在很大程度上得益于对胡语声韵的借鉴。南朝永明体是绝句、律诗的先声，当时中土音韵学已有长足的发展，诗赋创作也积累了声调音韵运用的丰富经验，为四声的发现奠定基础。同时，那个阶段佛经翻译过程中的考文审音，以及寺庙的佛音梵呗，对于永明体新诗的生成也起到促进作用。宋人沈括指出，"音韵之学，自沈约为四声，及天竺梵学入中国，其术渐密"①。陈寅恪先生在《四声三问》一文中，对这个问题亦有论述。②

词是配乐演唱的歌诗，兴起于唐宋五代，它的音乐源头可以追溯到唐代的燕乐，亦称宴乐。沈括写道：

> 外国之声前世自别为四夷乐，自唐天宝十三载始诏法曲与胡部合奏，自此乐奏全失古法。以先王之乐为雅乐，前世新声为清乐，合胡部者为宴乐。③

宴乐属于俗乐，是配乐演唱的歌诗所用。宴乐包括胡乐、中原音乐和属于南方系统的清乐，三者不断进行交融。所谓的胡乐，分别来自天竺、高丽、龟兹、安国、疏勒、高昌，以西域乐居多。这些胡乐是早期词类作品所依托的音乐之一。

总之，中国古代传统文化的融汇功能是全方位的，涵盖从物质到精神多个层面。同时，所作的融汇进行得非常充分，中土化程度很高。有些经过融汇而产生的成果，已经很难见到消化、吸收的痕迹，达到水乳交融、天衣无缝的程度。中国古代传统文化对域外因素的融汇，总体上是先从耳目口腹的欲望对象开始，逐渐扩展、深入到思想层面、语言声韵领域，是一个循序渐进、由低到高的过程。

三、中国古代传统文化的外向辐射

中国古代传统文化的外向辐射，可以追溯到史前传说时期。随着时间的推移、中土疆域的拓展，古代传统文化的辐射力度也越来越大。由于历史阶段的不同，这种辐射在地域上各有侧重，用于辐射的载体也存在差异。

（一）先秦：文化辐射的历史传说

中国古代传统文化的辐射，先秦时期就已经开始。存留下来的历史文献，记载的是这个阶段文化辐射的传说，许多细节无法真正落到实处。

《大戴礼记·五帝德》叙述五帝的功德，有些条目的结尾一段提到中土文化覆盖范围的极限，实际就是文化辐射所波及的领域。颛顼是"北至于幽陵，南至于交趾，西济于流沙，东至于蟠木"。舜的势力范围更加广大："南抚交趾、大教，

---

① ［宋］沈括撰：《梦溪笔谈》，上海书店出版社 2003 年版，第 124 页。
② 陈寅恪：《金明馆丛稿初编》，上海古籍出版社 1980 年版，第 328—329 页。
③ ［宋］沈括撰：《梦溪笔谈》，上海书店出版社 2003 年版，第 38 页。

鲜支、渠庾、氐、羌，北山戎、发、息慎。东长、鸟夷羽民。"[1] 这些传说与其说是那个时期中土文化辐射的历史投影，不如把它视为先民渴望文化辐射的表达更为恰切。

先秦时期有关中土文化辐射最重要的文献是《穆天子传》。这部文献记载周穆王西游历程，从成周出发，渡黄河北上，经太行山西行，到达河宗氏所在的今内蒙古河套地区。然后河宗氏充当向导西行，一直到达西王母之邦，然后返回。关于西王母之邦的具体地域，有的学者认为相当于今伊犁河谷地[2]，也有的认为应在今新疆境内阿尔泰山的额尔齐斯河上游一带。[3] 尽管西王母之邦的确切地域尚未得到确证，但是，周穆王此次西行确实存在，该书所载并非全是虚构。

《穆天子传》所作的记载，主要表现周穆王作为天子的声威，他在途中安排各种娱乐活动，其中包括演奏朝廷所用的广乐。他对沿途土著首领进行赏赐，无非是朱芾、贝饰、黄金器具等，这些均是等级和权利的象征物。书中周穆王与西王母聚会的场面最为精彩。双方用的是宾主相见之礼并且以诗相唱和。从这些记载可以推测，周穆王此次西行，客观上起到传播周代礼乐文化的效果，把它辐射到前丝绸之路时期的西域。

（二）两汉：陆上丝绸之路的西向输送

西汉武帝时期张骞通西域，是陆地丝绸之路正式开通的标志。汉文化对西域的辐射，主要通过这个线路进行。两汉朝廷对西域的经营，有军事远征和派遣使者两种方式，而后者承担文化辐射的职责更多。

《史记·大宛列传》记载，张骞出使西域，"赍金币帛直数千巨万，多持节副使，道可使，使遗之他旁国。"[4] 张骞前往西域携带的礼物，主要是金属货币和丝织品，数量众多，把它们赠给能够到达之处的地方首领。西汉王朝经营西域的另一项成就，是把金属冶炼技术传到那里，《史记·大宛列传》称：

> 其地皆无丝漆，不知铸钱器。及汉使亡卒降，教铸作他兵器。得汉黄白金，辄以为器，不用为币。[5]

汉使者赠给西域各地首领的金属货币，在那里往往不是作为货币使用，而是用来制

---

① ［清］王聘珍撰：《大戴礼记解诂》，中华书局 1983 年版，第 120、123 页。

② 参见王守春：《〈穆天子传〉与古代新疆历史地理相关问题研究》，《西域研究》1998 年第 2 期；王守春：《〈穆天子传〉地域范围试析》，《中国历史地理论丛》2000 年第 1 期。

③ 参见马雍、王炳华：《阿尔泰与欧亚草原丝绸之路》，张志尧主编：《草原丝绸之路与中亚文明》，商务印书馆 2013 年版，第 5—52 页。

④ ［汉］司马迁撰，［南朝宋］裴骃集解，［唐］司马贞索隐，［唐］张守节正义：《史记》，中华书局 1982 年版，第 3168 页。

⑤ ［汉］司马迁撰，［南朝宋］裴骃集解，［唐］司马贞索隐，［唐］张守节正义：《史记》卷一百二十三，中华书局编辑部点校，中华书局 1982 年版，第 3174 页。

造器具。铸造技术是流入西域的汉人所传授。

武帝时期西域多国派遣使者前来，朝廷接待他们时表演百戏，《史记·大宛列传》有如下记载：

> 于是大觳抵，出奇戏诸怪物，多聚观者。……及加其眩者之工，而觳抵奇戏岁增变，甚盛益兴，自此始。[①]

西汉王朝的百戏种类众多，其中觳抵又称角抵，尤为重要。这是一种角力游戏，表演者头上戴着牛角状饰物，三三两两相互较力。张衡《西京赋》对西汉百戏有专门的描写，其中包括杂技、魔术，这些都是供西域使者观赏的项目，是艺术上的西向传输。

东汉与西域的交流，使丝绸之路延伸到地中海沿岸，班勇、甘英是汉朝派出的杰出使者。《后汉书·西域传》对当时的丝绸之路有如下叙述：

> 立屯田于膏腴之野，列邮置于要害之路。驰命走驿，不绝于时月；商胡贩客，日款于塞下。[②]

丝绸之路通使通邮，还有客商往来。从此以后，这条线路成为中西交通的要道，中土文化的西向辐射很大程度上以它为依托。

（三）唐代：东亚汉文化圈的形成

唐代与汉代是中国古代的盛世，国力强大，疆域广阔，它所蓄积的文化能量，充分地向域外释放。陆地丝绸之路继续畅通，同时，大唐帝国的文化辐射，还为东亚的半岛文化、岛国文化注入活力，形成以中国本土为中心的汉文化圈。

朝鲜与中国山水相连，中土文化传入朝鲜半岛，可以追溯到西周初年的箕子赴朝鲜定居。公元前五世纪到公元前一世纪，儒学与汉字传入朝鲜。高句丽、百济、新罗三国鼎立的公元一世纪到七世纪，高句丽从陆路输入汉儒的典章制度，百济从海路引纳六朝的学术思想，新罗则以高句丽、百济为中介吸收中国文化。

到了唐代，朝鲜半岛三国向唐派遣留学生。新罗统一朝鲜半岛之后，官制仿照唐朝，学制亦仿照唐制。讲授的课程有儒学和算学，所用教材均是中土传入的经典。真德女王时期，采用中国章服之制，自此以后，衣冠同于中国。

日本对中国古代传统文化的吸纳在唐代进入鼎盛期。公元645年，在返日留唐学生的策动之下，日本发生著名的大化改新，以唐代为最高理想，以唐制为蓝本。公元710年，日本迁都奈良，奈良的建造完全模仿唐都长安的样式。日本各级学校

---

① ［汉］司马迁撰，［南朝宋］裴骃集解，［唐］司马贞索隐，［唐］张守节正义：《史记》卷一百二十三，中华书局编辑部点校，中华书局1982年版，第3173页。

② ［南朝宋］范晔撰，李贤等注：《后汉书》卷八十八，中华书局编辑部点校，中华书局1965年版，第2931页。

以儒家经典为教材，祭祀孔子成为隆重的典礼。日本佛教以中国为母国，宗教派别与唐朝相对应，东渡日本的鉴真和尚成为日本律宗的太祖。日本的历法沿用唐历，唐代制定的新历法，日本原封不动地采用。日本各阶层深受唐代文化浸染，对唐代的诗歌、绘画、服装、饮食、餐具，均加以借鉴。这期间日本共任命遣唐使十八批。奈良王朝八十余年间，遣唐使达于全盛，使团庞大，多至五六百人，其中包括许多留学生、僧人等。中国文化的全方位输入，有力地推动日本岛国文明的进步。

唐代的文化辐射，还传播到东南亚的越南、泰国等地，那里也形成了一个汉文化圈。

唐代所形成的东亚汉文化圈以中国为中心，周边国家对中国文化的容受，涵盖物质、制度、思想各个层面，是全方位的吸纳，在很大程度上是中国化、唐化的过程。

（四）明朝：海上丝绸之路的辉煌

海上丝绸之路开通的年代很早，在明朝永乐年间进入辉煌期，其标志就是郑和下西洋，是明朝盛世的一个壮举。郑和下西洋的文化辐射功能，主要体现在三个方面。

第一，郑和下西洋向西洋各地展示了中国古代文化的辉煌成就，以及泱泱大国的恢宏气魄。

郑和初次下西洋所率领的水手、官兵多达二万七千八百余人，船只六十二艘。后来又六次出洋，经三十余国和地区，总计二十八年，最远到达非洲东海岸、红海和伊斯兰教圣地麦加。所乘船只最大的长四十四丈多，阔十八丈，可乘千人。如此庞大的船队、长时间远距离的航行，比西方的航海家哥伦布、达·伽马等早半个世纪以上。船队规模和船只之大，超过他们数倍。郑和下西洋在所经之处产生的巨大反响，是对中国古代传统文化多方面成就的充分展示，有利于那里的居民深入地了解中国，认识中国古代传统文化。

第二，郑和下西洋把具有代表性的中国产品传输到远方，促进那里社会文明的进步。

郑和船队装载的主要是瓷器、丝绸、铜铁器具及金银等物，用以换取当地特产。郑和船队所携带的交易物品，有许多是当地尚未制造出来的稀有之物，为那里进行借鉴、复制提供了方便。十五世纪后半期，中国瓷器制造技术传到意大利威尼斯，这当是郑和下西洋从事瓷器贸易的直接结果，为欧洲瓷器制造开辟了一个新纪元。美国学者德克·卜德在《中国物品西传考》一文中写道：

> 虽然从此以后在欧洲和其他地方生产了大量的瓷器，但是，在瓷器之乡以外的地方，还从来没有过什么工艺品可以跟中国陶瓷工最出色的制品相媲美。[1]

----

[1] 《中国文化研究集刊》第二辑，复旦大学出版社 1985 年版，第 357 页。

在西方世界，瓷器成为中国文化的象征，因此，英语称中国为"China"，这个词首字母小写，在英语中又代表瓷器、陶瓷。

第三，郑和下西洋增强了伊斯兰世界及南洋地区对中国的认同。

郑和本人是回族，他的祖父、父亲都到过伊斯兰教圣地麦加，郑和的船队再次抵达那里，使得伊斯兰世界与中国古代文化建立起亲缘关系。另外，郑和船队的一些成员定居南洋，个别地区一次留下的男子多达千人。他们在那里娶妻生子，安家立业，使得南洋群岛出现一批具有华裔血统的居民，至今仍对中华文化抱有特殊的亲善之情。

（五）清朝：中国文化在欧洲的辐射

中国古代文化传入欧洲并产生较大的影响，是在十八到十九世纪期间，当时中国是清朝。

德国古典哲学的先驱莱布尼茨，是欧洲较早认识到中国古代文化对西方哲学发展有重要意义的学者。他主张扩大欧洲与中国的文化交流，反驳那些非议中国哲学而维护欧洲经院哲学的言论，把中国古代哲学作为批判欧洲中世纪神学的武器。

1701 年，法国传教士给莱布尼茨的信中附了两张图，即《伏羲六十四卦次序图》和《伏羲六十四卦方位图》。莱布尼茨对此进行深入研究，认为八卦排列是人类历史上首次提出数学上"二进位"制，他又进一步将二进位制扩展到加减乘除的运算中。莱布尼茨"成为符号逻辑或数理逻辑之父，对这一观念的刺激公认是来自汉字的会意特征"[1]。

黑格尔是继莱布尼茨之后，对中国古代文化予以特殊关注的德国古典哲学家，在多部著作中提到中国古代的历史、哲学、文学等方面的情况并且加以评论。他的《哲学史讲演录》第一卷在《东方哲学》板块设《中国哲学》专章，首先提到的是孔子，并且追述到："孔子的教训在莱布尼茨的时代曾轰动一时。"[2] 在这部著作中，黑格尔还提到中国古代的《周易》《尚书》《老子》，其中对《老子》所作的论述最为充分。《老子》一书当时流传到维也纳，黑格尔亲自到那里进行阅读，见到的是法文译本。他对道家所作的总体评价如下："这派的主要概念是'道'，这就是'理性'。"[3] 他把道归结为理性，从而与宗教区别开来，这与他追求理性与智慧的启蒙思想相符合。他认为中国古代哲学把"认识道的各种形式看作是最高的学术"，[4] 对此予以充分肯定。黑格尔对中国古代哲学所作的论述，一方面是他构建庞大体系的需要，同时客观上适应启蒙思想的发展，对于批判欧洲中世纪神学起着推动作用。

伏尔泰作为法国著名的启蒙思想家、哲学家、作家，他把中国的儒学视为理性

---

[1] 参见〔英〕李约瑟：《中国科学技术史》第二卷，科学出版社、上海古籍出版社 1990 年版，第529 页。

[2] 〔德〕黑格尔：《哲学史讲演录》第一卷，贺麟、王太庆译，商务印书馆 2017 年版，第 129 页。

[3] 〔德〕黑格尔：《哲学史讲演录》第一卷，贺麟、王太庆译，商务印书馆 2017 年版，第 137 页。

[4] 〔德〕黑格尔：《历史哲学》，王造时译，生活·读书·新知三联书店 1957 年版，第 179 页。

宗教的楷模。他所创作的哲理小说《查第格》，其中认为中国古代把理、天视作万物的本源，这是中国古老文明最完美的原因，称中国人是全场最讲理的一个。[①]伏尔泰的政治理想，是在清除基于迷信的宗教之后，建立理性的宗教。中国古代的道论、理学，成为他可利用的思想资料。

总之，这个时期中国古代传统文化在欧洲所发挥的辐射效应，主要体现在对十八、十九世纪启蒙运动思想体系的形成注入了活力。尽管上述欧洲学者对中国古代传统文化的认识有理想化的色彩，有的还比较片面，但是，欧洲知识界对中国古代文化的发现，确实使他们大开眼界，充分感受到这种文化的独特魅力。

---

① 参见［法］伏尔泰：《伏尔泰小说选》，傅雷译，人民出版社 1980 年版，第 31—33 页。

第一讲
诗 经

　　《诗经》是中国现存的第一部诗歌总集，是反映上古生活的百科全书，后来又成为重要的国学经典。《礼记·经解》论述礼乐文化，列在首位的是《诗》教。《庄子·天运》篇假托孔子之口列举儒家经典，也把《诗》置于首位。

　　《诗经》最初称为"诗"，在它成为经典之后才缀以"经"字。《诗经》所收录的诗歌，有殷商王朝的遗篇，也有周朝建立之前的周族歌诗，其中大部分是西周到春秋时期的作品。它的下限是作于鲁昭公二十二年（前520）稍后的《曹风·下泉》。《诗经》在最初阶段是歌诗，用于演唱，孔子曾对它的乐章作过整理。

　　《诗经》共收录305首诗，按照风、雅、颂的分类进行编排。

　　风指国风，共160篇，包括周南、召南、邶、鄘、卫、王、郑、齐、魏、唐、秦、陈、桧、曹、豳，共十五个板块。这部分歌诗称为风，风指曲调。由十五个板块组成的国风，指从十五个地区采集的歌诗，所涉地域覆盖黄河及江汉流域。

　　雅诗一共105篇，其中小雅74篇，大雅31篇，是朝廷和宗庙的歌诗。

　　颂诗共40篇，其中周颂31篇，鲁颂4篇，商颂5篇，是用于宗庙祭祀的歌诗。

　　西周至春秋中期，当时的官学把《诗经》作为重要教材，用于教育贵族子弟，具体记载见于《周礼·春官·大师》《国语·楚语上》《礼记·学记》等多种典籍。到了春秋后期，孔子所开设的私学也把《诗经》作为基本课程，用以教授弟子，具体记载见于《论语》的多个篇目。至于上海博物馆馆藏战国楚竹书中的《孔子诗论》，则是由孔子讲授《诗经》的记录而加以整理的产物。

　　《诗经》是反映上古生活的百科全书。它是部族文化的载体，夏商周三大部族的生活色彩、方位崇拜、祭祀礼仪等众多文化现象，均在《诗经》中有不同程度的反映。中国上古创立的农业文明，属于自然经济状态。农业文明所形成的安土重迁、敬天尊老、顺应自然等特征，《诗经》做了详细的记载。先秦时期是宗法制社会，人的社会关系和血缘关联交织在一起，《诗经》所映射的对等级制的强调、对血缘亲情的珍视，就是宗法制社会的真实写照。《诗经》绝大多数作品是在周代出现的，周代创立的是礼乐文明。《诗经》既有对礼乐文明的正面呈现，也有许多作品反映了民间习俗、人的自然本性与礼乐文明之间的冲突。《诗经》中的许多作品还带有历史记录的性质，具有史学价值。

《诗经》在中国古代文学史、诗歌史上具有奠基作用。其中的作品以四言诗为主，是这种诗体成熟的标志。四言诗句绝大多数是整拍领起，以两个字开头，这种句式成为中国古代诗歌的结构原型。《诗经》采用赋、比、兴的表现方式，对后代诗歌的影响极其深远。

先秦儒家私学继承周代官学传统，把《诗经》作为基本教材。西汉时期，《诗经》的传授主要有齐、鲁、韩、毛四家。鲁诗的传人始于鲁人申培公，齐诗传人始于齐人辕固生，韩诗传人始于燕人韩婴。以上三家诗为今文经，用当时通行的隶书写成，在西汉立为官学。毛诗后出，其传人始于大毛公、小毛公。大毛公亨，鲁人；小毛公苌，赵人。毛诗用先秦古文写成，称为古文经。

《诗经》传本主要有毛氏传、郑玄笺、孔颖达疏的《毛诗正义》，朱熹注的《诗集传》。近代以来主要注本有高亨的《诗经今注》、陈子展的《诗经直解》等。

本教材所选的《关雎》是国风首篇，《鹿鸣》是小雅首篇，《文王》是大雅首篇，《清庙》是《周颂》首篇，在古代称为"四始"。这四篇作品分别以爱情、贵族宴享、歌颂祖先、宗庙祭祀为题材，在四个板块中具有代表性。

关　　雎[1]

关关雎鸠[2]，在河之洲。窈窕淑女[3]，君子好逑[4]。

参差荇菜[5]，左右流之[6]。窈窕淑女，寤寐求之[7]。

求之不得，寤寐思服[8]。悠哉悠哉[9]，辗转反侧[10]。

参差荇菜，左右采之。窈窕淑女，琴瑟友之[11]。

参差荇菜，左右芼之[12]。窈窕淑女，钟鼓乐之[13]。

中华书局 1980 年《十三经注疏》影印本孔颖达《毛诗正义》卷一

注释

[1]关雎（jū）：取首句两个字为篇题。是君子求偶的情诗。

[2]关关：象声词，鸟的鸣叫声，连续不断之象。雎鸠（jiū）：一种水鸟，俗名鱼鹰，在鸠类中形体较大，善捕鱼。

[3]窈窕（yǎo tiǎo）：幽静而又大方的样子。淑：美好。

[4]好逑（qiú）：配偶。好、逑，均指配偶。一说，好，形容词。

[5]参差（cēn cī）：长短不齐。荇（xìng）菜：多年生草本植物，叶浮于水面，嫩茎可食。

［6］流：择取。

［7］寤寐（wù mèi）：醒来和入睡。寤，醒来。寐，入睡。

［8］思服：思念。服，惦念。一说，服，语助词。

［9］悠：思虑深重的样子。

［10］辗（zhǎn）转：翻来覆去。反侧：伏身、侧身而卧。反，翻身。侧，侧身。

［11］友之：与她交朋友。

［12］芼（mào）：拔取。

［13］乐（yào）之：使她喜爱。乐，喜爱，喜欢。文中为使动用法。

问题与思考

一、诗中出现的雎鸠鸣叫和采择荇菜事象，与诗中君子求偶存在什么关联？

二、诗中叙述荇菜，依次用流之、采之、芼之加以描述，君子对于淑女，则依次是求之、友之、乐之。试分析这两个系列本身的逻辑层次以及两个系列的对应关系。

知识链接

子曰：“《关雎》乐而不淫，哀而不伤。”（《论语·八佾》）

细玩此篇，乃君子自求良配而他人代写其哀乐之情耳。盖先儒误以夫妇之情为私，是以曲为之解。（崔述：《读风偶识》卷一）

“流之”“求之”，文气游衍和平。至第五句紧顶“求”字，忽反笔云“求之不得”，乃作诗者着意佈势，翻起波澜，令读者知一篇用意在此。得此一折，文势便不平衍。下文“友之”“乐之”，乃更沉至有味。（邓翔：《诗经绎参》卷一）

乃合乐，周南《关雎》《葛覃》《卷耳》；召南《鹊巢》《采蘩》《采蘋》。（《仪礼·乡射礼》）

《关雎》在礼仪中用于配乐演奏，还见于《仪礼》的《乡饮酒礼》《燕礼》。

鹿　　鸣[1]

呦呦鹿鸣[2]，食野之苹[3]。我有嘉宾，鼓瑟吹笙[4]。吹笙鼓簧[5]，承筐是将[6]。人之好我[7]，示我周行[8]。

呦呦鹿鸣，食野之蒿[9]。我有嘉宾，德音孔昭[10]。视民不恌[11]，君子是则是效[12]。我有旨酒[13]，嘉宾式燕以敖[14]。

呦呦鹿鸣，食野之芩[15]。我有嘉宾，鼓瑟鼓琴。鼓瑟鼓琴，和乐且湛[16]。我有旨酒，以燕乐嘉宾之心。

中华书局 1980 年《十三经注疏》影印本孔颖达《毛诗正义》卷九

注 释

[1]鹿鸣：取首句后两字为篇题。这首诗叙述主人对嘉宾的友好接待，展示周代贵族的宴饮之乐。

[2]呦（yōu）呦：鹿的鸣叫声。

[3]苹：草名，今名扫帚草。

[4]鼓瑟：弹瑟。鼓，弹奏。笙：一种管乐器。

[5]鼓簧：吹气使簧片振动。鼓，指振动，文中为使动用法。簧，乐器里用于发声的薄片，用竹、苇制成。

[6]承筐：捧着筐。承，手捧。将：奉献，进献。

[7]人：指客人。好我：喜欢我，对我友善。

[8]示：指示，指点。周行（háng）：本指通往周朝廷所在地的大道，这里指为人处世的正道。

[9]蒿（hāo）：草名，指青蒿。

[10]德音：美好的声望。孔昭：非常彰明。孔，很，非常。昭，明显，鲜明。

[11]视民：昭示人民。视，作示，昭示。不恌（tiāo）：不轻浮，沉稳。恌，轻佻，引申为轻视。

[12]是则：以此为准则。则，准则。是效：以此作为效法对象。效，效法。

[13]旨酒：美酒。旨，味道甘美。

[14]式燕：用以进行宴饮。式，用以。燕，通"宴"，宴会。以敖：用以进行游乐。敖，通"遨"，指游乐。

[15]芩（qín）：草名。

[16]和乐：和谐欢乐。湛（dān）：沉浸其中。

问题与思考

一、这首诗叙述主人欢迎、款待嘉宾，为什么以鹿鸣起兴？

二、试分析"人之好我，示我周行"与"视民不恌，君子是则是效"之间的关联。

三、第二章称"嘉宾式燕以敖"，第三章称"以燕乐嘉宾之心"，这两句均是表现宴饮之乐，二者之间存在什么样的关联？

知识链接

兽之所同，麀鹿麌麌。（《诗经·小雅·吉日》）

瞻彼中林，甡甡其鹿。（《诗经·大雅·桑柔》）

七月上旬，复入山射鹿，夜半，令猎人吹角效鹿鸣，既集而射之。（叶隆礼：

《契丹国志》卷二十三）

又以桦皮为角，吹作呦呦之声，呼麋鹿而射之。（宇文懋昭：《大金国志》卷三十九）

小臣纳工，工四人，二瑟。小臣左何瑟，面鼓，执越，内弦，右手相。入，升自西阶，北面东上坐。小臣坐授瑟，乃降。工歌《鹿鸣》《四牡》《皇皇者华》。（《仪礼·燕礼》）

《鹿鸣》用于礼仪场合配乐演唱，具体记载还见于《仪礼》的《乡饮酒礼》《大射》。

<h1 style="text-align:center">文　王[1]</h1>

文王在上[2]，於昭于天[3]。周虽旧邦[4]，其命维新[5]。有周不显[6]，帝命不时[7]。文王陟降[8]，在帝左右[9]。

亹亹文王[10]，令闻不已[11]。陈锡哉周[12]，侯文王孙子[13]。文王孙子，本支百世[14]。凡周之士，不显亦世[15]。

世之不显，厥犹翼翼[16]。思皇多士[17]，生此王国[18]。王国克生[19]，维周之桢[20]。济济多士[21]，文王以宁[22]。

注释

[1]文王：指周文王姬昌。这首诗以首句前两字为篇题，追述周文王的历史功绩，把他作为效法的楷模。其中对殷商后裔既有激励，也有警示。

[2]在上：指在天上。

[3]於昭：昭著彰显。於，叹美之词。

[4]周：指周族。旧邦：旧国，指周族建邦立国历史悠久。

[5]其命：指周族的命运。命，天命。维：是有判断之意。

[6]有周：指周族。有，词头，无义。不（pī）显：大显。不，通"丕"。

[7]帝命：天帝的命令。帝，指天帝，上帝。不（pī）时：即丕时，非常适时之义。时，适时。

[8]陟（zhì）降：升降。陟，登，升。

[9]在帝左右：在天帝的身边。左右，指身边。

[10]亹（wěi）亹：勤勉的样子。

[11]令闻：美好的声望，美誉。不已：不停止，意谓传到远方而经久不息。

[12]陈锡（cì）：厚赐。陈，通"申"。锡，通"赐"，指赏赐。哉周：始于周族。哉，开始。

[13]侯：用作动词，指列土封侯。文王孙子：泛指姬姓贵族的子孙后代。以上两句意为：周族开始宣示这样的赏赐，对姬姓贵族子孙列土封侯。

［14］本支：本义指树的根部与枝条，这里指姬姓贵族的本宗和支系。

［15］不显：大为彰显。亦世：累世。亦，通"奕"，重复。以上两句意为：凡是在周族朝廷供事的人士，世世代代大为显赫。

［16］厥：其，指前文"凡周之士"。翼翼：小心谨慎之象。

［17］思：语助词。皇：盛美。此句意为：众多盛美之士。

［18］生此：生于此。王国：指周文王所在的邦国。王，指文王。

［19］克生：能够生出。克，能够。

［20］维周：维护周族。维，维护，维持。桢：本指木质坚硬的树，这里指骨干、支柱。

［21］济济：众多之象。

［22］以宁：任用以实现安宁。以，任用。宁，使安宁、安定，文中为使动用法。

穆穆文王[1]，於缉熙敬止[2]。假哉天命[3]，有商孙子[4]。商之孙子，其丽不亿[5]。上帝既命，侯于周服[6]。

侯服于周，天命靡常[7]。殷士肤敏[8]，祼将于京[9]。厥作祼将，常服黼冔[10]。王之荩臣[11]，无念尔祖[12]。

无念尔祖，聿修厥德[13]。永言配命[14]，自求多福。殷之未丧师[15]，克配上帝。宜鉴于殷[16]，骏命不易[17]。

命之不易，无遏尔躬[18]。宣昭义问[19]，有虞殷自天[20]。上天之载[21]，无声无臭[22]。仪刑文王[23]，万邦作孚[24]。

中华书局 1980 年《十三经注疏》影印本孔颖达《毛诗正义》卷十六

注释

［1］穆穆：庄严美好之象。

［2］於：语助词，表示赞叹。缉熙：形容文王品德光明正大的样子。止：句尾语助词。

［3］假哉天命：借助开始的天帝的命令。假，大，也可译为嘉，美也。天命，天帝的命令。

［4］有：拥有，据有。商：指殷商。这句诗指周族灭商。

［5］丽：数目。不亿：无法揣度。亿，测度。这两句诗意为：殷商子孙数量众多，相互附著，无法揣度。

［6］侯：惟，句首语助词，无义。服：臣服。周：指周王朝。这两句诗意为：天帝已经发出命令，殷商子孙臣服于周王朝。

［7］靡常：无常。

〔8〕殷士：殷商遗民。肤敏：美好敏捷。肤，指美好。

〔9〕裸（guàn）将：进行裸祭。裸，指灌祭，把酒洒在地上以祭神。将，进行。于京：前往京师。于，前往。京，指周王朝的首都。

〔10〕常服：样式、色彩固定的服装。黼冔（fǔ xǔ）：礼服和礼帽。黼，绣有黑白相间花纹的礼服。冔，殷商时对礼帽的称呼。

〔11〕荩（jìn）臣：进用的臣，指殷商后裔。荩，进用。

〔12〕无念：不要怀念。尔祖：你的祖先。尔，指殷商后裔。

〔13〕聿：语助词。厥：其。这两句意为：不要怀念你的祖先，要修治本身的德行。

〔14〕永言：长久。永，长久。言，语助词。配命：配合天命。

〔15〕未丧师：没有失去民众。师，指民众、百姓。

〔16〕宜：适宜。鉴于殷：以殷为鉴。

〔17〕骏命：指天命。骏，大。不易：不寻常，不容易。

〔18〕无遏（è）：不要断绝。遏，断绝。尔躬：你的身体，实指生命。这句是对殷商遗民加以警示。

〔19〕宣昭：宣明发扬。宣，宣扬。昭，加以彰显。义问：美好的名声。义：合理，引申为美好。问：通"闻"，指名誉、声望。

〔20〕有虞（yú）：有戒备。虞，指戒备、防备。殷自天：殷商始于天。自，开始。这句意为要以殷商为鉴，它的兴亡都始于天命，由天帝所决定。

〔21〕上天之载：载，事，这二字古音近而通用，回应上句的"自天"。

〔22〕无臭（xiù）：没有气味。以上两句意为：上天行事，没有声音和气味。

〔23〕仪刑：表率典范。仪，表率。刑，通"型"，典范。这句诗意为：把文王作为表率和典范。

〔24〕万邦：指整个天下。作孚：开始信任。作，开始。孚，信任，信服。

问题与思考

一、诗中反复提到帝命、天命、上天，试分析作品所表现的天命观。

二、作品从哪些方面追述周文王的历史功绩，按时间顺序依次列举。

三、找出诗中对殷商遗民进行激励和警示的句子，对比两类诗句在语气上的差异。

知识链接

文王有声，遹骏有声。遹求厥宁，遹观厥成。文王烝哉！

文王受命，有此武功。既伐于崇，作邑于丰。文王烝哉！

筑城伊淢，作丰伊匹。匪棘其欲，遹追来孝。王后烝哉！

王公伊濯，维丰之垣。四方攸同，王后维翰。王后烝哉！（《诗经·大雅·文

王有声》)

有客有客，亦白其马。有萋有且，敦琢其旅。有客宿宿，有客信信。言授之絷，以絷其马。薄言追之，左右绥之。既有淫威，降福孔夷。（《诗经·周颂·有客》）

西伯阴行善，诸侯皆来决平。于是虞、芮之人有狱不能决，乃如周。入界，耕者皆让畔，民俗皆让长。虞、芮之人未见西伯，皆惭，相谓曰："吾所争，周人所耻，何往为？只取辱耳。"遂还，俱让而去。诸侯闻之，曰："西伯盖受命之君。"（司马迁《史记·周本纪》）

夫歌《文王》《大明》《绵》，则两君相见之乐也。（《国语·鲁语下》）

清　庙[1]

於穆清庙[2]，肃雍显相[3]。济济多士[4]，秉文之德[5]。对越在天[6]，骏奔走在庙[7]。不显不承[8]。无射于人斯[9]。

中华书局1980年《十三经注疏》影印本孔颖达《毛诗正义》卷十九

注 释

[1]清庙：以首句后两个字为篇题。清，清静。庙，宗庙。这首诗是周朝贵族在宗庙祭祀文王时所用。

[2]於（wū）：赞叹词，象声。穆：庄严。

[3]肃雍（yōng）：庄重和谐。雍，和谐。显相：高贵显赫的助祭者。显，显赫。相，助祭人员。

[4]济济：众多貌。多士：指众多参加祭祀的人员。

[5]秉文之德：秉承周文王之德。一说，文德指文事方面的德行。

[6]对越：对扬，报答宣扬。对，报答。越，宣扬，弘扬。在天：指周文王的在天之灵，周族先民认为人死之后灵魂升天。

[7]骏：迅速。

[8]不（pī）显：大力显示。不，通"丕"，谓大。显，加以显示、弘扬。不承：即丕承，指很有次序。承，谓先后次第。

[9]无射（yì）：不厌弃，不怠惰。射，通"斁"，指厌弃，怠惰。于：前往。斯：语助词。"丕显丕承，无射于人斯"，意味继承弘扬文王的盛德永远铭记在心，永不懈怠。

问题与思考

一、祭祀主敬，这首诗在哪些方面对宗庙祭祀庄严肃穆的气氛加以展现？

二、指出诗中提到的参加祭祀的人员及其角色担当。

知识链接

《清庙》之瑟，朱弦而疏越，一倡而三叹，有遗音者矣。（《礼记·乐记》）

孝子之祭可知也，其立之也敬以诎，其进之也敬以愉，其荐之也敬以欲。退而立，如将受命。已彻而退，敬齐之色不绝于面。（《礼记·祭义》）

夫大尝禘，升歌《清庙》，下而管《象》；朱干玉戚以舞《大武》，八佾以舞《大夏》，此天子之乐也。（《礼记·祭统》）

附录

秦风·蒹葭

蒹葭苍苍，白露为霜。所谓伊人，在水一方。
溯洄从之，道阻且长。溯游从之，宛在水中央。
蒹葭萋萋，白露未晞。所谓伊人，在水之湄。
溯洄从之，道阻且跻。溯游从之，宛在水中坻。
蒹葭采采，白露未已，所谓伊人，在水之涘。
溯洄从之，道阻且右。溯游从之，宛在水中沚。

中华书局 1980 年《十三经注疏》影印本孔颖达《毛诗正义》卷六

小雅·伐木

伐木丁丁，鸟鸣嘤嘤。出自幽谷，迁于乔木。嘤其鸣矣，求其友声。
相彼鸟矣，犹求友声。矧伊人矣，不求友生？神之听之，终和且平。
伐木许许，酾酒有藇。既有肥羜，以速诸父。宁适不来，微我弗顾。
於粲洒扫，陈馈八簋。既有肥牡，以速诸舅。宁适不来，微我有咎。
伐木于阪，酾酒有衍。笾豆有践，兄弟无远。民之失德，乾餱以愆。
有酒湑我，无酒酤我。坎坎鼓我，蹲蹲舞我。迨我暇矣，饮此湑矣。

中华书局 1980 年《十三经注疏》影印本孔颖达《毛诗正义》卷九

大雅·大明

明明在下，赫赫在上。天难忱斯，不易维王。天位殷适，使不挟四方。
挚仲氏任，自彼殷商。来嫁于周，曰嫔于京。乃及王季，维德之行。
大任有身，生此文王。

维此文王，小心翼翼。昭事上帝，聿怀多福。厥德不回，以受方国。

天监在下，有命既集。文王初载，天作之合。在洽之阳，在渭之涘。文王嘉止，大邦有子。

大邦有子，伣天之妹。文定厥祥，亲迎于渭。

造舟为梁，不显其光。有命自天，命此文王。于周于京，缵女维莘。长子维行，笃生武王。保右命尔，燮伐大商。

殷商之旅，其会如林。矢于牧野，维予侯兴。上帝临女，无贰尔心。

牧野洋洋，檀车煌煌，驷騵彭彭。维师尚父，时维鹰扬。凉彼武王，肆伐大商，会朝清明。

中华书局 1980 年《十三经注疏》影印本孔颖达《毛诗正义》卷十六

周颂·思文

思文后稷，克配彼天。立我烝民，莫匪尔极。

贻我来牟，帝命率育，无此疆尔界，陈常于时夏。

中华书局 1980 年《十三经注疏》影印本孔颖达《毛诗正义》卷十九

毛　诗　序

《关雎》，后妃之德也，风之始也，所以风天下而正夫妇也。故用之乡人焉，用之邦国焉。风，风也，教也；风以动之，教以化之。

诗者，志之所之也，在心为志，发言为诗。情动于中而形于言，言之不足故嗟叹之，嗟叹之不足故永歌之，永歌之不足，不知手之舞之足之蹈之也。

情发于声，声成文谓之音。治世之音安以乐，其政和；乱世之音怨以怒，其政乖；亡国之音哀以思，其民困。故正得失，动天地，感鬼神，莫近于诗。先王以是经夫妇，成孝敬，厚人伦，美教化，移风俗。

故诗有六义焉：一曰风，二曰赋，三曰比，四曰兴，五曰雅，六曰颂。上以风化下，下以风刺上。主文而谲谏，言之者无罪，闻之者足以戒，故曰风。至于王道衰，礼义废，政教失，国异政，家殊俗，而"变风""变雅"作矣。国史明乎得失之迹，伤人伦之废，哀刑政之苛，吟咏情性，以风其上，达于事变而怀其旧俗者也。故变风发乎情，止乎礼义。发乎情，民之性也；止乎礼义，先王之泽也。是以一国之事，系一人之本，谓之风；言天下之事，形四方之风，谓之雅。雅者，正也，言王政之所由废兴也。政有小大，故有小雅焉，有大雅焉。颂者，美盛德之形容，以其成功告于神明者也。是谓四始，诗之至也。

然则《关雎》《麟趾》之化，王者之风，故系之周公。南，言化自北而南也。《鹊巢》《驺虞》之德，诸侯之风也，先王之所以教，故系之召公。《周南》《召南》，正始之道，王化之基。是以《关雎》乐得淑女以配君子，忧在进贤，不淫其色；哀窈窕，思贤才，而无伤善之心焉。是《关雎》之义也。

中华书局 1980 年《十三经注疏》影印本孔颖达《毛诗正义》卷一

第二讲

尚 书

　　《尚书》是中国古代流传至今最为久远的一部文献汇编，是研究中国上古社会的一部重要经典，在六经和十三经系列中均居于第二位。《尚书》在先秦时期往往被称为《书》，进入西汉之后才在前边冠以"尚"字。所谓《尚书》，指的是远古之书，取其生成时段久远之意。

　　《尚书》所涉及的时段，起自原始社会末期的尧舜阶段，排在全书末尾的《秦誓》，叙述的是春秋中期的历史事件，前后的时间跨度超过了一千年。《尚书》作为一部历史文献汇编，保存了大量弥足珍贵的上古政治、历史、思想、文化等方面的信息，是先秦时期重要的资料库。

　　《尚书》对上古时期许多重大的历史事件作了真实的记载，其中包括尧舜的禅让，夏商周的兴衰更替以及在上述各个历史时段出现的一系列关键人物。《尚书》是一部可信度很高的历史著作，是古代史学之祖。

　　《尚书》是一部经世致用的著作，其中提出的治国理政观念，所确立的许多典章制度，对后代具有垂范作用，成为后代治国理政基本遵循和效法的对象。在礼、乐、刑、政、法、兵等许多方面，都有系统的理论和具体的实施办法，具有较强的可操作性。

　　《尚书》是中国上古时期生成的思想宝库，后代出现的许多思想观念，都可以从《尚书》中找到最初的源头。天人合一，天人感应，是贯穿《尚书》的一条重要线索。作为历史活动的主体，那个阶段的先民还没有把自己从天地自然中分离出来，而是作为它的组成部分置身其间。同时，被视为天地自然主宰的神灵，在书中往往作为冥冥中发挥决定作用的超验力量出现。这就是《尚书》所体现的天人合一、天人感应的天道观。与此相应，敬天保民成为治国理政的基本观念。

　　《尚书》是中国上古早期的文献汇编，最初由史官加以记录和保存，是中国古代史官文化的滥觞，也承载着早期史官的思想观念和价值取向。其中，尧舜时期的禅让制度，是被浓墨重彩加以书写的内容，表现出史官文化对这种做法的赞赏。圣君贤臣遇合，是《尚书》重要的取材对象。舜、禹得到尧的重用，舜与诸多下属和睦相处，共商国是，是最早的君臣遇合的典范。到了后来，伊尹遇商汤，傅说遇武丁，这类具有传奇性的故事在历史上成为佳话，也成为后代士人梦寐以求的人生理想。《尚书》记载的一系列贤臣，也对后世具有垂范作用。

《尚书》所收录的文献，篇题末尾所用的字有典、谟、誓、诰、训、命等，通常称为六体。它们虽然不是独立的文体，但是，从中可以看出文章样式与具体功用之间的关联。《尚书》多数篇目的用词古奥艰涩，但也有整齐的排比句式，生动贴切的比喻，甚至声韵铿锵的段落。《尚书》是中国古代文章之祖，是古代散文的直接源头。

《尚书》在先秦时期广为流传，最终写定是在战国时期。由于秦朝的焚书坑儒及秦末的战乱，西汉时期已经见不到完整的《尚书》。西汉文帝时期，伏生传授二十九篇，称为《今文尚书》。汉武帝末年，又从孔子宅中发现用先秦古文字书写的《尚书》，称为《古文尚书》，比《今文尚书》多出十六篇。西晋末年战乱，《今文尚书》失传，《古文尚书》只剩下与《今文尚书》相同的二十九篇。东晋时期，梅赜所献《孔传古文尚书》五十八篇，其中二十九篇与当时流行的古文《尚书》基本相同。唐代以后，梅赜的《孔传古文尚书》成为《尚书》的唯一传本。

《尚书》在古代的主要注本是孔安国传、孔颖达疏的《尚书正义》，孙星衍的《尚书今古文注疏》等。

本教材收录的《尧典》，是《尚书》的首篇。记载尧在担任部落联盟首领期间所采取的一系列重大举措。其中包括对天象的观测，对四方的治理，以及指派鲧治水，对舜进行禅让等。

尧　　典[1]

曰若稽古[2]，帝尧曰放勋[3]，钦明文思安安[4]，允恭克让[5]，光被四表[6]。格于上下[7]，克明俊德[8]，以亲九族[9]。九族既睦，平章百姓[10]。百姓昭明，协和万邦。黎民于变时雍[11]。

注释

[1]尧典：根据文章内容拟定的篇题，意谓有关尧的典籍文献。尧，传说上古时期部落联盟首领。典，典籍，文献。

[2]曰若：句首语助词，或作"越若""粤若"。稽古：考察往古，即追溯古人。

[3]帝尧：指尧。帝，并非尧时称号，而是后人所加，用以表示崇敬。放勋：尧的名字。

[4]钦明：严谨明达。钦，严肃恭谨。明，通达。文思：文雅有谋虑。文，文雅。思，谋虑。安安：温和，宽容。

　　[5] 允恭：诚实恭敬。允，诚实。恭，恭敬。克让：能够谦让。克，能够。

　　[6] 光被：光辉覆盖。光，光辉，光芒。被，覆盖。四表：四方极远之地。表，指外围、边缘。

　　[7] 格：至，达到。上下：这里指天和地。

　　[8] 克明俊德：能够发扬崇高的德行。克，能够。明，发扬、彰显。俊，才智高超。

　　[9] 九族：指众多有血缘关系的成员。九，指数量众多。族，指有血缘关系的群体。

　　[10] 平章：辨别彰明。百姓：指众多的族姓。这句意为：辨别彰明众多的族姓。

　　[11] 黎民：指民众。于变：于是发生变化。于，于是。时雍：和睦相处。时，是。雍，和睦。这句意为：民众于是发生改变，和睦相处。

　　　　乃命羲和[1]，钦若昊天[2]，历象日月星辰[3]，敬授人时[4]。

　　　　分命羲仲[5]，宅嵎夷[6]，曰旸谷[7]。寅宾出日[8]，平秩东作[9]。日中星鸟[10]，以殷仲春[11]。厥民析[12]，鸟兽孳尾[13]。

　　　　申命羲叔[14]，宅南交[15]。平秩南讹[16]，敬致[17]。日永星火[18]，以正仲夏[19]。厥民因[20]，鸟兽希革[21]。

　　　　分命和仲[22]，宅西，曰昧谷[23]。寅饯纳日[24]，平秩西成[25]。宵中星虚[26]，以殷仲秋[27]。厥民夷[28]，鸟兽毛毨[29]。

　　　　申命和叔[30]，宅朔方[31]，曰幽都[32]。平在朔易[33]，日短星昴[34]，以正仲冬[35]。厥民隩[36]，鸟兽氄毛[37]。

　　　　帝曰："咨[38]，汝羲暨和[39]。期，三百有六旬有六日[40]，以闰月定四时成岁[41]。允厘百工[42]，庶绩咸熙[43]。"

注释

　　[1] 乃命羲（xī）和：于是命令羲与和。乃，于是。羲、和，指羲氏与和氏两个族姓的首领。

　　[2] 钦若：崇敬顺从，作动词。钦，敬。若，顺应。昊天：上天。昊，谓广大。

　　[3] 历象：推算取法。历，推算。象，取法、遵循。这句意为：推算和取法日月星辰的运行。

　　[4] 敬授：敬重地授予。人时：指制定历法，为民所用。这句意为：敬重地向民众授予历法。

　　[5] 分命：分派命令。分，分配，分派。羲仲：羲氏族姓排行第二的首领。

［6］宅嵎（yú）夷：居住在嵎夷之地。宅，居住。嵎夷，东部沿海土著居民。

［7］旸（yáng）谷：传说中的日出之处，一作汤谷。

［8］寅宾：恭敬地祭祀。寅，敬。宾，本指以宾客之礼相接待，这里指进行祭祀，迎接日出。出日：指太阳初升。

［9］平秩：分辨次序，这里指确定季节。平，分辨。秩，次序。东作：即春作，指春季的农耕等事务。五行说中，春与东相对应。

［10］日中：昼夜时间均等，文中指春分。星鸟：指二十八宿中的南方朱雀星宿，呈鸟形，故称星鸟。这句意为：春分这天昼夜长短相等，黄昏时段朱雀星宿出现在天空中。

［11］以殷：用来确定。以，用。殷，确定。仲春，春季的第二个月。

［12］厥：其。民析：百姓分散。析，分散。这句意为：仲春季节，百姓分散进行耕种。

［13］孳（zī）尾：繁衍交配。孳，繁殖。尾，交尾、交配。

［14］申命：宣布命令。申，表达，宣布。羲叔：羲氏族群首领排行第三位者。

［15］南交：指南部边缘地带。交，名词，指相交接的地区。

［16］南讹（é）：向南移动。讹，移运。这句意为：根据太阳从北回归线向南移动分辨季节。

［17］敬致：敬重地对待太阳的到达。致：指到达、到来。

［18］日永：白昼最长，文中指夏至。永，长久。星火：指大火星，亦称心宿。夏至之日黄昏时刻，大火星出现在天空中。

［19］以正仲夏：用以确定仲夏季节。仲夏，夏季的第二个月。

［20］厥民因：那里的百姓在席子上躺卧。因，人躺在席子上。这是指南方炎热，民众席地而卧。一说，到高地居住。

［21］希革：羽毛稀疏。希，通“稀”。革，谓皮肤，这里代指鸟兽皮肤上所生的羽毛。夏季鸟兽羽毛稀疏，故称。

［22］和仲：和氏族姓排行第二的首领。

［23］昧谷：地名，意谓昏暗的山谷。太阳在西方降落，故称西方为昧谷。

［24］寅饯：恭敬地送行。饯，送行。这是指为降落的太阳送行。纳日：落日。

［25］西成：指秋季收获之事。西，古人把它与秋季相配。成，指农作物成熟。

［26］宵中：夜晚和白昼时间长短相同，文中指秋分。星虚：即虚星，秋分黄昏时刻，虚星出现在天空中。

［27］仲秋：秋季的第二个月。

［28］厥民夷：其民众进行陈放，指进行收割、陈放农作物。夷，陈放。一说，指从高地区回平原居住。

［29］毛毨（xiǎn）：指羽毛更生。秋季鸟兽羽毛丰满，故称。

［30］和叔：和氏族姓排行第三的首领。

［31］朔方：指北方。

［32］幽都：指遥远的北方之地。先民认为，极远的北方没有太阳照射，处于黑暗之中，故称幽都。

［33］平在：分辨观察。在，观察。朔易：指太阳由南回归线向北运转。朔，北方。易，运转。

［34］日短：白昼最短，文中指冬至。星昴：昴星。冬至黄昏时，昴星出现在天空中。

［35］仲冬：冬季第二个月。

［36］隩（yù）：指深藏。这里既指收藏农作物、果实等生活资料，也指入住室内以避寒冷。

［37］氄（rǒng）毛：毛细密而柔软。

［38］咨：表示感叹。

［39］羲暨和：羲与和。暨，表示连带，及、与。

［40］期（jī）：一周年。三百：三百天。有：又。六旬：六十天，每旬十天。这句意为：一年三百六十六天。

［41］以闰月定四时成岁：古代立法每年十二个月，大月三十天，小月二十九天，共计三百五十四天，比每年实际天数少十一天多，因此要安排闰月，以此确定每年的四季、每年的天数。

［42］允厘：用以治理。允，用。厘，治理。百工：百官。

［43］庶绩：各种事情。庶，众多。绩，事务，事情。咸熙：全部兴盛。咸，全部。熙，兴盛、兴旺。

　　帝曰："畴咨若时登庸[1]？"放齐曰[2]："胤子朱启明[3]。"帝曰："吁！嚚讼[4]可乎？"帝曰："畴咨若予采？[5]"驩兜曰[6]："都[7]，共工方鸠僝功[8]。"帝曰："吁！静言庸违[9]，象恭滔天[10]。"帝曰："咨四岳[11]，汤汤洪水方割[12]，荡荡怀山襄陵[13]，浩浩滔天。下民其咨[14]，有能俾乂[15]。"佥曰："於[16]！鲧哉！[17]"帝曰："吁！咈哉[18]，方命圮族[19]。"岳曰："异哉[20]。"试可乃已[21]。帝曰："往，钦哉[22]。"九载绩用弗成[23]。

注释

［1］畴：疑问代词，谁。咨：句中语助词。若时：顺应时机。登庸：提升任用。登，升。庸，任用。

［2］放齐：人名，尧的臣下。

［3］胤（yìn）子：儿子。胤，后代。朱：指尧的儿子丹朱。启明：开明、通达。

［4］嚚（yín）讼：说话不诚实而引发争端。嚚，不道忠信之言。讼，争端。

〔5〕予采：我的事务。采，事。这句意为：谁能顺应我处理事务。

〔6〕驩兜（huān dōu）：人名，尧的臣下。

〔7〕都：表示赞叹的语气词。

〔8〕共工：尧的臣下。方：通"旁"，广大的意思。鸠：聚集。僝（zhuàn）功：显示出功劳。僝，指显示、展现。功，功绩、功劳。

〔9〕静言：巧言。庸违：行事邪僻。庸，用。违，邪僻。

〔10〕象恭：貌似恭敬。象，貌似。滔：怠慢，轻慢。这两句意为：共工巧言令色，行事邪僻，表面上恭敬而内心里却连上天都怠慢不敬。

〔11〕四岳：尧的臣下，出自炎帝系统。

〔12〕汤（shāng）汤：浩大之象。方割：正在造成灾害。割，通"害"，祸害。

〔13〕荡荡：水势浩大动荡之象。怀山：把山包围。怀，包，这里指包围。襄陵：冲上高处。襄，淹没。陵，丘陵、高处。

〔14〕下民：指百姓。咨：叹息。

〔15〕俾乂（bǐ yì）：使治理。俾，使。乂，治理。这句意为：有能够使洪水得到治理的人吗？

〔16〕佥（qiān）：指众人。於：叹词。

〔17〕鲧（gǔn）：尧的臣下，禹之父。

〔18〕咈（fú）：违背。

〔19〕方命：违背命令。圮（pǐ）族：毁族。圮，毁灭。这两句意为：尧说，鲧做事违逆，如果他违抗命令，会使宗族毁灭。

〔20〕异：这里表示不同意。

〔21〕试：试用，尝试用他。已：用这句意为：对于他加以试用，如果不可用，再停止他的工作。

〔22〕往：前往。钦：敬重，这里指对治水一事要敬业谨慎。

〔23〕九载：九年。绩用：对业绩的操持。绩，业绩。用，操持。弗成：未能成功。

帝曰："咨！四岳，朕在位七十载[1]，汝能庸命，巽朕位？[2]"岳曰："否德忝帝位[3]。"曰："明明扬侧陋[4]。"师锡帝曰[5]："有鳏在下[6]，曰虞舜[7]。"帝曰："俞[8]！予闻[9]，如何。"岳曰："瞽子[10]，父顽[11]，母嚚[12]，象傲[13]，克谐以孝[14]，烝烝乂[15]，不格奸[16]。"帝曰："我其试哉[17]。"女于时[18]。观厥刑于二女[19]。厘降二女于妫汭[20]。嫔于虞[21]。帝曰："钦哉！"

中华书局 1980 年《十三经注疏》影印本孔颖达《尚书正义》卷二

注 释

［1］朕（zhèn）：我，尧的自称。

［2］庸命：用命，指接受命令。庸，通"用"，指接受。命，命令、指令。巽（xùn）朕位：接替我的位置。巽，本指顺从，这里指顺势继承。

［3］否（pǐ）德：无德。否，表示否定，这里指没有。忝（tiǎn）帝位：有辱帝位。忝，玷辱、有愧于。

［4］明明：明察贤明的人。动宾结构，第一个"明"是动词。扬：推举、推荐。侧陋：隐伏居下的人。侧，指隐伏。陋，地位低下。

［5］师：指众人。锡：通"赐"，这里指献言。

［6］鳏（guān）：无妻或丧妻称为鳏。在下：指地位低下。

［7］虞舜：指舜。舜当时管理山林，故冠以"虞"字。

［8］俞：表示应答之词。

［9］予闻：告诉我。正常词序应为"闻予"，使我听到之意，亦即告诉我。一说，予闻指我听说过。

［10］瞽（gǔ）子：盲人的儿子。瞽，盲人。

［11］父顽：父亲不辨善恶。顽，不辨善恶。

［12］母嚚（yín）：母亲说假话。

［13］象傲：弟弟象很倨傲。象，舜之弟。

［14］克谐：能够和谐相处。以孝：因为孝。以，因为。

［15］烝烝：淳厚的样子。乂，治理。

［16］不格奸：不至于奸恶。格，至。

［17］试：这里指考察、考验。

［18］女于时：把女儿嫁给他。女，作动词，嫁女。时，通"是"，谓此、这个人。

［19］观厥刑：观察他的为人处事。刑，通"行"，指行为。二女，指尧之女娥皇、女英。

［20］厘降：命令出嫁。厘，本指治理。这里指下令。降，下嫁之义。妫汭（guī ruì）：妫水的弯曲处。

［21］嫔（pín）于虞：嫁给虞舜。嫔，嫁人为妻。

问题与思考

一、尧任命主管历法的官员分章四时、四方，试分析其中体现的自然经济的属性以及先民在实践层面对天人关系的理解。

二、尧对舜的禅让，体现的是什么样的用人标准？从众人的推荐和尧所设置的考验两个方面进行分析。

知识链接

颛顼生老童，老童生重及黎。帝令重献上天，令黎邛下地。下地是生噎，处于西极，以行日月星辰之行次。（《山海经·大荒西经》）

有女和月母之国。有人名曰鹓……是处东极隅，以止日月，使无相间出没，司其短长。（《山海经·大荒东经》）

有女子名曰羲和，方日浴于甘渊。羲和者，帝俊之妻，生十日。（《山海经·大荒南经》）

父母使舜完廪，捐阶，瞽瞍焚廪；使浚井，出，从而揜之。象曰："谟盖都君咸我绩。牛羊父母，仓廪父母。干戈朕，琴朕，弤朕，二嫂使治朕栖。"象往入舜宫，舜在床琴。象曰："郁陶思君尔。"忸怩。舜曰："惟兹臣庶，汝其于予治。"（《孟子·万章章句上》）

附录

舜典（节选）

帝曰："夔，命汝典乐，教胄子。直而温，宽而栗，刚而无虐，简而无傲。诗言志，歌永言，声依永，律和声。八音克谐，无相夺伦，神人以和。"夔曰："於！予击石拊石。百兽率舞。"

中华书局 1980 年《十三经注疏》影印本孔颖达《尚书正义》卷三

益稷（节选）

夔曰："戛击鸣球，搏拊琴瑟以咏。祖考来格，虞宾在位。群后德让，下管鼗鼓。合止柷敔，笙镛以间。鸟兽跄跄，箫韶九成，凤皇来仪。"夔曰："於！予击石拊石，百兽率舞，庶尹允谐。"

帝庸作歌曰："敕天之命，惟时惟几。"乃歌曰："股肱喜哉。元首起哉。百工熙哉。"皋陶拜手稽首，扬言曰："念哉！率作兴事，慎乃宪。钦哉！屡省乃成，钦哉！"乃赓载歌曰："元首明哉，股肱良哉，庶事康哉。"又歌曰："元首丛脞哉，股肱惰哉，万事堕哉！"帝拜曰："俞！往钦哉。"

中华书局 1980 年《十三经注疏》影印本孔颖达《尚书正义》卷五

解 题

《礼记》，又称《小戴礼记》，是相对于另一部礼学著作《大戴礼记》而言的。《礼记》由西汉学者戴圣所编辑，《大戴礼记》的编辑人是西汉学者戴德。

《礼记》共49篇，是先秦到西汉礼学著作的选集，许多篇目出自先秦儒家七十子及其后学之手。先秦儒家传习六艺，礼居于第一位。西汉时期立于学官的五经，《礼》排在第三位。

《礼记》的内容比较庞杂，大体可以划分为以下几类：

一是专门记载某种礼仪，与《仪礼》相似，如《奔丧》《投壶》。这类篇目在全书中所占比例较小。

二是对相关礼仪进行记载并加以解释。这类篇目在全书中占绝大部分，涉及吉、凶、嘉、宾、军各类礼仪。

三是记载儒家的言论，有许多篇目假托出自孔子之口。这类篇目有的与礼直接相关，有的则不是直接与礼挂钩，而是阐述儒家某一方面的理念，成为比较完整的专题论文，如《大学》《中庸》等。

《礼记》的内容很庞杂，戴圣在对这些材料进行编辑的过程中，有自己的分类原则，基本上是以类相从。如开头两篇的《曲礼》和《檀弓》，前者记载和解说许多具体的礼仪，后者则是用具体案例对丧礼的细节加以阐释。《王制》和《月令》前后相次，都是制度层面的内容。《礼运》《礼器》前后相次，集中论述礼的起源及功用。《祭法》《祭义》《祭统》前后相次，全面解说祭祀文化。《哀公问》《仲尼燕居》《孔子闲居》前后相次，皆是假托孔子立论。至于从《冠义》到《丧服四制》的最后七篇，则是分别对冠、婚、乡饮酒、射、燕、聘、丧七种礼仪进行解说。能够把握上述以类相次的篇目，《礼记》的基本内容也就大体了然于心。

《礼记》与《周礼》《仪礼》并称三礼，《周礼》全是制度层面的内容，《仪礼》是记载各种礼仪细节，属于实际操作层面。《礼记》的核心内容则是对礼所作的阐释，是关于礼的观念，属于意识形态层面。因此，在中国古代礼学发展史上，《礼记》具有特殊的价值。它既是先秦礼学思想的集大成之作，又是后世礼学的思想和理论渊源。后来从《礼记》中析出的《大学》《中庸》，与《论语》《孟子》合称为《四书》。《礼记》对人格修养方面所发挥的巨大作用，亦是历史事实。

《礼记》虽然编定于西汉，其中保存的多是先秦时期的资料，是研究先秦文学不可或缺的文献。《礼记》中的许多篇目，在中国古代文章学发展的链条上是一个重要的环节。许多篇目属于专题论文，是先秦说理文已经成熟的标志。至于《檀弓》则是以丧葬为题材的历史传说和故事专集，这在其他早期经部文献中是见不到的。

《汉书·儒林传》记载："小戴授梁人桥仁季卿、杨荣子孙……小戴有桥、杨之学。"这是《礼记》初期的传承。到了东汉末年，经学大师郑玄为《礼记》作注，使得这部著作在经学中的地位更加稳固。唐朝设科取士，把《礼记》列为大经。

《礼记》的主要传世版本，有郑玄注、孔颖达正义的《礼记正义》、陈澔注的《礼记集说》、孙希旦撰《礼记集解》、朱彬撰《礼记训纂》。

本教材所选的《乐礼》，出自《礼记·乐记》。《乐记》是先秦时期音乐方面的著作，也是先秦礼乐文化的经典著作，已经散佚不全，有赖于《礼记》得以保存其中多数篇目。《乐礼》篇首论音乐的生成，认为音乐是人心感于物而动的产物，这个命题比较科学，具有合理性，是古代音乐、诗歌理论的基石。文中把礼和乐从多个角度加以对比，得出的结论颇为精辟，许多段落具有深刻的哲学、美学内涵，是站在天地宇宙的高度立论。

所选的《大学》论述修身、齐家、治国、平天下之道，最终归结为正心诚意。主要强调内心修炼的功夫，注重人格的培养。

乐记·乐礼[1]

人生而静，天之性也；感于物而动，性之欲也。物至知[2]知，然后好恶形焉[3]。好恶无节于内，知诱于外[4]，不能反躬[5]，天理灭矣[6]。

夫物之感人无穷，而人之好恶无节，则是物至而人化物也[7]。人化物也者，灭天理而穷人欲者也。于是有悖逆诈伪之心[8]，有淫泆作乱之事。是故强者胁弱[9]，众者暴寡[10]，知者诈愚，勇者苦怯[11]。疾病不养，老幼孤独不得其所[12]，此大乱之道也。

是故先王之制礼乐，人为之节[13]。衰麻哭泣[14]，所以节丧纪也[15]；钟鼓干戚[16]，所以和安乐也；昏姻冠笄[17]，所以别男女也；射乡食飨[18]，所以正交接也[19]。礼节民心[20]，乐和民声，政以行之[21]，刑以防之。礼乐刑政，四达而不悖[22]，则王道备矣[23]。

![注释]

[1] 乐礼：乐和礼，《乐记》的篇目之一。文章主要篇幅把乐和礼加以对比，故以《乐礼》为篇名。

[2] 物至知知：外物到来而接触。物，指外物。知，接触、交往。

[3] 好恶（hào wù）：喜爱和厌恶。形：形成、生成。

[4] 知诱于外：接触在外部相引诱。外，指感官接触。

[5] 反躬：反身，指收视返听，返回自身。反，通"返"。

[6] 天理：指天性、本性。

[7] 人化物：人为外物所化，沉溺于外物不能自拔。

[8] 悖（bèi）逆：违背、违反、抵触，指逆反心理。

[9] 胁：逼迫、挟持。

[10] 暴寡：残害少数。暴，残害。寡，指少数人。

[11] 苦怯：折磨怯懦者。苦，折磨、困辱。

[12] 孤：指幼年丧父。独：老而无子。不得其所：不得其适宜。所，适当的处所或位置。

[13] 人为之节：人对它加以节制。为，对于。之，它，指欲望情感。节，节制。

[14] 衰（cuī）麻：丧服和麻布。麻布用以制丧服，以及丧服期间扎在头上或束结在腰间的麻带。

[15] 丧纪：丧礼的准则。纪，法度、准则。

[16] 干：盾牌。戚：战斧。这里指舞蹈所用的道具。

[17] 昏姻：即婚姻。昏，通"婚"。这里指婚礼仪式。冠笄（guān jī）：指古代男女的成年之礼。男子二十岁行加冠礼，表示已经成人。女子十五岁行插笄之礼，表示成年。笄，古代男女盘头发或男子用以固定帽子的簪子。

[18] 射：射礼，进行射箭的礼仪。乡：乡饮酒礼。食飨（xiǎng）：宴请宾客之礼。

[19] 正交接：确定交往的方式。正，确定、正定。交接，交往、接触。

[20] 节民心：节制人的内心。

[21] 政：指行政法规，政令。行：实行，付诸实践。

[22] 四达：四者皆通达。四，指礼乐刑政。不悖：不违反。

[23] 王道：儒家提倡的以仁义礼乐治理天下的政治主张，与以强力征服天下的霸道相对。

　　乐者为同，礼者为异；同则相亲，异则相敬。乐胜则流[1]，礼胜则离[2]。合情饰貌者[3]，礼乐之事也。礼义立[4]则贵贱等矣[5]；乐文同[6]则上下和矣；好恶著[7]则贤不肖别矣；刑禁暴，爵举贤[8]，则政均矣[9]；仁以爱之，义以正之，如此则民治行矣[10]。

乐由中出[11]，礼自外作[12]。乐由中出故静[13]；礼自外作故文[14]。大乐必易[15]，大礼必简。乐至则无怨，礼至则不争。揖让而治天下者[16]，礼乐之谓也。暴民不作，诸侯宾服[17]，兵革不试[18]，五刑不用[19]，百姓无患，天子不怒，如此则乐达矣。合父子之亲，明长幼之序，以敬四海之内[20]，天子如此，则礼行矣。

注释

[1] 胜：超过限度。流：放荡，往而不返。

[2] 离：谓背离、分散。

[3] 合情：指调和内心情感，谓乐的功能。饰貌：修饰容貌，谓礼的功能。

[4] 礼义：指礼仪，礼的仪式。义，通"仪"。

[5] 等：区别等级。

[6] 乐文：乐的形式。文，指形式。同，指和谐。

[7] 著：显示出来。

[8] 爵：授予爵位，即任命官职，这里作动词。

[9] 均：公平。

[10] 民治：对百姓的治理。

[11] 中：指人的内心。

[12] 外作：通过外部表现出来。外，指人的形貌动作及服饰等。

[13] 静：指诚实、真实，通"情"，情有忠实之义。

[14] 文：指有具体形式可观。文，指形式，即人的形貌动作及服饰等。

[15] 易：平易、祥和。

[16] 揖让：指礼仪文德，即礼乐的运用。

[17] 宾服：按时进贡朝见天子。

[18] 兵革：兵器甲胄，泛指军备、军队。不试：不用。试，谓使用。

[19] 五刑：泛指各种刑罚。具体所指，说法不一。

[20] 敬：尊重、恭敬。礼主敬。四海之内：指中土。

大乐与天地同和，大礼与天地同节[1]。和，故百物不失；节，故祀天祭地。明则有礼乐[2]，幽则有鬼神。如此，则四海之内合敬同爱矣[3]。礼者，殊事，合敬者也[4]；乐者，异文，合爱者也[5]。礼乐之情同，故明王以相沿也[6]，故事与时并，名与功偕[7]。

故钟鼓管磬，羽籥干戚[8]，乐之器也[9]；屈伸俯仰，缀兆舒疾[10]，乐之文也。簠簋俎豆[11]，制度文章[12]，礼之器也；升降上下，周旋裼袭[13]，礼之文也。故知礼乐之情者能作[14]，识礼乐之文者能述[15]。作者之谓圣，述者之谓明。明圣者，述作之谓也。

乐者，天地之和也；礼者，天地之序也。和，故百物皆化；序，故群物皆别。乐由天作，礼以地制。过制则乱[16]，过作则暴[17]。明于天地，然后能兴礼乐也。

注释

[1] 节：法度、分寸。

[2] 明：光明之处，指人间世界。

[3] 合敬同爱：合于敬而同于爱。

[4] 殊事：不同的事。

[5] 异文：相异的形式。

[6] 相沿：相沿袭，加以继承。

[7] 名与功偕（xié）：乐的名称与明王的功业并行。名，指传说中明王所作乐的名称。功，指功业。偕，一道、共同。

[8] 羽：古代舞蹈用作道具和装饰的鸟羽。籥（yuè）：古乐器，短管，似笛。

[9] 器：器具。

[10] 缀（zhuì）兆：舞蹈表演者行位的连缀及舞台活动空间的限度。舒疾：舒缓和急促。

[11] 簠簋（fǔ guǐ）：古代两种盛食物的器具。前者长方形，四足；后者多为圆形。俎（zǔ）豆：两种祭祀宴饮用以盛食物的礼器。前者盛牲、谷物，后者似高脚盘，可盛羹。

[12] 制度：指长度形制等方面的规定。文章：指图案花纹等形式修饰。

[13] 周旋：旋转。裼（xī）：袒开衣服外套，使内里的裘衣显露出来。袭：用外套把内里的裘衣全部覆盖。

[14] 作：创制、首创。

[15] 述：遵循、传承。

[16] 过制：错误地创制。过，过失、错误。

[17] 暴：侵害、欺凌。

论伦无患[1]，乐之情也；欣喜欢爱，乐之官也[2]。中正无邪，礼之质也[3]；庄敬恭顺，礼之制也[4]。若夫礼乐之施于金石[5]，越于声音[6]，用于宗庙社稷，事乎山川鬼神[7]，则此所与民同也[8]。

王者功成作乐，治定制礼。其功大者其乐备[9]，其治辩者其礼具[10]。干戚之舞[11]，非备乐也；孰亨而祀[12]，非达礼也[13]。五帝殊时[14]，不相沿乐；三王异世，不相袭礼。乐极则忧，礼粗则偏矣。及夫敦乐而无忧[15]，礼备而不偏者，其唯大圣乎！

注释

[1] 论（lún）伦：排列得很有条理。论，排列。伦，条理。

[2] 官：功能，所主司。

[3] 质：本质、内容。

[4] 制：准则、法度。

[5] 施于金石：用于金石。施，用。金石，指金属和石制乐器。

[6] 越：扬。

[7] 事乎山川鬼神：指祭祀山川鬼神。事，服事，这里指祭祀。

[8] 与民同也：指从天子到百姓，在用音乐进行祭祀方面是相同的。

[9] 备：完备。

[10] 辩：周遍，普遍，通"遍"。具：齐备。

[11] 干戚之舞：指武舞。

[12] 孰亨而祀：把牲体加工成熟食而进行祭祀。孰，通"熟"。亨，通"烹"。

[13] 达礼：显贵的礼，高级别的礼。达，显贵。

[14] 殊时：不同时段。

[15] 敦乐：重视音乐。敦，重视。

天高地下，万物散殊，而礼制行矣。流而不息，合同而化，而乐兴焉。春作夏长[1]，仁也；秋敛冬藏，义也。仁近于乐，义近于礼。乐者敦和，率神而从天[2]；礼者别宜[3]，居鬼而从地[4]。故圣人作乐以应天，制礼以配地。礼乐明备[5]，天地官矣[6]。

天尊地卑，君臣定矣。卑高已陈，贵贱位矣[7]。动静有常，小大殊矣。方以类聚[8]，物以群分，则性命不同矣。在天成象[9]，在地成形，如此，则礼者天地之别也。

地气上齐[10]，天气下降，阴阳相摩，天地相荡，鼓之以雷霆[11]，奋之以风雨[12]，动之以四时，煖之以日月[13]，而百化兴焉。如此，则乐者天地之和也。

化不时则不生，男女无辨则乱升，天地之情也。及夫礼乐之极乎天而蟠乎地[14]，行乎阴阳而通乎鬼神，穷高极远而测深厚[15]。

乐著大始[16]，而礼居成物[17]。著不息者天也；著不动者地也。一动一静者，天地之间也[18]。故圣人曰礼乐云。

中华书局1980年《十三经注疏》影印本孔颖达《礼记正义》卷三十七

注释

[1] 春作：指春季万物兴起、始发。作，兴起。

[2] 率神：遵从神。率，遵从、服从。

[3] 别宜：加以区别而使之适宜。别，进行区分。宜，合适。

[4] 居鬼：使鬼安居。居，安居。鬼，古代认为人死化为鬼。

[5] 明备：彰显完备。明，昭彰。

[6] 天地官：天地实施管理。官，管理。

[7] 位：使居其位。

[8] 方以类聚：并排的事物以类相聚。方，本指相并的两船或竹排木筏，故有并排、并列之义。

[9] 在天成象：指日月星辰等天体，可视而无法触摸，故称为象。

[10] 上齐（jī）：上升。齐，升起，后作"跻"。

[11] 鼓：动荡。

[12] 奋：飞扬。

[13] 煖：指明亮、显赫。煖，后来俗作"喧"。喧，同"咺""烜"，显赫光明之象。这句意为：照明的是太阳、月亮。

[14] 蟠（pán）：充满、遍及。

[15] 测：尽、达到极致。

[16] 乐著大（tài）始：音乐附着于最初的创始。著，附着。大始，指太始，大与"太"通。太始，最初的开始。

[17] 礼居成物：礼使已经生成的事物各居其所。居，安定。

[18] 天地之间：天地的更迭、交替。间，指更迭、交替。

问题与思考

一、文中如何从现实和想象层面论述礼和乐的生成？

二、礼和乐既有同，又有异，试分析文中对礼、乐同与异的阐释。

三、试从艺术审美的角度剖析文中对音乐本质和形式的认识。

知识链接

子谓《韶》："尽美矣，又尽善也。"谓《武》："尽美矣，未尽善也。"（《论

语·八佾》）

子曰："兴于诗，立于礼，成于乐。"（《论语·泰伯》）

子曰："礼云礼云，玉帛云乎哉？乐云乐云，钟鼓云乎哉？"（《论语·阳货》）

万物所出，造于太一，化于阴阳。萌芽始震，凝寒以形。形体有处，莫不有声。声出于和，和出于适。和适，先王定乐，由此而生。（《吕氏春秋·仲夏纪·大乐》）

天尊地卑，乾坤定矣。卑高以陈，贵贱位矣。动静有常，刚柔断矣。方以类聚，物以群分，吉凶生矣。在天成象，在地成形，变化见矣。（《周易·系辞上》）

大学[1]（节选）

大学之道，在明明德[2]，在亲民，在止于至善。知止而后有定，定而后能静，静而后能安，安而后能虑[3]，虑而后能得。物有本末，事有终始，知所先后，则近道矣。

古之欲明明德于天下者，先治其国；欲治其国者，先齐其家[4]；欲齐其家者，先修其身；欲修其身者，先正其心；欲正其心者，先诚其意；欲诚其意者，先致其知[5]；致知在格物[6]。

物格而后知至，知至而后意诚，意诚而后心正，心正而后身修，身修而后家齐，家齐而后国治，国治而后天下平[7]。

自天子以至于庶人，壹是皆以修身为本[8]。其本乱而末治者否矣[9]，其所厚者薄而其所薄者厚[10]，未之有也。此谓知本，此谓知之至也[11]。

所谓诚其意者，毋自欺也，如恶恶臭[12]，如好好色[13]，此之谓自谦[14]。故君子必慎其独也[15]。小人闲居为不善[16]，无所不至，见君子而后厌然[17]，掩其不善[18]，而著其善[19]。人之视己，如见其肺肝然[20]，则何益矣[21]？此谓诚于中，形于外[22]，故君子必慎其独也。曾子曰："十目所视，十手所指，其严乎[23]。"富润屋[24]，德润身，心广体胖[25]，故君子必诚其意。

中华书局1980年《十三经注疏》影印本孔颖达《礼记正义》卷六十

注释

[1]大学：取首句前两个字为题。大学，本指太学，先秦时期贵族学校，亦称庠、序、辟、雍。天子宣明政教亦在太学进行。

[2]明明德：显示光明之德。第一个"明"是动词，第二个"明"是形容词，二者构成动宾关系的结构。

〔3〕虑：思考、思虑。

〔4〕齐其家：整治其家。齐，整治。

〔5〕致其知：取得认识。致，得到。知，知识。

〔6〕格物：推究事物。格，推究。

〔7〕天下平：天下得到治理。

〔8〕壹是：一律。

〔9〕否（fǒu）：表示否定，意谓不可能、不存在。

〔10〕所厚者薄：所看重的是薄弱。厚，看重，优待。所薄者厚：所轻视的是丰厚。这是就本末关系而言。本厚末薄。厚、薄，兼用动词、形容词两种意义。

〔11〕知之至：认知的极致。至，极致、极点。

〔12〕如恶（wù）恶（è）臭（chòu）：如同厌恶丑陋和臭味。第一个"恶"是动词，厌恶之义。第二个"恶"是形容词，指丑陋。臭，与香相对，秽恶难闻的气味。

〔13〕如好（hǎo）好（hǎo）色：如同喜爱美色。第一个"好"是动词，指喜爱。第二个"好"是形容词，美丽、美好之义。好色，美色、美女。

〔14〕自谦：自敬。谦，谓敬。一说，自谦指自我满足，谦，通"慊"（qiè），满足、满意之义。

〔15〕慎其独：谨慎其单独生活的状态。独，单独。

〔16〕闲居：独居、独处。

〔17〕厌（yā）：压住，掩盖。

〔18〕揜（yǎn）：遮蔽。

〔19〕著：显示、显露。

〔20〕如见其肺肝：意谓别人对自己的审视能够洞彻内心世界，人的善恶是无法掩盖的。

〔21〕何益：有什么好处？益，益处、好处。

〔22〕形于外：显现于外。形，显示、显露。

〔23〕严：威严。

〔24〕润：滋润。

〔25〕心广体胖（pán）：心胸开阔，体貌安详舒泰。胖，宽舒。

问题与思考

一、分析第一、二、三段所用的句式，及各段内部，二、三段之间的逻辑关联。

二、怎样理解文中所说的"诚其意"？

知识链接

人何以知道？曰：心。心何以知？曰：虚壹而静：心未尝不臧也，然而有所谓虚；心未尝不满也，然而有所谓一；心未尝不动也，然而有所谓静。人生而有知，知而有志，志也者，臧也；然而有所谓虚；不以所已臧害所将受谓之虚。……知道察，知道行，体道者也。虚壹而静，谓之大清明。（《荀子·解蔽》）

大学者，大人之学也。明，明之也。明德者，人之所得乎天，而虚灵不昧，以具众理而应万事者也。但为气禀所拘，人欲所蔽，则有时而昏。然其本体之明，则有未尝息者。故学者当因其所发而遂明之，以复其初也。（朱熹：《大学章句集注》）

庸言之信，庸行之谨，闲邪存其诚。善世而不伐，德博而化。（《周易·乾·文言》）

闲邪存诚，闲邪则诚自存。如人有室，垣墙不修，不能防寇，寇从东来，逐之则复有自西入；逐得一人，一人复至。不如修其垣墙，则寇自不至，故欲闲邪也。（程颢、程颐：《二程遗书·伊川先生语一》）

附录

曲礼上（节选）

曲礼曰："毋不敬，俨若思，安定辞，安民哉！

敖不可长，欲不可从，志不可满，乐不可极。

贤者狎而敬之，畏而爱之。爱而知其恶，憎而知其善。积而能散，安安而能迁。临财毋苟得，临难毋苟免。很毋求胜，分毋求多。疑事毋质，直而勿有。

若夫，坐如尸，立如齐。礼从宜，使从俗。

夫礼者，所以定亲疏，决嫌疑，别同异，明是非也。礼不妄说人，不辞费。礼不逾节，不侵侮，不好狎。修身践言，谓之善行。行修言道，礼之质也。礼闻取于人，不闻取人。礼闻来学，不闻往教。

道德仁义，非礼不成，教训正俗，非礼不备。分争辨讼，非礼不决。君臣上下，父子兄弟，非礼不定。宦学事师，非礼不亲。班朝治军，莅官行法，非礼威严不行。祷祠祭祀，供给鬼神，非礼不诚不庄。是以君子恭敬撙节，退让以明礼。

鹦鹉能言，不离飞鸟。猩猩能言，不离禽兽。今人而无礼，虽能言，不亦禽兽之心乎？夫唯禽兽无礼，故父子聚麀。是故圣人作，为礼以教人，使人以有礼，知自别于禽兽。

太上贵德，其次务施报。礼尚往来，往而不来，非礼也；来而不往，亦非礼也。

中华书局 1980 年《十三经注疏》影印本孔颖达《礼记正义》卷一

中庸（节选）

诚者，天之道也；诚之者，人之道也。诚者，不勉而中，不思而得，从容中道，圣人也。诚之者，择善而固执之者也。

博学之，审问之，慎思之，明辨之，笃行之。有弗学，学之弗能，弗措也；有弗问，问之弗知，弗措也；有弗思，思之弗得，弗措也；有弗辨，辨之弗明，弗措也；有弗行，行之弗笃，弗措也。人一能之，己百之，人十能之，己千之。果能此道矣。虽愚必明，虽柔必强。

自诚明，谓之性。自明诚，谓之教。诚则明矣，明则诚矣。

唯天下至诚为能尽其性；能尽其性，则能尽人之性；能尽人之性，则能尽物之性；能尽物之性，则可以赞天地之化育；可以赞天地之化育，则可以与天地参矣。

其次致曲。曲能有诚，诚则形，形则著，著则明，明则动，动则变，变则化。唯天下至诚为能化。

至诚之道，可以前知。国家将兴，必有祯祥；国家将亡，必有妖孽。见乎蓍龟，动乎四体。祸福将至，善必先知之；不善必先知之。故至诚如神。

诚者，自成也，而道，自道也。诚者，物之终始，不诚无物。是故君子诚之为贵。诚者，非自成己而已也，所以成物也。成己，仁也；成物，知也。性之德也，合外内之道也，故时措之宜也。

中华书局 1980 年《十三经注疏》影印本孔颖达《礼记正义》卷五十三

解 题

《周易》在中国古代居于群经之首，是十三经中的第一部经典。

《周易》由本经和《易传》两部分组成，先有本经，后有《易传》，二者生成于不同的历史阶段。

这部经典最初在周文化系统中保存、传承，故书名冠以周字。《易传·系辞上》称："生生之谓易。"所谓生生，指的是生而有生、生生不息之义。《周易》是一部变动不已、唯变所适之书，故书名缀以易字。

关于《周易》本经的制作年代，《系辞下》有如下记载："古者包牺氏之王天下也，仰则观象于天，俯则观法于地，观鸟兽之文与地之宜；近取诸身，远取诸物，于是始作八卦，以通神明之德，以类万物之情。"这是把《周易》八卦的最初创制，追溯到传说中的伏羲氏时代。《系辞下》还写道：《易》之兴也，其当殷之末世，周之盛德邪？当文王与纣之事邪？"这是推测《易》的兴盛是在殷、周之际。由此而来，古人把《周易》本经的最后写定归功于周文王。

《周易》本经涉及一系列与殷商及周族相关的事项，其中《晋》卦提到"康侯用锡马蕃庶"，康侯，指卫国首位君主康叔，他在西周初年被分封到卫地，这是《周易》本经有具体时段可考的历史故实的下限。《周易》本经的最后写定，当在西周初期到中期阶段。

《周易》本经六十四卦，卦名是由卦形而来。除《乾》《坤》两卦是七爻，其余六十二卦每卦六爻，《周易》本经总计三八六爻。《周易》本经对意义的表达，有三个相互关联的系统。一是卦、爻辞系统。卦有卦辞，爻有爻辞，是文字表达系统。二是卦象系统，六十四卦的构形各不相同，表达的意义亦各异。三是爻位系统，《周易》本经共有十二个爻位，阴爻、阳爻各六，各个爻位的意义基本固定。

《周易》本经最初用于筮占，即用竹签或蓍草进行占问，属于巫术文献。《周礼·春官·大卜》称："掌《三易》之法，一曰《连山》，二曰《归藏》，三曰《周易》。"这里提到的《连山》《归藏》，分别是夏族和殷商用于筮占的巫术文献，流传于后世的已残缺不全。中国古代的巫术预测还有卜占，即用龟甲或动物骨骼烧灼以测吉凶，这类文字材料主要保存在甲骨卜辞中，亦是零散不全。《周易》本经是保存下来的最为完整、系统的中国早期巫术文献，是研究古代巫术的重要依据。

《周易》还有重要的史料价值和认识价值。《周易》本经的卦爻辞出现一系列重要的历史映象，其中有抢劫、杀人以祭的原始野蛮风气，有商周的历史故实及它们之间的交往，还有些卦爻辞涉及吉、凶、嘉、宾、军五礼的早期形态，反映出由原始文化向礼乐文明过渡的轨迹。

《周易》本经还承载了许多重要的哲学理念。《周易》本经共六十四卦，每两卦为一组。每组两卦的卦形、意义指向相反，彼此呈现出互补关系。十二个爻位分为阴阳两类，各六爻。这两类爻辞在横向上存在对应关系。阴阳渗透、阴阳互补，是《周易》本经承载的基本理念。此外，还有一系列富有哲学意味的命题及人生哲学的名言警句，如《泰》九三"无平不陂，无往不复"，《乾》初九"潜龙勿用"，《坤》六五"黄裳元吉"等。

《周易》本经是巫术文献，卦爻辞往往采用象征性的表现方式，具有诗歌意象的属性。除《乾》《坤》两卦，其余六十二卦均六位成章，这种结构模式对后来的诗歌产生深远影响。卦爻辞所用的句型有许多与诗句相近，带有明显的由原始歌谣的二言、三言向四言诗演变的痕迹。

《易传》又称《周易大传》，共十篇，是对《周易》本经所作的解释。相传是孔子所作，但已经无法考证落实。《易传》的最终写定是在战国时期，不是出自一人之手。《周易》本经和《易传》原本是分立单行，后来放置在一起合刻刊行。

《彖传》六十四部，根据卦象及爻位、爻辞对卦名加以解释，分上下两篇。《象传》亦分上下两篇，主要根据卦象解释卦名，对各类爻辞则随文解之。《文言》分别对《乾》《坤》的卦爻辞逐条加以阐释。《系辞》是《周易》的通论，从多个角度论述《周易》本经，亦分为上下两篇。《说卦》从卦形、卦象两个角度切入解说《周易》本经，叙述与乾、坤、震、巽、坎、离、艮、兑八个经卦相对应的各种事物。《序卦》解释六十四卦排列顺序的依据。《杂卦》解释六十四卦的卦义，前一部分以两卦为一组，指出二者相反或相异的意义，而不是像《序卦》那样按照卦序逐一进行解说。

《易传》对《周易》本经所作的解说，使得《周易》有些原本处于潜在状态的理念得到明确的表述，如阴阳渗透、同类相从等。把八种自然事物与《周易》八卦建立起对应关系，是《易传》首次明确系统提出的。《易传》还出现一系列《周易》本经不曾有的命题和论断，如《乾·文言》的"修辞立其诚"，《系辞上》的"一阴一阳之谓道""形而上者谓之道，形而下者谓之器""书不尽言，言不尽意"，《系辞下》的"物相杂，故曰文"。这类经典性命题是成系列的，奠定了中国古代哲学、文学、美学等多个领域的基础。

《易传》中的《文言》《系辞》《说卦》已是成熟的议论文，对中国古代说理文体式的确立起了推动作用。除了《序卦》《杂卦》之外，其余《易传》多是韵语，并且大量运用排比，对仗句式，因此，清代阮元称《文言》等《易传》篇目是千古骈俪之祖、声韵之祖。

《易传》在中国古代传统文化的生成和发展中处于极其重要的地位，它很大程度上已经脱去巫术的神秘性，成为中国古代理性精神的直接源头之一，是中国古代传统文化一块重要的基石。

《周易》本经在春秋时期就被人们反复援引、阐释。《易传》问世之后，《易》成为专门的学问。西汉的《易》出自田何者有施雠、孟喜、梁丘贺之学，又有京氏、贾氏《易》，门派颇多，具体记载见于《汉书·儒林传》。

《周易》的传世古版本主要有王弼注、孔颖达等正义的《周易正义》，李鼎祚的《周易集解》，李道平的《周易集解纂疏》。近世的注本主要有高亨的《周易大传今注》，黄寿祺、张善文的《周易译注》等。长沙马王堆出土的汉帛书亦有《周易》六十四卦。

说卦[1]（节选）

昔者圣人之作《易》也，幽赞于神明而生蓍[2]，参天两地而倚数[3]，观变于阴阳而立卦[4]，发挥于刚柔而生爻[5]，和顺于道德而理于义[6]，穷理尽性以至于命[7]。

昔者圣人之作《易》也，将以顺性命之理。是以立天之道曰阴与阳，立地之道曰柔与刚，立人之道曰仁与义。兼三才而两之[8]，故《易》六画而成卦[9]。分阴分阳，迭用柔刚[10]，故《易》六位而成章[11]。

注 释

[1] 本篇论述圣人取象于天地人之道而作《易》，叙述八卦与八种自然物、八方、四季的对应关系以及八种自然物的功能。

[2] 幽赞：隐蔽地赞助。幽，隐蔽。赞，赞助，佐助。神明：神灵。蓍（shī）：用来占卦的一种草。此句意为：暗中受神灵的赞助，生出蓍草以供占筮之用。

[3] 参（sān）天两地：参，通"三"，指奇数，代表天；两，指二，偶数，代表地。倚数：依托数字。数，指奇数和偶数。此句意为：以奇数代表天，以偶数代表地，以此为依托。

[4] 观变：对变化加以观察。阴阳：指事物的阴阳属性。卦：指卦象。此句意为：观察阴阳的变化而确立卦象。

[5] 发挥于刚柔：指阴阳显现于刚柔，阳为刚，阴为柔。发挥指具体显现，表现。爻：指爻位。爻位有阴阳之分。此句意为：阴阳显现为刚柔而生成爻位。

［6］和顺：动词，调和顺应。理于义：区分于义，以义加以区分。理，指区分。此句意为：调和顺应道德而用义加以区分。

［7］穷理：对道理加以穷究。理，道理。尽性：天性得到充分表现。命：指天命。此句意为：对道理加以穷究，天性得到充分表现，达于天命。

［8］兼三才：兼取三才。兼，一并取用。三才，指天、地、人。才，通"材"，指材料。两之：成对，成双。《周易》每卦六爻，故被说成是天、地、人三才成对配置的结果。

［9］六画：指每卦六爻。成卦：构成卦象。卦，指卦象。

［10］迭用：交替运用。迭，交替。

［11］六位：指每卦六个爻位及其爻辞。成章：构成文章。章，指文章，意谓六条爻辞交替成文，构成独立的结构单元。

天地定位[1]，山泽通气[2]，雷风相薄[3]，水火不相射[4]，八卦相错[5]。数往者顺[6]，知来者逆[7]，是故《易》逆数也[8]。

雷以动之[9]，风以散之[10]，雨以润之[11]，日以烜之[12]，艮以止之[13]，兑以说之[14]，乾以君之[15]，坤以藏之[16]。

帝出乎震[17]，齐乎巽[18]，相见乎离[19]，致役乎坤[20]，说言乎兑[21]，战乎乾[22]，劳乎坎[23]，成言乎艮[24]。

注释

［1］天地：分别指乾、坤二卦。定位：确定方位，天高地低之义。

［2］山泽：分别指艮、兑二卦。

［3］雷风：分别指震、巽二卦。相薄（bó）：相互逼近。薄，迫近、逼近、接触。

［4］水火：分别指坎、离二卦。不相射：不相互喷射，彼此不相互伤害。

［5］相错：相交错。错，错杂。

［6］数（shǔ）往者顺：以时间为序陈述以往，称为顺。从古到今是顺势而下。数，列举，陈述。

［7］知来者逆：预知未来是迎。逆，谓迎。

［8］逆数：指面向进行陈述，指《易》的预测功能。

［9］雷：与震卦相对应。

［10］风：与巽卦相对应。

［11］雨：与坎卦相对应。

［12］日：与离卦相对应。烜（xuān）：晒干，干燥。

［13］艮（gèn）：谓山。止：栖止，停留。

［14］兑（duì）：指泽，沼泽。说（shuì）：休息，止息。

［15］乾：指上天。君之：指加以主宰、君临。

［16］坤：指地。藏：收藏，指大地的承载功能。

［17］帝出乎震：帝，天帝。震，指东方，五行中对应春季。此句意为：天帝在东方生出。

［18］齐：整齐，比并。巽：指东南，春末夏初。这个季节万物整齐出现。

［19］离：指南方，五行中对应夏季。

［20］致役：停止服役。致，交还，归还，这里指停止，已完成。役，指劳役、兵役。坤：指西南，夏末秋初季节。

［21］言：语助词，无实义。兑：指秋天，此时植物停止生长，故称休息。

［22］战：颤动，发抖。乾：指西北，秋末冬初季节。此时天气转冷，令人颤抖，故称"战乎乾"。另外，乾所对应的秋末冬初是阴阳相薄季节，亦是颤动之象。

［23］劳：疲劳。坎：指北方，五行中对应冬季。

［24］成：完成。艮：指东北，冬末春初。言：语助词。

　　万物出乎震，震，东方也。齐乎巽，巽，东南也；齐也者，言万物之絜齐也[1]。离也者[2]，明也，万物皆相见，南方之卦也，圣人南面而听天下[3]，向明而治[4]，盖取诸此也。坤也者，地也，万物皆致养焉[5]，故曰：致役乎坤。兑，正秋也，万物之所说也，故曰：说言乎兑。战乎乾，乾，西北之卦也，言阴阳相薄也。坎者，水也，正北方之卦也，劳卦也，万物之所归也，故曰：劳乎坎。艮，东北之卦也，万物之所成终[6]而所成始也[7]，故曰：成言乎艮。

注释

［1］絜（xié）齐：整齐。

［2］离：与太阳相对应，故下文称"明也"。

［3］南面：坐北面南，君主之位。听天下：治理天下。听，处理、治理。

［4］向明：面向太阳。

［5］致养：得到养护、调养。致，得到、获取。

［6］成终：最终完成，终结义。

［7］成始：开始生成。

　　神也者[1]，妙万物而为言者也[2]。动万物者莫疾乎雷[3]。桡万物者莫疾乎风[4]。躁万物者莫熯乎火[5]。说万物者莫说乎泽[6]。润万物者，莫润乎水[7]。终万物始万物者莫盛乎艮[8]。

故水火相逮[9]，雷风不相悖[10]。山泽通气，然后能变化，既成万物也[11]。

中华书局 1980 年《十三经注疏》影印本孔颖达《周易正义》卷九

注释

[1] 神：这里指神灵，回应开头一段"幽赞于神明而生蓍"。

[2] 妙（miǎo）：遥远，深远。这两句意为：所谓的神明，是针对其距离万物深远而言。所谓的"幽赞"，就是在深远之处隐蔽地赞助。

[3] 动：震动。疾：迅速。此句意为：震动万物没有比雷更迅速的。

[4] 桡（náo）：摧折。此句意为：摧折万物没有比风更迅速的。

[5] 燥：干燥，这里是使动用法，使干燥之义。熯（hàn）：同"暵"，指燥热，炎热。此句意为：使万物干燥没有比火更炎热的。

[6] 说（shuì）万物者：使万物休息者。说，休息。莫说（yuè）乎泽：说，通"悦"，喜悦，高兴。此句意为：使万物得到休息者，没有比沼泽湿地更令人喜悦。

[7] 润万物者：滋润万物者。润，滋润、湿润。莫润乎水：从水中受益。润，指受益、得到好处。此句意为滋润万物并使之得到益处，没有什么能胜过水。

[8] 终万物：使万物终结。始万物：使万物开始生成。盛：美，美好。艮：这里指山。此句意为：使万物终结、使万物始生，没有比山更美者。

[9] 相逮：互相伤害。逮，伤害。

[10] 不相悖（bèi）：不相违背。悖，违背。

[11] 既成万物：尽成万物。既，尽。此句意为：使所有的万物全都成功。

问题与思考

一、根据正文和注解，找出与八卦相对应的自然存在物、方位、季节，列出图表。

二、农业生产的规律是春生、夏长、秋收、冬藏，《说卦》的哪些叙述体现出这种规律？

三、文章前边写道："天地定位，山泽通气，雷风相薄，水火不相射，八卦相错。"后文又称："水火相逮，雷风不相悖。山泽通气。"这两段文字体现的是何种理念？

四、文中称："帝出乎震"，"万物出乎震。震，东方也"，为什么把东方说成天地和万物出生之地并且与雷相关联？

五、文中有几处运用多义词，同一个单音词在句中的含义不同，试对下列句子中加点的词加以辨析，指出在各处的不同含义，可参照相关注解。

（一）和顺于道德而理于义，穷理尽性以至于命。

（二）万物皆致养焉，故曰：致役乎坤。

（三）说万物者莫说乎泽。

（四）润万物者莫润乎水。

知识链接

是故《易》有大极，是生两仪。两仪生四象，四象生八卦。（《易·系辞上》）

《易》之为书也，广大悉备。有天道焉，有人道焉，有地道焉。兼三才而两之，故六。六者，非它也，三材之道也。（《易·系辞下》）

水曰润下，火曰炎上。（《尚书·洪范》）

夫火烈，民望而畏之，故鲜死焉。（《左传·昭公二十年》）

是以水者，万物之准也，诸生之淡也，违非得失之质也。是以无不满，无不居也。集于天地，而藏于万物。产于金石，集于诸生，故曰水神。集于草木，根得其度，华得其数，实得其量。鸟兽得之，形体肥大，羽毛丰茂，文理明著。万物莫不尽其几，反其常者，水之内度适也。（《管子·水地》）

山川神祇立，宝藏殖，器用资，曲直合，大者可以为宫室台榭，小者可以为舟舆浮漂。大者无不中，小者无不入，持斧则斫，折镰则艾，生人立，禽兽伏，死人入，多其功而不言，是以君子取譬也。（董仲舒《春秋繁露·山川颂》）

是月也，日夜分，雷乃发声，始电，蛰虫咸动，开户始出。（《吕氏春秋·仲春纪》）

是月也……劳农夫以休息之。（《吕氏春秋·孟冬纪》）

附录

乾·文言（节选）

"元"者，善之长也；"亨"者，嘉之会也；"利"者，义之和也；"贞"者，事之干也。君子体仁，足以长人；嘉会足以合礼；利物足以和义；贞固足以干事。君子行此四德者，故曰："乾，元、亨、利、贞。"

初九曰"潜龙勿用"，何谓也？子曰："龙，德而隐者也。不易乎世，不成乎名，遁世无闷，不见是而无闷。乐则行之，忧则违之，确乎其不可拔，潜龙也。"

九二曰"见龙在田，利见大人"，何谓也？子曰："龙德而正中者也。庸言之信，庸行之谨，闲邪存其诚，善世而不伐，德博而化。《易》曰：'见龙在田，利见大人'，君德也。"

九三曰"君子终日乾乾，夕惕若。厉，无咎"，何谓也？子曰："君子进德修业。忠信，所以进德也；修辞立其诚，所以居业也。知至至之，可与几也。知终终之，可与存义也。是故居上位而不骄，在下位而不忧，故乾乾因其时而惕，虽危无咎矣。"

九四曰"或跃在渊，无咎"，何谓也？子曰："上下无常，非为邪也。进退无恒，非离群也。君子进德修业，欲及时也，故无咎。"

九五曰"飞龙在天，利见大人"，何谓也？子曰："同声相应，同气相求。水流湿，火就燥，云从龙，风从虎，圣人作而万物睹。本乎天者亲上，本乎地者亲下，则各从其类也。"

上九曰"亢龙有悔"，何谓也？子曰："贵而无位，高而无民，贤人在下位而无辅，是以动而有悔也。"

中华书局 1980 年《十三经注疏》影印本孔颖达《周易正义》卷一

坤·文言

坤至柔而动也刚，至静而德方，后得主而有常，含万物而化光。坤道其顺乎，承天而时行。积善之家，必有余庆，积不善之家，必有余殃。臣弑其君，子弑其父，非一朝一夕之故，其所由来者渐矣，由辩之不早辩也。《易》曰："履霜，坚冰至"，盖言顺也。"直"其正也，"方"其义也。君子敬以直内，义以方外，敬义立而德不孤。"直方大，不习无不利"，则不疑其所行也。阴虽有美，"含"之以从王事，弗敢成也。地道也，妻道也，臣道也，地道无成而代有终也。天地变化，草木蕃。天地闭，贤人隐。《易》曰："括囊无咎无誉"，盖言谨也。君子黄中通理，正位居体，美在其中，而畅于四支，发于事业，美之至也。阴疑于阳必战，为其嫌于无阳也，故称"龙"焉。犹未离其类也，故称"血"焉。夫玄黄者，天地之杂也，天玄而地黄。

中华书局 1980 年《十三经注疏》影印本孔颖达《周易正义》卷一

周易例略·明象

夫象者，出意者也。言者，明象者也。尽意莫若象，尽象莫若言。言生于象，故可寻言以观象；象生于意，故可寻象以观意。意以象尽，象以言著。故言者所以明象，得象而忘言；象者，所以存意，得意而忘象。犹蹄者所以在兔，得兔而忘蹄；筌者所以在鱼，得鱼而忘筌也。然则，言者，象之蹄也；象者，意之筌也。是故，存言者，非得象者也；存象者，非得意者也。象生于意而存象焉，则所存者乃非其象也；言生于象而存言焉，则所存者乃非其言也。然则，忘象者，乃得意者也；忘言者，乃得象者也。得意在忘象，得象在忘言。故立象以尽意，而象可忘也；重画以尽情，而画可忘也。

是故触类可为其象，合义可为其徵。义苟在健，何必马乎？类苟在顺，何必牛乎？爻苟合顺，何必坤乃为牛？义苟应健，何必乾乃为马？而或者定马于乾，案文责卦，有马无乾，则伪说滋漫，难可纪矣。互体不足，遂及卦变；变又不足，推致五行。一失其原，巧愈弥甚。纵复或值，而义无所取。盖存象忘意之由也。忘象以求其意，义斯见矣。

中华书局 1980 年刊本楼宇烈《王弼集校释》

解 题

　　《左传》原题为《左氏春秋》，是我国历史上第一部叙事详细、剪裁得当、情节完足的编年体断代史著作。汉代学者认为，此书是春秋晚期鲁国史官左丘明为详说和阐释鲁史《春秋》所作，故改题为《春秋左氏传》，又称《春秋左传》《左氏传》，简称《左传》。先秦史书又有《国语》，旧传亦出自左丘明手笔，且与《左传》同记春秋史事，后人又称《左传》为《春秋内传》，而称《国语》为《春秋外传》。除《左传》之外，旧传先秦确为解释《春秋》的著述，还有《公羊传》和《穀梁传》，后人合称为"春秋三传"。三者均为古人尊崇的儒学"十三经"之一。宋代以来，关于《左传》的成书与作者，说法颇多，或以为作于楚左史倚相之后，或说是西汉末刘歆取材于《国语》比附经文而成，或以为卫国左氏（位于今山东）人吴起纂辑各国史传而成，即便承认左丘明所作者也认为书中多有后人增益。现代学者认为，《左传》实际成书于公元前403年至前386年之间，本是一部独立的历史著作，作者待考。

　　《左传》全书约十八万字，按鲁国隐、桓、庄、闵、僖、文、宣、成、襄、昭、定、哀等十二公的世次纪年，记述了从鲁隐公元年至鲁哀公二十七年（前722—前468）间的史事，其按时序、分国别、按部就班的记史体例完善了此前以《春秋》为代表的编年体史书体裁，并将这一体裁发展到一个新的高度。《左传》保存了春秋时期大量的重要史料，比较系统地记述了有关政治、经济、军事、宗法、民族、婚姻、礼俗等社会生活各个方面的历史事件，同时还引述了春秋以前的口传历史及远古神话，史料非常丰富，在一定程度上反映了春秋时期的社会面貌和历史文化，是研究春秋时代乃至夏、商、西周历史的极有价值的历史文献。

　　《左传》又是一部历史散文著作，虽以编年记事，但记载系统有序，工于剪裁，所记事件链接清楚，有始有终，还常常使用追叙、顺叙、插叙、倒叙及附叙的方法，使叙事生动而不呆板，简洁而不拖沓，特别是有关战争的叙事，多可举为叙事散文的典范。其叙事不仅善于凸显事件的本质，用极为洗练的语言叙述纷纭复杂的历史，还善于在历史事件中刻画人物。用人物精彩的个性语言、典型的行为细节描写人物的个性特征和心理变化，使客观的历史事件在人物施事思维的推动下具有了文学生命和思想灵魂，对我国语言文学产生了十分重要而深远的影响。

《左传》也记述或反映了春秋时代的思想观念，虽其书以记事为主，但记事的本身就体现出作者的思想倾向。除此之外，在大量的外交辞令和各类谏词中，以及通过人物对历史事件发表的议论和评价，也直接地展现了那个时代的哲学观与价值观。分析这类史料，不难看出，《左传》所反映的是当时孔子主张的以"仁"为核心的伦理思想。汉代学者认为《左传》是一部详说和阐释鲁史《春秋》的著作，并非没有道理。在某种意义上，所谓孔子"微言大义"的春秋笔法，的确在《左传》中得到了附以具体史事的阐发和释说。因而这部历史文献也不失为一部宣扬传统思想和社会道德的教科书，这就是古人将其尊为儒家经典的原因所在。

《左传》在古代通行的注本，是晋杜预的《春秋左氏经传集解》和唐孔颖达的《春秋左传正义》。此外清洪亮吉的《春秋左传诂》，刘文淇的《春秋左氏传旧注疏证》也具有重要参考价值。现代的通行本则为杨伯峻的《春秋左传注》。

本章所选的《郑伯克段于鄢》出自《左传·隐公元年》。其实《左传》记事并无篇题，此篇题是后人据《春秋》记述这段历史的文字所加。文中表现了郑国公室内部尔虞我诈、互相倾轧的史事，成功地塑造了一系列人物形象，将郑庄公貌似宽容而心藏杀机的虚伪，共叔段权欲熏心而愚蠢妄为的轻狂，武姜氏随心所欲而僭越礼法的偏私，颍考叔宅心仁厚而巧设谏词的智慧，鲜明而生动地展现在读者面前。从而揭示了庄公母子、兄弟间为争权夺势而无视伦理礼制的道德缺失，及颍考叔以孝巧谏使庄公母子和好如初的慈孝回归。在否定与肯定中，让读者深度思考"君义、臣行、父慈、子孝、兄友、弟恭"等伦理道德在当时社会环境中应如何践行的问题，充分体现了作者借历史事件宣扬孝悌之道的写作命意。

郑伯克段于鄢[1]

初[2]，郑武公娶于申[3]，曰武姜[4]，生庄公，及共叔段。庄公寤生[5]，惊姜氏，故名曰寤生，遂恶之[6]。爱共叔段，欲立之。亟请于武公[7]，公弗许。及庄公即位，为之请制[8]。公曰："制，岩邑也[9]，虢叔死焉[10]。佗邑唯命[11]。"请京[12]，使居之，谓之"京城大叔"[13]。

注释

[1] 郑伯：指郑庄公，因其为伯爵故称，又因其死后谥号为"庄"，也称庄公。克：攻克，战胜。段：指庄公弟共叔段。共，国名，在今河南辉县，是其兵败后逃奔之去处。叔：表示兄弟间排行在末，或相对年少者。鄢（yān）：郑国邑名，在今河南鄢陵境。

［2］初：当初、起初。表示追溯往事。

［3］郑武公：郑国的第二代君主，名掘突。武，其死后的谥号。公，《左传》叙事对诸侯国国君的通称。申：春秋时诸侯国名。国君为姜姓，其地在今河南南阳市北。

［4］武姜：对武公之妻姜氏的称谓。武，为其夫谥号；姜，为其母家之姓。

［5］寤（wù）生：非顺产而生。寤，通"牾"，倒、逆。可理解为胎儿脚先生出，与通常头先生出相反，即难产。

［6］遂：于是。恶（wù）：厌恶。

［7］亟（qì）：屡次，多次。

［8］制：郑邑名，在今河南荥阳市汜水附近古虎牢关一带，原属东虢国，东虢国公元前767年为郑所灭，其地遂归郑所有。

［9］岩：险峻，险要。

［10］虢（guó）叔：东虢国的国君。焉：于此，在那里。

［11］佗：通"他"，其他。唯命："唯命是听"的省语。

［12］京：郑邑名，在今河南荥阳市东南。

［13］大（tài）叔：对叔段的尊称。下同。大，同"太"。

祭仲曰[1]："都城过百雉[2]，国之害也[3]。先王之制[4]：大都，不过参国之一[5]；中，五之一；小，九之一。今京不度[6]，非制也。君将不堪[7]！"公曰："姜氏欲之，焉辟害[8]？"对曰："姜氏何厌之有[9]？不如早为之所[10]，无使滋蔓[11]。蔓，难图也[12]。蔓草犹不可除，况君之宠弟乎？"公曰："多行不义，必自毙[13]，子姑待之[14]。"

注释

［1］祭（zhài）仲：郑国大夫，名足。祭，表示封邑。仲，表示排行。

［2］都：都邑，城邑。城：此指城墙。雉：计量城墙的量词，长三丈、高一丈为一雉。

［3］国：此指国家。

［4］制：制度，法规。

［5］参国之一：国都的三分之一。国，此指国都。古制，侯伯的国都城墙为三百雉。

［6］不度：不符合法度。

［7］不堪：不能忍受。堪，能忍受、能支撑。

［8］焉：哪里。辟：通"避"，避免。

［9］何厌之有：有什么满足呢。厌，通"餍"，吃饱、满足。

[10] 为：动词，意为"安排"。之：指代共叔段。所：处所。

[11] 无：通"毋"，不要。滋蔓：滋长蔓延。

[12] 图：图谋。此指想办法应对。

[13] 自毙：自行垮台。毙，跌倒、垮台。

[14] 子：古代对人的尊称，相当于白话中的"您"。姑：姑且。之：指代上文"自毙"的结果。

既而大叔命西鄙、北鄙贰于己[1]。公子吕曰[2]："国不堪贰，君将若之何[3]？欲与大叔，臣请事之；若弗与，则请除之。无生民心[4]。"公曰："无庸[5]，将自及[6]。"大叔又收贰以为己邑[7]，至于廪延[8]。子封曰："可矣。厚将得众[9]。"公曰："不义不暱[10]，厚将崩。"

注释

[1] 既而：事后不久。鄙：边邑。贰于己：贰属于自己。意为命令边邑既属于庄公统辖，又属于自己管理。

[2] 公子吕：郑国大夫，名吕，字子封。

[3] 若之何：对这种情况怎么办。若……何，是古代一种固定的语言格式，意为"对……怎么办"。之，指代"贰于己"的情况。

[4] 无生民心：不要使国民产生二心。生，此为使动用法。

[5] 无庸：不用。

[6] 自及：自己赶上覆灭。及，动词，赶上。"及"后省略了指代"自毙"的宾语。

[7] 贰：指上文所言"贰于己"的边邑。

[8] 廪延：郑邑名，在今河南延津县北。

[9] 厚：指领地扩大。众：众多的属民。

[10] 不义不暱（nì）：意为多行不义，则民众就不会亲附于他。暱，同"昵"，亲近、亲附。

大叔完聚[1]，缮甲兵[2]，具卒乘[3]，将袭郑[4]。夫人将启之[5]。公闻其期，曰："可矣！"命子封帅车二百乘以伐京[6]。京叛大叔段，段入于鄢，公伐诸鄢[7]。五月辛丑[8]，大叔出奔共。

注释

[1] 完：修葺。指修葺城郭。聚：积聚。指积聚粮草。完、聚两个动词后均省

略了宾语。

　　[2] 缮：修补，整治。

　　[3] 具：准备。卒：士兵。乘（shèng）：兵车。

　　[4] 郑：郑国都城名，又称新郑，在今河南新郑市境。

　　[5] 夫人：指姜氏。启之：意为姜氏将为叔段打开城门做内应。启，开启。

　　[6] 帅：通"率"，率领。

　　[7] 诸："之于"二词的合音。

　　[8] 五月辛丑：指鲁隐公元年（前722年）五月二十三日。

　　书曰[1]："郑伯克段于鄢。"段不弟[2]，故不言弟；如二君[3]，故曰克；称郑伯[4]，讥失教也；谓之郑志[5]，不言出奔，难之也[6]。

注释

　　[1] 书：指《春秋》经。

　　[2] 弟：通"悌"，敬爱、顺从兄长。

　　[3] 如二君：意为叔段割据一方，有如郑国的第二个国君。

　　[4] 伯：在《春秋》中本指周代"公、侯、伯、子、男"五等爵位中的伯爵，《左传》作者为发微《春秋》叙事的"微言大义"，将"伯"字含有的兄弟排行中老大的意义提取出来，以强调庄公"失教"之过。

　　[5] 郑志：指郑伯意欲除掉叔段的意图。

　　[6] 难（nàn）：责难，指责。一说以为难以下笔。

　　遂寘姜氏于城颍[1]，而誓之曰："不及黄泉[2]，无相见也。"既而悔之。颍考叔为颍谷封人[3]，闻之，有献于公。公赐之食，食舍肉[4]。公问之，对曰："小人有母[5]，皆尝小人之食矣[6]，未尝君之羹[7]。请以遗之[8]。"公曰："尔有母遗[9]，繄我独无[10]。"颍考叔曰："敢问何谓也[11]？"公语之故，且告之悔。对曰："君何患焉[12]？若阙地及泉[13]，隧而相见[14]，其谁曰不然？"公从之。公入而赋[15]："大隧之中，其乐也融融[16]。"姜出而赋："大隧之外，其乐也洩洩[17]。"遂为母子如初。

注释

　　[1] 寘（zhì）：放置，安置。城颍：郑邑名，在今河南临颍县西北。

　　[2] 黄泉：地下泉水，古人认为天玄地黄，故称"黄泉"。此指墓穴。

　　[3] 颍考叔：郑国大夫，因任职于颍谷，以"颍"为氏。颍谷：郑边邑名，在

今河南登封市西南。封人：驻守边邑的官职。封，疆界。

　　[4] 舍（shě）：舍弃。意为只喝羹而不吃肉。

　　[5] 小人：颍考叔之自称，表示自谦。

　　[6] 尝：品尝。

　　[7] 羹：古称带汤的肉食为羹。

　　[8] 遗（wèi）：赠送，送给。

　　[9] 尔：第二人称代词，你。

　　[10] 繄（yī）：句首发语词，表示加强语气。

　　[11] 何谓：说的是什么意思。何，疑问代词作宾语前置。

　　[12] 何患：忧患什么。

　　[13] 阙：通"掘"。

　　[14] 隧：隧道。

　　[15] 赋：赋诗，吟诵诗歌。

　　[16] 融融：形容词重叠加重语气，此表示非常愉快。

　　[17] 洩洩（yìyì）：形容无比愉快。

　　　　君子曰[1]："颍考叔，纯孝也。爱其母，施及庄公[2]。《诗》曰：'孝子不匮，永锡尔类[3]。'其是之谓乎[4]！"

　　　　中华书局1980年《十三经注疏》影印本孔颖达《春秋左传正义》卷二

注　释

　　[1] 君子曰：《左传》常用"君子曰"发表议论。其议论有时是作者的言论，有时引自时贤。

　　[2] 施：延伸，扩展。

　　[3] 匮（kuì）：尽。锡（cì）：通"赐"。所引诗出自《诗经·大雅·既醉》。

　　[4] 是之谓：说的当是这类事情。是，代词，作"谓"的前置宾语。之，介词作宾语前置的标志。

问题与思考

　　一、为什么古人将记述春秋历史的著作《左传》尊为儒学的经典，列于"十三经"之中？

　　二、结合本文的记事与"书曰"中的评论，谈一谈郑庄公、共叔段及姜氏三个人物形象，请指出他们的道德缺失主要表现在哪些方面。

　　三、郑庄公与姜氏"遂为母子如初"，既有庄公"既而悔之"的主观原因，也有颍考叔巧谏的客观原因，为什么"君子曰"只对颍考叔发表议论，而没有评论庄公？

知识链接

《春秋》者，鲁史记之名也。记事者，以事系日，以日系月，以月系时，以时系年。所以纪远近，别同异也。故史之所记，必表年以首事。年有四时，故错举以为所记之名也。周礼有史官，掌邦国四方之事，达四方之志。诸侯亦各有国史。大事书之于策，小事简牍而已。孟子曰："楚谓之《梼杌》，晋谓之《乘》，而鲁谓之《春秋》，其实一也。"（杜预《春秋左氏传序》）

盖周公之志，仲尼从而明之。左丘明受《经》于仲尼，以为《经》者不刊之书也。故《传》或先《经》以始事，或后《经》以终义，或依《经》以辨理，或错《经》以合异，随义而发。（杜预《春秋左氏传序》）

凡《传》以通《经》为主，《经》以必当为理。夫至当无二，而"三传"殊说，庸得不弃其所滞，择善而从乎！（范宁《春秋穀梁传注疏序》）

昔者孔子有云，吾志在《春秋》，行在《孝经》。此二学者，圣人之极致，治世之要务也。（何休《春秋公羊传注疏序》）

国之大事，在祀与戎。祀则必尽其敬，戎则不加无罪。盟会协于礼，兴动顺其节。失则贬其恶，得则褒其善。此《春秋》之大旨，为皇王之明鉴也。（孔颖达《春秋正义序》）

附录

公羊传·隐公元年（节选）

夏，五月，郑伯克段于鄢。克之者何？杀之也。杀之，则曷为谓之克？大郑伯之恶。曷为大郑伯之恶？母欲立之，己杀之，如勿与而已矣。段者何？郑伯之弟也。何以不称弟？当国也。其地何？当国也。齐人杀无知，何以不地？在内也。在内，虽当国，不地也。不当国，虽在外，亦不地也。

中华书局1980年《十三经注疏》影印本徐彦《春秋公羊传注疏》卷一

穀梁传·隐公元年（节选）

夏，五月，郑伯克段于鄢。克者何？能也。何能也？能杀也。何以不言杀？见段之有徒众也。段，郑伯弟也。何以知其为弟也？杀世子母弟目君。以其目君，知其为弟也。段，弟也，而弗谓弟；公子也，而弗谓公子。贬之也。段失子弟之道矣。贱段而甚郑伯也。何甚乎郑伯？甚郑伯之处心积虑，成于杀也。于鄢，远也。犹曰取之其母之怀中而杀之云尔，甚之也。然则为郑伯者宜奈何？缓追逸贼，亲亲之道也。

中华书局 1980 年《十三经注疏》影印本杨士勋《春秋穀梁传注疏》卷一

第六讲 论语

　　《论语》是记载孔子及其弟子言行举止的语录集，由孔门弟子及再传弟子编辑而成。其作为儒家学派的经典著作，共二十篇，集中体现了孔子的思想。书中多数篇目围绕一个中心展开，朱熹的《论语集注》对这一现象作出揭示。

　　孔子（前 551 ？—前 479），名丘，字仲尼，春秋时期鲁国陬邑（今山东曲阜）人，先祖为宋国（今河南商丘一带）贵族。孔子幼年贫贱，所以"多能鄙事"，多才多艺。后来他周游列国，一生致力于复兴礼乐文化，推行自己的政治主张。而儒家思想虽为显学，却不被各国统治者所推重。孔子晚年回到鲁国，他"述而不作"，相传《诗》《书》《礼》《乐》《春秋》皆由孔子删定，《春秋》微言大义的笔法对我国史学产生重大影响。他还是伟大的教育家，弟子众多，他培养治国理政的人才，同时试图通过学生的仕途道路来践行自己的政治理想。且他的"有教无类""因材施教"等教育理念被沿用至今，孔子也因此被后世奉为"万世师表"。

　　孔子思想的核心是仁和礼，他认为治国应施行"德治"。"仁"的思想虽古已有之，但其作为哲学范畴被发挥到极致，还是始自孔子。"仁"在《论语》中出现百余次，是孔子伦理思想的结晶。儒家思想的"仁爱"，有别于墨家思想的"兼爱"，主张推己及人，有差别的爱，即"忠恕之道"。此处的"忠恕"，从消极的一面来看，即"己所不欲，勿施于人"，即能换位思考，用自己的心推及别人，自己不愿意别人怎样对待自己，就不要那样对待别人；自己不想要的东西，也不要强加于别人。从积极的一面来看，即"己欲立而立人，己欲达而达人"，自己要修德立身，也要让别人修德立身；自己要通达事理，也要让别人通达事理。忠恕之道是孔子一以贯之的行为准则，而推己及人的道理至今仍构成现代伦理的重要组成部分。

　　孔子用礼来解释仁，认为礼是仁的表现形式，一方面他认为"克己复礼为仁。一日克己复礼，天下归仁焉"。另一方面，他又认为仁是礼的内在要素："人而不仁，如礼何？"孔子一生致力于复兴礼乐制度，礼乐制度中包含有"君君、臣臣、父父、子子"的等级制度等时代内容，这也是民国时期"打倒孔家店"，孔子成为众矢之的最重要的原因所在。

总之，孔子的"仁"包含恭、宽、信、敏、惠、敬、勇等诸多道德观念，所以孔子对"仁人"的要求极为严苛。"若圣与仁，则吾岂敢！"他自己也不敢以圣人或仁人自居，他的得意门生子路、冉有、公西华被问及是否符合这一标准，孔子说他们各有所长，至于能不能称得上"仁"，他不知道，可见他从不以"仁"轻易许人。

孔子认为"中庸"是一种"至德"，很少人能够达到。这一概念提出了处理问题的尺度，即不偏不倚，无过无不及。如果不能奉行中庸之道，就成为狂者或狷者。狂者一意进取，狷者一味退守，在尺度上体现为过或不及。孔子深恶痛绝的一类人是乡愿，于今或称"好好先生"，处事圆滑，随波逐流，同流合污。可见，中庸绝不是无原则的折中，狂狷与中庸只是尺度之别，但乡愿与中庸却貌合神离，在本质方面截然对立。这是当今接受孔子思想所特别需要留意的。

孔子毕生致力于复兴礼乐文明，而西周礼乐文明是宗法制度的产物。孔子所处的春秋后期，宗法制开始解体，呈现出"礼崩乐坏"的趋势，这是孔子学说在当时不能大行于世的根本原因。尽管如此，孔子对传统文化所作的系统整理和总结却成为中华民族宝贵的精神财富和历史文化遗产留传后世。

《论语》一书具有多方面的价值，对政治、经济、社会伦理、哲学、文学等诸多领域产生深远影响。《孟子·万章下》写道："孔子，圣之时者也。孔子之谓集大成。集大成也者，金声而玉振之也。金声也者，始条理也；玉振之也者，终条理也。"孟子道出孔子学说集大成的性质。司马迁在《史记·孔子世家》中云："孔子布衣，传十余世，学者宗之。自天子王侯，中国言'六艺'者折中于夫子，可谓至圣矣！"司马迁指出孔子作为百代宗师的崇高地位。后人称孔子为大成宗师，正是综合孟子、司马迁的评价而来。古代又称孔子为"素王"，把他视为中华民族的精神领袖。

《论语》的主要注本有三者，三国何晏集解、宋邢昺疏的《论语注疏》，收入《十三经注疏》。朱熹的《论语集注》系《四书章句集注》之一，明清的科举考试，题目均出自"四书"。今人杨伯峻先生的《论语译注》系多次刊印的重要读本。

里仁[1]（节选）

子曰："里仁为美[2]。择不处仁[3]，焉得知[4]？"

子曰："不仁者不可以久处约[5]，不可以长处乐。仁者安仁，知者利仁[6]。"

子曰："唯仁者能好人[7]，能恶人[8]。"

子曰："苟志于仁矣[9]，无恶也[10]。"

子曰："富与贵，是人之所欲也；不以其道得之，不处也[11]。贫与贱，是人之所恶也；不以其道得之，不去也[12]。君子去仁，恶乎成名[13]？君子无终食之间违仁，造次必于是[14]，颠沛必于是[15]。"

子曰："我未见好仁者，恶不仁者。好仁者，无以尚之[16]；恶不仁者，其为仁矣，不使不仁者加乎其身。有能一日用其力于仁矣乎？我未见力不足者。盖有之矣[17]，我未之见也。"

子曰："人之过也，各于其党[18]。观过[19]，斯知仁矣[20]。"

子曰："朝闻道[21]，夕死可矣[22]。"

中华书局 1980 年刊本杨伯峻《论语译注·里仁第四》

注释

[1]本篇选自《论语·里仁》，共二十六章，此处节选一至八章。

[2]里仁为美：住的地方，要有仁德才好。里，动词，居住。

[3]择不处（chǔ）仁：选择没有仁德的地方居住。处，居住。

[4]知（zhì）：同"智"，智慧。

[5]约：贫困。

[6]知者利仁：聪明人利用仁。因为他认识到仁德对他长远而巨大的利益，所以他便实行仁德。

[7]好（hào）：喜爱。

[8]恶（wù）：憎恶、讨厌。

[9]苟：假如。志：立定志向。

[10]恶（è）：坏处。

[11]不处：不居住，不停留。上述一段话意为：富和贵是人人想得到的，不用正当手段获取，它不会安顿停留，会得而复失。

[12]不去：不离开。去，离开，摆脱。此句意为：贫困和低贱是人人都厌恶的，如果是采用不正当的方法获得，贫贱是不会离开，无法摆脱的。这里取咎由自取之意。

[13]恶（wū）乎：怎样。恶，疑问代词，怎么、如何。

[14]造次必于是：在仓猝匆忙的时候一定和仁德同在。造次，仓猝、匆忙。是，这，代词，指"仁"。

[15]颠沛：颠沛流离，指困境。

[16]无以尚之：再好也没有了。尚，超过。

[17]盖：副词，大概。

[18]人之过也，各于其党：什么样的错误就是什么样的人犯的。党，类。

[19]观过：考察所犯的错误。观，考察、审视。

[20]斯知仁矣：就可以知道什么是仁了。

[21]朝（zhāo）：早晨。道：真理。

[22] 夕：指日西斜，傍晚。

问题与思考

一、深入分析孔子所说的"仁"的具体内涵。

二、据孔子所说，怎样身体力行才能达到"仁"的境界？

知识链接

子曰："巧言令色，鲜矣仁。"（《论语·学而》）

子曰："人而不仁，如礼何？人而不仁，如乐何？"（《论语·八佾》）

子曰："回也，其心三月不违仁，其余则日月至焉而已矣。"（《论语·雍也》）

子曰："知者乐水，仁者乐山；知者动，仁者静；知者乐，仁者寿。"（《论语·雍也》）

子曰："志于道，据于德，依于仁，游于艺。"（《论语·述而》）

子曰："仁远乎哉？我欲仁，斯仁至矣。"（《论语·述而》）

子曰："知者不惑，仁者不忧，勇者不惧。"（《论语·子罕》）

颜渊问仁。子曰："克己复礼为仁。一日克己复礼，天下归仁焉。为仁由己，而由人乎哉？"颜渊曰："请问其目。"子曰："非礼勿视，非礼勿听，非礼勿言，非礼勿动。"（《论语·颜渊》）

子曰："志士仁人，无求生以害仁，有杀身以成仁。"（《论语·卫灵公》）

先进[1]（节选）

子路[2]、曾皙[3]、冉有[4]、公西华侍坐[5]。

子曰："以吾一日长乎尔，毋吾以也[6]。居则曰[7]：'不吾知也！'如或知尔，则何以哉[8]？"

子路率尔而对曰[9]："千乘之国[10]，摄乎大国之间[11]，加之以师旅[12]，因之以饥馑[13]；由也为之，比及三年[14]，可使有勇，且知方也[15]。"

夫子哂之[16]。

"求，尔何如？"

对曰："方六七十[17]，如五六十[18]，求也为之，比及三年，可使足民。如其礼乐[19]，以俟君子[20]。"

"赤，尔何如？"

对曰："非曰能之，愿学焉。宗庙之事[21]，如会同[22]，端章甫[23]，愿为小相焉[24]。"

"点，尔何如？"

鼓瑟希[25]，铿尔[26]，舍瑟而作[27]，对曰："异乎三子者之撰[28]。"

子曰："何伤乎？亦各言其志也。"

曰："莫春者[29]，春服既成，冠者五六人[30]，童子六七人，浴乎沂[31]，风乎舞雩[32]，咏而归[33]。"

夫子喟然叹曰[34]："吾与点也[35]！"

三子者出，曾皙后[36]。曾皙曰："夫三子者之言何如？"

子曰："亦各言其志也已矣。"

曰："夫子何哂由也？"

曰："为国以礼。其言不让[37]，是故哂之。"

"唯求则非邦也与[38]？"

"安见方六七十如五六十而非邦也者[39]？"

"唯赤则非邦也与？"

"宗庙会同，非诸侯而何[40]？赤也为之小[41]，孰能为之大[42]？"

中华书局 1980 年刊本杨伯峻《论语译注·先进第十一》

注 释

[1] 本篇选自《论语·先进》，共二十六章，此处节选第二十六章。

[2] 子路（前 542—前 480）：孔子学生，姓仲名由，字子路或季路，卞人，卞为鲁邑，在今山东泗水东卞桥镇，比孔子小九岁。

[3] 曾皙（xī）：生卒年月不详，孔子学生，姓曾名点，字子皙，曾参的父亲。鲁人。

[4] 冉有（前 522—？）：孔子学生，姓冉名求，字子有，鲁人，比孔子小二十九岁。

[5] 公西华（前 509 年—？）：孔子学生，姓公西名赤，字子华，鲁人，比孔子小四十二岁。

[6] 毋吾以也：不要因为我（觉得拘谨而不敢说话）。以，因为。

[7] 居：平日，平常。

[8] 则何以哉：那你们怎么做呢？何以，即以何，疑问句中疑问代词作宾语前置。

[9] 率尔：轻率，急切。对：回答，应对。

[10] 千乘（shèng）之国：有千辆兵车的诸侯国。乘，车，兵车，包括一车四马。千乘之国，在当时是中等诸侯国。

[11] 摄：夹在……中间。

〔12〕加之以师旅：加上有军队入侵。加，外加。师旅，指军队。

〔13〕饥馑（jǐn）：灾荒，庄稼收成很差或颗粒无收。

〔14〕比（bì）：等到。

〔15〕方：方向，准则，这里指礼义。

〔16〕哂（shěn）：带有讽刺意味的微笑。

〔17〕方六七十：古代的土地面积计算方式，每边长六七十里，六七十里见方。

〔18〕如：或者。

〔19〕如其礼乐：至于其礼乐。如，至于。

〔20〕以俟（sì）君子：用以等待君子。俟，等待。君子，道德高尚的人。

〔21〕宗庙之事：指祭祀之事。

〔22〕会同：诸侯会盟。

〔23〕端章甫：戴礼帽穿礼服。端，古代礼服之名。章甫，古代礼帽之名。端章甫，这里用作动词。

〔24〕相（xiàng）：名词，赞礼司仪之人。

〔25〕鼓瑟希：指弹瑟的速度放慢，节奏逐渐稀疏。鼓，弹奏。瑟，古代弦乐器。希，"稀"字初文。

〔26〕铿尔：象声词。

〔27〕舍瑟而作：放下瑟站起来。舍，放下。作，站起来，起身。

〔28〕异乎三子者之撰：有异于上述三位的选择。撰（xuǎn），选择。

〔29〕莫春：阳春三月。莫，同"暮"。

〔30〕冠者：成年人。古代男子到二十岁时行冠礼，表示已经成年。

〔31〕浴乎沂：在沂水洗澡。沂，水名，发源于山东南部，流经江苏北部入海。

〔32〕风乎舞雩（yú）：在舞雩台上吹风乘凉。风，这里用作动词，指风吹乘凉。雩，地名，原是祭天求雨的地方，在今山东曲阜。

〔33〕咏：唱歌。

〔34〕喟然：感慨长叹之象。

〔35〕吾与点也：我赞同曾点的想法。与，赞同。

〔36〕后：最后离开。

〔37〕不让：不谦让。

〔38〕唯求则非邦也与：那么冉求说的就不是治理国家吗？指冉求前面所说的一番话。

〔39〕安见：怎么见得。安，疑问词。

〔40〕非诸侯而何：如果不是诸侯是什么呢？非，不是。何，什么。

〔41〕赤也为之小：指公西华此前"愿为小相"之语。

〔42〕孰：谁。

问题与思考

一、儒家思想强调经世致用，为什么孔子在"子路、曾皙、冉有、公西华侍坐"一章中赞同曾皙的志向？

二、分析此篇中孔子几位弟子的形象。

知识链接

子曰："由！诲女知之乎！知之为知之，不知为不知，是知也。"（《论语·为政》）

子曰："道不行，乘桴浮于海。从我者，其由与？"子路闻之喜。子曰："由也好勇过我，无所取材。"（《论语·公冶长》）

孟武伯问子路仁乎？子曰："不知也。"又问。子曰："由也，千乘之国，可使治其赋也，不知其仁也。"

"求也何如？"子曰："求也，千室之邑，百乘之家，可使为之宰也，不知其仁也。"

"赤也何如？"子曰："赤也，束带立于朝，可使与宾客言也，不知其仁也。"（《论语·公冶长》）

季康子问："仲由可使从政也与？"子曰："由也果，于从政乎何有？"

曰："赐也可使从政也与？"曰："赐也达，于从政乎何有？"

曰："求也可使从政也与？"曰："求也艺，于从政乎何有？"（《论语·雍也》）

附录

述而（节选）

子曰："富而可求也，虽执鞭之士，吾亦为之。如不可求，从吾所好。"

子之所慎：齐，战，疾。

子在齐闻《韶》，三月不知肉味，曰："不图为乐之至于斯也。"

冉有曰："夫子为卫君乎？"子贡曰："诺；吾将问之。"

入，曰："伯夷、叔齐何人也？"曰："古之贤人也。"曰："怨乎？"曰："求仁而得仁，又何怨？"

出，曰："夫子不为也。"

子曰："饭疏食饮水，曲肱而枕之，乐亦在其中矣。不义而富且贵，于我如浮云。"

子曰："加我数年，五十以学《易》，可以无大过矣。"

子所雅言，《诗》《书》、执礼，皆雅言也。

叶公问孔子于子路，子路不对。子曰："女奚不曰，其为人也，发愤忘食，乐以忘忧，不知老之将至云尔。"

中华书局 1980 年刊本杨伯峻《论语译注·述而第七》

解题

　　这部著作主要记录孟子（前 372—前 289）的言行。孟子，名轲，战国中期鲁国邹（今山东邹县）人，是先秦儒家思孟学派的代表人物。他先后游说过梁惠王、齐咸王、滕文公等，在齐国曾经一度为客卿。尽管在各诸侯国受到礼遇，但他推行的政治主张并没有被当时的社会所接受和容纳，于是，他退而从事教育和著述。《孟子》一书是他的弟子万章、公孙丑等对孟子言论亲承口授的记录，并经孟子增删润色。孟子逝世后，由门人最终叙定。《史记·孟子荀卿列传》称孟子："退而与万章之徒序《诗》《书》，述仲尼之意，作《孟子》七篇。"传世《孟子》七篇完足，各篇分上、下。《汉书·艺文志》儒家类著录《孟子》十一篇。多出的四篇称为外书。分别是《性善辨》《文说》《孝经》《为政》。东汉赵岐为《孟子》作注，认为这四篇是后世依托之作，并非《孟子》本真，未加注释，这四篇逐渐亡佚。

　　孟子自认为是孔子的忠实信徒，在全书最后一章列出尧、舜、文王、孔子的儒家道统。因此，他以弘扬孔子创立的儒家学说为己任，并且形成自己的思想体系。

　　孟子的政治论，提倡王道仁政。强调治国理政要先富而后教，要推爱施恩，也就是《梁惠王上》所称："老吾老，以及人之老；幼吾幼，以及人之幼：天下可运于掌。"基于这种推爱施恩理念，他把君主与民同乐作为仁政的理想。孟子的政治论体现出深切的人文关怀，《尽心下》称："民为贵，社稷次之，君为轻。"这是对先秦民本思想的进一步发展。《离娄下》称："君之视臣如手足，则臣视君如腹心；君之视臣如犬马，则臣视君如国人；君之视臣如土芥，则臣视君如寇雠"，对于君臣关系强调彼此之间的尊重，传达的是人文情怀，此前较为罕见。

　　孟子的道德论，严义利之辨，重义而轻利。首篇《梁惠王上》就称："王何必曰利，亦有仁义而已矣。"这是把仁义作为最高价值，作为衡量善恶的标准。《告子上》更是明确提出舍生取义的命题。孟子继承并且发展了孔子的义利观，尚义色彩更加强烈。

　　孟子的人性论，强调的是人性善，当时的人性论，或谓性没有善与不善之分；

或称性可以为善，也可以为不善。孟子则力倡性善之说。《告子上》称：恻隐之心、羞恶之心、恭敬之心、是非之心，人皆有之。并且把它们分别与仁义礼智相对应，以此论证人性善之说的合理性。这是承认人性有为善的可能性，同时外界对于人性走向所起的作用，孟子也予以充分关注。

孟子的修养论，是以人性善的理念为基础。人格修炼强调存养天性。即对美好天性的保存养护。如果天性丧失，就要求其放心，使美好的天性返回人的本身，具体论述见于《告子上》。孟子还强调天性的扩充，这就是《公孙丑上》所述，对浩然之气不但要存养，而且要加以扩展，充塞于天地之间："若火之始然，泉之始达。"

孟子的天命论，具有丰富的内涵。他所提到的天，有自然之天，义理之天，民意之天，还有体现合理性、必然性之天。在论述"命"的过程中，把命运视为无形的巨大力量，但是没有走入宿命论，而是强调人的主观能动性。

总之，孟子的思想虽然源自孔子创立的儒家学派，但是，他在继承孔子学说的同时，在许多方面有所发展，使儒家学说更加博大精深。

孟子对于弟子的教育，经常援引、评论《诗经》《尚书》等经典文献，有许多精辟的见解。《万章下》提出诵读诗书要知人论世，《尽心下》指出："尽信书，则不如无书。"这些观点对于后代的《诗》《书》解读产生深远的影响。

《孟子》还是一部优秀的散文集。多数文章以说理为主，往往以整齐的排比句式进行论述，用以增强它在逻辑思维推理过程中的情感色彩和力量，从而使其说理具有不可阻挡的气势。同时，能够巧妙地运用比喻，还有生动的寓言故事，使文章理趣盎然。

西汉时期，文帝把《论语》《孝经》《孟子》《尔雅》各置博士，已经属于准经书。五代后蜀有十一经刻石，《孟子》包括在内。宋太宗又加以翻刻，是《孟子》列入经书的开始。南宋孝宗时期，朱熹在《礼记》中取出《大学》《中庸》与《论语》《孟子》合在一起，称为《四书》。明清时期，科举考试中八股文题目从《四书》中选取，《孟子》一书的地位更加显赫。

孟子在儒家道统中被称为亚圣，他的许多重要论述在中国古代产生了极其深远的影响。他的王道仁政理想，为后代的理政治国提供了理论支撑。《滕文公下》把大丈夫概括为："富贵不能淫，贫贱不能移，威武不能屈。"这样独立的人格典型为后代无数仁人志士所认可。孟子所说的义理在天，在宋代理学中被提升为形而上之理。他的性善说，则在宋明理学那里发展为系统的心性之学。

最早为《孟子》作注的是东汉赵岐，北宋孙奭又在赵岐注的基础之上作疏，这就是收入《十三经注疏》的《孟子注疏》。朱熹的《孟子集注》列入《四书》，亦颇有参考价值。今人杨伯峻的《孟子译注》，是广为传播的刊本。

教材节选的《梁惠王上》，记载孟子与梁惠王的对话，阐述的是以人民为本的施政理念，把君主与百姓同乐作为王道仁政的理想。其中提出的具体施政纲领，既有富民政策，又有生态保护方面的内容，对当下有借鉴意义。教材节选的《告子上》，则是集中论述人性善，提出求放心的人格修养主张。其中的存气说渗透着哲学理念。

梁惠王上[1]（节选）

孟子见梁惠王。王曰："叟不远千里而来[2]，亦将有以利吾国乎？"

孟子对曰："王，何必曰利？亦有仁义而已矣[3]。王曰：'何以利吾国？'大夫曰：'何以利吾家？'士庶人曰：'何以利吾身？'上下交征利而国危矣[4]。万乘之国[5]，弑其君者[6]，必千乘之家[7]；千乘之国[8]，弑其君者，必百乘之家[9]。万取千焉[10]，千取百焉，不为不多矣。苟为后义而先利[11]，不夺不餍[12]。未有仁而遗其亲者也[13]，未有义而后其君者也[14]。王亦曰仁义而已矣，何必曰利？"

注释

[1]梁惠王：以首句末尾三字为篇题。梁惠王，名罃，惠是他的谥号，公元前369—公元前319年在位。梁惠王也就是魏惠王，他继位后第九年，把魏国首都由安邑（今山西夏县北）迁到大梁（今河南开封），故称梁惠王。

[2]叟（sǒu）：对老年人的尊称，犹言老丈。

[3]亦：只，只是。

[4]交：都，全部。征利：取利。征，取。

[5]万乘（shèng）：万辆兵车，代指大诸侯国。古代用兵车多少衡量国家规模。

[6]弑（shì）：古代专指臣杀君，以下杀上。

[7]千乘之家：指公卿，其封邑可以有千辆兵车。

[8]千乘之国：指较小的诸侯国。

[9]百乘之家：指朝廷大夫，地位低于公卿。

[10]万取千：指当时实行的什一税、公民交纳十分之一的收入税。

[11]苟：假如，如果。

[12]不餍（yàn）：不满足。餍，满足。

[13]遗：抛弃。

[14]后其君：把君主的位置放在后边。后，位置在后。

孟子见梁惠王。王立于沼上[1]，顾鸿雁麋鹿[2]，曰："贤者亦乐此乎？[3]"

孟子对曰："贤者而后乐此[4]，不贤者虽有此，不乐也。《诗》云：'经始灵台[5]，经之营之。庶民攻之[6]，不日成之[7]。经始勿亟[8]，庶民子来[9]。王在灵囿[10]，麀鹿攸伏[11]。麀鹿濯濯[12]，白鸟鹤鹤[13]。王在灵沼，於牣鱼跃[14]。'文王以民力为台为沼，而民欢乐之，谓其台曰灵台，谓其沼曰灵沼，乐其有麋鹿鱼鳖。古之人与民偕乐[15]，故能乐也。《汤誓》曰[16]：'时日害丧[17]？予及女偕亡[18]。'民欲与之偕亡，虽有台池鸟兽，岂能独乐哉？"

注释

[1] 沼（zhǎo）：池塘。

[2] 顾：看，视。

[3] 乐此：以此为乐。

[4] 而：却。后乐此：这种欢乐在后。

[5] 经始灵台：以下所引的是《诗经·大雅·灵台》第一、二章。经营当初的灵台。经，经营。始，当初。灵台，台名，故址在今西安西北，相传是周文王在位期间所建。

[6] 庶民：百姓。攻：建造。

[7] 不日：不几天，意谓时间很短。

[8] 勿亟：不急。亟，急迫。

[9] 子来：像儿子似的前来。意谓踊跃参加。

[10] 灵囿（yòu）：指灵台所在的园林。

[11] 麀（yōu）鹿：母鹿。攸伏：所伏。攸，所。

[12] 濯（zhuó）濯：肥美而润泽之象。

[13] 鹤鹤：《诗经》作"翯翯"，羽毛洁白的样子。

[14] 於牣（wū rèn）：盈满。於：句首语气词，表示赞叹。牣，满。

[15] 偕（xié）：共同，一道。

[16] 《汤誓》：《尚书》篇名，记载商汤王讨伐夏桀时的誓师词。

[17] 时日：这个太阳。时，此，这个。日，太阳。害：通"曷"，何，何时。害丧：何时灭亡。

[18] 予：夏代百姓自称。女：指夏桀，通"汝"，你。

梁惠王曰："寡人之于国也，尽心焉耳矣。河内凶[1]，则移其民于河东[2]，移其粟于河内[3]；河东凶亦然。察邻国之政，无如寡人之用心者。邻国之民不加少[4]，寡人之民不加多，何也？"

孟子对曰："王好战，请以战喻[5]。填然鼓之[6]，兵刃既接[7]，弃甲曳兵而走[8]。或百步而后止，或五十步而后止。以五十步笑百步，则何如？"

曰："不可，直不百步耳[9]，是亦走也。"

曰："王如知此，则无望民之多于邻国也。

不违农时，谷不可胜食也；数罟不入洿池[10]，鱼鳖不可胜食也；斧斤以时入山林[11]，材木不可胜用也。谷与鱼鳖不可胜食，材木不可胜用，是使民养生丧死无憾也。养生丧死无憾，王道之始也。

五亩之宅，树之以桑，五十者可以衣帛矣。鸡豚狗彘之畜[12]，无失其时[13]，七十者可以食肉矣。百亩之田，勿夺其时，数口之家可以无饥矣；谨庠序之教[14]，申之以孝悌之养[15]，颁白者不负戴于道路矣[16]。七十者衣帛食肉，黎民不饥不寒[17]，然而不王者[18]，未之有也。

狗彘食人食而不知检[19]，涂有饿莩而不知发[20]，人死，则曰：'非我也，岁也[21]。'是何异于刺人而杀之，曰'非我也，兵也[22]。'王无罪岁[23]，斯天下之民至焉。[24]"

中华书局 1983 年刊本朱熹《孟子集注》卷一

注释

[1] 河内：黄河北岸一带，魏国境内的今河南济源地区。凶：年成歉收。

[2] 河东：黄河东岸一带，魏国境内的今山西安邑一带。

[3] 粟：文中指五谷。

[4] 不加少：不是更少。加，更，副词。

[5] 请：表敬副词，表示客气。

[6] 填然：象声词，形容声音很大。鼓之：击鼓。鼓，用作动词。

[7] 兵：指兵器，武器。

[8] 弃甲：丢弃铠甲。曳（yè）兵：拖着兵器。走：逃跑。

[9] 直：只是，不过。

[10] 数罟（cù gǔ）：孔很小的网。数，细密。罟，渔网。

[11] 斧斤：斧类工具。斤，斧类的一种。以时：按照季节。古代对于树木的砍伐，有具体的时间限制。

[12] 豚（tún）：小猪。彘（zhì）：猪。

[13] 无失其时：不失时节。指对家畜的饲养在时间上有规划。

[14] 谨：重视。庠（xiáng）序：古代的地方学校，乡学。

[15] 申：重复。

[16] 颁白：头发半白，代指老年人，通"斑白"。负：用背负载。戴：顶在头上。

［17］黎民：百姓。黎，有黑色之义，故用以称呼百姓，正如秦朝称百姓为黔首。

［18］王（wàng）：以仁德统一天下之意。

［19］不知检：不知限制。检，限制，约束。

［20］饿莩（piǎo）：饿死的人。莩，通"殍"。发：散发，这里指开仓济民。

［21］岁：年成，年业收成。

［22］兵：兵器，武器。

［23］罪岁：怪罪年成。罪，怪罪，归罪于。

［24］斯：则，就。

问题与思考

一、怎样看待孟子的君主与民偕乐的理想？

二、结合所录文章，概括孟子关于治国理政的基本纲领。

知识链接

国之有台，所以望氛祲、察灾祥、时观游、节劳佚也。文王之台，方其经度营表之际，而庶民已来作之，所以不终日而成也。虽文王心恐烦民，戒令勿亟，而民心乐之，如子趣父事，不召自来也。孟子曰："文王以民力为台为沼，而民欢乐之，谓其台曰灵台，谓其沼曰灵沼。"此之谓也。（朱熹：《诗经集传》卷十六）

夏王率遏众力，率割夏邑，有众率怠弗协，曰："时日曷丧，予及汝皆亡。"（《尚书·汤誓》）

凡有地牧民者，务在四时，守在仓廪。国多财则远者来，地辟举则民留处。仓廪实则知礼节，衣食足则知荣辱。（《管子·牧民》）

春三月，山林不登斧，以成草木之长；夏三月，川泽不入网罟，以成鱼鳖之长。且以并农力执成男女之功。夫然，则有生而不失其宜，万物不失其性，人不失其事，天不失其时，以成万财。万财既成，放此为人。此谓正德。泉深而鱼鳖归之，草木茂而鸟兽归之，称贤使能，官有材而士归之，关市平，商贾归之，分地薄敛，农民归之。水性归下，农民归利。王若欲求天下民，社设其利，而民自至。譬之若冬日之阳、夏日之阴，不召而民自来。此谓归德。（《逸周书·大聚解》）

告子上[1]（节选）

公都子曰[2]："告子曰：'性无善无不善也[3]。'或曰：'性可以为善，可以为不善；是故文武兴[4]，则民好善；幽厉兴，则民好暴[5]。'或曰：

'有性善，有性不善；是故以尧为君而有象[6]，以瞽瞍为父而有舜[7]；以纣为兄之子[8]且以为君，而有微子启、王子比干[9]。'今曰'性善'，然则彼皆非与？[10]"

孟子曰："乃若其情[11]，则可以为善矣，乃所谓善也。若夫为不善，非才之罪也[12]。恻隐之心[13]，人皆有之；羞恶之心[14]，人皆有之；恭敬之心，人皆有之；是非之心，人皆有之。恻隐之心，仁也；羞恶之心，义也；恭敬之心，礼也；是非之心，智也。仁义礼智，非由外铄我也[15]，我固有之也，弗思耳矣[16]。故曰：'求则得之，舍则失之。'或相倍蓰而无算者[17]，不能尽其才者也。《诗》曰：'天生蒸民[18]，有物有则[19]。民之秉彝[20]，好是懿德[21]。'孔子曰：'为此诗者，其知道乎[22]！故有物必有则，民之秉夷也，故好是懿德。'"

[1] 告子：孟子的弟子。这篇文章以告子向孟子提问开头，故以此名篇。

[2] 公都子：孟子的弟子。

[3] 性无善：人的本性没有什么善良。无不善也：也没有什么不善良。

[4] 文：周文王。武：周武王。兴：出现。

[5] 幽：周幽王，西周末期亡国之君。厉：周厉王，西周后期暴虐贪婪之君，最终被国人流放。暴：残暴，强暴。

[6] 尧：古部落联盟首领，被后代誉为明君圣主。象：舜之弟，相传他傲慢骄横、贪婪残忍。

[7] 瞽瞍（gǔ sǒu）：舜的父亲。传说他为父不慈，愚蠢固执。

[8] 纣：殷纣王，是比干的侄子。

[9] 微子启：殷王帝乙长子，纣王庶兄。见纣王荒淫无道，数谏不听，逃往外地，周初被封为宋国君主。比干：纣王叔父，因强谏而被纣王杀害。

[10] 彼：指性无善无不善，性可以为善可以为不善，性有善有不善，共有以上三种说法。

[11] 若其情：顺其实。若，顺应。情，指天性的实际情况。

[12] 才：人的初生之性。天性本然。

[13] 恻隐：对别人不幸的同情、怜悯。

[14] 羞恶（wù）：羞耻厌恶。恶，厌恶，憎恨。

[15] 外铄：从外部融入。铄，本指熔化，引申为融入。

[16] 弗思：没有进行思考。耳：语气词。

[17] 倍蓰（xǐ）：一倍五倍。倍，加倍。蓰，五倍。这句是承上而来，意谓由

于对天性有存留与舍弃的不同做法，因此，人与人之间的差异就有一到五倍。无算：没有加以计量。

[18] 天生蒸民：所引诗句出自《诗经·大雅·蒸民》。蒸，众多。

[19] 有物：有类别。物，类别。有则：有准则。则，准则，规范。

[20] 秉彝（yí）：秉持常道。彝，常。

[21] 好（hào）：喜爱。是：此，这种。懿（yì）德：美好的德。懿，美好。

[22] 知道：知晓大道。道，指人生的大道，正道。

孟子曰："富岁[1]，子弟多赖[2]；凶岁[3]，子弟多暴[4]，非天之降才尔殊也[5]，其所以陷溺其心者然也。今夫麰麦[6]，播种而耰之[7]，其地同，树之时又同[8]，浡然而生[9]，至于日至之时[10]，皆熟矣。虽有不同，则地有肥硗[11]，雨露之养[12]，人事之不齐也[13]。故凡同类者，举相似也[14]，何独至于人而疑之？圣人与我同类者。故龙子曰[15]：'不知足而为屦[16]，我知其不为蒉也[17]。'屦之相似，天下之足同也。口之于味，有同耆也[18]。易牙先得我口之所耆者也[19]。如使口之于味也，其性与人殊[20]，若犬马之与我不同类也，则天下何耆皆从易牙之于味也？至于味，天下期于易牙[21]，是天下之口相似也。惟耳亦然。至于声，天下期于师旷[22]，是天下之耳相似也。惟目亦然[23]。至于子都[24]，天下莫不知其姣也[25]。不知子都之姣者，无目者也。故曰：口之于味也，有同耆焉；耳之于声也，有同听焉；目之于色也，有同美焉。至于心，独无所同然乎[26]？心之所同然者何也？谓理也，义也。圣人先得我心之所同然耳。故理义之悦我心，犹刍豢之悦我口[27]。"

注释

[1] 富岁：丰年，收成好的年度。

[2] 赖：怠慢，通"懒"。

[3] 凶岁：荒灾之年。

[4] 暴：强暴，残暴。

[5] 尔殊：如此不同。尔，如此。殊，不同，有差异。

[6] 麰（móu）麦：大麦。

[7] 耰（yōu）：本指一种榔头状的农具，这里用作动词，指播种之后，用这种农具推土，把种子覆盖。

[8] 树之：指种植。

[9] 浡（bó）然：兴起的样子。

［10］日至：这里指夏至时段，又称长至、日南至。

［11］硗（qiāo）：土地瘠薄。

［12］养：滋养。

［13］人事：这里指对农作物的田间管理。不齐：不一样。

［14］举：全部。

［15］龙子：当指战国时期名家学派的公孙龙。

［16］不知足：不知道脚的具体情况。为屦（jù）：制鞋。屦，用麻葛等物制成的鞋。

［17］蒉（kuì）：草编的筐子。

［18］耆（shì）：通"嗜"，嗜好。

［19］易牙：擅长烹饪，春秋时期齐桓公的宠臣。

［20］与人殊：与人不同。

［21］期：期望。

［22］师旷：春秋时期晋国著名的乐师。

［23］惟：虽然。

［24］子都：美男子之称。都：美好。

［25］姣（jiāo）：貌美。

［26］同然：同样如此。然，如此，这样。

［27］刍豢（chú huàn）：泛指牛羊犬豕之类的家畜。吃草者为刍，如牛羊；食谷者为豢，如犬豕。

孟子曰："牛山之木尝美矣[1]，以其郊于大国也[2]，斧斤伐之，可以为美乎？是其日夜之所息[3]，雨露之所润，非无萌蘖之生焉[4]，牛羊又从而牧之[5]，是以若彼濯濯也[6]。人见其濯濯也，以为未尝有材焉[7]，此岂山之性也哉？虽存乎人者[8]，岂无仁义之心哉？其所以放其良心者[9]，亦犹斧斤之于木也，旦旦而伐之[10]，可以为美乎？其日夜之所息，平旦之气[11]，其好恶与人相近也者几希[12]，则其旦昼之所为[13]，有梏亡之矣[14]。梏之反复[15]，则其夜气不足以存[16]；夜气不足以存，则其违禽兽不远矣[17]。人见其禽兽也，而以为未尝有才焉者[18]，是岂人之情也哉？故苟得其养[19]，无物不长；苟失其养，无物不消。孔子曰：'操则存[20]，舍则亡[21]；出入无时[22]，莫知其乡[23]。'惟心之谓与？[24]"

中华书局 1983 年刊本朱熹《孟子集注》卷十一

注　释

［1］牛山：齐国首都临淄南边的山。尝：曾经。

〔2〕郊于大国：在大都市的近郊。大国，大都市。

〔3〕息：生长，增长。

〔4〕萌蘖（niè）：树木发芽及残根老枝长出的幼条。萌，发芽。蘖，残根老枝长出的幼条。

〔5〕从：相随。牧之：放牧在那里。

〔6〕若彼：至于那样。若，至于，才。彼，那。濯（zhuó）濯：光秃之象。

〔7〕材：指木料，木材。

〔8〕虽：只是，仅仅。

〔9〕放：散失，走失。良心：美好的心灵。

〔10〕旦旦：每天，天天。

〔11〕平旦：太阳刚刚升起的时候，天刚亮。

〔12〕几希：几乎没有。几，几乎。希，没有，不存在。

〔13〕旦昼：白天。

〔14〕梏（gù）亡：从栏圈而向外走失。梏：通"牿"，本指养牲畜的栏圈，这里指人的内心。这两句意谓人善心的走失，犹如牲畜从栏圈向外逃逸。

〔15〕梏之：指梏亡，散失。

〔16〕夜气：夜间储存的气。古人认为夜间宜于养气。

〔17〕违：距离，相距。

〔18〕才：指天生的美好本性。

〔19〕苟：假如，如果。

〔20〕操：持拿。这两句引文见于《论语·述而》。

〔21〕舍：舍弃，放弃。

〔22〕无时：没有固定的时间。

〔23〕乡：方向，通"向"。

〔24〕惟：只是，这句意为：只是指的心灵吧。

问题与思考

一、怎样看待公都子列举的三种关于天性的说法？

二、孟子运用排比句式，由人的生理需求推导到心理的共同属性，最终得出性善的结论，这种推论是否科学？

三、孟子用牛山之木所作的比喻对当下有何借鉴意义？

知识链接

子曰："性相近也，习相远也。"（《论语·阳货》）

宋有荆氏者，宜楸柏桑。其拱把而上者，求狙猴之杙者斩之；三围四围，求高

名之丽者斩之；七围八围，贵人富商之家求樿傍者斩之。故未终其天年而中道之天于斧斤，此材之患也。(《庄子·人间世》)

壹气孔神兮，于中夜存。(《楚辞·远游》)

气有善不善，性则无不善也。人之所以不知善者，气昏而塞之耳。孟子所以养气者，养之至则清明纯全，而昏塞之患去矣。或曰养心，或曰养气，何也？曰养心则勿害而已，养气在志有所帅也。(程颢、程颐《二程遗书》卷二十一下《伊川先生语七下》)

良心者，本然之善心，即所谓仁义之心也。平旦之气，谓未与物接之时，清明之气也。(朱熹《孟子集注》卷十一)

良知者，心之本体，即前所谓恒照者也。心之本体，无起无不起，虽妄念之发，而良知未尝不在，但人不知存，则有时而或放耳。虽昏塞之极，而良知未尝不明，但人不知察，则有时而或蔽耳。虽有时而或放，其体实未尝不在也，存之而已耳。虽有时而或蔽，其体实未尝不明也，察之而已耳。若谓良知亦有起处，则是有时而不在也，非其本体之谓矣。(王守仁《阴阳传习录中·答陆原静书》)

🖋 附录

梁惠王下（节选）

齐宣王问曰："文王之囿方七十里，有诸？"孟子对曰："于传有之。"曰："若是其大乎？"曰："民犹以为小也。"曰："寡人之囿方四十里，民犹以为大，何也？"曰："文王之囿方七十里，刍荛者往焉，雉兔者往焉，与民同之。民以为小，不亦宜乎？臣始至于境，问国之大禁，然后敢入。臣闻郊关之内有囿方四十里，杀其麋鹿者如杀人之罪。则是方四十里，为阱于国中。民以为大，不亦宜乎？"

中华书局 1983 年刊本朱熹《孟子集注》卷二

公孙丑上（节选）

(公孙丑问)曰："敢问夫子之不动心，与告子之不动心，可得闻与？"

"告子曰：'不得于言，勿求于心；不得于心，勿求于气。'不得于心，勿求于气，可；不得于言，勿求于心，不可。夫志，气之帅也；气，体之充也。夫志至焉，气次焉。故曰：'持其志，无暴其气。'"

"既曰'志至焉，气次焉'，又曰'持其志无暴其气'者，何也？"

曰："志壹则动气，气壹则动志也。今夫蹶者趋者，是气也，而反动其心。"

"敢问夫子恶乎长？"

曰："我知言，我善养吾浩然之气。"

"敢问何谓浩然之气？"

曰："难言也。其为气也，至大至刚，以直养而无害，则塞于天地之间。其为气也，配义与道；无是，馁也。是集义所生者，非义袭而取之也。行有不慊于心，则馁矣。我故曰，告子未尝知义，以其外之也。必有事焉而勿正，心勿忘，勿助长也。无若宋人然：宋人有闵其苗之不长而揠之者，芒芒然归。谓其人曰：'今日病矣，予助苗长矣。'其子趋而往视之，苗则槁矣。天下之不助苗长者寡矣。以为无益而舍之者，不耘苗者也；助之长者，揠苗者也。非徒无益，而又害之。"

中华书局 1983 年刊本朱熹《孟子集注》卷三

解 题

　　《孝经》共十八章，旧说为孔子所著。书中假托孔子立言，有些章还记载了孔子与其弟子曾参的对话。《孝经》对战国文献《左传》时有借鉴，多数章援引《诗经》句子做总结，反映的是战国中后期的著述风气。这部经典出自先秦儒家学派，当是孔门后学所作。孔子弟子曾参以仁孝著称，出自曾子学派的可能性居多。

　　《孝经》以论孝为核心展开，形成完整严密的体系。

　　这部儒家经典反复强调孝的至上性，从不同角度加以阐述。《开宗明义章》称："夫孝，德之本也，教之所由生也。"这是从道德的角度立论，指出孝是德的基础，是教化得以生成的根源。在《三才章》和《圣治章》，又从天地之性的角度加以论述，把孝说成是天经地义。《广要道章》又称"教民亲爱莫善于孝"，这是从教化的功用方面强调孝的重要性、至上性。

　　《孝经》突出孝的至上性，同时又指出不同社会阶层在尽孝实践中的差别性。该书从第二到第六章依次是《天子章》《诸侯章》《卿大夫章》《士章》《庶人章》。从天子到庶人，分别作出践履孝行的具体职责和目标，各阶层之间存在明显差异。这固然是等级制度的体现，同时也反映出尊重社会客观现实的精神。

　　该书首篇是《开宗明义章》，是全书的总纲。其中写道："身体发肤，受之父母，不敢毁伤，孝之始也。立身行道，扬名于后世，以显父母，孝之终也。"这段话对于孝之始终作出明确界定，而在始与终之间则是事君。这三个阶段实际是人生不同的需要层次及其实现。划分孝在实践过程中相对应的人生层次，是这部经典的又一鲜明特色。

　　《孝经》贯穿的是儒家的理性实践精神，一方面有全面的理论阐述，同时对于尽孝的具体环节也有明确说明。《纪孝行章》写道："孝子之事亲也，居则致其敬，养则致其乐，病则致其忧，丧则致其哀，祭则致其严。"这是对于孝在人的生老病死各个阶段所体现的原则作出明确规定，是对人生全方位的覆盖，生前死后尽孝各有自身的内涵。该书最后是《丧亲章》，对于孝子丧亲的主要礼仪亦作了概括说明，指出哀戚之情应有的表现和孝子必须掌握的尺度，具有指导服丧的作用。

如何把孝亲与忠君相协调，是《孝经》关注的焦点之一。通过对相关概念的界定及相互勾连，反复论证忠与孝的一致性。《士章》称："资于事父以事君，而敬同"，"故以孝事君则忠"。这是把事父、事君都界定为敬，既然如此，事父孝必然事君忠。《圣治章》写道："父子之道，天性也，君臣之义也。"这是把父子之道和君臣之义看作是一体相通，尽孝与尽忠是协调一致的。

《孝经》以论孝为主，同时，又兼顾孝与礼乐刑政的关联，把孝置于整个社会的大背景下加以关照。《广要道章》提到教化百姓的四种要素，即孝、悌、乐、礼，最后用敬把礼和孝相沟通。《五刑章》则称"罪莫大于不孝"，承认五刑的合理性，把不孝定为大罪，反映出中国古代道德伦理与法律刑罚混淆不清的特点。

《孝经》最早著录于《汉书·艺文志》六艺类。西汉传授今文《孝经》的主要有长孙氏、江氏、后氏、张氏五家，另有孔氏古文《孝经》。从西汉到魏晋南北朝，为《孝经》作注的将近百家。至唐玄宗李隆基，主要参考前代韦昭、王肃、虞翻、刘劭、刘炫、陆澄六家旧注，为《孝经》作注，并于天宝二年（743）颁行天下，刻于石碑。宋代邢昺又为唐玄宗的注作疏，这就是收录在《十三经注疏》中的《孝经注疏》。

本教材所收录的《开宗明义章》，是《孝经》的纲领，把孝提升到人生需要的层面加以论述，从安全需要逐步提升到人生自我实现的需要。《三才章》把孝说成天经地义，从教化的角度把孝与德义、礼让等结合起来加以论述。《圣治章》把父子之道与君臣之义进一步加以沟通，并追溯孝所体现的爱与敬情感的自然生成，把威仪作为君子的标志，也是孝子应具有的品格。《纪孝行章》从五个环节对于事亲加以界定并提出三条禁示，是从正反两方面论孝。《谏诤章》则是强调孝和忠与直言正谏可以兼容，防止人们对于孝的理解和践履走向极端。以上五章是《孝经》的核心内容，该书主要观点已经包含其中。

开宗明义章[1]

仲尼居[2]，曾子侍[3]。子曰："先王有至德要道[4]，以顺天下，民用和睦[5]，上下无怨。汝知之乎？"曾子避席曰[6]："参不敏[7]，何足以知之？"

子曰："夫孝，德之本也，教之所由生也。复坐，吾语汝。身体发肤，受之父母，不敢毁伤，孝之始也。立身行道，扬名于后世，以显父母[8]，孝之终也。夫孝，始于事亲[9]，中于事君[10]，终于立身。《大雅》云[11]，'无念尔祖[12]，聿修厥德[13]，'"

![注释]

［1］开宗明义：《孝经》第一章。意谓开一宗之根本，显明孝的义理。

［2］仲尼：孔子的字。居：坐。

［3］曾子：曾参，字子舆，孔子的弟子。侍：陪从，服侍。

［4］至德：达到极致的德。要道：关键性的道。

［5］民用和睦：百姓因此和睦。用，因此。

［6］避席：离开席位。古人布席于地，席地而坐。对别人表示尊重，则起立离开原位。

［7］不敏：不聪明。谦词。

［8］显：彰显，光耀，文中为使动用法。

［9］事：服事，奉养。亲：指父母。

［10］君：指君主。

［11］大雅：指《诗经·大雅·文王》。

［12］无念尔祖：原诗是周天子劝诫殷商遗民，意谓不要怀念你们的祖先，而要忠于周王朝。后代注家释"无念"为念，这就把诗句释为劝告对方怀念祖先，这里取此种意义。

［13］聿（yù）脩厥德：迅速地修养其德。聿，迅速，或释为句首助词。厥，其，那。

三　才　章[1]

曾子曰："甚哉[2]！孝之大也。"子曰[3]："夫孝，天之经也[4]，地之义也[5]，民之行也。天地之经，而民是则之[6]。则天之明[7]，因地之利[8]，以顺天下。是以其教不肃而成[9]，其政不严而治。先王见教之可以化民也，是故先之以博爱，而民莫遗其亲[10]；陈之于德义[11]，而民兴行[12]；先之以敬让，而民不争；导之以礼乐[13]，而民和睦；示之以好恶[14]，而民知禁[15]。《诗》云[16]：'赫赫师尹[17]，民具尔瞻[18]。'"

![注释]

［1］三才：《孝经》第七章。三才指天、地、人，语出《周易·说卦》。

［2］甚：很，盛。

［3］子：孔子。

［4］经：常规，准则。

［5］义：正义，道义。

［6］是：指天经地义。则之：以此为准则，遵循它。

［7］明：光明。

［8］因：顺应，因循。利：利益。

［9］肃：严厉，严峻。

［10］遗：遗弃，遗失。

［11］陈：宣示，彰显。

［12］兴行：起行。兴，起。

［13］导：引导。

［14］好恶（wù）：喜爱和憎恶。

［15］禁：禁忌，法令。

［16］《诗》：所引诗句出自《诗经·小雅·节南山》。

［17］赫赫：显赫。师尹：众官之长。

［18］具：通"俱"，皆。尔瞻：倒装句，瞻望你。尔，你。

圣　治　章[1]

曾子曰："敢问圣人之德无以加于孝乎[2]？"子曰："天地之性，人为贵。人之行，莫大于孝。孝莫大于严父[3]，严父莫大于配天[4]，则周公其人也[5]。"

昔者周公郊祀后稷以配天[6]，宗祀文王于明堂以配上帝[7]，是以四海之内[8]，各以其职来祭[9]。夫圣人之德，又何以加于孝乎！

故亲生之膝下[10]，以养[11]父母日严[12]。圣人因严以教敬[13]，因亲以教爱。圣人之教，不肃而成，其政不严而治。其所因者本也。

"父子之道，天性也，君臣之义也。父母生之，续莫大焉[14]；君亲临之[15]，厚莫重焉[16]。故不爱其亲而爱他人者，谓之悖德[17]；不敬其亲而敬他人者，谓之悖礼。以顺则逆[18]，民无则焉[19]。不在于善，而皆在于凶德[20]，虽得之[21]，君子不贵也[22]。

"君子则不然[23]。言思可道[24]，行思可乐[25]，德义可尊，作事可法[26]，容止可观[27]，进退可度[28]，以临其民，是以其民畏而爱之，则而象之[29]，故能成其德教，而行其政令。《诗》云[30]：'淑人君子[31]，其仪不忒[32]。'"

注释

［1］圣治：《孝经》第九章，论述圣治与孝的关系。

［2］加：超过。

［3］严父：尊敬父亲。严，动词，指尊敬。

［4］配天：这里指祭天时以祖先配祭。

［5］周公：姓姬名旦，周文王之子，武王之弟，成王之叔。西周初期制礼作乐，是礼乐文化的奠基人之一。

［6］郊祀：在国都近郊祭祀天地。后稷：周族男性始祖。

［7］宗祀：祭祀祖先。明堂：古代天子宣明政教的场所。凡朝会、祭祀、养老、教学等大典，均在明堂举行。上帝：天帝。

［8］是以：因此，所以。

［9］职：职责。

［10］亲：亲情，亲爱之心。生之膝下：生于幼儿之时。膝下，在父母膝下。此句意为：亲爱之心，生于幼儿在父母膝下之时。

［11］以养：因而加以抚养。以，因而。养，指父母对孩子的抚养。

［12］父母日严：父母日益威严。严，威严。

［13］因严：顺应威严。因，顺应，凭借。

［14］续：传承，接续。

［15］君亲：这里指父亲。临之：临其上。临，监察，统管。

［16］厚：深厚。

［17］悖（bèi）德：违反常规的做法。悖，违反，荒谬。

［18］以顺：加以顺应。则：就。逆：反常。这句是承接而来，意谓顺应悖德、悖礼的做法就反常。

［19］无则：没有规则。

［20］凶德：指悖德、悖礼。

［21］得之：得到，成功。

［22］不贵：不以为贵，不看重。

［23］不然：不如此。然，如此，这样。

［24］言：言语。思：语助词。可道：可以述说、谈论。

［25］行：行为。可乐：可以快乐。

［26］可法：可以为法。法，作为法，效法。

［27］容止：动静举止。

［28］可度：可以作为标准。度，标准，法式，文中作动词。

［29］则：效法，文中作动词。象之：模拟他，取象于他。象，文中作动词。

［30］《诗》：下边所引诗句出自《诗经·曹风·鸤鸠》。

［31］淑人：善人。

［32］仪：仪表。不忒（tè）：没有差错。忒，差错。

纪 孝 行 章[1]

子曰："孝子之事亲也，居则致其敬[2]，养则致其乐[3]，病则致其忧，丧则致其哀[4]，祭则致其严[5]。五者备矣[6]，然后能事亲。事亲者，居上不骄[7]，为下不乱，在丑不争[8]。居上而骄则亡，为下而乱则刑，在丑而争则兵[9]。三者不除[10]，虽日用三牲之养[11]，犹为不孝也。"

注释

[1] 纪孝行：《孝经》第十章，对孝行加以规范。纪，纲纪，文中作动词。

[2] 居：平居，平时。致：送达，传送。

[3] 养：奉养。

[4] 丧：死亡。

[5] 祭：祭祀。严：庄严，肃穆。

[6] 备：完备。

[7] 居上：指地位高。

[8] 丑：指众人，群体。

[9] 兵：用作动词，指伤害，杀伤。

[10] 除：治理、修整。

[11] 日：每天。三牲：指牛、羊、猪。

谏 诤 章[1]

曾子曰："若夫慈爱恭敬，安亲扬名，则闻命矣[2]。敢问子从父之令[3]，可谓孝乎？"子曰："是何言与？是何言与？昔者天子有争臣七人[4]，虽无道[5]，不失其天下；诸侯有争臣五人，虽无道，不失其国；大夫有争臣三人，虽无道，不失其家；士有争友，则身不离于令名[6]；父有争子，则身不陷于不义。故当不义[7]，则子不可以不争于父，臣不可以不争于君。故当不义则争之，从父之令，又焉得为孝乎？"

中华书局 1980 年《十三经注疏》影印本邢昺《孝经注疏》卷一、三、五、六、七

注释

[1] 谏诤（jiàn zhèng）：《孝经》第十五章，意为直言劝阻。

[2] 闻命：承命，接受命令。

［3］敢：表示恭敬。

［4］争臣：敢于直言进谏的臣子。

［5］无道：指不能以德进行治理。

［6］令名：美名。

［7］当：面对。

问题与思考

一、《孝经》所说的孝，主要包括哪些具体内容？结合教材所选录的章次加以分析。

二、《孝经》如何论述孝亲与忠君两者之间协调一致的关系？政统与血统的关联应当怎么理解？

知识链接

资于事父以事母而爱同，资于事父以事君而敬同。故母取其爱，而君取其敬，兼之者父也。故以孝事君则忠，以敬事长则顺。(《孝经·士章》)

有子曰："其为人也孝弟，而好犯上者鲜矣；不好犯上，而好作乱者，未之有也。君子务本，本立而道生。孝弟也者，其为仁之本与！"(《论语·学而》)

家人有严君焉，父母之谓也。父父，子子，兄兄，弟弟，夫夫，妇妇，而家道正，正家而天下定矣。(《周易·家人·彖》)

孝子之有深爱者，必有和气。有和气者，必有愉色。有愉色者，必有婉容。孝子如执玉，如奉盈，洞洞属属然如弗胜，如将失之。严威俨恪，非所以事亲也，成人之道也。(《礼记·祭义》)

夫礼，天之经也，地之义也，民之行也。天地之经，而民实则之。则天之明，因地之性，生其六气，用其五行。(《左传·昭公二十五年》)

故君子在位可畏，施舍可爱，进退可度，周旋可则，容止可观，作事可法，德行可象，声气可乐，动作有文，言语有章，以临其下，谓之有威仪也。(《左传·襄公三十一年》)

附录

大戴礼记·曾子大孝

曾子曰："孝有三：大孝尊亲，其次不辱，其下能养。"

公明仪问于曾子曰："夫子可谓孝乎？"曾子曰："是何言与！是何言与！君子之所谓孝者，先意承志，谕父母以道。参直养者也，安能为孝乎！身者，亲之遗体也。行亲之遗体，敢不敬乎！故居处不庄，非孝也；事君不忠，非孝也；莅官不敬，非孝也；朋友不信，非孝也；战陈无勇，非孝也。五者不遂，灾及乎身，敢不敬乎！故烹熟鲜香，尝而进之，非孝也，养也。君子之所谓孝者，国人皆称愿焉，曰：'幸哉！有子如此'所谓孝也。民之本教曰孝，其行之曰养。养可能也，敬为难；敬可能也，安为难；安可能也，久为难；久可能也，卒为难。父母既殁，慎行其身，不遗父母恶名，可谓能终也。

夫仁者，仁此者也；义者，宜此者也；忠者，中此者也；信者，信此者也；礼者，体此者也；行者，行此者也；强者，强此者也。乐自顺此生，刑自反此作。

夫孝者，天下之大经也。夫孝，置之而塞于天地，衡之而衡于四海，施诸后世，而无朝夕，推而放诸东海而准，推而放诸西海而准，推而放诸南海而准，推而放诸北海而准。《诗》云：'自西自东，自南自北，无思不服。'此之谓也。

孝有三：大孝不匮，中孝用劳，小孝用力。博施备物，可谓不匮矣；尊仁安义，可谓用劳矣；慈爱忘劳，可谓用力矣。

父母爱之，喜而不忘；父母恶之，惧而无怨；父母有过，谏而不逆。父母既殁，以哀祀之加之，如此谓礼终矣。"

乐正子春下堂而伤其足，伤瘳，数月不出，犹有忧色。门弟子问曰："夫子伤足瘳矣，数月不出，犹有忧色，何也？"乐正子春曰："善如尔之问也。吾闻之曾子，曾子闻诸夫子曰：'天之所生，地之所养，人为大矣。父母全而生之，子全而归之，可谓孝矣；不亏其体，可谓全矣。'故君子顷步之不敢忘也。今予忘夫孝之道矣，予是以有忧色。"故君子一举足不敢忘父母，一出言不敢忘父母。一举足不敢忘父母，故道而不径，舟而不游，不敢以先父母之遗体行殆也。一出言不敢忘父母，是故恶言不出于口，忿言不及于己。然后不辱其身，不忧其亲，则可谓孝矣。

草木以时伐焉，禽兽以时杀焉。夫子曰："伐一木，杀一兽，不以其时，非孝也。"

大戴礼记·曾子事父母

单居离问于曾子曰："事父母有道乎？"

曾子曰："有。爱而敬。父母之行，若中道则从，若不中道则谏，谏而不用，行之如由己。从而不谏，非孝也；谏而不从，亦非孝也。孝子之谏，达善而不敢争辨。争辨者，作乱之所由兴也。由己为无咎则宁；由己为贤人则乱。孝子无私乐，父母所忧忧之，父母所乐乐之。孝子唯巧变，故父母安之。若夫坐如尸，立如齐，弗讯不言，言必齐色，此成人之善者也，未得为人子之道也。"

单居离问曰："事兄有道乎？"

曾子曰："有。尊事之以为己望也，兄事之不遗其言。兄之行若中道，则兄事之；兄之行若不中道，则养之。养之内，不养于外，则是越之也；养之外，不养于内，则是疏之也：是故君子内外养之也。"

单居离问曰："使弟有道乎？"

曾子曰："有。嘉事不失时也。弟之行若中道，则正以使之；弟之行若不中道，则兄事之。诎事兄之道，若不可，然后舍之矣。"

曾子曰："夫礼，大之由也，不与小之自也。饮食以齿，力事不让，辱事不齿，执觞觚杯豆而不醉，和歌而不哀。夫弟者，不衡坐，不苟越，不干逆色，趋翔周旋，俛仰从命，不见于颜色，未成于弟也。"

中华书局 1983 年刊本王聘珍《大戴礼记解诂》卷四

解 题

　　司马迁，字子长，夏阳龙门（今陕西韩城市南）人。生于汉武帝建元六年（前135），一说汉景帝中元五年（前145），卒年不详。是西汉史学家兼文学家。其父司马谈，武帝建元至元鼎间（前140—前111）任太史令，有志修史，然元封元年（前110）抱憾而终，只能将未了之心愿托付给其子司马迁。武帝元封三年（前108）司马迁为太史令，于是秉承父志，籍国家"石室"藏书，博览文献，积累史料。至太初元年（前104），司马迁开始修撰《史记》，武帝天汉二年（前99）遭李陵之祸而蒙冤下狱，为能继续修史，甘受"腐刑"。出狱后，任中书令，虽身形残秽，但含垢忍辱，为完成父与子两代人的共同心愿，为实现自己"究天人之际，通古今之变，成一家之言"的"立言"理想，集中精力全身心地从事《史记》的写作，终于完成了这部具有划时代意义的史学名著。

　　《史记》是司马迁撰写的一部纪传体通史。司马迁自称为《太史公书》，班固《汉书》提到这部历史著作亦称《太史公书》，应劭《风俗通义》则将其简称为《太史记》，汉末建安时荀悦著《汉纪》又将其简称为"太史公司马迁《史记》"。可知《太史公书》被简称并被通称为《史记》，肇始于汉末至魏晋之际。

　　《史记》记事，始于传说中的黄帝，迄于司马迁生活的时代。纵贯古今，内容丰富，构架缜密。全书共一百三十篇，五十余万字，分为十二本纪、十表、八书、三十世家、七十列传。"本纪"记述帝王，沿用古史编年体，按朝代与年代次序记述历代王朝的兴衰与历史事件。"表"有"世表""年表""月表"三类，将错综纷繁的史事，以表格的形式、年月的时序、排比的方法，集中表述，开启了"大事记"的记史体式。"书"记述政治、经济、礼乐、天文历法、河渠水利等方面的制度与史事，是专论各种社会类别史的先声。"世家"记述诸侯及历史上有重大影响之人物的家世与传承，以世系为纽带，在记史的同时，集中反映地方区域的史事。"列传"记述公卿将相和各阶层代表人物及四方部族史，以单传、合传、附传、类传等形式，提纲挈领，以类相从，记人叙事。综观"本纪""世家""列传"，虽名称不同，但从主体上说都是人物传记。这种以纪传为主，以人物为叙事中心，将五种体例融于一书，各个部分配合互补的记史体例，就是司马迁首创的纪传体。纪传体的开创之功，不仅使《史记》成为史学史上一部划时代的历史巨著，而且创造性地确立了我国正统史书的修史规范。更须强调的是，这部名著还为后世的史学界树立了"其文直，其事核，不虚美，不隐恶，故谓之实录"的记史精神。

《史记》中所反映出的司马迁的史学思想，主要可以概括为三个方面：一是略古而详今，《史记》全书大约一半篇幅记述西汉的史事，反映了司马迁"究天人之际，通古今之变，成一家之言"的史学观的关注点在于服务现实。二是"其文直，其事核，不虚美，不隐恶"。《史记》在西汉的记事中，率性坦言汉武帝热心封禅、迷信方术等愚昧与荒唐，秉笔直书当时社会酷吏暴行、权贵骄横等弊端与丑恶。体现了司马迁文真事核，以"实录"为本，颂美嫉恶，寄批判于叙事的史学态度。三是"不与圣人同是非"，《史记》将项羽传列于"本纪"，将陈胜传列于"世家"，不同于"君君，臣臣"的旧规制，而以历史作用构思体例布局，表现了司马迁独立思考、明辨是非的进步的史学观。

《史记》不仅是史学名著，而且是史传文学的典范。由于《史记》一改先秦史书或记言或记事的叙述方式，在其纪传体的叙述方式中将史学与文学有机地结合为一体，以人物记述史事，在史事中凸显人物，加之作者是非褒贬情感的倾注，形成了独有的人物塑造与历史表达方式，表现出令人耳目一新的艺术魅力，被评论者称为"无韵之离骚"。此外，司马迁"发愤著书""立言不朽"的著史理念，也对古代的文论产生了重大的影响。

传世的《史记》注本有南朝宋裴骃的《史记集解》，唐司马贞的《史记索隐》与张守节的《史记正义》，史称"三家注"。近代日本人泷川资言编著的《史记会注考证》，汇编历代评论研究《史记》的资料，搜罗极富，颇有参考价值。中华书局出版的点校本《史记》，分段标点并配置"三家注"方便阅读，是现今最为通行的读本。

本教材选文是司马迁《太史公自序》中的前半部分，讲述了《史记》撰写前作者秉承父志、效法《春秋》、积累史料的知行准备，撰写中虽遭遇奇耻然忍辱发愤、笃志修史的顽强意志，既成后以实录记史事、以礼义断是非、以史评说褒贬的史学思考，反映了司马迁撰写《史记》的进步历史观与其一以贯之的思想与践行。

太史公自序（节选）[1]

司马迁

太史公既掌天官[2]，不治民。有子曰迁。

迁生龙门[3]，耕牧河山之阳[4]。年十岁则诵古文。二十而南游江、淮，上会稽，探禹穴[5]，窥九疑，浮于沅、湘；北涉汶、泗，讲业齐、鲁之都[6]，观孔子之遗风，乡射邹、峄[7]；厄困鄱、薛、彭城[8]，过梁、楚以归。于是迁仕为郎中[9]，奉使西征巴、蜀以南，南略邛、笮、昆明[10]，还报命[11]。

注释

[1]本文节选自《史记》卷一百三十。

[2]太史公：太史，古记史之官，汉之前曾称"公"，汉时则称"令"。司马迁称其父司马谈为"太史公"是为尊称，非其切实的官职称，下文亦自称"太史公"表示自重自尊。天官：天文。

[3]龙门：指龙门山地区，在今陕西韩城市东北。

[4]河山之阳：水之北、山之南为阳。河，指黄河流经龙门之河段。山，指龙门山。

[5]禹穴：相传为夏禹葬地，在今浙江绍兴市之会稽山中。又传说为夏禹藏天书之处。

[6]讲：研习。

[7]乡射：古代地方官员举荐贤士所行之射礼称乡射，乡射礼有一定的程序，简要地说，即主持者乡大夫先行乡饮酒礼，而后将遴选出的贤士造册上报。此指参加当地的"乡射"活动。邹：汉邹县，在今山东邹城一带。峄：指峄山一带，在山东邹县东南。

[8]厄困：指遭遇困境。鄱：《汉书》作"蕃"，汉蕃县，在今山东滕州市境。薛：汉县名，在今山东枣庄市西。彭城：汉县名，在今江苏徐州市境。

[9]郎中：汉时郎中令的属官。因其为郎居宫中，故称郎中。

[10]邛（qióng）：汉西南少数民族国名邛都的省称，在今四川西昌市东南。笮（zuó）：《汉书》作"莋"，汉西南少数民族国名笮都的省称，故治在今四川汉源县东南。昆明：为汉西南夷邛都属地，汉之昆明，指今云南大理市一带。

[11]报命：犹言复命。

是岁天子始建汉家之封[1]，而太史公留滞周南[2]，不得与从事，故发愤且卒[3]。而子迁适使反，见父于河洛之间。太史公执迁手而泣曰："余先周室之太史也[4]。自上世尝显功名于虞夏[5]，典天官事[6]。后世中衰，绝于予乎？汝复为太史[7]，则续吾祖矣。今天子接千岁之统，封泰山，而余不得从行，是命也夫，命也夫！余死，汝必为太史；为太史，勿忘吾所欲论著矣[8]。且夫孝始于事亲，中于事君，终于立身。扬名于后世，以显父母，此孝之大者。夫天下称诵周公[9]，言其能论歌文武之德[10]，宣周邵之风[11]，达太王王季之思虑[12]，爰及公刘[13]，以尊后稷也[14]。幽厉之后[15]，王道缺，礼乐衰，孔子修旧起废，论《诗》《书》，作《春秋》，则学者至今则之[16]。自获麟以来四百有余岁[17]，而诸侯相兼，史记放绝[18]。今汉兴，海内一统，明主贤君忠臣死义之士，余为太史而弗论载，废天下之史文。余甚惧焉，汝其念哉[19]！"迁俯首流涕曰："小子不敏[20]，请悉论先人所次旧闻[21]，弗敢阙[22]。"

注 释

[1] 封：特指古帝王在泰山筑台祭天。

[2] 周南：地名，古指成周以南，即河南洛阳以南直至江汉一带的地区。此实指下文"河洛之间"。

[3] 且：副词，将要，即将。卒：死。

[4] 周室：指周王朝。

[5] 虞夏：指虞舜与夏禹时代。

[6] 典：主管。天官：天文。

[7] 汝：代词，你。文中为司马谈对其子司马迁的代称。

[8] 论著：议论著述。指司马谈修史的愿望。

[9] 周公：周文王子姬旦，是辅佐武王、成王两代的贤臣，相传周代的礼乐制度均为周公所创制。

[10] 文武：指周文王、周武王。

[11] 周邵之风：指周公、召公共同辅佐周成王之际的时代风尚。《汉书》作"周召"。

[12] 太王：指古公亶父，周文王之祖父。王季：古公亶父之子，周文王之父，名季历。

[13] 公刘：古周人的先祖，相传为后稷的曾孙。

[14] 后稷：古周人的远祖，相传刚出生时其母曾欲弃之，故名弃。

[15] 幽厉：指周幽王与周厉王。幽王名宫湦，是西周末代之君，因宠爱褒姒而亡国。厉王名胡，为西周第十位君王，是幽王之祖父，因任佞臣，行暴政，拒谏言，被国人放逐于彘。

[16] 则：法则，效法。

[17] 获麟：相传孔子作《春秋》至"获麟"而止，此指《春秋》编年记史的年代下限。南朝宋裴骃《史记集解》："按：年表鲁哀公十四年获麟，至汉元封元年三百七十一年。"

[18] 史记：此指对战国以来历史的全面记载。

[19] 其：副词，表示希望劝勉的语气。

[20] 小子：司马迁的谦称。

[21] 论：讨论，研究。所次旧闻：指按时间次序所记的旧有史料。

[22] 阙（quē）：通"缺"。

卒三岁而迁为太史令[1]，绌史记石室金匮之书[2]。五年而当太初元年[3]，十一月甲子朔旦冬至[4]，天历始改[5]，建于明堂，诸神受纪[6]。

太史公曰："先人有言：'自周公卒五百岁而有孔子。孔子卒后至于今五百岁，有能绍明世[7]，正《易传》，继《春秋》，本《诗》《书》《礼》《乐》之际[8]？'意在斯乎[9]！意在斯乎！小子何敢让焉[10]。"

注释

[1] 卒三岁：意为司马谈死后三年。

[2] 绌（chōu）：缀集。石室金匮：指国家藏书之处。石室，古代庋藏图书档案的建筑。金匮，以金属材料制成的藏书柜。

[3] 五年：指司马迁任太史令后的第五年。太初：汉武帝年号。

[4] 朔旦：天明之时。

[5] 天历：犹今之所谓"纪元"。

[6] "建于"二句：《史记索隐》虞喜《志林》云："改历于明堂，班之于诸侯。诸侯群神之主，故曰'诸神受纪'。"

[7] 绍：承继。

[8] 本：把握，执掌。际：指彼此间的会合或会际，即指《诗》《书》《礼》《乐》综合反映出的礼义思想。

[9] 斯：指示代词，此。

[10] 让：退让，推辞。

上大夫壶遂曰[1]："昔孔子何为而作《春秋》哉？"太史公曰："余闻董生曰[2]：'周道衰废，孔子为鲁司寇[3]，诸侯害之，大夫壅之[4]。孔子知言之不用，道之不行也，是非二百四十二年之中[5]，以为天下仪表[6]，贬天子，退诸侯，讨大夫，以达王事而已矣。'子曰：'我欲载之空言，不如见之于行事之深切著明也。[7]'夫《春秋》，上明三王之道[8]，下辨人事之纪[9]，别嫌疑，明是非，定犹豫，善善恶恶，贤贤贱不肖[10]，存亡国，继绝世，补敝起废，王道之大者也。《易》著天地阴阳四时五行，故长于变[11]；《礼》经纪人伦，故长于行[12]；《书》记先王之事，故长于政[13]；《诗》记山川溪谷禽兽草木牝牡雌雄，故长于风[14]；《乐》乐所以立，故长于和[15]；《春秋》辩是非，故长于治人。是故《礼》以节人，

《乐》以发和，《书》以道事，《诗》以达意，《易》以道化[16]，《春秋》以道义。拨乱世反之正，莫近于《春秋》[17]。《春秋》文成数万，其指数千，万物之散聚皆在《春秋》。《春秋》之中，弑君三十六，亡国五十二，诸侯奔走不得保其社稷者不可胜数。察其所以[18]，皆失其本已[19]。故《易》曰'失之毫厘，差以千里'。故曰'臣弑君，子弑父，非一旦一夕之故也，其渐久矣[20]'。故有国者不可以不知《春秋》，前有谗而弗见[21]，后有贼而不知[22]。为人臣者不可以不知《春秋》，守经事而不知其宜[23]，遭变事而不知其权[24]。为人君父而不通于《春秋》之义者，必蒙首恶之名。为人臣子而不通于《春秋》之义者[25]，必陷篡弑之诛，死罪之名[26]。其实皆以为善，为之不知其义，被之空言而不敢辞[27]。夫不通礼义之旨，至于君不君，臣不臣，父不父，子不子[28]。夫君不君则犯[29]，臣不臣则诛，父不父则无道[30]，子不子则不孝。此四行者，天下之大过也。以天下之大过予之[31]，则受而弗敢辞[32]。故《春秋》者，礼义之大宗也。夫礼禁未然之前，法施已然之后；法之所为用者易见，而礼之所为禁者难知[33]。"

注释

[1] 壶遂：汉武帝时的天文学家，官詹事，秩二千石，故称上大夫。武帝太初元年（前104），曾参与新历的制定。

[2] 董生：即董仲舒，西汉经学家，尊崇儒术，著有《春秋繁露》，司马迁曾从他受学。生，先生的简称。

[3] 鲁：春秋时鲁国。司寇：官职称，主管刑狱。

[4] 壅：阻塞，围堵，围攻。

[5] 是非：称是称非，即褒贬。二百四十二年：指孔子作《春秋》记事的编年总数。

[6] 仪表：标准，法则。

[7] "我欲"二句：意为，我假若把史事用空对空而不切实际的话记录下来，不如针对历史中的行为与事件进行深刻切实而鲜明的评论，指明其是非，并使之显现给世人。空言，本指不联系实际空对空的记史与议论，后来司马迁借用这一词语指空泛记史而无寓意的文字。

[8] 三王：指夏禹、商汤、周文王和周武王，即三代圣明的帝王。

[9] 纪：法度，准则。

[10] "善善"二句：意为，善称善举，厌弃恶行，以贤者为贤良，以不贤者为贱人。句中用在前面的"善""恶""贤"与"贱"四字均用为动词。

［11］变：指了解事物的变化。

［12］行：指规范人的行为。

［13］政：指利于实施政事。

［14］风：指端正社会风俗。

［15］和：指引导人与自然和谐。

［16］道：说，论述。下句"道"字含义同。

［17］莫近于：没有什么著作能接近于……。

［18］其：指代上文"弑君""亡国"等事。所以：表示"……的原因"。

［19］本：根本的东西，指上述经书阐述的义理。

［20］渐久：意为由来已久。所引《易》，前者见于《大戴礼记·保傅》，后者见于《易·坤·文言》。

［21］谏：进谏言的人。

［22］贼：残害人的人。

［23］经事：常态的事情。宜：指常规的道理。

［24］权：指权变的方法。

［25］臣子：朝臣与儿子。

［26］篡弑：篡夺权位，弑杀君父。诛：谴责，惩罚。

［27］"其实皆以"三句：意为，做错事的人主观上都以为出于善意，做事情也不懂得其事是否符合义理，这些人与事被空疏且无寓意的言词记录下来，而记史者又不敢加以评论。辞，解说，评论。

［28］"至于君不君"四句：意为致使造成国君不行君道，朝臣不行臣职，父亲不行父慈，儿子不行子孝的乱象。

［29］犯：危害，文中指危害国家。一说"犯"，干犯，指被臣下干犯。

［30］无道：没有慈爱的父道。

［31］予之：指给予记史者。

［32］受而弗敢辞：指以往的记史者接受了史事而不敢加以评说。

［33］"夫礼禁"四句：意为礼所禁止的事项在错事未发生之前，法所施行的惩罚在错事已经发生之后，因此法所为惩戒的严厉容易直观看到，而礼所为禁行的益处难以被人知晓。泷川资言《史记会注考证》："《汉书·贾谊传》谊陈政事疏云：'夫礼者禁于将然之前，而法者禁于已然之后，是故法之所用易见，而礼之所为难知也。'《大戴礼·礼察篇》同。盖古有此语，而史公用之也。"

壶遂曰："孔子之时，上无明君，下不得任用，故作《春秋》，垂空文以断礼义[1]，当一王之法[2]。今夫子上遇明天子[3]，下得守职，万事既具，咸各序其宜[4]，夫子所论，欲以何明[5]？"

![注释]

[1]空文：指文章著作，与具体的功业相对而言。司马迁《报任安书》亦有此语。

[2]"当一"句：意为正是将王法统一于礼义。一，用如动词，意为统一。

[3]夫子：对司马迁的尊称。

[4]宜：应该，应当。此指应该记述的事情。

[5]何明："明何"的倒置，意为说明什么。

太史公曰："唯唯，否否，不然[1]。余闻之先人曰：'伏羲至纯厚[2]，作《易》《八卦》。尧舜之盛，《尚书》载之，礼乐作焉[3]。汤武之隆，诗人歌之。《春秋》采善贬恶[4]，推三代之德，襃周室，非独刺讥而已也。'汉兴以来，至明天子，获符瑞[5]，封禅[6]，改正朔[7]，易服色[8]，受命于穆清[9]，泽流罔极，海外殊俗，重译款塞[10]，请来献见者，不可胜道。臣下百官力诵圣德，犹不能宣尽其意。且士贤能而不用，有国者之耻[11]；主上明圣而德不布闻[12]，有司之过也[13]。且余尝掌其官，废明圣盛德不载，灭功臣世家贤大夫之业不述[14]，堕先人所言，罪莫大焉。余所谓述故事[15]，整齐其世传[16]，非所谓作也[17]，而君比之于《春秋》，谬矣。"

![注释]

[1]唯唯：为应诺语气，表示同意回答问题。否否：为怀疑语气，表示有不同意见。

[2]纯：善，美。厚：忠厚，厚道。

[3]作：兴起。焉：兼词，文中含义相当于"于此"。

[4]采：摘取，选择。

[5]符瑞：表明君主"受命于天"的祥瑞征兆。

[6]封禅（shàn）：祭天为封，祭地为禅。

[7]改正朔：此指改定历法。古代正月初一为正朔，改正朔，即指上文所言"天历始改"。

[8]服色：指古代王朝所规定的车马祭牲的颜色。汉初服色用黑，文帝时改用黄，武帝朝诏布仍用黄色。

[9]穆清：《诗经·周颂·清庙》首句："於穆清庙"，这里用穆清代指宗庙。一说，本指天空上和畅清新之气象，此用作天的代称。

［10］重（chóng）译款塞：意为外族或外国辗转地翻译汉语，叩响汉朝关塞的城门。句意在于强调汉朝影响之广泛。

［11］有国者：指天子、皇帝。

［12］布闻：广泛宣布使人听闻。

［13］有司：古代官员各有专司之职，故称有司。

［14］业：业绩。

［15］故事：旧事，史事。

［16］整齐：有秩序。此用为动词，指完整而有序地记叙。

［17］作：创制，首创。意谓不及《春秋》叙事有创意、创见。这是司马迁的谦辞。

于是论次其文。七年而太史公遭李陵之祸[1]，幽于缧绁[2]。乃喟然而叹曰[3]："是余之罪也夫！是余之罪也夫！身毁不用矣。"退而深惟曰[4]："夫《诗》《书》隐约者[5]，欲遂其志之思也[6]。昔西伯拘羑里[7]，演《周易》[8]；孔子厄陈蔡[9]，作《春秋》[10]；屈原放逐，著《离骚》；左丘失明，厥有《国语》[11]；孙子膑脚[12]，而论兵法；不韦迁蜀[13]，世传《吕览》；韩非囚秦，《说难》《孤愤》；《诗》三百篇，大抵贤圣发愤之所为作也。此人皆意有所郁结，不得通其道也，故述往事，思来者。"于是卒述陶唐以来，至于麟止[14]，自黄帝始[15]。

中华书局 1982 年刊本《史记》卷一百三十

注释

［1］李陵之祸：武帝天汉二年（前 99），汉骑都尉李陵率五千步兵击匈奴，兵败而降。朝议其事，司马迁力主陵不可能降，触怒了汉武帝，蒙冤入狱，后为完成《史记》，甘愿忍辱，受腐刑。详见司马迁《报任安书》。

［2］幽：囚禁，监禁。缧绁（léi xiè）：捆绑犯人的绳索，引申义指牢狱。

［3］喟（kuì）然：叹息的样子。

［4］深惟：深思。惟，思考。

［5］隐约：含义深邃而语言简约。

［6］遂：成就，顺利地完成。

［7］西伯：周文王为西方诸侯之长，故称西伯。羑（yǒu）里：古地名，在今河南汤阴境。

［8］演：推演。指文王演八卦为六十四卦。

［9］陈蔡：指春秋陈国和蔡国之故地。

［10］作《春秋》：据《史记·孔子世家》，孔子作《春秋》在鲁哀公西狩获麟

那一年，此说只是强调其遭遇困厄而后发愤著书，非确指作书时间。

[11] 厥：副词，于是，就。

[12] 膑脚：古时剔除膝盖骨的一种刑罚。脚，小腿。

[13] 迁：放逐，流放。

[14] 卒：最终。陶唐：帝尧初居于陶，后封于唐，故称陶唐氏。麟止：公元前122年，汉武帝狩于雍，获一麟（实为鹿类动物），以为祥瑞，铸金为麟趾形，改元为元狩。止，古趾字。

[15] 自黄帝始：《史记索隐》引服虔曰："《史记》以黄帝为首，而云'述陶唐者'，案《五帝本纪》赞云'五帝尚矣，然《尚书》载尧以来。百家言黄帝，其文不雅驯'，故述黄帝为本纪之首，而以《尚书》雅正，故称'起于陶唐'。"

问题与思考

一、谈一谈《史记》的编撰体例及其在史学史上的卓越贡献。

二、认真阅读司马谈对司马迁的临终嘱托，体会嘱托中述说的史家之使命感和撰写通史的遗愿，概括司马迁撰写《史记》的理想追求与历史意义。

三、结合"知识链接"的提示，查阅相关文章，简要叙述司马迁提出"发愤著书"之立言理念的理论依据、切身体悟及其对古代文艺理论的深远影响。

知识链接

古者富贵而名摩灭，不可胜记，唯倜傥非常之人称焉。盖文王拘而演《周易》；仲尼厄而作《春秋》；屈原放逐，乃赋《离骚》；左丘失明，厥有《国语》；孙子膑脚，《兵法》修列；不韦迁蜀，世传《吕览》；韩非囚秦，《说难》《孤愤》。《诗》三百篇，大氐贤圣发愤之所为作也。此人皆意有所郁结，不得通其道，故述往事，思来者。乃如左丘明无目，孙子断足，终不可用，退而论书策以舒其愤，思垂空文以自见。仆窃不逊，近自托于无能之辞，网罗天下放失旧闻，考之行事，稽其成败兴坏之理，凡百三十篇，亦欲以究天人之际，通古今之变，成一家之言。草创未就，适会此祸，惜其不成，是以就极刑而无愠色。仆诚已著此书，藏之名山，传之其人通邑大都，则仆偿前辱之责，虽万被戮，岂有悔哉！然此可为智者道，难为俗人言也。（班固《汉书·司马迁传》引录司马迁《报任安书》）

盖文章，经国之大业，不朽之盛事。年寿有时而尽，荣乐止乎其身，二者必至之常期，未若文章之无穷。是以古之作者，寄身于翰墨，见意于篇籍。不假良史之辞，不托飞驰之势，而声名自传于后。故西伯幽而演《易》，周旦显而制《礼》，不以隐约而弗务，不以康乐而加思。（曹丕《典论·论文》）

大凡物不得其平则鸣：草木之无声，风挠之鸣；水之无声，风荡之鸣。其跃也，或激之；其趋也，或梗之；其沸也，或炙之。金石之无声，或击之鸣。人之于

言也亦然：有不得已者而后言，其歌也有思，其哭也有怀。凡出乎口而为声者，其皆有弗平者乎！（韩愈《送孟东野序》）

予闻世谓诗人少达而多穷，夫岂然哉？盖世所传诗者，多出于古穷人之辞也。凡士之蕴其所有而不得施于世者，多喜自放于山巅水涯之外，见虫鱼草木风云鸟兽之状类，往往探其奇怪。内有忧思感愤之郁积，其兴于怨刺，以道羁臣、寡妇之所叹，而写人情之难言，盖愈穷则愈工。然则非诗之能穷人，殆穷者而后工也。（欧阳修《梅圣俞诗集序》）

盖人之情，悲愤积于中而无言，始发为诗。不然，无诗矣。苏武、李陵、陶潜、谢灵运、杜甫、李白，激于不能自已，故其诗为百代法。（陆游《澹斋居士诗序》）

附录

司马迁传·赞

班固

赞曰：自古书契之作而有史官，其载籍博矣。至孔氏纂之，上继唐尧，下讫秦缪。唐虞以前虽有遗文，其语不经，故言黄帝、颛顼之事未可明也。及孔子因鲁史记而作《春秋》，而左丘明论辑其本事以为之传，又纂异同为《国语》。又有《世本》，录黄帝以来至春秋时帝王公侯卿大夫祖世所出。春秋之后，七国并争，秦兼诸侯，有《战国策》。汉兴伐秦定天下，有《楚汉春秋》。故司马迁据《左氏》《国语》，采《世本》《战国策》，述《楚汉春秋》，接其后事，讫于天汉。其言秦汉，详矣。至于采经撮传，分散数家之事，甚多疏略，或有抵牾。亦其涉猎者广博，贯穿经传，驰骋古今，上下数千载间，斯以勤矣。又其是非颇缪于圣人，论大道则先黄老而后六经，序游侠则退处士而进奸雄，述货殖则崇势利而羞贱贫，此其所蔽也。然自刘向、扬雄博极群书，皆称迁有良史之材，服其善序事理，辨而不华，质而不俚，其文直，其事核，不虚美，不隐恶，故谓之实录。乌呼！以迁之博物洽闻，而不能以知自全，既陷极刑，幽而发愤，书亦信矣。迹其所以自伤悼，《小雅·巷伯》之伦。夫唯《大雅》"既明且哲，能保其身"，难矣哉！

中华书局 1962 年刊本《汉书》卷六十二

第十讲
资治通鉴

解题

《资治通鉴》是北宋著名史学家司马光主持编纂的一部编年体通史。

司马光，字君实，陕州夏县（今属山西）人。生于公元 1019 年，卒于公元 1086 年。家居涑（sù）水乡，人称涑水先生；晚年自号迂叟。卒谥文正，追封温国公，世称司马温公。一生尽心于宋代以前之"前史"研究，"自幼至老，嗜之不厌"。宋仁宗宝元二年（1039）进士，初官天章阁待制兼侍讲，嘉祐六年（1061）迁起居舍人同知谏院。英宗时，为龙图阁直学士。治平三年（1066），司马光将自己编撰的《通志》八卷呈献与英宗。其书仿《左传》体例记述从战国初至秦亡的史事。英宗看后，赞赏有加，命司马光自选史学人才设置书局，续写汉以来史事，并将书名改称为《历代君臣事迹》。神宗时，为翰林学士、御史中丞。熙宁初，书局编写工作开始不久，神宗即命司马光于经筵进读，亦欣赏其史才与文采，认为其所作"鉴于往事，有资于治道"，于是亲为之序，赐书名为《资治通鉴》。熙宁三年（1070）王安石执政，推行新法。司马光因政见与王安石不合，于次年自请到洛阳司西京御史台。神宗特准"书局自随"，在洛阳继续编撰其书。司马光居洛阳长达十五年，前十三年与书局僚属专心撰写其书。至元丰七年（1084）书成，司马光于《进书表》中说："臣之精力，尽于此书。"哲宗即位（1086），太皇太后临政，诏任司马光为尚书左仆射兼门下侍郎，实为相职，主持"元祐更化"，尽废新法。执政八个月，于元祐元年（1086）九月谢世。

司马光置书局亲自选定的助手都是当时的专门史大家，主要有刘攽、刘恕、范祖禹三人。他们与司马光的分工是：司马光负责战国至秦部分，此部分设书局前已完成；刘攽负责两汉部分；刘恕负责三国至南北朝部分；范祖禹负责唐代部分。他们的具体做法是：首先，收集资料，编成丛目，依时序分置于各年之下；其次，对汇编于各年之下的资料，考辨正史异说，取其正，存其异，去其非，同时于其中删汰重复者，编成初稿，称为长编；最后由司马光执笔统稿，甄定史实，择优取材，润色文字，写成定稿。至于史料中所见之异说亦存而不弃，由司马光编成《资治通鉴考异》一书，以备参考。因此其书虽卷帙浩繁，出于多人之手，但编撰体例一贯，语体风格一致，结构完整统一，思想倾向相同，如出一人之手。这种治史方法，无疑为后世史学树立了记史既取同存疑、又客观写实的楷模。

《资治通鉴》记事，自周威烈王二十三年（前403）韩、赵、魏三家分晋起，迄于五代后周世宗显德六年（公元959）止，记载了北宋之前一千三百六十二年的历史。全书"年经国纬"分为周、秦、汉、魏、晋、宋、齐、梁、陈、隋、唐、后梁、后唐、后晋、后汉、后周等十六纪，凡二百九十四卷。又作《目录》三十卷，《考异》三十卷，共三百五十四卷。

《资治通鉴》区别于以往编年体史书的新特点如下：一是虽然以时为经，按年、月、日的时序记述史事，但最大限度地避免了以往编年体记史头绪繁乱、记事脱节的弊端。借鉴了纪传体记史自为始末的方法，记人叙事，常常用追叙或补叙的叙事方法补写当篇人物的前情后事或事件的前因后果，力求使人物或事件的记述比较集中、相对完整。二是借鉴了纪传体以结篇"曰""赞"评论历史人物的方法，同时结合《左传》以"孔子曰""君子曰"发表议论的方式，将其发展为在篇中针对历史事件选择性地随时发表评论。或以"臣光曰"发表司马光自己的观点，或出以史家姓名，借前人与自己观点吻合的成说申述自己的看法。特别注重用自己的史学观影响读者，启迪读者的历史借鉴与思考。

司马光以毕生精力编撰《资治通鉴》，充分体现了他的政治与学术思想。首先，司马光重写通史，"删削冗长，举撮机要，专取关国家盛衰，系生民休戚，善可为法，恶可为戒者，为《编年》一书"。体现了他简明记史，择要记史，以史说理的史学观。其次，司马光写史目的明确，即希望治国者"监前世之兴衰，考当今之得失，嘉善矜恶，取是舍非"，汲取历史经验和教训，以达到"盛德""至治"的治国境界。体现了他心系国运、籍史谏政、籍史明志的政治理想。最后，司马光的史评多以儒学思想评价历史人物与事件，集中体现了他以儒学为核心的历史价值观。其中许多正确的见解，至今仍有着借鉴意义。

《资治通鉴》的注本，以宋末元初胡三省的《资治通鉴音注》最为精湛详尽，直到今天仍为《资治通鉴》的最好注本。中华书局1956年出版的《资治通鉴》点校本，既收有胡注，又将司马光的《资治通鉴考异》分别附入相关的正文之后，并于附录中收录胡三省的《通鉴释文辩误》，是当下通行的最佳读本。

教材选文即为胡三省的《新注资治通鉴序》，此序是将司马光的《资治通鉴考异》及胡三省自己所撰的《资治通鉴音注》"散入《通鉴》各文之下"而后所作，故称"新注"。序中既概述了《资治通鉴》的史学价值、成书过程、撰史寓意、记史本末、编撰分工，叙述体例，也概述了自家撰著《资治通鉴音注》的缘起、经历、体式、价值与据实求真、谨严辩误、还原历史的治史思考。所以读此序，一方面可以体会司马光修史的拳拳之心，另一方面也可以感悟胡三省治"《通鉴》学"的注史精神。

新注资治通鉴序

胡三省[1]

古者国各有史以纪年书事，晋《乘》、楚《梼杌》虽不可复见[2]，《春秋》经圣人笔削[3]，周辙既东[4]，二百四十二年事昭如日星。秦灭诸侯，燔天下书[5]，以国各有史，刺讥其先，疾之尤甚。《诗》《书》所以复见者，诸儒能藏之屋壁[6]。诸国史记各藏诸其国，国灭而史从之，至汉时，独有《秦记》[7]。

注 释

[1]胡三省：宋元之际著名史学家，台州宁海（今属浙江）人，生于公元1230年，卒于公元1302年，字身之，号梅涧。宋宝祐四年进士，贾似道辟从军芜湖，官朝奉郎，宋亡不仕。除《资治通鉴音注》外，还著有《通鉴释文辩误》十二卷。

[2]晋《乘》、楚《梼杌（táo wù）》：先秦晋国与楚国的史书，已佚。《孟子·离娄下》说："晋之《乘》，楚之《梼杌》，鲁之《春秋》，一也。"

[3]笔削：古无纸，文字写于竹简木牍或丝帛之上，如有误，则以刀削去，以笔改正。故称修改文字为笔削。

[4]周辙既东：指周平王将国都由镐京（今西安市长安区西北）东迁洛阳。

[5]燔（fán）：焚烧。

[6]藏之屋壁：汉武帝时，鲁恭王拆孔子旧宅，在夹壁中发现了多种古文经传，有《尚书》《礼记》《春秋》《论语》《孝经》等。此借以泛指秦王朝焚书时学者对先秦经书的保护与收藏。

[7]秦记：汉以前秦国的史书。

太史公因《春秋》以为《十二诸侯年表》，因《秦记》以为《六国年表》，三代则为《世表》[1]。当其时，黄帝以来《谍记》犹存[2]，具有年数，子长稽其历、谱谍、终始五德之传[3]，咸与古文乖异，且谓"孔子序《书》[4]，略无年月；虽颇有，然多阙。夫子之弗论次，盖其慎也。"子长述夫子之意，故其表三代也[5]，以世不以年[6]。汲冢《纪年》出于晋太康初[7]，编年相次，起自夏、殷、周，止魏哀王之二十年[8]，此魏国史记，脱秦火之厄而晋得之，子长不及见也。子长之史，虽为纪、表、书、传、世家[9]，自班孟坚以下不能易，虽以纪纪年[10]，而书事略甚，盖其事分见志、传，纪宜略也。自荀悦《汉纪》以下[11]，纪年书事，世有其人。独梁武帝《通史》至六百卷[12]，侯景之乱[13]，王僧辩平建业[14]，与文德殿书七万卷俱西[15]，江陵之陷[16]，其书烬焉。唐四库书[17]，编年四十一家[18]，九百四十七卷，而王仲淹《元经》十五卷[19]，萧颖士依《春秋》义类作传百卷[20]，逸矣[21]。今四十一家书，存者复无几。乙部书以迁、固等书为正史[22]，编年类次之，盖纪、传、表、志之书行[23]，编年之书特以备乙库之藏耳[24]。

注释

[1]《世表》：指《史记·三代世表》，实际记述的是五帝至三代的世系表。

[2]谍记：指记述氏族或宗族世系的史书。谍，通牒，下同。

[3]子长：司马迁，字子长。历：历书。谱谍：亦作谱牒，含义同谍记。五德：秦汉方术之士以五行相克相生的道理附会王朝兴亡之国运，史称"五德"。

[4]书：指《尚书》。

[5]表：用作动词，意为"为……作表"。

[6]以世不以年：以世系记述而不作以编年。

[7]汲冢《纪年》：晋汲郡（今河南卫辉）人不准盗掘魏襄王墓冢，得竹书数十车。此所言《纪年》为其中之一。太康：晋武帝司马炎年号（公元280—289）。

[8]魏哀王：战国时期魏国的第四代国君，魏惠王子。

[9]纪、表、书、传、世家：指《史记》的体例，即"十二本纪、十表、八书、三十世家、七十列传"。

[10]以纪纪年：用本纪记述编年。《汉书》由纪、表、志、传四部分组成，前"纪"即指《汉书》体例之纪，后"纪"字为动词，意为记载。

[11]荀悦：字仲豫，东汉颍川颍阴（今河南许昌）人，献帝时任黄门侍郎、秘书监、侍中等职。《后汉书》有传。《汉纪》：荀悦所作，三十卷，仿《左传》编年体，简述《汉书》所记史事。

[12]梁武帝：南朝梁帝王。姓萧名衍，字叔达，天监元年（502）废杀齐帝萧宝融，称帝，建号梁，太清三年（549）卒于侯景之乱中，追谥武皇帝。《通史》：史书名。梁吴均等奉武帝诏命编撰，六百二十卷，仿《史记》体例记史，起于三皇，迄于南朝齐。

[13]侯景之乱：侯景，字万景，初为北朝魏尔朱荣将，后归高欢，高欢死，依附梁，封河南王，不久兵变，攻梁都建康，围梁武帝于宫中，致使武帝饿死，遂自立为汉帝，于长江下游烧杀抢掠，为害一时。史称侯景之乱。

[14]王僧辩：字君才。侯景之乱中初为竟陵太守，以军功擢为征东大将军，佐梁湘东王萧绎平乱，收复建康，其功最著，元帝萧绎即位，任为司徒、侍中、尚书令，封永宁郡公。建康：梁都城，在今江苏南京市。

［15］文德殿：南朝梁禁宫中宫殿名。俱西：全都在西。西，指江陵。

［16］江陵：梁县名，在今湖北荆州市境。陷：被攻破。

［17］四库：古代图书经、史、子、集的总称。

［18］编年：以年代为纲，次序记史。此指编年体的史书。

［19］王仲淹：隋代学者王通，字仲淹，王勃祖父，门人谥为文中子。《元经》：王通所著史书。

［20］萧颖士：唐代学者，字茂挺，通百家谱牒，人称萧夫子，门人谥为文元先生。作传：为《元经》作传。

［21］逸：通"佚"，散失。

［22］乙部书：唐以前四部图书分类以甲、乙、丙、丁为序，唐代始有经、史、子、集的分类名称。此乙部书，指史部书。

［23］纪、传、表、志之书：指纪传体史书。行：流行。

［24］乙库：乙部书库。

　　宋朝英宗皇帝命司马光论次历代君臣事迹为编年一书[1]，神宗皇帝以鉴于往事，有资于治道，赐名曰《资治通鉴》，且为序其造端立意之由[2]。温公之意[3]，专取关国家盛衰，系生民休戚，善可为法，恶可为戒者以为是书。治平、熙宁间[4]，公与诸人议国事相是非之日也[5]。萧、曹画一之辩不足以胜变法者之口[6]，分司西京[7]，不豫国论[8]，专以书局为事[9]。其忠愤感概不能自已于言者，则智伯才德之论[10]，樊英名实之说[11]，唐太宗君臣之议乐[12]，李德裕、牛僧孺争维州事之类是也[13]。至于黄幡绰、石野猪俳谐之语[14]，犹书与局官，欲存之以示警。此其微意，后人不能尽知也。编年岂徒哉[15]！

注释

［1］司马光：字君实，北宋著名史学家。宋仁宗宝元二年进士，历任仁宗、英宗、神宗三朝，因反对王安石变法，自请外放。哲宗即位，入朝为相，废新法，复旧制。卒谥文正，追封温国公。

［2］造端：发端，起始。

［3］温公：司马光死后，追封温国公。故尊称之。

［4］治平：宋英宗年号（公元1064—1067）。熙宁：宋神宗年号（公元1068—1077）。

［5］相是非：相互争论是非。

［6］萧、曹画一之辩：汉初建国，萧何为相，始定法令制度。萧何死，曹参继而为相，对萧何所定法令制度无所变更，百姓歌曰："萧何为法，顜若画一；曹参

代之，守而勿失。"此指司马光沿袭旧制的主张。变法者：指以王安石为首力主施行新法的一派。

[7]分司西京：宋熙宁四年司马光自请闲职，判西京御史台。西京，宋代指洛阳。

[8]豫：通"与"，参加。

[9]专以书局为事：指司马光在西京（洛阳）十五年间专心编写《资治通鉴》。书局，国家负责编书的机构。

[10]"智伯"句：指司马光于《资治通鉴》卷一《周纪一》中对智伯的评论。智伯，春秋末晋出公时大夫，挟君专权，后被赵襄子、韩康子、魏桓子合谋杀死。

[11]"樊英"句：指司马光于《资治通鉴》卷五十一《汉纪四十三》中对樊英的评论。樊英，汉安帝时隐士。

[12]"唐太宗"句：指司马光于《资治通鉴》卷一百九十二《唐纪八》中对唐太宗君臣讨论礼乐问题的评论。

[13]"李德裕、牛僧孺"句：指司马光于《资治通鉴》卷二百四十七《唐纪六十三》中对李、牛论争维州取舍即对吐蕃战与和的评论。李德裕，字文饶，唐武宗时为相，是"李党"首领。牛僧孺，字思黯，宪宗时累官至御史中丞，穆宗时，同平章事，为"牛党"核心。维州，唐代州名，武德间设置，州治在今四川理县东北。唐末吐蕃经常进犯维州。

[14]黄幡绰：唐玄宗时俳优，今本《资治通鉴》中未见此人事迹。明余寅《同姓名录》说："黄幡绰，唐明皇伶人。而《乐府杂录》云'黄帝令黄幡绰撰拍板谱'，岂又一黄幡绰邪？岂古有其人，而明皇假之以名其艺术之最工者邪？"石野猪：唐僖宗时俳优。事见《资治通鉴》卷二百五十三《唐纪六十九》。

[15]徒：空，空谈。

世之论者率曰[1]："经以载道，史以记事，史与经不可同日语也。"夫道无不在，散于事为之间，因事之得失成败，可以知道之万世亡弊，史可少欤！为人君而不知《通鉴》，则欲治而不知自治之源，恶乱而不知防乱之术[2]。为人臣而不知《通鉴》，则上无以事君，下无以治民。为人子而不知《通鉴》，则谋身必至于辱先，作事不足以垂后。乃如用兵行师，创法立制，而不知迹古人之所以得[3]，鉴古人之所以失[4]，则求胜而败，图利而害，此必然者也。

注释

[1]率：大抵、通常。

[2]恶（wù）：厌恶，不喜欢。

[3]迹：推究，考察。

[4] 鉴：借鉴。

孔子序《书》[1]，断自唐、虞[2]，讫《文侯之命》而系之秦[3]；鲁《春秋》则始于平王之四十九年[4]；左丘明传《春秋》[5]，止哀之二十七年赵襄子愍智伯事[6]，《通鉴》则书赵兴智灭以先事[7]。以此见孔子定《书》而作《春秋》，《通鉴》之作实接《春秋》《左氏》后也[8]。

注释

[1] 序：按照次序排列。
[2] 断：指《尚书》所载史事的时间上限。唐、虞：指唐尧和虞舜。《尚书注疏原目》尧典第一，舜典第二。
[3]《文侯之命》：《尚书·周书》中的篇名。
[4] 平王：即周平王，幽王子，名宜臼。周幽王被犬戎所杀，平王即位，为避犬戎而东迁洛邑，史称东周。
[5] 传（zhuàn）：古代注释或解释经书词语与文义叫做传。
[6] 哀：指鲁哀公。赵襄子愍智伯事：赵襄子，即晋大夫赵无恤，与韩康子、魏桓子分晋建立赵国。愍（jì），毒害。
[7] 赵兴智灭：即"赵襄子愍智伯事"。以先事：作为最前面的事件。《资治通鉴》的纪事始于三家分晋。
[8]《左氏》：《左氏传》的简称。此句意为《通鉴》的纪事与《春秋》《左传》相承接。

温公遍阅旧史，旁采小说，抉摘幽隐[1]，荟稡为书[2]，劳矣。而修书分属[3]，汉则刘攽[4]，三国讫于南北朝则刘恕[5]，唐则范祖禹[6]，各因其所长属之，皆天下选也[7]，历十九年而成。则合十六代一千三百六十二年行事为一书，岂一人心思耳目之力哉！

注释

[1] 抉摘（tì）：挑选，发掘。
[2] 荟稡（zuì）：汇聚琐碎的事物。稡，同"萃"。
[3] 分属（zhǔ）：分工撰写。属，作文，写文章。
[4] 刘攽：宋临江新喻（今江西新余）人，字贡父，号公非，累官至中书舍人。司马光修史的助手之一，负责汉史部分。
[5] 刘恕：宋筠州（今江西高安）人，字道原，累官至秘书丞。司马光修史的

助手之一，负责三国至南北朝部分。

[6]范祖禹：宋华阳（今四川成都）人，字淳甫，一字梦得，初任龙川知县，后官至翰林学士、国史院修撰。司马光修史助手之一，负责唐与五代部分。

[7]天下选：意为于全国优选出的学者。

公自言："修《通鉴》成，惟王胜之借一读[1]；他人读未尽一纸，已欠伸思睡。"是正文二百九十四卷，有未能遍观者矣。若《考异》三十卷，所以参订群书之异同，俾归于一[2]。《目录》三十卷，年经国纬[3]，不特使诸国事杂然并录者粲然有别而已，前代历法之更造[4]，天文之失行[5]，实著于《目录》上方，是可以凡书目录观邪[6]！

![注释]

[1]王胜之：王益柔，字胜之，宋枢密使同中书门下平章事王曙之子，官至龙图阁直学士，好学，博览群书，为范仲淹、司马光等大家所看重。

[2]俾（bǐ）：使。

[3]年经国纬：以年代为经，以国别为纬。

[4]更造：更换重制。

[5]失行：错失运行常轨。

[6]凡书：普通常见的事。

先君笃史学[1]，淳祐癸卯始患鼻衄[2]，读史不暂置，洒血渍书，遗迹故在。每谓三省曰："《史》《汉》自服虔、应劭至三刘[3]，注解多矣。章怀注范史[4]，裴松之注陈寿史[5]，虽间有音释，其实广异闻，补未备，以示博洽[6]。《晋书》之杨正衡[7]，《唐书》之窦苹、董冲[8]，吾无取焉。徐无党注《五代史》，粗言欧公书法义例[9]，他未之及也。《通鉴》先有刘安世《音义》十卷[10]，而世不传。《释文》本出于蜀史炤[11]，冯时行为之序[12]，今海陵板本又有温公之子康《释文》[13]，与炤本大同而小异。公休于书局为检阅官，是其得温公辟咡之教诏[14]，刘、范诸公群居之讲明，不应乖剌乃尔[15]，意海陵《释文》非公休为之。若能刊正乎[16]？"三省捧手对曰："愿学焉。"

![注释]

[1]先君：指胡三省的父亲，名、字失载。

［2］淳祐癸卯：宋理宗淳祐三年，即公元1243年。鼻衄（nǜ）：流鼻血。

［3］服虔：东汉河南荥阳（今河南荥阳西）人，字子慎，汉灵帝中平末年任九江太守，曾以《左传》为据驳何休所论汉事之误六十条。应劭：东汉汝南南顿（今河南项城西）人，字仲远，汉末任泰山太守，著有《汉官仪》《风俗通义》。三刘：指宋人刘敞、刘攽、刘奉世，据载三人同撰《汉书标注》。刘敞，宋临江新喻（今江西新余）人，字原父，号公是，庆历六年进士，官至集贤院学士。刘攽，字贡父，刘敞之弟，参见第六段注［4］。刘奉世，字仲冯，刘敞之子。

［4］"章怀"句：章怀太子李贤，唐高宗第六子，高宗上元二年立为太子，睿宗文明元年，武则天临朝，责令自杀，睿宗即位，追赠皇太子，谥章怀。章怀太子曾令右庶子张大安注范晔《后汉书》。

［5］裴松之：南朝宋河东闻喜（今山西闻喜东北）人，字世期，累官至中书侍郎，文帝元嘉间，奉诏注晋陈寿《三国志》，注文多出原书数倍，实为对原书的史料补遗。

［6］博洽：知识广博。

［7］杨正衡：杨齐宣，字正衡，唐玄宗天宝间为谏议大夫，尝为其内弟何超所撰《晋书音义》作序。《宋史·艺文志》以为杨齐宣作《晋书音义》。

［8］窦苹：宋汶上（今属山东济宁）人，字叔野，一说字子野，官至宣义郎，撰有《新唐书音训》。董冲：宋人，字、号籍里失载，官至将仕郎前权书学博士，撰有《唐书释音》。

［9］徐无党：宋东阳（今安徽天长西）人，《两浙名贤录》说永康人，欧阳修门人，宋仁宗皇祐间进士，官至郡教授。受欧阳修之命撰《五代史记注》。

［10］刘安世：宋魏州（今河北魏县东北）人，一说大名人，字器之，登进士第不就选，从学于司马光，并以之为楷模，一生刚正不挠，初为左谏议大夫，后任集贤殿修撰、中书舍人等职。撰《资治通鉴音义》，已佚；今传有《尽言集》。

［11］史炤：宋眉山（今四川眉山境）人，字见可，《尚友录》说字子熙，官至左宣义郎，撰有《资治通鉴释文》。

［12］冯时行：宋巴县（今重庆巴县北）人，字当可，号缙云先生，一说名当可，字时行。宣和状元，历官左奉礼郎，极言和议之非，秦桧忌之，被废。

［13］海陵板本：指海陵刊行的版本。海陵，县名，在今江苏泰州境。板，今通作"版"。温公之子康：司马光子司马康，字公休，宋神宗时进士，司马光撰《资治通鉴》时任检阅文字，官至秘书省正字，卒赠右谏议大夫。

［14］辟咡（èr）之教诏：犹言得人口耳亲传。辟咡，侧头交谈，以避口气触及对方。

［15］乖剌：乖忤，相抵触，不和谐。

［16］若：你，批号胡三省。刊正：校改错讹，勘正谬误。

乙巳[1]，先君卒，尽瘁家蛊[2]，又从事科举业，史学不敢废也。宝祐丙辰[3]，出身进士科，始得大肆其力于是书。游宦远外，率携以自随；有异书异人，必就而正焉[4]。依陆德明《经典释文》[5]，釐为《广注》九十七卷；著《论》十篇，自周讫五代，略叙兴亡大致。咸淳庚午[6]，从淮壖归杭都[7]，延平廖公见而韪之[8]，礼致诸家[9]，俾雠校《通鉴》以授其子弟，为著《雠校通鉴凡例》。廖转荐之贾相国[10]，德祐乙亥[11]，从军江上，言辄不用，既而军溃，间道归乡里[12]。丙子[13]，浙东始骚，辟地越之新昌[14]；师从之，以挈免[15]，失其书。乱定反室，复购得他本为之注，始以《考异》及所注者散入《通鉴》各文之下；历法、天文则随《目录》所书而附注焉。讫乙酉冬[16]，乃克彻编[17]。凡纪事之本末，地名之同异，州县之建置离合，制度之沿革损益，悉疏其所以然。若《释文》之舛谬，悉改而正之，著《辩误》十二卷。

注释

[1] 乙巳：指南宋理宗淳祐五年，即公元 1245 年。

[2] 尽瘁：竭尽心力。家蛊：家事。

[3] 宝祐丙辰：南宋理宗宝祐四年，即公元 1256 年。

[4] 正：校正。

[5] 陆德明：唐苏州吴县（今江苏苏州）人，名元朗，以字行，隋亡入唐，官国子博士。所撰《经典释文》，为汉魏六朝以来释解儒家经典音义的集成之作。

[6] 咸淳庚午：宋度宗咸淳六年，即公元 1270 年。

[7] 淮壖（ruán）：淮河边。壖，河边一带。杭都：隋始置杭州，大业初改称余杭郡，唐代复置杭州，南宋初，1129 年改称临安府，实为南宋都城，故文中称杭都。

[8] 延平廖公：即宋末人廖莹中，字群玉，延平人，一说邵武人。登科为贾似道馆客，外任不就，一生追随贾似道，后服毒自杀。延平，宋南剑州古称延平，在今福建南平境。韪（wěi）之：以之为是，以之为对。

[9] 致：送达，送予。

[10] 贾相国：即贾似道，字师宪，宋理宗时以姊为贵妃，拜右丞相，度宗时，封太师、平章军国重事，封魏国公。为相时辱国，为平章时临阵脱逃，终被监押者辱杀。一说自杀。

[11] 德祐乙亥：宋恭帝德祐元年，即公元 1275 年。

[12] 间（jiàn）道：小路，小道。

[13] 丙子：德祐二年，公元 1276 年。

　　[14] 越之新昌：指宋越州之新昌县，今属浙江省。

　　[15] 从：追赶。孥（nú）：妻子儿女。

　　[16] 乙酉：即公元 1285 年，此时宋已为元所灭，其年为元世祖至元二十二年，然文中不用元朝年号，以示遗民情怀。

　　[17] 彻编：彻底编撰完成。

　　呜呼！注班书者多矣[1]：晋灼集服、应之义而辨其当否[2]，臣瓒总诸家之说而驳以己见[3]。至小颜新注[4]，则又讥服、应之疏紊尚多，苏、晋之剖断盖鲜[5]，訾臣瓒以差爽[6]，诋蔡谟以牴捂[7]，自谓穷波讨源，构会甄释，无复遗恨[8]；而刘氏兄弟之所以议颜者犹颜之议前人也[9]。人苦不自觉，前注之失，吾知之，吾注之失，吾不能知也。又，古人注书，文约而义见；今吾所注，博则博矣，反之于约，有未能焉。世运推迁，文公儒师从而凋谢[10]，吾无从而取正。或勉以北学于中国[11]，嘻，有志焉，然吾衰矣！

　　旃蒙作噩[12]，冬，十有一月，乙酉，日长至[13]，天台胡三省身之父书于梅磵蠖居[14]。

中华书局 1956 年刊本《资治通鉴》卷首

注释

　　[1] 班书：班固《汉书》。

　　[2] 晋灼：河南（今河南洛阳境）人，西晋尚书郎，撰有《汉书集注》。服、应：指东汉末年学者服虔与应劭。

　　[3] 臣瓒：姓氏籍里皆不详，晋初人，唐颜师古《汉书叙例》以为"今之《集解音义》则是其书"。

　　[4] 小颜：指颜师古，京万年（今陕西西安）人，名籀，以字行，官至秘书监，集前代二十三家注释作《汉书注》。

　　[5] 苏、晋：指苏林与晋灼。苏林，三国魏陈留外黄（今河南民权具）人，字孝友，黄初中迁博士，封安成亭侯，曾注释《汉书》。剖断：剖析正误并加以判断。晋灼，见本节注[2]。

　　[6] 訾（zǐ）：指责。差爽：有差错，不合事实。

　　[7] 蔡谟：东晋陈留考城（今河南民权西）人，字道明，官至左光禄大夫开府仪同三司，谥文穆公，曾注释《汉书》。

　　[8] 遗恨：遗憾。

　　[9] 刘氏兄弟：指宋人刘敞、刘攽。详见第八段注[3]。颜：指颜师古。

　　[10] 文公儒师：泛指胡三省之前的《汉书》研究者与注释者。

[11] 北学于中国：向北学习中原地区的传统学问。

[12] 旃（zhān）蒙：古时纪年，太岁星行至天干中之乙位，称之为"旃蒙"。作噩（è）：古时纪年，称太岁星在地支中之酉位为"作噩"。二者即指下文"乙酉"年。

[13] 长至：古代夏至日的别称。

[14] 身之：胡三省的字。父：通"甫"，开始。梅磵（jiàn）：地名，胡三省晚年所居之处，故后人又称之为胡梅磵。蠖（huò）居：犹言蜗居。蠖，虫名，即尺蠖。

问题与思考

一、概述《资治通鉴》的编撰体例及其对编年体史书体例的发展与创新。

二、细读选文，结合"知识链接"谈一谈胡三省《资治通鉴音义》与《通鉴释文辩误》的文献价值与其治"《通鉴》学"的史学思考。

知识链接

今观海陵所刊，公休释，以"乌桓"为"乌元"，按宋朝钦宗讳桓，靖康之时，公休没久矣，安得豫为钦宗讳桓字邪！又谓南北史无地理志，是其止见李延寿南北史，而不知外七史，《宋书》《魏书》《萧齐书》皆有志，而《隋书》有《五行志》也。温公修《通鉴》，公休为检阅文字官，安得不见诸书邪？海陵释文，费氏《注》，虽视史炤释文为差略，至其同处，则无一字异。费氏，蜀中鬻书之家，固宜用炤释刊行。若公休，则在史炤前数十年，炤书既不言祖述公休，而公休书乃如剽窃史炤者。再考其书中多浅陋，甚至于不考《通鉴》上下本文而妄为之说，有不得其句者，有不得其字者，《辩误》悉已疏之于前，读者详之，其真伪可见矣！（《资治通鉴》附录胡三省《通鉴释文辩误》卷后《通鉴释文辩误后序》）

今之时有宝应谢珏《通鉴直音》，自燕板行，而南又有庐陵郭仲山《直音》，又有闽本《直音》。直音者，最害后学，更未暇问其考据，其书更不论四声翻切，各自以土音为之音，率语转而失其正音，亦有因土音而失其本，至于大相远者，不特语转而已。（同上）

三省，天台人。宝祐进士，贾相馆之。释《通鉴》三十年，兵难稿三失。乙酉岁，留袁氏家塾，日手抄《定注》。己丑寇作，以书藏窨中，得免。案：三省《自序》称乙酉彻编与桶所记正合。惟桶称《定注》，而今本题作《音注》，疑出三省所自改也。……《通鉴》文繁义博，贯穿最难。三省所释，于象纬推测，地形建置，制度沿革诸大端，极为赅备。（《四库全书总目提要〈资治通鉴〉》提要）

其书援据精核，多足为读史者启发之助。所云："音训之学，因文见义，各有攸当，不可滞于一隅。"又云："晋、宋、齐、梁、陈之疆理，不可以释唐之疆理。"

其言实足为千古注书之法，又不独为史炤一人而设矣。(《四库全书总目提要〈通鉴释文辨误〉》提要)

附录

进 书 表

司马光

臣光言：先奉敕编集历代君臣事迹，又奉圣旨赐名《资治通鉴》，今已了毕者。

伏念臣性识愚鲁，学术荒疏，凡百事为，皆出人下，独于前史，粗尝尽心，自幼至老，嗜之不厌。每患迁、固以来，文字繁多，自布衣之士，读之不遍，况于人主，日有万机，何暇周览！臣常不自揆，欲删削冗长，举撮机要，专取关国家盛衰，系生民休戚，善可为法，恶可为戒者，为编年一书，使先后有伦，精粗不杂，私家力薄，无由可成。

伏遇英宗皇帝，资睿智之性，敷文明之治，思历览古事，用恢张大猷，爰诏下臣，俾之编集。臣夙昔所愿，一朝获伸，踊跃奉承，惟惧不称。先帝仍命自选辟官属，于崇文院置局，许借龙图、天章阁、三馆、秘阁书籍，赐以御府笔墨缯帛及御前钱以供果饵，以内臣为承受，眷遇之荣，近臣莫及。不幸书未进御，先帝违弃群臣。陛下绍膺大统，钦承先志，宠以冠序，锡之嘉名，每开经筵，常令进读。臣虽顽愚，荷两朝知待如此其厚，陨身丧元，未足报塞，苟智力所及，岂敢有遗！会差知永兴军，以衰疾不任治剧，乞就冗官，陛下俯从所欲，曲赐容养，差判西京留司御史台及提举西京嵩山崇福宫，前后六任，仍听以书局自随，给之禄秩，不责职业。臣既无他事，得以研精极虑，穷竭所有，日力不足，继之以夜。遍阅旧史，旁采小说，简牍盈积，浩如烟海，抉摘幽隐，校计豪厘。上起战国，下终五代，凡一千三百六十二年，修成二百九十四卷；又略举事目，年经国纬，以备检寻，为《目录》三十卷；又参考群书，评其同异，俾归一途，为《考异》三十卷；合三百五十四卷。自治平开局，迄今始成，岁月淹久，其间抵牾，不敢自保，罪负之重，固无所逃。臣光诚惶诚惧，顿首顿首。

重念臣违离阙庭，十有五年，虽身处于外，区区之心，朝夕寤寐，何尝不在陛下之左右！顾以驽蹇，无施而可，是以专事铅椠，用酬大恩，庶竭涓尘，少裨海岳。臣今骸骨癯瘁，目视昏近，齿牙无几，神识衰耗，目前所为，旋踵遗忘。臣之精力，尽于此书。伏望陛下宽其妄作之诛，察其愿忠之意，以清闲之宴，时赐省览，监前世之兴衰，考当今之得失，嘉善矜恶，取是舍非，足以懋稽古之盛德，跻无前之至治，俾四海群生，咸蒙其福，则臣虽委骨九泉，志愿永毕矣。

谨奉表陈进以闻。臣光诚惶诚惧，顿首顿首，谨言。

第十一讲 史 通

　　刘知几《史通》，是我国第一部全面评述历代史书、系统阐述修史理论的史学著作。

　　刘知几，字子玄，唐初彭城（今江苏徐州市）人，著名史学家和史学评论家。生于公元 661 年，卒于公元 721 年。刘知几自幼酷爱读史，其父为之讲习《左传》，年始十二已能通解《左传》大义。此后又研习《史记》《汉书》《三国志》等前代诸史，"知古今沿革，历数相承"，"触类而观，不假师训"。年十七更自学"皇家《实录》"，"窥览略周"。即便在准备科举的弱冠之年，亦"专心诸史"，"恣情披阅"，广涉"杂记小书"，"莫不钻研"。唐高宗永隆元年（680）举进士，初任获嘉县（今属河南）主簿，武则天圣历二年（699），任定王府仓曹。自"弱冠"至"不惑"，时习所读，勤于思考，多有心得。武则天长安二年（702）始任史职，历任著作佐郎、左史、著作郎、秘书少监，兼修国史。长安年间（701—704），奉诏参与撰修《唐史》，唐中宗即位（705），敕撰《则天皇后实录》。其时设馆修史，权臣监修，有唯监修之命是听、己见为俗手删削之憾，自感"虽任当其职，而吾道不行；见用于时，而志不遂"。于是在坐馆之余，每每撰写治史心得，即"私撰《史通》，以见其志"。于唐中宗景龙四年（710）辑集汇编成书。唐睿宗即位（710），迁太子左庶子，兼崇文馆学士，仍修国史。唐玄宗即位（712）后，与柳冲等改定《氏族志》，与吴兢同撰《睿宗实录》《中宗实录》，重修《则天实录》，以修撰之功封居巢县子。唐玄宗开元九年（721），因长子刘贶"犯事流配"，"诣执事诉理"，触怒玄宗，贬为安州（今湖北安陆）别驾，卒于任中。刘知几一生著述甚多，惜多散佚，今只有《史通》及少量散篇传世。

　　《史通》二十卷，分内、外两篇，各十卷。内篇原有三十九篇，有三篇早佚，今存三十六篇，重点论述史书的体例和编纂。外篇十三篇，主要考论史官的建置沿革、史书的源流和史家的是非得失。在知识层面，《史通》可以看作是一部史学的百科全书；在理论层面，《史通》充分展现作者对整个客观世界的看法，特别是对于史学更是多有精辟的见解。

《史通》对于中国史学的贡献，主要表现在史学规范建构与史学理论思考两个方面，具体可以概括为四个要点：一是对唐以前的史学实践作了全面系统的总结，其中既有对历史著作类别、源流、体例的总结，也有对历代官修史书编撰工作的总结，还有对史书编撰方法和撰写技巧的总结。对唐代以后的正史编纂起到了指导、规范的作用。二是主张切实贯彻"直书""实录"的修史原则。关于"直书"和"实录"，中国记史之初便有所提倡，但在记史实践中历代实施情况却有相当大的出入，有时是由于当政者横加干涉致使修史者难以付诸实施，有时是由于修史者自己的功利观与学术偏见导致记述乖谬。刘知几再度强调这一原则，不仅具有纠正时弊的现实意义，而且对后世史家也有着警醒诫勉的作用。三是在历代记史经验中总结出一整套史学批评方法和批评原则。如：纵观古今与横向比对的批评视野；不唯古、不唯圣、"求名责实"的批评立场；具体分析与共性归纳相结合的批评方法；既客观又"随时""因俗"的批评理念等，这一切在史学史中对于史学批评理论的建设与实践，有着继往开来的里程碑意义。四是首次提出了史家"三长"的思想。这一思想虽说是记载于两《唐书》的《刘知几传》中，在《史通》一书中并没有明确提及，很有可能是《史通》成书后作者晚年在回顾修史经验时总结所得，但是"史才""史学""史识"的思想精髓一直贯穿于《史通》的始终。这一思想的意义在于，明确了史家自我修养与自我完善的理想追求和历史对史家客观评价的原则标准。刘知几的史学贡献，特别是在史学思考方面，对于中国古代哲学与文学也产生了重要而深远的影响。

教材节选《鉴识》《覈才》即表现了刘知几的"三长"思想。细细领会两篇选文的命意，结合本传中对"三长"的比喻，然后与《史通》中表现出的主体精神相印证，可以说，所谓"三长"就是史家履行史职应具备的三种专业能力。所谓"史才"，即指发掘史料、鉴别史料、整理史料的能力和精通修史体例、按体例汇总史料记述历史的能力。所谓"史学"，即指史学知识以及同史学相关的各种知识的储备与运用能力。所谓"史识"，即指对于历史事件、历史人物、历史文化正确评价的学术能力，尤其是排除各种干扰、独立思考、明辨是非的思辨能力。总的说来，由于"三长"是相辅相成、相互依托的，最终则体现为集"三长"而融会贯通的综合能力。

《史通》的注本，明代有郭孔延的《史通评释》、王惟俭的《史通训诂》，清代有黄叔琳的《史通训诂补》、浦起龙的《史通通释》。上海古籍出版社近年出版的《史通》，以浦本为主本，附有近当代学者陈汉章的《史通补释》和杨明照的《史通通释补》，是当前通行的《史通》读本。此外，程千帆的《史通笺记》、彭仲铎的《史通增释》、赵吕甫的《史通新校注》、姚松的《史通全译》则可作为重要的参考读本。

鉴识（节选）

夫人识有通塞[1]，神有晦明[2]，毁誉以之不同，爱憎由其各异。盖三王之受谤也[3]，值鲁连而获申[4]；五霸之擅名也[5]，逢孔宣而见诋[6]。斯则物有恒准，而鉴无定识[7]，欲求铨覈得中[8]，其唯千载一遇乎！况史传为文，渊浩广博，学者苟不能探赜索隐[9]，致远钩深，乌足以辩其利害[10]，明其善恶。

![注释]

[1] 识：见识，学识。通：通晓，精通。塞（sè）：闭塞，不精通。

[2] 神：神智。晦：昏聩。明：聪明。

[3] 三王：指夏、商、周三代圣君，即夏禹、商汤、周文王与武王。

[4] 值：遇到……时。鲁连：即战国齐人鲁仲连，虽隐而不仕，但急时难，有辩才。据曹植《与杨祖德书》称，有田巴者诋毁五帝三王，鲁仲连驳之，使其一生不敢再作妄语。具体记载见于严可均《全上古三代文》所录《鲁连子》。申：陈述，申明。

[5] 五霸：亦作五伯，有多种说法，汉赵岐注《孟子》以为即齐桓公、晋文公、秦穆公、宋襄公、楚庄王。

[6] 孔宣：即孔子。汉平帝追谥孔子为褒成宣尼公，后世随称其为宣圣。此为"孔宣圣"的简称。

[7] 鉴：审察，识别。

[8] 铨（quán）：称量，权衡。覈（hé）：考核，考察。

[9] 赜（zé）：精微，深奥。

[10] 乌：副词，哪里，怎么。

观《左氏》之书，为传之最[1]，而时经汉、魏，竟不列于学官[2]，儒者皆折此一家，而盛推"二传"[3]。夫以丘明躬为鲁史[4]，受经仲尼，语世则并生，论才则同耻[5]。彼二家者，师孔氏之弟子[6]，预达者之门人[7]，才识本殊，年代又隔，安得持彼传说[8]，比兹亲受者乎！加以"二传"理有乖僻，言多鄙野，方诸《左氏》[9]，不可同年。故知《膏肓》《墨守》[10]，乃腐儒之妄述；买饼、太官[11]，诚智士之明鉴也。

上海古籍出版社 1978 年刊本浦起龙《史通通释》卷七

![注释]

[1] 传（zhuàn）：注解或阐释经义的著述。此指《左传》《公羊传》《穀梁传》等《春秋》三传。

［2］此二句意为，《左传》在汉、魏之际没有被朝廷列于官学。事实上《左传》在东汉光武帝朝曾一度立为官学，以李封为博士，李封卒，又遭时儒非议，遂罢，为官学时间很短。此言"不列于学官"，是就大致情况的概言。

［3］折：让对方折服。二传：指《公羊传》《穀梁传》。据载《公羊传》为战国齐人公羊高所传，汉初方成书，汉武帝时立为官学。《穀梁传》为战国鲁人穀梁赤所撰，汉宣帝时立为官学。此二句意为，汉、魏治儒学者多指责排斥《左传》，而大力推崇《公羊》《穀梁》二传。

［4］躬（gōng）：自身，亲身。

［5］同耻：典出《论语·公冶长》，"子曰：'巧言、令色、足恭，左丘明耻之，丘亦耻之。匿怨而友其人，左丘明耻之，丘亦耻之。'"耻，一本作"体"，讹。

［6］孔氏之弟子：据戴宏《解疑论》和杨士勋《穀梁疏》，二传创始者公羊高、穀梁赤皆受学于孔子弟子子夏，故如是说。

［7］预达者：参与到高官显宦的门人之中。预，参与。达者：有权势的人。

［8］传说：承传之说，指孔子弟子子夏对《春秋》的解说。

［9］方：相比。诸：兼词，相当于"之于"。

［10］膏肓、墨守：据《后汉书·儒林传》，东汉今文经学家何休著有《左氏膏肓》《公羊墨守》等解说《春秋》经义的著述。今佚。仅就书题所言，《膏肓》是讥讽《左传》释经多误，有若"病入膏肓"；《墨守》是称颂《公羊传》解经能够恪守圣人本义，不可驳难。

［11］买饼、太官：《三国志·魏志·裴潜传》裴注引《魏略》，"司隶钟繇不好《公羊》而好《左氏》，谓《左氏》为'太官'，而谓《公羊》为'卖饼家'。"《太平御览》卷八六〇引《魏志》作"谓左氏为太官厨"。"太官厨"与"太官"所指相同。句意为，左氏好比御厨，《左传》自然是烹饪高手精制的美食；而公羊氏好比街头卖饼人，《公羊传》不过是粗糙的劣等食品。

覈才（节选）

　　夫史才之难，其难甚矣。《晋令》云[1]："国史之任，委之著作[2]，每著作郎初至[3]，必撰名臣传一人[4]。"斯盖察其所由[5]，苟非其才，则不可叨居史任[6]。

注释

［1］晋令：《隋书·经籍志》载，四十卷，魏晋人贾充撰。佚于南宋。

［2］著作：动词，意为著述史书。

［3］著作郎：官职称，负责编撰国史。三国魏始置，属中书省；晋改属秘书省，设大著作郎一名，著作佐郎八名。

[4] 名臣传一人：一位著名朝臣的传记。指遴选著作郎的考核科目。

[5] 所由：所经由，指经历、履历。

[6] 叨（tāo）居：犹言忝居。指无史才而徒任其职。

历观古之作者，若蔡邕、刘峻、徐陵、刘炫之徒[1]，各自谓长于著书，达于史体，然观侏儒一节[2]，而他事可知。案伯喈于朔方上书[3]，谓宜广班氏《天文志》。夫《天文》之于《汉史》，实附赘之尤甚者也。必欲申以揂摭[4]，但当锄而去之，安可仍其过失，而益其芜累？亦奚异观河倾之患[5]，而不遏以隄防；方欲疏而导之，用速怀襄之害[6]。述史如此，将非练达者欤[7]？孝标持论谈理，诚为绝伦。而《自叙》一篇[8]，过为烦碎；《山栖》一志[9]，直论文章。谅难以偶迹迁、固[10]，比肩陈、范者也[11]。孝穆在齐[12]，有志梁史，及还江左[13]，书竟不成。嗟乎！以徐公文体，而施诸史传，亦犹灞上儿戏，异乎真将军[14]，幸而量力不为，可谓自卜者审矣[15]。光伯以洪儒硕学[16]，而迍遭不遇[17]。观其锐情自叙，欲以垂示将来，而言皆浅俗，理无要害。岂所谓"诵《诗》三百，虽多，亦奚以为"者乎[18]！

注 释

[1] 蔡邕：东汉末陈留（今属河南）人，字伯喈，著有《后汉纪》十意，及补汉人列传四十二篇，今皆佚。《后汉书》有传。刘峻：南朝梁平原（今属山东）人，字孝标，著有《山栖志》。《梁书》有传。徐陵：南朝梁、陈间东海（今属山东）人，字孝穆，在梁为秘书监兼直散骑常侍，仕陈为大著作郎，官至尚书，诏册诰命多出其手，又编有《玉台新咏》。《南史》《陈书》有传。刘炫：隋河间（今属河北）人，字光伯，曾仕北周，与王劭同修国史，入隋为殿内将军，因伪造《连山易》《鲁史记》，罢官。隋末天下大乱，竟冻饿而死。《隋书》有传。

[2] 侏儒一节：《太平御览》卷四九六引桓谭《新论》："谚曰：'侏儒见一节，而长短可知。'"侏儒，矮人。一节，身体的一个关节。

[3] 朔方上书：蔡邕与卢植、韩说等补撰《后汉纪》期间，被人诬陷获罪，流放于朔方（今属内蒙古），曾上书奏其"撰《后汉纪》十意"事，自言"朔方髡钳徒臣邕"。

[4] 揂摭（jǐ zhí）：摘取，择选。

[5] 河倾：河水倾泻，指河涨溃堤。

[6] 速：招致。怀襄之害：指洪水包围山、陵，漫上山岗的灾害。语出《尚书·尧典》"荡荡怀山襄陵，浩浩滔天"句。怀，怀抱，包围。襄，上升到高处。

［7］练达：熟练于世事，通情而达理。

［8］自叙：刘峻所作自传体文章名。《史通·忤时篇》又曰："刘峻作《传》，自述长于论才。"

［9］山栖：《南史·刘峻传》载："因游东阳紫岩山，筑室居焉，为《山栖志》，其文甚美。"

［10］谅：确实，诚然。偶迹：成双并迹，义与下句"比肩"同。迁、固：即《史记》作者司马迁和《汉书》作者班固。

［11］陈、范：即《三国志》作者陈寿和《后汉书》作者范晔。

［12］孝穆：徐陵字孝穆。在齐：徐陵曾出使北齐。齐，指北齐。

［13］江左：指长江下游江水以东地区，即今江苏省一带。古代地理学，以东为左，以西为右。

［14］灞上儿戏，异乎真将军：《史记·绛侯周勃世家》载，汉周亚夫，军于细柳。文帝见细柳军纪律严明，夸赞周亚夫说："此真将军矣。曩者霸上、棘门军若儿戏耳。"此指斥徐陵治史，犹如霸上、棘门治军，如同儿戏。霸上，与灞上同，汉地名，在今陕西中部属长安八水之一的灞水附近。棘门，原为秦宫门，汉文帝派兵在这里驻守，成为军营，在今陕西咸阳东北。

［15］自卜者审：自己评估得明白，犹言有自知之明。卜，估量，评估。审，清楚，明白。

［16］光伯：经学家刘炫字光伯。

［17］迍邅（zhūn zhān）：行路艰难貌，此喻处境困难。

［18］句中所引"诵《诗》"句：语出《论语·子路》："子曰：诵《诗》三百，授之以政，不达；使于四方，不能专对；虽多，亦奚以为？"奚以为，古习惯句式，可理解为"以……为奚"，即"对……能做什么"。此讥讽刘炫史才浅俗，虽博闻强记，对于记史又能做什么呢？

　　昔尼父有言："文胜质则史[1]。"盖史者当时之文也，然朴散淳销，时移世异，文之与史[2]，较然异辙[3]。故以张衡之文[4]，而不闲于史[5]；以陈寿之史[6]，而不习于文。其有赋述《两都》[7]，诗裁《八咏》[8]，而能编次汉册，勒成宋典。若斯人者，其流几何[9]？

注释

［1］文胜质则史：语出《论语·雍也》，意思是说，文采多于朴实就虚浮。史，指文辞繁多。

［2］文：此"文"不同于前"尼父有言"之"文"，指文学作品。史：亦不同于前，指史学作品。

[3] 较然：明显。

[4] 张衡：东汉南阳西鄂（今河南南阳市境）人，字平子，官至河间相，拜尚书，善属文，明人辑有《张河间集》。《后汉书》有传。

[5] 闲：娴熟，熟练。

[6] 陈寿：晋巴西安汉（今四川南充市北）人，字承祚，在蜀官令史，仕晋为著作郎、治书侍御史，著有《三国志》《益都耆旧传》等。《晋书》有传。

[7] 两都：汉班固撰有《两都赋》。

[8] 八咏：沈约任东阳太守时作《登台望秋月》等八首诗，世称"八咏"。沈约，南朝宋武康（今属浙江德清）人，字休文，历仕宋、齐、梁三朝，官终梁尚书令，明人辑有《沈隐侯集》。《南史》《梁书》有传，主撰《宋书》。

[9] 其流：指那些与班固、沈约同类的史家。流，品类，品级。

　　是以略观近代，有齿迹文章而兼修史传[1]。其为式也[2]，罗含、谢客宛为歌颂之文[3]，萧绎、江淹直成铭赞之序[4]，温子昇尤工复语[5]，卢思道雅好丽词[6]，江总猖獗以沈迷[7]，庾信轻薄而流宕[8]。此其大较也。然向之数子所撰者[9]，盖不过偏记杂说，小卷短书而已[10]，犹且乖滥踳驳[11]，一至于斯。而况责之以刊勒一家[12]，弥纶一代[13]，使其始末圆备，表里无咎，盖亦难矣。

上海古籍出版社 1978 年刊本浦起龙《史通通释》卷九

注释

[1] 齿迹：排列于行迹中，指加入文章写作的行列。齿，排列。

[2] 式：法式，样式。

[3] 罗含：桂阳耒阳（今属湖南）人，字君章，官终廷尉、长沙相，《隋书·经籍志》有《罗含集》三卷，佚。严可均《全晋文》辑其文两篇。《晋书》有传。谢客：即谢灵运。晋、宋间陈郡阳夏（今河南太康）人，谢玄之孙，袭封康乐公，后罹罪被诛，《隋书·经籍志》有《谢灵运集》，散佚，明人辑有《谢康乐集》。谢灵运生于会稽，其家因代乏子嗣，恐其难养，遂寄养于钱塘杜家十五年，故曰"客儿"。《南史》《宋书》有传。宛：仿佛，犹如。

[4] 萧绎：即梁元帝，字世诚，博学群书，善属文，工书画，《隋书·经籍志》有《梁元帝集》，佚，明人有辑本。《梁书》有纪。江淹：济阳考城（今河南兰考）人，字文通，历仕宋、齐、梁三朝。《隋书·经籍志》有《江淹集》《江淹后集》，佚，明人辑有《江文通集》。《南史》《梁书》有传。直成：只是写成。直，只是，亦释为故意。

[5] 温子昇：北魏冤朐（今属山东）人，字鹏举，为文清婉，知名北魏，因

事下狱死。《隋书·经籍志》有《温子昇集》，佚，明人辑有《温侍读集》。《北史》《魏书》有传。复语：对偶句，骈句。

[6] 卢思道：范阳涿县（今河北涿州）人，字子行，历仕北齐、北周、隋三朝，入隋为散骑侍郎。《隋书·经籍志》有《卢思道集》，佚，明人辑有《卢武阳集》。《隋书》有传。丽词：骈偶之词。丽，成双，成对。后亦写作"俪"。

[7] 江总：济阳考城（今河南兰考）人，字总持，历仕梁、陈、隋三朝。陈官尚书令，不务政事，日与孔范等狎客陪侍陈后主宴游后宫，竞作艳诗。《隋书·经籍志》有《江总集》，佚，明人辑有《江令君集》。《南史》《陈书》有传。沈：同"沉"。

[8] 庾信：字子山，祖籍南阳新野（今属河南），后迁江陵（今属湖北），初仕梁，深受梁简文帝、元帝崇信，君臣唱和，诗风华艳，为著名宫体诗人。后仕西魏、北周，卒于隋文帝开皇元年。《隋书·经籍志》有《庾信集》，佚，明人辑有《庾子山集》。

[9] 向：以上，前边。

[10] 偏记、杂说、小卷、短书：指正史以外的历史著述。《史通》将编年、纪传等正史以外的偏记、杂说等十种史类著述归为杂史，视为史类图书中下等的著述。

[11] 踳（chǔn）驳：谬误驳杂。

[12] 刊勒：雕刻，刻版。一家：即成一家之言。

[13] 弥纶一代：意为圆满厘清一代史事。弥，满，遍。纶，通"伦"，顺序，条理。

问题与思考

一、《史通》的史学贡献主要表现在哪些方面？其中体现了刘知几什么样的史评精神？

二、结合"知识链接"与"附录"，体会"史才""史学""史识""史德"在修史中各自的作用，谈一谈四者对于修史来说，哪一方面更为重要？其互相间的关系如何？

三、刘知几在《覈才》中说："岂所谓'诵《诗》三百，虽多，亦奚以为'者乎！"其表述的主旨是什么？这一观点对你有何启发？

知识链接

昔汉世诸儒，集论经传，定之于白虎阁，因名曰《白虎通》。予既在史馆而成此书，故便以《史通》为目。且汉求司马迁后，封为"史通子"，是知史之称"通"，其来自久。博采众议，爰定兹名。（刘知几《史通序》）

子玄领国史且三十年，官虽徙，职常如旧。礼部尚书郑惟忠尝问："自古文士多、史才少，何耶？"对曰："史有三长：才、学、识，世罕兼之，故史者少。夫有学无才，犹愚贾操金，不能殖货；有才无学，犹巧匠无楩柟斧斤，弗能成室。善恶必书，使骄君贼臣知惧，此为无可加者。"时以为笃论。(《新唐书·刘子玄传》)

约而言之，考究精覈，义例严整，文字简古，议论慷慨，《史通》之长也。薄尧、禹而贷操、丕，惑《春秋》而信《汲冢》，诃马迁而没其长，爱王劭而忘其佞，高自标榜，前无贤哲，《史通》之短也。然则徐坚所云"当置座右"者，以义例言，良非虚誉；而宋祁所云"工诃古人"者，以夸诩言，亦非诬善矣。(郭孔延《史通评释序》，见《史通评释》卷首)

此书成于景龙四年。凡内篇十卷、三十九篇。外篇十卷、十三篇、盖其官秘书监时，与萧至忠、宗楚客等争论史事不合，故发愤而著书者也。其内篇《体统》《纰缪》《弛张》三篇，有录无书。考本传已称"著《史通》四十九篇"，则三篇之亡，在修《唐书》以前矣。内篇皆论史家体例，辨别是非。外篇则述史籍源流，及杂评古人得失。文或与内篇重出，又或抵牾，观开卷《六家篇》，首称自古帝王文籍，外篇言之备矣，是先有外篇，乃撷其精华以成内篇，故删除有所未尽也。子玄于史学最深，又领史职几三十年，更历书局亦最久。其贯穿今古，洞悉利病，实非后人之所及。(《四库全书总目提要·〈史通〉》提要)

附录

文史通义·史德（节选）

章学诚

才、学、识三者，得一不易，而兼三尤难，千古多文人而少良史，职是故也。昔者刘氏子玄，盖以是说谓足尽其理矣。虽然，史所贵者义也，而所具者事也，所凭者文也。孟子曰："其事则齐桓、晋文，其文则史，义则夫子自谓窃取之矣。"非识无以断其义，非才无以善其文，非学无以练其事，三者固各有所近也，其中固有似之而非者也。记诵以为学也，辞采以为才也，系断以为识也，非良史之才、学、识也。虽刘氏之所谓才、学、识，犹未足以尽其理也。夫刘氏以谓有学无识，如愚贾操金，不解贸化。推此说以证刘氏之指，不过欲于记诵之间，知所抉择，以成文理耳。故曰：古人史取成家，退处士而进奸雄，排死节而饰主阙，亦曰一家之道然也。此犹文士之识，非史识也。能具史识者，必知史德。德者何？谓著书者之心术也。夫秽史者所以自秽，谤书者所以自谤，素行为人所羞，文辞何足取重。魏收之矫诬，沈约之阴恶，读其书者，先不信其人，其患未至于甚也。所患夫心术者，谓其有君子之心，而所养未底于粹也。夫有君子之心，而所养未粹，大贤以下，所不能免也。此而犹患于心术，自非夫子之《春秋》，不足当也。以此责人，不亦难乎？是亦不然也。盖欲为良史者，当慎辨于天人之际，尽其天而不益以人也。尽其天而不益以人，虽未能至，苟允知之，亦足以称著述者之心术矣。而文史之儒，竞言才、学、识，而不知辨心术以议史德，乌乎可哉？

中华书局 1985 年刊本叶瑛《文史通义校注》卷三

第十二讲
老 子

解 题

  《老子》亦称《道德经》，共八十一章，五千余言。作者老子姓李名耳，字聃，楚国苦县厉乡曲仁里人，其地在今天的河南省鹿邑县东。老子生卒年不详，根据记载，孔子曾极为恭敬地向老子问礼，大概孔子年轻时，老子业已中年。孔子生于公元前 551 年，据此可推知老子略生于公元前 571 年。

  老子曾做过周朝的史官，掌管图书文献档案。他生活在周王室日趋衰落的时代，列国争雄，战争频仍，礼崩乐坏，天下大乱。据《史记》记载，鲁昭公二十六年（公元前 516 年），周王室发生内乱，老子乃弃官离去，西游至函谷关，关令尹喜闻其大名，留之为其著书，"于是老子乃著书上下篇，言道德之意，五千余言。而去，莫知其所终。"

  自古至今，注释《老子》者不计其数，流传影响较广的，有河上公的《老子章句》，严遵的《老子指归》，王弼的《老子注》。近人之中，较有名的注本有高亨的《老子正诂》，朱谦之的《老子校释》，高明的《帛书老子校注》，陈鼓应的《老子注译及评介》等。出土的版本有 1973 年湖南长沙马王堆三号汉墓帛书《老子》甲、乙本，以及 1993 年湖北荆门郭店战国楚墓出土的竹简《老子》残本。

  老子的思想博大精深，对中国传统文化产生了经久不绝的影响。就学术而言，老子是道家学派的创始人，直接影响了庄子、战国秦汉的黄老道家以及魏晋道家学说，还被道教奉为太上老君。就政治而言，老子的思想对历代帝王的治国安邦也起到过重要作用，如汉初就采用老子清静无为的思想，成就了著名的文景之治。老子思想对中国社会和文化的影响是多方面的，文学、艺术、军事、礼俗、人生修养等方面都深受老子思想的影响。总之，老子的思想已经渗透到古代中国人生活的方方面面，想要理解中国传统文化，就不能不了解以《老子》为代表的道家思想。

  《老子》一书的最高范畴是"道"，老子以"道"为思想核心建构了一个博大精深的哲学体系，老子的思想可以说就是关于"道"的学说。老子"道"的思想，大略可分为如下八个方面：一是形上本原之道，二是创生万物之道，三是万物本体之道，四是认识事物之道，五是对立转化之道，六是自然无为之道，七是养生修身之道，八是柔弱不争之道。

一、形上本原之道。道是中国哲学中抽象程度最高的范畴，具有绝对性、永恒性、唯一性等形上属性，在老子哲学中居于本原的地位。道是"无形"的，无法用感官去感知它的存在。道又是"无名"的，没有任何规定性，不能用语言来描述。但是道又不是子虚乌有，而是真实的存在。因而道是"无"和"有"的统一。道的这些特点是它作为最高本原所必须具备的基本哲学属性。

二、创生万物之道。道是宇宙万物的始基，是最初的存在，天地万物都是道所创生和演化出来的。老子说："天下万物生于有，有生于无"，这个"无"就是道。老子又说："道生一，一生二，二生三，三生万物"，这就是道创生万物的各个阶段，这是一个从无到有、从抽象到具体、从少到多、从简单到复杂的过程。万物都是具体的存在，是有生有灭的，万物的消亡不是化为乌有，而是复归于其所由之而来的道，"夫物芸芸，各复归其根"，这个"根"就是道，万物复归于道，在这个本根之处积蓄能量，准备新的开始。宇宙万物的运动变化就是这样一个在道的主导之下的循环不息的运动过程。

三、万物本体之道。道创生万物之后，并不会离开万物而孤立地存在，道就存在于万物之中，作为万物的本体而使万物成其为自身。也就是说，道就是万物之所以如此这般地存在的内在根据，道决定了万物的本性，而使万物与其他事物相区别。

四、认识事物之道。认识并把握最高的道，是人类认识活动的最高目的。不过老子认为，"为学日益，为道日损"，道不同于有形有象的万物，不能用认识普通事物那种通过积累知识来体认大道，而只能通过"涤除玄鉴"的方法，不断排除私欲、成见和具体的知识，最终就能通过直观体悟的方法把握大道，达到人生的最高境界。

五、对立转化之道。老子认为，矛盾对立的情况在自然界和人类社会中是普遍存在的，对立相反的事物构成矛盾的双方，这就是所谓的相反相成。但是矛盾双方的地位不是一成不变的，当事物达到其存在的极限，这就是所谓的物极必反。可见，一个"反"字就是理解老子辩证法的关键。老子说："反者道之动"，事物向对立面转化的辩证运动，从根本上来说就是被大道所决定的，所以人们应该按照大道的指引，善于观察和顺应事物辩证运动的规律，力争使事情向着有利于自己的方面发展。

六、自然无为之道。老子说："人法地，地法天，天法道，道法自然"。道也有自己的法则，那就是顺应自然，自然而然。自然是老子和道家最为推崇的价值，自然的状态是事物存在的最佳状态，顺应自然的行为就是最合理的行为。自然的目标要通过"无为"的方式来实现，"无为"并不是什么都不做，而是不妄为，不采取多余的、无效的、不适当的行为，像大道对待万物那样不干涉、不控制，让事物按照自身的本性自然而然地存在和发展。老子把自然无为之道运用于社会政治领域，认为政府应该尽量减少乃至放弃对人民的干涉、控制和主宰，由此来释放民众的积极性和创造力，达到最佳的治理效果，这就是道家倡导的"无为而治"。

七、养生修身之道。老子主张以自然主义的态度对待生命，不能妄加增益，放纵欲望反而会损害生命，他认为"祸莫大于不知足"，提倡"少私寡欲"，淡泊名利，不要受身外之物的拖累。老子认为，有德之人的内心应该像婴儿一般纯真，因此他主张"见素抱朴""复归于婴儿"，拒绝机巧诈伪，让自己的精神世界返朴归真。

八、柔弱不争之道。在为人处世方面，老子提倡柔弱、谦下、不与人争。这种处世态度绝不是懦弱胆小，而是一种美德和高姿态，是一种高度的人生智慧。在老子看来，柔弱不争是消解社会纷争的有效方法，可以防止和消除争强好胜引发的社会矛盾，实现人际和谐、社会稳定。老子十分推崇水的品质，认为水集中了柔弱、谦下、不争等美德于一身。他说："上善若水。水善利万物而不争"。老子还说"上德若谷"，提倡做人应该像山谷那样深邃、含藏、包容、低调、不争，容天下难容之事，把一切分歧、冲突和恩怨都化解在自己宏大的胸怀和度量之中。

第 一 章^[1]

道可道，非常道^[2]；名可名，非常名^[3]。无，名天地之始^[4]；有，名万物之母。故常无，欲以观其妙^[5]；常有，欲以观其徼^[6]。此两者^[7]同出而异名，同谓之玄^[8]，玄之又玄^[9]，众妙之门。

注释

[1]本节为《老子》第一章，主要讨论"常道"不可以用具体的名称和概念去指称与限定，这种"常道"是宇宙的本原，它通过"无"与"有"创生天地万物，而"无"与"有"都是来源于道，本质上是相同的。

[2]第一个"道"是名词，泛指某种道理；第二个"道"是动词，是言说的意思；"常"是恒久之意，"常道"之道是老子学说的最高概念，是天地万物的本原。

[3]第一个"名"是名词，名称、言词之意；第二个"名"是动词，命名之意；"常名"就是不能被具体名词指称的一种名称，结合《老子》全文来看，"常道"就是这种"常名"。

[4]此处有人在"名"后断句，然《老子》第四十章有"天下万物生于有，有生于无"之说，"有"与"无"是老子的两个重要概念，故应断在"无"之后。

[5]此处和下句，有人断在"欲"后，然综观《老子》全书，老子皆以清静无为、少私寡欲言修道之工夫。《庄子·天下》篇："关尹，老聃闻其风而悦之，建之以常无有。"可见《庄子》就把"常无""常有"作为单独一个概念。所以此处及下句应分别断在"无""有"之后。

[6]徼（jiào）：归终之意。此句是说通过"常有"来观察体会万物的最后归

终，因为"有"是万物的母亲，负责长养完成万物而使万物有所归终与完成。

[7]"此两者"：指"有"和"无"。

[8]"玄"：本指黑色，此处引申为幽深难测之意。

[9]"玄之又玄"：是重复说玄，起到加深语气，表示赞叹的作用。例如说某人"好之又好"，即与此相似。

第 十 四 章[1]

视之不见名曰夷[2]，听之不闻名曰希[3]，搏之不得名曰微[4]。此三者不可致诘[5]，故混而为一。其上不皦[6]，其下不昧，绳绳不可名[7]，复归于无物，是谓无状之状，无物之象。是谓惚恍[8]。迎之不见其首，随之不见其后。执古之道，以御今之有，能知古始，是谓道纪[9]。

注释

[1]本节主要是说明"道"具有形而上的特性，是不能被感官感知的。

[2]夷：平齐之意，颜色本是相互有差别的，一旦平等无异，则视之不见，故"夷"在这里形容为无色的东西。

[3]希：辽远之意，形容没有声音的东西。

[4]搏：抚摸或索取持有之意，两者皆通。微：微小，形容没有形象。

[5]诘：探究。

[6]皦（jiǎo）：洁白，光明。

[7]绳绳（mǐn mǐn）：形容连续不断，纷芸不绝。

[8]惚恍：形容模糊不清。

[9]纪：纲要，准则。

第二十五章[1]

有物混成，先天地生，寂兮寥兮[2]，独立不改，周行而不殆[3]，可以为天下母。吾不知其名，字之曰道，强为之名曰大。大曰逝[4]，逝曰远，远曰反[5]。故道大，天大，地大，王亦大。域中有四大，而王居其一焉。人法地[6]，地法天，天法道，道法自然[7]。

注释

[1]本节说"道"是先于天地而有的，它无远不至而又不丧失自己，并且以自然为法则最终返回到自己的本性，它是恒久存在的。

[2] 寂：寂静。寥：空虚幽远。

[3] 殆：危害。

[4] 逝：文中指道周流不息。

[5] 反：返回。

[6] 法：取法。

[7] 自然：自己如是，本来如此，形容清静无为。

第三十七章[1]

道常无为而无不为[2]，侯王若能守之，万物将自化[3]。化而欲作[4]，吾将镇之以无名之朴。无名之朴，夫亦将无欲。不欲以静，天下将自定[5]。

注释

[1] 本节说"道"的无欲无为的自然特性，正是道的无为素朴才能无不为，才能生化万物。

[2] 无为而无不为：这句话并不矛盾，"道"是"无为"的，但这种无为不是什么也不做，而是指符合自然本性而不造作地为，正是这种不造作使得"道"无不为。

[3] 自化：自己化育生长。

[4] 作：造作，妄动。

[5] 自定：自然安定。

第 四 十 章[1]

反者[2]，道之动；弱者[3]，道之用。天下万物生于有，有生于无[4]。

注释

[1] 本节说"道"一方面具有返复本初与柔弱的特性，这种特性使得"道"能动用起来，另一方面说"道"的创生万物的功能。"无"就是"道"返本复初、柔弱处下的特性；"有"则是从"无"而来的动用的功能，由此功能而创生万物。

[2] 反：返回。

[3] 弱：柔弱。

[4] 此句可与第一章对照看，从而见出"无"与"有"只是对"道"两种特性的描述，虽说"无"比"有"更为根本，但二者没有本质的不同。

第四十二章（节选）[1]

道生一，一生二，二生三，三生万物[2]。万物负阴而抱阳[3]，冲气以为和[4]。

注释

[1] 本节言道创生万物，万物顺道而行，则阴阳调和。

[2] 一：指"道"无名无形的混沌状态；二：指阴阳二气；三：指阴阳感通和合的状态。也有人认为"二"是指"无"与"有"，"三"是指"无"与"有"你中有我、我中有你的玄同状态。此两说以后者较为通顺。

[3] 负阴：背面靠阴。抱阳：正面抱阳。中国古代，讲究背北面南，前左为阳，后右为阴，就是属于"负阴而抱阳"。

[4] 冲：空虚，虚则气通，而阴阳调和。

第五十一章[1]

道生之，德畜之[2]，物形之，势成之[3]。是以万物莫不尊道而贵德。道之尊，德之贵，夫莫之命而常自然。故道生之，德畜之：长之、育之、亭之[4]、毒之[5]、养之、覆之[6]。生而不有，为而不恃[7]，长而不宰，是谓玄德[8]。

注释

[1] 本节说"道""德"自然无为而生成畜养万物之功。

[2] 畜：养育。

[3] 势成之：指某种环境势力得以形成。

[4] 亭之：安定形成之意。

[5] 毒之：安定成熟之意。

[6] 覆之：滋生养育之意。

[7] 不恃：不自恃己能。

[8] 玄德：幽深玄妙之道德。

第六十二章^[1]

道者万物之奥^[2]，善人之宝，不善人之所保^[3]。美言可以市^[4]，尊行可以加人^[5]。人之不善，何弃之有^[6]！故立天子，置三公^[7]，虽有拱璧以先驷马^[8]，不如坐进此道^[9]。古之所以贵此道者何？不曰以求得，有罪以免邪^[10]？故为天下贵。

注释

［1］本节说"道"能庇护万物，人应当循道而行才能免罪有得。

［2］奥：保护荫庇之意。

［3］不善人之所保：言不善之人也应当保存此道。

［4］市：取得。

［5］加人：意思是见重于人。

［6］此句意思是说道不远人。

［7］三公：指执政大臣，一说司徒、司马、司空为三公。

［8］拱璧：大璧。驷马：驾同一辆车的四匹马。此句意谓手捧大的玉璧送之在前，驷马则送之在后。

［9］坐进此道：古时三公坐而论道，故说之为"坐进"。

［10］此句是说人们希望能免除罪责而有所获得。

第七十七章^[1]

天之道，其犹张弓与！高者抑之，下者举之^[2]；有余者损之，不足者补之。天之道，损有余而补不足。人之道则不然，损不足以奉有余^[3]。孰能有余以奉天下？唯有道者。是以圣人为而不恃，功成而不处，其不欲见贤^[4]。

中华书局1980年刊本楼宇烈《老子道德经注校释》

注释

［1］本节言"道"之自然平等，区别于人道之损弱扶强。

［2］此句意思是说，拉弓之时，弓背上端朝下弯，下端向上翘。形容道的平等无差别。

［3］奉：献给。

［4］不欲见贤：意思是说圣人治世，平等自然而无差别之心。

问题与思考

一、如何理解"道法自然"中的"自然"？

二、如何理解"无为而无不为"？

三、有人说老子是"阴谋家"，你怎么看待？

四、在现代社会是否应该提倡柔弱不争？

知识链接

孔子适周，将问礼于老子。老子曰："子所言者，其人与骨皆已朽矣，独其言在耳。且君子得其时则驾，不得其时则蓬累而行。吾闻之，良贾深藏若虚，君子盛德，容貌若愚。去子之骄气与多欲，态色与淫志，是皆无益于子之身。吾所以告子，若是而已。"孔子去，谓弟子曰："鸟，吾知其能飞；鱼，吾知其能游；兽，吾知其能走。走者可以为罔，游者可以为纶，飞者可以为矰。至于龙吾不能知，其乘风云而上天。吾今日见老子，其犹龙邪！"老子修道德，其学以自隐无名为务。居周久之，见周之衰，乃遂去。至关，关令尹喜曰："子将隐矣，强为我著书。"于是老子乃著书上下篇，言道德之意五千余言而去，莫知其所终。（《史记·老子韩非列传》）

以本为精，以物为粗，以有积为不足，澹然独与神明居，古之道术有在于是者。关尹、老聃闻其风而悦之。建之以常无有，主之以太一，以濡弱谦下为表，以空虚不毁万物为实。……老聃曰："知其雄，守其雌，为天下溪；知其白，守其辱，为天下谷。"人皆取先，己独取后，曰受天下之垢；人皆取实，己独取虚，无藏也故有余；岿然而有余。其行身也，徐而不费，无为也而笑巧。人皆求福，己独曲全，曰苟免于咎。以深为根，以约为纪，曰坚则毁矣，锐则挫矣。常宽容于物，不削于人，可谓至极。关尹、老聃乎！古之博大真人哉！（《庄子·天下》）

道者，万物之所然也，万理之所稽也。理者，成物之文也；道者，万物之所以成也。故曰："道，理之者也。"……人希见生象也，而得死象之骨，案其图以想其生也，故诸人之所以意想者皆谓之象也。今道虽不可得闻见，圣人执其见功以处见其形，故曰："无状之状，无物之象。"凡理者，方圆、短长、粗靡、坚脆之分也，故理定而后物可得道也。故定理有存亡，有死生，有盛衰。夫物之一存一亡，乍死乍生，初盛而后衰者，不可谓常。唯夫与天地之剖判也俱生，至天地之消散也不死不衰者谓常。而常者，无攸易，无定理。无定理，非在于常，是以不可道也。圣人观其玄虚，用其周行，强字之曰道，然而可论。故曰："道之可道，非常道也。"（《韩非子·解老》）

夫物有常容，因乘以导之，因随物之容。故静则建乎德，动则顺乎道。宋人有为其君以象为楮叶者，三年而成。丰杀茎柯，毫芒繁泽，乱之楮叶之中而不可别也。此人遂以功食禄于宋邦。列子闻之曰："使天地三年而成一叶，则物之有叶者寡矣。"故不乘天地之资而载一人之身，不随道理之数而学一人之智，此皆一叶之行也。故冬耕之稼，后稷不能美也；丰年大禾，臧获不能恶也。以一人力，则后稷不足；随自然，则臧获有余。故曰："恃万物之自然而不敢为也。"（《韩非子·喻老》）

附录

老子指略（节选）

王弼

夫物之所以生，功之所以成，必生乎无形，由乎无名。无形无名者，万物之宗也。不温不凉，不宫不商。听之不可得而闻，视之不可得而彰，体之不可得而知，味之不可得而尝。故其为物也则混成，为象也则无形，为音也则希声，为味也则无呈。故能为品物之宗主，苞通天地，靡使不经也。

若温也则不能凉矣，宫也则不能商矣。形必有所分，声必有所属。故象而形者，非大象也；音而声者，非大音也。

然则，四象不形，则大象无以畅；五音不声，则大音无以至。四象形而物无所主焉，则大象畅矣；五音声而心无所适焉，则大音至矣。故执大象则天下往，用大音则风俗移也。无形畅，天下虽往，往而不能释也；希声至，风俗虽移，移而不能辩也。

是故天生五物，无物为用。圣行五教，不言为化。是以"道可道，非常道；名可名，非常名"也。五物之母，不炎不寒，不柔不刚；五教之母，不皦不昧，不恩不伤。虽古今不同，时移俗易，此不变也，所谓"自古及今，其名不去"者也。

天不以此，则物不生；治不以此，则功不成。故古今通，终始同；执古可以御今，证今可以知古始；此所谓"常"者也。无皦昧之状，温凉之象，故"知常曰明"也。物生功成，莫不由乎此，故"以阅众甫"也。

夫奔电之疾犹不足以一时周，御风之行犹不足以一息期。善速在不疾，善至在不行。故可道之盛，未足以官天地；有形之极，未足以府万物。

是故叹之者不能尽乎斯美，咏之者不能畅乎斯弘。名之不能当，称之不能既。名必有所分，称必有所由。有分则有不兼，有由则有不尽；不兼则大殊其真，不尽则不可以名，此可演而明也。

夫"道"也者，取乎万物之所由也；"玄"也者，取乎幽冥之所出也；"深"也者，取乎探赜而不可究也；"大"也者，取乎弥纶而不可极也；"远"也者，取乎绵邈而不可及也；"微"也者，取乎幽微而不可睹也。然则"道"、"玄"、"深"、"大"、"微"、"远"之言，各有其义，未尽其极者也。然弥纶无极，不可名细；微妙无形，不可名大。是以篇云："字之曰道"，"谓之曰玄"，而不名也。

然则，言之者失其常，名之者离其真，为之者则败其性，执之者则失其原矣。是以圣人不以言为主，则不违其常；不以名为常，则不离其真；不以为为事，则不败其性；不以执为制，则不失其原矣。

然则，老子之文，欲辩而诘者，则失其旨也；欲名而责者，则违其义也。故其大归也，论太始之原以明自然之性，演幽冥之极以定惑罔之迷。因而不为，损而不施；崇本以息末，守母以存子；贱夫巧术，为在未有；无责于人，必求诸己；此其大要也。

中华书局1980年刊本楼宇烈《老子道德经注校释》

第十三讲
墨 子

　　《墨子》是墨家学派的代表著作，由墨子及其弟子所作，共七十一篇，佚十八篇，现存五十三篇，内容涉及政治、哲学、逻辑学、军事、科学技术等多个领域。全书分为五个部分：《亲士》等七篇、《尚贤》等二十四篇、《耕柱》等五篇、《墨辩》六篇、《备城门》等十一篇。

　　墨子名翟，鲁国人，或曰宋国人，墨家学派的创始人。墨子生卒年不详，主要活动于春秋晚期。墨子早年曾学习儒术，后不满儒家学说而另立新说，创立了墨家学派。墨子出身于工匠，他的追随者大都是社会底层的"农与工肆之人"，自称为墨者。墨家人数众多，影响巨大，在战国百家争鸣时期达到了鼎盛，与儒家并称"显学"。墨家以艰苦卓绝、不怕牺牲著称，"皆可使赴汤蹈火，死不还踵"。他们以大禹为理想人格，以"国家百姓人民之利"为最高的目标，为了拯救天下而四处奔走，"摩顶放踵，利天下为之"。他们生活极为简朴，辛勤劳作，对自己要求极严，"日夜不休，以自苦为极"，"虽枯槁不舍"。

　　墨子死后，墨家内部出现了分化，形成了相里氏之墨、相夫氏之墨、邓陵氏之墨三个分支。墨家有自己的团体组织，这是墨家最引人注目的特点。墨家可以说是中国最早的民间政治结社，有自己的政治纲领，有组织有领导，其组织结构十分严密，首领称为巨子，由上一代巨子指定并移交权力。巨子对团体有着绝对的控制力，弟子们无条件听命。墨家有严明的纪律，弟子们无论走到哪里，无论当多大的官，都必须严守墨家的规定。墨家作为一个曾经显赫的学派，在秦汉之际便断绝。

　　墨家思想的主要内容，是"兼爱""非攻""尚贤""尚同""天志""明鬼""非乐""非命""节用""节葬"十大主张。其中，"兼爱"最为重要，是墨家学说的核心。"兼爱"提倡一种普遍的、无条件的、无差别的爱，不分贫富贵贱，不分亲疏远近，一律以爱相待，"视人之国若视其国，视人之家若视其家，视人之身若视其身。"墨子认为，要建立这样一种新型的人际关系并不难，因为人们之间的关系是对等的、相互的，你怎样对待别人，别人也会怎样对待你，所谓的"投我以桃，报之以李"。墨家主张"兼以易别",即以"兼爱"取代"别爱",用无条件的兼爱取代儒家提倡的以亲亲为基础的有差别的爱。

墨家讲"爱",往往与"利"结合在一起,认为"爱"应当落实在"利"即实际效果之上,这同只重视道德行为动机的儒家学说有很大的不同。墨子提出"兼相爱、交相利"的著名主张,他认为"爱人者,人必从而爱之;利人者,人必从而利之",如果天下人都能实行"兼相爱、交相利",建立起这种新型的人际关系,就可以消除人与人之间的互相憎恶、争斗和侵害,实现天下大治的最终目标。

墨家的其他主张,都是同"兼爱"密切相关并为了实现"兼爱"的目标而提出的。"非攻"即反对侵略战争,墨家并不笼统地反对一切战争,而只是反对以掠夺为目的的侵略战争,他们认为保卫国家的战争是正义的战争,还会挺身而出帮助被侵略的国家守城。"尚贤"即崇尚贤能,打破任人惟亲的惯例,墨家认为尚贤使能是"政事之本",主张根据贤德和能力的程度对贤能之士委以重任,使"官无常贵,而民无终贱"。"尚同"是墨家对国家制度的构想,主张从基层政权到天子,层层服从更上一层的等级,最后全国同一于天子,由天子来"一同天下之义"。他们主张"上之所是,必亦是之;上之所非,必亦非之",因为从天子到各级执政者都应是严格选拔出来的贤者。墨家认为"天"是有意志、有人格的最高主宰,能够赏善罚恶,因而"天志"不可违背。墨家相信鬼神的存在,和"天"一样能够赏善罚恶,"明鬼"就是用各种方法证明鬼神的存在。墨家"非乐",认为音乐非但于民生无益,而且浪费社会资源、贻误社会生产、消磨人的意志。墨家"非命",反对寿夭贫富、安危治乱皆已前定的天命观,主张"强力而行",用"力"来与"命"抗衡。墨家反对享乐奢靡之风,倡导"节用",主张尽可能地降低生活标准,在节约用度的同时努力增加生产,由此解决供需矛盾,消除争夺的根源。不过他们把超过维持最低生活标准的都看作是"无用之费"而加以反对,显然有些不近人情。墨家主张"节葬""短丧",这样的主张同"厚葬"和"三年之丧"的社会习俗也是格格不入的。

墨家的主张主要针对的是统治者奢侈享乐的生活方式,反映了下层民众期待社会安定、人民安居乐业的淳朴感情和善良愿望,不过他们的主张大多过于理想化,其中不乏操之过急、违背人之常情之处,令人难以接受。这些缺点在当时就受到很多批评,并最终导致墨家学派难以为继、过早中绝的命运。

后期墨家十分注重逻辑学和认识论方面的研究,钻研论辩的艺术,取得令人瞩目的成果,这些成果统称为"墨辩",保留在《墨子》一书中。后期墨家秉承墨子开创的奉献和牺牲精神,崇尚侠肝义胆、匡扶正义,其中一部分人成为游侠,推动了战国时期的侠烈风气。

对科学技术的重视也是墨家有别于其他学派的一大特色,梁启超曾说:"在吾国古籍中,欲求与今世所谓科学精神相悬契者,《墨经》而已矣。"墨家的科技成果保存在《墨经》中,不仅包括逻辑学、军事学、人类学、时空理论等方面的知识,还包括数学、力学、光学及工艺应用等自然科学方面的知识。我们所熟知的杠杆原理、十进制，以及"小孔成像""平面反射"等物理现象，《墨经》中都有记载。可惜墨家独有的科学精神随着墨学的中绝而被湮没，从此中国传统思想文化中便缺少重视科学的精神，致使古代的科学技术尤其是自然科学在教育体系中缺少应有的地位，这对于中国传统文化来说无疑是一个极大的损失。

从汉初的黄老独盛到汉武帝的"独尊儒术"，从魏晋南北朝谈玄崇佛到宋明道学与心学交替兴盛，墨学几乎被完全遗忘。不过《墨子》一书能够保存下来，已经是很幸运的。直到清末民初，人们发现墨学中的很多思想观念都同从西方传来的科学、平等、民主、博爱等先进思想相契合，于是思想界掀起研究墨学的热潮，出现很多研究成果，墨学还被作为启发蒙昧、推翻帝制的思想武器，甚至有人认为只有墨学才能救中国，墨学被重新发现乃至成为一时的显学，这种现象被称为墨学的复活。

《墨子》的文本主要有《道藏》本《墨子》、清代汪中《校陆隐刻本墨子》、毕沅《墨子注》、孙诒让《墨子间诂》。近人的研究著作，重要的有梁启超《子墨子学说》、张纯一《墨子集解》、方授楚《墨学源流》、吴毓江《墨子校注》、谭戒甫《墨辩发微》、高亨《墨经校诠》等。

兼　爱　中[1]

子墨子言曰：仁人之所以为事者[2]，必兴天下之利，除去天下之害，以此为事者也。然则天下之利何也？天下之害何也？子墨子言曰：今若国之与国之相攻，家之与家之相篡[3]，人之与人之相贼[4]，君臣不惠忠，父子不慈孝，兄弟不和调，此则天下之害也。然则崇此[5]害亦何用生哉[6]？以不相爱生邪？子墨子言：以不相爱生。今诸侯独知爱其国，不爱人之国，是以不惮举其国以攻人之国。今家主独知爱其家，而不爱人之家，是以不惮举其家以篡人之家。今人独知爱其身，不爱人之身，是以不惮举其身以贼人之身。是故诸侯不相爱则必野战，家主不相爱则必相篡[7]，人与人不相爱则必相贼，君臣不相爱则不惠忠，父子不相爱则不慈孝，兄弟不相爱则不和调。天下之人皆不相爱，强必执弱[8]，富必侮贫，贵必敖贱[9]，诈必欺愚。凡天下祸篡怨恨，其所以起者，以不相爱生也，是以仁者非之。

注释

[1]《兼爱》分为上、中、下三篇。"兼"取"全""兼容""无差等"之意。
[2]为事：为政，处理政事。
[3]篡：逆而夺取。

［4］贼：伤害，杀害。

［5］崇：本为"祟"。祟，"察"之借字，取考察、推究之意。

［6］用：由。

［7］家主：有采邑的公卿大夫。

［8］执：同"制"，压制。

［9］敖：同"傲"，傲视。

既以非之，何以易之[1]？子墨子言曰：以兼相爱、交相利之法易之。然则兼相爱、交相利之法将奈何哉？子墨子言：视人之国若视其国，视人之家若视其家，视人之身若视其身。是故诸侯相爱则不野战，家主相爱则不相篡，人与人相爱则不相贼，君臣相爱则惠忠，父子相爱则慈孝，兄弟相爱则和调。天下之人皆相爱，强不执弱，众不劫寡，富不侮贫，贵不敖贱，诈不欺愚。凡天下祸篡怨恨可使毋起者，以相爱生也，是以仁者誉之。

然而今天下之士君子曰：然，乃若兼则善矣[2]。虽然，天下之难物于故也[3]。子墨子言曰：天下之士君子，特不识其利、辩其故也。今若夫攻城野战，杀身为名，此天下百姓之所皆难也。若君说之[4]，则士众能为之。况于兼相爱、交相利，则与此异。夫爱人者，人必从而爱之；利人者，人必从而利之；恶人者，人必从而恶之；害人者，人必从而害之。此何难之有？特上弗以为政，士不以为行故也。"

昔者晋文公好士之恶衣[5]，故文公之臣皆牂羊之裘[6]，韦以带剑[7]，练帛之冠[8]，入以见于君，出以践于朝。是其故何也？君说之，故臣为之也。昔者楚灵王好士细要[9]，故灵王之臣皆以一饭为节，胁息然后带[10]，扶墙然后起，比期年[11]，朝有黧黑之色[12]。是其故何也？君说之，故臣能之也。昔越王句践好士之勇，教驯其臣，和合之，焚舟失火，试其士曰："越国之宝尽在此！"越王亲自鼓其士而进之，士闻鼓音，破碎乱行[13]，蹈火而死者左右百人有余，越王击金而退之。

是故子墨子言曰："乃若夫少食恶衣，杀身而为名，此天下百姓之所皆难也。若苟君说之，则众能为之。况兼相爱、交相利与此异矣。夫爱人者，人亦从而爱之；利人者，人亦从而利之；恶人者，人亦从而恶之；害人者，人亦从而害之。此何难之有焉？特上不以为政，而士不以为行故也。

注释

［1］易：改变。

［2］乃若：连词，相当于"那么"。

［3］于故：迂远难行之事。于，"迂"的借字。故，事。

［4］说：同"悦"。

［5］恶衣：粗劣之衣。

［6］牂（zāng）：牝羊，母羊。

［7］韦以带剑：用熟牛皮作腰带而佩剑，不加任何修饰。韦，熟牛皮。

［8］练帛：大帛，厚缯布。练，大。

［9］要：同"腰"。

［10］胁（xié）息：收腹，吸气。

［11］比：比及，等到。期年：一年。

［12］黧（lí）黑：面容瘦而黑之态。黧，当作"黎"。

［13］碎："萃"的借字，行列之意。

　　然而今天下之士君子曰：然，乃若兼则善矣。虽然，不可行之物也，譬若挈太山[1]越河济也[2]。子墨子言：是非其譬也。夫挈太山而越河济，可谓毕劫有力矣[3]，自古及今未有能行之者也。况乎兼相爱、交相利则与此异，古者圣王行之。何以知其然？古者禹治天下，西为西河、渔窦，以泄渠孙皇之水；北为防原泒，注后之邸、嘑池之窦，洒为底柱，凿为龙门，以利燕、代、胡、貉与西河之民；东方漏之陆，防孟诸之泽，洒为九浍，以楗东土之水，以利冀州之民；南为江、汉、淮、汝，东流之，注五湖之处，以利荆、楚、干、越与南夷之民。[4]此言禹之事，吾今行兼矣。昔者文王之治西土，若日若月，乍光于四方，于西土。不为大国侮小国，不为众庶侮鳏寡，不为暴势夺穑人黍稷狗彘[5]。天屑临文王慈[6]，是以老而无子者，有所得终其寿；连独无兄弟者，有所杂于生人之间；少失其父母者，有所放依而长。此文王之事，则吾今行兼矣。昔者武王将事泰山隧[7]，传曰："泰山！有道曾孙周王有事，大事既获，仁人尚作，以祗商夏蛮夷丑貉。虽有周亲，不若仁人。万方有罪，维予一人。"此言武王之事，吾今行兼矣。

　　是故子墨子言曰：今天下之君子，忠实欲天下之富而恶其贫，欲天下之治而恶其乱，当兼相爱，交相利。此圣王之法，天下之治道也，不可不务为也。

中华书局2001年刊本孙诒让《墨子间诂》卷四

注释

[1] 挈：举。

[2] 河济：黄河、济水。

[3] 毕劫：毕，快速。劫，当作"劲"，强劲有力之意。

[4] 古者禹治天下，西为西河、渔窦……以利荆、楚、干、越与南夷之民：这段文字是关于夏禹治水的概说。原、派（gū）、邸、嘑（hū）、江、汉、淮、汝，皆为水域名；燕、代、胡、貉（hé）、孟诸、荆、楚、干、越、南夷，则为地域名。窦：通"渎"，通向海的河流。洒：分流。东方漏之陆：方，当作"为"，与"西为""北为""南为"对应。漏之陆，当作"漏大陆"。意为：在东边疏放陆地上的积水。楗：门限，这里活用作动词，取"限"之意。

[5] 穑（sè）：通"啬"。穑人，即指"啬夫"，田夫、农人的意思。

[6] 屑：顾。

[7] 事泰山隧：指周武王平定天下后，掘地开隧，祭祀泰山。

问题与思考

一、你认为墨家"兼相爱、交相利"的主张同西方伦理学"人人为我，我为人人"的观点有什么异同？

二、你认为儒家的"仁爱"与墨家的"兼爱"哪一个更高尚？

三、"兼相爱，交相利"的思想在当今人类的社会生活中有没有可以利用的现代价值？

四、你如何评价墨家的功利主义？其与西方边沁、密尔的功利主义有何异同？

知识链接

爱人不外己，己在所爱之中。己在所爱，爱加于己。伦列之爱己，爱人也。（《墨子·大取》）

昔也三代之圣王，尧舜禹汤文武之兼爱之天下也，从而利之，移其百姓之意焉，率以敬上帝山川鬼神。天以为从其所爱而爱之，从其所利而利之，于是加其赏焉，使之处上位，立为天子以法也，名之曰"圣人"。（《墨子·天志下》）

墨子称道曰："昔禹之湮洪水，决江河而通四夷九州也。名山三百，支川三千，小者无数。禹亲自操橐耜而九杂天下之川。腓无胈，胫无毛，沐甚雨，栉疾风，置万国。禹大圣也，而形劳天下也如此。"使后世之墨者，多以裘褐为衣，以跂蹻为服，日夜不休，以自苦为极，曰："不能如此，非禹之道也，不足谓墨。"（《庄子·天下》）

大道之行也，天下为公，选贤与能，讲信修睦。故人不独亲其亲，不独子其子，使老有所终，壮有所用，幼有所长，矜、寡、孤、独、废、疾者皆有所养，男有分，女有归。货恶其弃于地也，不必藏于己；力恶其不出于身也，不必为己。是故谋闭而不兴，盗窃乱贼而不作，故外户而不闭，是谓大同。(《礼记·礼运第九》)

茅屋采椽，是以贵俭；养三老五更，是以兼爱；选士大射，是以上贤；宗祀严父，是以右鬼；顺四时而行，是以非命；以孝视天下，是以上同；此其所长也。及蔽者为之，见俭之利，因以非礼，推兼爱之意，而不知别亲疏。(《汉书·艺文志第十》)

墨子学儒者之业，受孔子之术，以为其礼烦扰而不说，厚葬靡财而贫民，服伤生而害事，故背周道而用夏政。(《淮南子·要略》)

附录

兼 爱 上

圣人以治天下为事者也，必知乱之所自起，焉能治之；不知乱之所自起，则不能治。譬之如医之攻人之疾者然，必知疾之所自起，焉能攻之；不知疾之所自起，则弗能攻。治乱者何独不然？必知乱之所自起，焉能治之；不知乱之所自起，则弗能治。

圣人以治天下为事者也，不可不察乱之所自起。当察乱何自起？起不相爱。臣子之不孝君父，所谓乱也。子自爱不爱父，故亏父而自利；弟自爱不爱兄，故亏兄而自利；臣自爱不爱君，故亏君而自利，此所谓乱也。虽父之不慈子，兄之不慈弟，君之不慈臣，此亦天下之所谓乱也。父自爱也不爱子，故亏子而自利；兄自爱也不爱弟，故亏弟而自利；君自爱也不爱臣，故亏臣而自利。是何也？皆起不相爱。虽至天下之为盗贼者亦然，盗爱其室，不爱其异室，故窃异室以利其室；贼爱其身，不爱人，故贼人以利其身。此何也？皆起不相爱。虽至大夫之相乱家、诸侯之相攻国者，亦然。大夫各爱其家，不爱异家，故乱异家以利其家；诸侯各爱其国，不爱异国，故攻异国以利其国，天下之乱物具此而已矣。察此何自起？皆起不相爱。

若使天下兼相爱，爱人若爱其身，犹有不孝者乎？视父兄与君若其身，恶施不孝？犹有不慈者乎？视弟子与臣若其身，恶施不慈？故不孝不慈亡有。犹有盗贼乎？故视人之室若其室，谁窃？视人身若其身，谁贼？故盗贼亡有。犹有大夫之相乱家、诸侯之相攻国者乎？视人家若其家，谁乱？视人国若其国，谁攻？故大夫之相乱家、诸侯之相攻国者亡有。若使天下兼相爱，国与国不相攻，家与家不相乱，盗贼无有，君臣父子皆能孝慈，若此则天下治。故圣人以治天下为事者，恶得不禁恶而劝爱？故天下兼相爱则治，交相恶则乱。故子墨子曰：不可以不劝爱人者，此也。

公　输

公输盘为楚造云梯之械成，将以攻宋。子墨子闻之，起于齐，行十日十夜而至于郢，见公输盘。公输盘曰："夫子何命焉为？"子墨子曰："北方有侮臣，愿藉子杀之。"公输盘不说。子墨子曰："请献十金。"公输盘曰："吾义固不杀人。"子墨子起，再拜曰："请说之。吾从北方闻子为梯，将以攻宋。宋何罪之有？荆国有余于地，而不足于民，杀所不足，而争所有余，不可谓智。宋无罪而攻之，不可谓仁。知而不争，不可谓忠。争而不得，不可谓强。义不杀少而杀众，不可谓知类。"公输盘服。子墨子曰："然乎不已乎？"公输盘曰："不可，吾既已言之王矣。"子墨子曰："胡不见我于王？"公输盘曰："诺。"

子墨子见王，曰："今有人于此，舍其文轩，邻有敝舆，而欲窃之；舍其锦绣，邻有短褐，而欲窃之；舍其粱肉，邻有糠糟，而欲窃之。此为何若人？"王曰："必为窃疾矣。"子墨子曰："荆之地，方五千里，宋之地，方五百里，此犹文轩之与敝舆也；荆有云梦，犀兕麋鹿满之，江汉之鱼鳖鼋鼍为天下富，宋所为无雉兔狐狸者也，此犹粱肉之与糠糟也；荆有长松、文梓、楩楠、豫章，宋无长木，此犹锦绣之与短褐也。臣以三事之攻宋也，为与此同类，臣见大王之必伤义而不得。"王曰："善哉！虽然，公输盘为我为云梯，必取宋。"

于是见公输盘。子墨子解带为城，以牒为械，公输盘九设攻城之机变，子墨子九距之，公输盘之攻械尽，子墨子之守圉有馀。公输盘诎，而曰："吾知所以距子矣，吾不言。"子墨子亦曰："吾知子之所以距我，吾不言。"楚王问其故，子墨子曰："公输子之意，不过欲杀臣。杀臣，宋莫能守，可攻也。然臣之弟子禽滑厘等三百人，已持臣守圉之器，在宋城上而待楚寇矣。虽杀臣，不能绝也。"楚王曰："善哉！吾请无攻宋矣。"

子墨子归，过宋。天雨，庇其闾中，守闾者不内也。故曰："治于神者，众人不知其功。争于明者，众人知之。"

中华书局 2001 年刊本孙诒让《墨子间诂》卷四

第十四讲
庄子

　　《庄子》是先秦道家庄子学派著述的结集。庄子（前369？—前286？）的生卒年无法最终确定。《史记·老子韩非列传》记载："庄子者，蒙人也，名周。周尝为蒙漆园吏，与梁惠王、齐宣王同时。"学界普遍认为，蒙地在战国时期属于宋国，在今河南商丘附近，庄子是宋国人。也有人认为蒙属楚地，在今安徽蒙城。庄子曾为漆园吏，是基层小吏。

　　《庄子》一书是庄子本人及其后学所作，不是出自一人之手，它从开始结集到最终编定，历时数百年，经过多人整理结撰，篇目也有较大变化。据《汉书·艺文志》和《吕氏春秋·必己》称，高诱注《庄子》五十二篇。唐代陆德明《经典释文·序录》称，晋代崔譔注《庄子》二十七篇，向秀注二十六篇，或作二十七、二十八篇，司马彪注五十二篇。流传至今的最早注本是晋人郭象的《庄子注》，收录文章三十三篇，这是后人研究《庄子》的底本。

　　《庄子》一书分内篇、外篇、杂篇三部分，学界普遍认为内篇是庄子本人所作，外篇和杂篇则是出自庄子后学之手。

　　内篇共七篇文章，主要是从人生哲学层面展开的论述，各篇选取的角度不同，篇题标示出文章的内容或主旨。

　　内篇之首《逍遥游》开宗明义，将生命最美妙自由的状态归结为逍遥。《齐物论》强调要站在道的高度观照万物，强调个体生命之间要相互尊重。《养生主》高举珍爱生命的旗帜。《人间世》则寻求全生免患之道。《德充符》告诫人们全生之道不在于外部形骸，而在于内心世界，只要心系于道，即可内外相符，不为生命的局限所困扰。《大宗师》明示顺从自然之道是保护生命的最高准则。《应帝王》意在说明无为而应物是实现无不为的最佳方式。

　　《庄子》外篇十五篇，其中有些篇目与内篇文章存在对应关系。如果说内篇文章是经，与之对应的外篇则是为经作传，是对内篇所作的阐释。古今注家达成如下普遍共识：《秋水》为《齐物论》作传，《达生》为《养生主》作传，《山木》为《人间世》作传，《田子方》和《知北游》为《大宗师》作传。外篇这些为内篇作传的文章，对内篇相关概念作了充分的阐释，论述得更加深入。有的人生哲学理念在内篇以浓缩形态出现，在外篇则是变为铺张扬厉。或由描绘转向分析，或由概说转向精论，或由理念转向实践。还有的是对内篇相关理念的转换、文章主旨的拓展。

《庄子》外篇还有些文章不存在与内篇明显的对应关系，这些文章作为专题论文，在取材上较之内篇多有拓展，有相对独立的自身价值。从总体上看，外篇对内篇的深化和拓展主要体现在两个方面。一是道论内容的强化。内篇具体论道的段落见于《大宗师》，而外篇与之对应的《田子方》《知北游》则是通篇论述自然之道，建立起完整的道论体系。除此之外，还有不少外篇文章也对自然之道作了深入的阐释。内篇围绕人生哲学构建体系，其中虽然也有对现实和历史的批判，但在文章中不处于主导地位，更没有独立成篇。外篇的《骈拇》《马蹄》《胠箧》《在宥》等，则是专门的社会批判文章，尖锐犀利，锋芒毕露，反映出庄子后学的思想取向，即对历史和现实的关注以及所作的深度思考。

《庄子》杂篇共十一篇文章，内容确实比较庞杂，其中有三篇文章明显带有为庄子学派做总结的性质。一是《庚桑楚》，囊括庄子学派思想和著述的基本奥意。二是《寓言》，对庄子学派的语言特征加以说明。三是《天下》篇，历数上古学术渊源，对各家学说进行评论，揭示《庄子》的成书背景及特点。外篇的《让王》《盗跖》《渔父》《说剑》，文章风格与《庄子》其他篇目差异较大，古人对于这组文章是否属于庄子学派表示怀疑。实际上，这四篇文章反映的是庄子学派思想来源的多样性，它不但本于老子，而且对先秦其他学派的思想理论也时有所取。

综观《庄子》全书，以自然之道作为统辖，形成几个相对完整的理论体系。一是道论体系，把道作为宇宙本体，由此形成本体论、生成论、存在论、进化论等对客观世界加以描述的体系；二是以生命理念为核心的人生哲学体系；三是以齐物为线索的认识论体系；四是以历史和现实反思为基础的社会批判体系。

《庄子》作为先秦道家学派的主要经典，在继承《老子》学说的同时又多有拓展和深化，对后代产生的影响极其深远。汉代的黄老之学、魏晋玄学、宋明理学，对《庄子》多有借鉴。《庄子》又是先秦散文的精品，提出一系列重要的美学命题。中国古代文学、绘画、书法、音乐等众多领域，都得到《庄子》的沾溉滋养。

传世最早的《庄子》注本为郭象所撰，唐代成玄英又在郭象注的基础上作疏，称作《南华真经注疏》，是流行最为广泛的注本。清人郭庆藩的《庄子集释》，对于各类古注精选博采并收录许多清人的论述，有重要的参考价值。文学方面的解读，则以清人宣颖的《南华经解》为佳。今人陈鼓应的《庄子今注今译》，兼有解题和注释，比较便于阅读。

本教材收录的《逍遥游》，文章三次提到鲲鹏，暗影逍遥。经过两次否定之否定，全盘推翻平庸之念，以"至人无己，神人无功，圣人无名"三句将逍遥之旨高高扬起。后边又通过寓言故事，把自由的人生境界分给无为者，篇末点题。这篇文章采用登峰观景型结构，把人生的终极关怀锁定为逍遥，带有鲜明的理想色彩。

逍遥游[1]

北冥有鱼[2]，其名为鲲[3]。鲲之大，不知其几千里也。化而为鸟，其名为鹏。鹏之背，不知其几千里也；怒而飞[4]，其翼若垂天之云[5]。是鸟也，海运则将徙于南冥[6]。南冥者，天池也[7]。《齐谐》者[8]，志怪者也[9]。《谐》之言曰："鹏之徙于南冥也，水击三千里[10]，抟扶摇而上者九万里[11]，去以六月息者也[12]。"野马也[13]，尘埃也，生物之以息相吹也[14]。天之苍苍[15]，其正色邪[16]？其远而无所至极邪[17]？其视下也[18]，亦若是则已矣[19]。

且夫水之积也不厚，则其负大舟也无力。覆杯水于坳堂之上[20]，则芥为之舟[21]；置杯焉则胶[22]，水浅而舟大也。风之积也不厚，则其负大翼也无力。故九万里，则风斯在下矣[23]，而后乃今培风[24]；背负青天而莫之夭阏者[25]，而后乃今将图南。

注释

[1]逍遥：不受约束的自由自在的状态，篇末点题，用寓言对逍遥状态加以展示。《诗经·郑风·清人》："二矛重乔，河上乎翱翔。"《诗经·桧风·羔裘》："羔裘逍遥，狐裘以朝。"以上逍遥，指人的闲适状态。

[2]北冥：北方大海。冥，或作"溟"，幽深之意，因海水深而得名。

[3]鲲（kūn）：本指鱼苗，这里指大鱼。

[4]怒：奋起之象。

[5]垂天：延伸到天边，意谓把整个天空都覆盖。垂，指边际，或作"陲"。这里作动词用，延伸到边际之义，引申为覆盖。

[6]海运：指海动。徙：迁移。南冥：南方大海。

[7]天池：指天然形成的池。

[8]《齐谐》：书名，记载奇闻逸事。

[9]志怪：记载怪异之事。志，记载。

[10]水击：击水，指大鹏用翅膀拍打水面。

[11]抟（tuán）：环绕，盘旋。扶摇：旋风。

[12]去：前往。六月息：六月的气流。息，指气流，风。海边有六月海动之说，海动必有大风。农历六月是南方海域台风频繁的季节。

[13]野马：产于北方的一种良马。司马相如《子虚赋》："轶野马，辚陶駼。"古今注家把野马释为游气。

[14]生物：生成之物。以息相吹：用气息相吹拂。

[15]苍苍：深蓝色。

［16］正色：真正的颜色。正，正宗。

［17］无所至极：不能到达尽头。至极，到达尽头。

［18］其：指鹏鸟。视下：向下俯视。

［19］若是：像这样。则已：而已。

［20］覆：倾倒，倒出。坳堂：正厅的低洼处。坳，低洼之处。堂，古代房屋，前为堂，后为室，堂是正厅。

［21］芥：小草。

［22］胶：黏。

［23］九万里：回应前面的"抟扶摇而上者九万里"。

［24］而后：然后。乃今：现在这才。培风：乘风。培，凭借。

［25］夭阏：摧折阻塞。夭，摧折。阏，阻塞。

　　蜩与学鸠笑之曰[1]："我决起而飞[2]，抢榆枋[3]，时则不至[4]而控于地而已矣，奚以之九万里而南为[5]？"适莽苍者[6]，三飡而反[7]，腹犹果然[8]；适百里者，宿舂粮[9]；适千里者，三月聚粮[10]。之二虫[11]又何知？

　　小知不及大知，小年不及大年[12]。奚以知其然也[13]？朝菌不知晦朔[14]，蟪蛄不知春秋[15]，此小年也。楚之南有冥灵者[16]，以五百岁为春[17]，五百岁为秋；上古有大椿者[18]，以八千岁为春，八千岁为秋，而彭祖乃今以久特闻[19]，众人匹之[20]，不亦悲乎！

　　汤之问棘也是已[21]。穷发之北[22]有冥海者，天池也。有鱼焉，其广数千里，未有知其修者[23]，其名曰鲲。有鸟焉，其名为鹏，背若太山，翼若垂天之云。抟扶摇羊角而上者九万里[24]，绝云气[25]，负青天，然后图南，且适南冥也。斥鴳笑之曰[26]："彼且奚适也？我腾跃而上，不过数仞而下[27]，翱翔蓬蒿之间[28]，此亦飞之至也[29]。而彼且奚适也？"此小大之辩也[30]。

![注释]

［1］蜩（tiáo）：蝉。学鸠：小鸟名，或说指斑鸠。

［2］决（xuè）：迅速起飞之象。

［3］抢：穿过。榆：榆树。枋：檀木。

［4］时则不至：有时或许飞不到。时，有时。

［5］奚以：为何，为什么。南为：向南飞。

［6］适：前往。莽苍：草色青青，指近郊。

［7］三湌（cān）：指一日。湌，通"餐"。

［8］果然：饱满之象。果，充实，饱满。

［9］宿：隔夜。舂粮：捣米备粮。舂，捣米，把谷物外壳去掉。这里指准备干粮。

［10］三月聚粮：用三个月的时间积蓄粮食。

［11］之二虫：指蜩与学鸠。之，这。

［12］小年：寿命短。大年：寿命长。年，年寿。

［13］奚：何。然：如此。

［14］朝（zhāo）菌：菌类植物，朝生暮死，故曰朝菌。晦朔：月初和月末。晦，农历每月最后一天。朔，农历每月最初一天。

［15］蟪蛄（huì gū）：虫名，春生夏死，夏生秋死，不知有春秋。

［16］冥灵：树名。

［17］五百岁：五百年。

［18］大椿（chūn）：树名。

［19］彭祖：传说中的长寿之人。《庄子·大宗师》称彭祖："上及有虞，下及五伯。"传说他长寿达八百岁。特闻：独自著称。特，独。闻，著称。

［20］匹之：与他相比。匹，相比。

［21］汤：商汤，商朝第一位称王的君主。棘：或称夏革，相传是商汤时的贤人，商汤认他为师。是已：就是这样。

［22］穷发：不毛之地。穷，穷尽，引申为无有。发，指草木。

［23］修：指长度。

［24］羊角：旋风犹如羊角，故称。

［25］绝：超越。

［26］斥鴳（yàn）：一种小鸟。

［27］仞：八尺或七尺。

［28］蓬蒿：指草丛。蓬，草名，多年生草本植物，花白色，叶似柳叶，子实多毛。蒿，野草名，艾类，多年生草本植物，种类较多。

［29］飞之至：飞翔中最大的高度和距离。至，最。

［30］小大之辩：小和大的区别。辩，分别，区分。

　　故夫知效一官［1］，行比一乡［2］，德合一君［3］，而征一国者［4］，其自视也亦若此矣［5］。而宋荣子犹然笑之［6］。且举世而誉之而不加劝［7］，举世而非之而不加沮［8］，定乎内外之分［9］，辩乎荣辱之境［10］，斯已矣［11］。彼其于世［12］未数数然也［13］。虽然［14］，犹有未树也［15］。夫列子御风而行［16］，泠然善也［17］，旬有五日而后反［18］。彼于致福者［19］，未数数然也。此虽免乎行［20］，犹有所待者也［21］。若夫乘天地之正［22］，而御六气之辩[23]，以游无穷者，彼且恶乎待哉[24]？故曰：至人无己[25]，神人无功[26]，圣人无名[27]。

注释

[1] 知效一官：认识可以证验于一种官职。知，认识。效，证验，验证。官，官职。

[2] 行比一乡：品行可以团结一乡之人。行，品行，行为。比，团结。乡，古代地方行政单位。

[3] 德合一君：事功可以投合一国的君主。德，事功。一君，一国的君主。

[4] 而：能。征：征信，取信，信服。

[5] 自视：自我感觉，自我审视。此，指斥鴳之类。

[6] 宋荣子：指宋钘（xīng），战国诸子之一。犹然：美好的样子。一说指宽缓、轻松之态，亦通。

[7] 举世：整个世间。举，全部。加，增加。劝，努力。

[8] 非之：非议他。沮（jǔ）：沮丧，懊悔。

[9] 定：确定。内外之分：主观和客观的分别。内，主观，本身。外，客观，外界。

[10] 辩：分辨，区分。辩，通"辨"。荣辱：光荣和耻辱。

[11] 斯：此。已：止。此句意为如此而已。

[12] 彼其于世：他对于社会。于世，对于社会。

[13] 数数（shuò）：迫切的样子。

[14] 虽然：尽管如此。

[15] 未树：未能树立。树，树立，建立。

[16] 列子：即列御寇，郑国人，相传他能乘风而行。御风：乘风。御，驾御。

[17] 泠（líng）然：轻妙的样子。善：认为很美好。

[18] 旬有五日：十五天。旬，十天。有，通又。反：返回。

[19] 致福：求福。

[20] 免乎行：免于地面行走。

[21] 有所待：有所依托。待，依托，凭借。

[22] 天地之正：天地的适宜。正，适宜，合适。

[23] 六气之辩：六气的变化。六气，指阴、阳、风、雨、晦、明。辩，通"变"。

[24] 恶（wū）乎待：有什么依赖呢?

[25] 至人：达到极致的人。无己：没有自己，即忘掉自己。

[26] 无功：没有功业，指不追求建功立业。

[27] 无名：没有名声，指不追求名声。名，名声，声誉。

尧让天下于许由[1]，曰："日月出矣而爝火不息[2]，其于光也[3]，不亦难乎！时雨降矣，而犹浸灌[4]，其于泽也[5]，不亦劳乎！夫子立而天下治[6]，而我犹尸之[7]，吾自视缺然[8]，请致天下[9]。"

许由曰："子治天下，天下既已治也。而我犹代子，吾将为名乎？名者，实之宾也[10]。吾将为宾乎？鹪鹩巢于深林[11]，不过一枝；偃鼠饮河[12]，不过满腹。归休乎君[13]，予无所用天下为[14]！庖人虽不治庖[15]，尸祝不越樽俎而代之矣[16]。"

注释

[1] 尧：上古时期部落联盟首领。许由：传说中的世外高人，隐士。

[2] 爝（jué）火：点燃的火炬，火把。不息：指不停地燃烧。

[3] 光：辉耀，照明，用作动词。

[4] 浸灌：灌溉。

[5] 泽：滋润，此处用作动词。

[6] 夫子：指许由。立：站立，或解为即位，假设之语。

[7] 尸之：主持这件事。尸，主持。之，指治理天下。

[8] 缺然：残缺的样子。缺，缺失，不完美。

[9] 致：送，奉交。

[10] 名：名号。实：实体，本体。宾：来宾，客人。这句意为：名号是实体的客人。

[11] 鹪鹩（jiāoliáo）：一种小鸟。深林：树林深处。

[12] 偃鼠：一种老鼠。饮河：在黄河饮水。河，指黄河。

[13] 归：返回。休：停止。君：指尧。这句意为：请您返回，停止禅让这件事吧！

[14] 无所：不适宜。所，适宜。用：操持。为：治理。这句意为：我不适宜操持天下治理。

[15] 庖（páo）人：厨师。治庖：料理厨房的事务。

[16] 尸祝：古代祭祀时对尸主持祷告的人。尸，祭祀时代表死者受祭的人。祝：主持祭祀的人。樽（zūn）：盛酒的器具。俎（zǔ）：盛肉的器具。

肩吾问于连叔曰[1]："吾闻言于接舆[2]，大而无当[3]，往而不反。吾惊怖其言，犹河汉而无极也[4]；大有迳庭[5]，不近人情焉。"

连叔曰："其言谓何哉？"曰："'藐姑射之山[6]，有神人居焉，肌肤若冰雪，淖约若处子[7]。不食五谷，吸风饮露，乘云气，御飞龙，而游乎四海之外。其神凝，使物不疵疠而年谷熟[8]。'吾以是狂而不信也[9]。"

连叔曰："然。瞽者无以与乎文章之观[10]，聋者无以与乎钟鼓之声。岂唯形骸有聋盲哉？夫知亦有之[11]。是其言也，犹时女也[12]。之人也，之德也，将旁礴万物以为一[13]，世蕲乎乱[14]，孰弊弊焉以天下为事[15]！之人也，物莫之伤[16]，大浸稽天而不溺[17]，大旱金石流[18]土山焦而不热。是其尘垢秕穅[19]，将犹陶铸尧舜者也[20]，孰肯以物为事！宋人资章甫而适诸越[21]，越人断发文身[22]，无所用之。尧治天下之民，平海内之政[23]，往见四子藐姑射之山，汾水之阳[24]，窅然丧其天下焉[25]。"

注释

[1] 肩吾：虚拟的角色，在《大宗师》中是小神。连叔：虚拟的角色。

[2] 接舆：春秋时期楚国狂士，见于《论语·微子》。

[3] 大而无当（dàng）：堂皇而没有底托，不切实际之义。当，底。

[4] 河汉：黄河、汉水。无极：无边际，无限。一说，河汉指天上银河。

[5] 迳庭：指差别很大。

[6] 藐姑射（yè）山：传说中的神山。

[7] 淖（chuò）约：体貌优美。淖，通"绰"。处子：处女。

[8] 疵疠（cǐlì）：疾病。年谷熟：丰年之谓。年谷，庄稼。

[9] 狂而不信：失去常态而不相信。狂，失去常态，即前边所说的"吾惊怖其言"。

[10] 瞽（gǔ）：盲人。无以：没有可能。与乎：参与到。文章之观：对花纹的观看。文章，指文采、花纹。

[11] 知：指认知，认识。

[12] 犹：犹如，如同。时女：处女。这两句意为：以上那些话，好像是窥伺你所说，即如瞽如聋之义。

[13] 旁礴（pángbó）万物：包容万物。旁礴，混同，广为覆盖。为一：融汇为一体。

[14] 世：世道。蕲（qī）乎乱：界乎乱，近乎乱。蕲，通"圻"，指边界，这里指临近。

[15] 孰：谁。弊弊焉：劳碌疲惫的样子。

[16] 物莫之伤：外物不伤害他。莫，无，不。

[17] 大浸：大水，洪水。稽天：达于天。稽，至。

[18] 金石流：金属石头熔化。

[19] 尘垢秕（bǐ）穅：指尘埃糟粕。秕，空壳无实或子实不饱满的谷粒，谷

皮为糠。这里指神人身上脱落的尘垢渣滓。

　　[20]陶铸：制造。制土器称为陶，制金属器称为铸。

　　[21]宋人：宋国人，宋地今在河南商丘一带。资：购取，采购。章甫：礼帽，殷代冠名。适诸越：前往越地。越，今浙江绍兴一带。

　　[22]断发：剪断头发。文身：身上刺出花纹。

　　[23]平：安定。

　　[24]四子：具体所指不详。汾水之阳：汾水北岸，在今山西临汾一带。

　　[25]窅（yǎo）然：渊深的样子。窅，本指眼睛深陷，引申为凹下。这里指没有任何欲求的精神状态。丧其天下：指忘记他的天下。丧，遗忘之义。

　　惠子谓庄子曰[1]："魏王贻我大瓠之种[2]，我树之成而实五石[3]，以盛水浆[4]，其坚不能自举也[5]。剖之以为瓢[6]，则瓠落无所容[7]。非不呺然大也[8]，吾为其无用而掊之[9]。"

　　庄子曰："夫子固拙于用大矣[10]。宋人有善为不龟手之药者[11]，世世以洴澼絖为事[12]。客闻之[13]，请买其方百金[14]。聚族而谋曰[15]：'我世世为洴澼絖，不过数金[16]；今一朝而鬻技百金[17]，请与之[18]。'客得之，以说吴王[19]。越有难[20]，吴王使之将[21]，冬与越人水战，大败越人，裂地而封之[22]。能不龟手，一也[23]；或以封，或不免于洴澼絖，则所用之异也。今子有五石之瓠，何不虑以为大樽而浮乎江湖[24]，而忧其瓠落无所容？则夫子犹有蓬之心也夫[25]！"

注释

　　[1]惠子：宋人惠施。先秦名家学派代表人物。庄子与他多次展开辩论，《庄子》中有一系列这类寓言故事。

　　[2]魏王：，即梁惠王。贻（yí）：赠送。瓠（hù）：葫芦的一种。种：种子。

　　[3]树之：种植它。树，种植。成：结成果实。实五石（dàn）：有五石的容量。实，装满，容纳。石，十斗为一石。

　　[4]盛（chéng）：把东西放入器皿。

　　[5]坚：坚固程度。不能自举：不能把自身举起来。自，自身。

　　[6]剖：剖开。瓢：舀水器。

　　[7]瓠落：空廓广大。也可释为平而浅，受水零落而不容。

　　[8]呺（xiáo）然：虚空广大之象。

　　[9]掊（pōu）：分割。

　　[10]夫子：对惠子的尊称。拙于用大：不善用大的器物。

［11］不龟（jūn）手：使手的皮肤不开裂。龟，通"皲"，皮肤干裂。

［12］世世：世代。洴澼（píngpì）：漂洗。絖（kuàng）：棉絮。

［13］客：外来之人。

［14］方：指不龟手的药方。百金：百斤铜币。金，古代货币单位，方一寸重一斤为一金。

［15］聚族：聚集家族成员。

［16］数金：几斤铜币，形容价格低。

［17］一朝（zhāo）：一个早晨，形容时间短。鬻（yù）：出卖。技：技术。

［18］与：给予。

［19］说（shuì）：游说。吴：吴国，其故地在今江苏苏州一带。

［20］有难：有战争，指越国挑起战争。难，这里特指兵乱，战争。

［21］使之将（jiàng）：派他担任将领率领军队。

［22］裂地：割出一块地方。封之：作为他的封邑。

［23］一也：是一样的，相同的。

［24］虑：联缀，指把葫芦缚在腰间。一说指考虑。樽：盛酒器。瓠形似酒樽，以绳结缚，可用于渡江湖。浮乎江湖：把葫芦缚在腰间渡水，犹如今之救生圈。

［25］蓬之心：披散纷乱之心。蓬，草名，即蓬蒿，也叫飞蓬。多年生草本植物，拳曲不直，故以蓬草比喻纷乱。

　　惠子谓庄子曰："吾有大树，人谓之樗[1]。其大本拥肿而不中绳墨[2]，其小枝卷曲而不中规矩[3]。立之涂[4]，匠者不顾[5]。今子之言，大而无用，众所同去也[6]。"

　　庄子曰："子独不见狸狌乎[7]？卑身而伏，以候敖者[8]；东西跳梁[9]，不辟高下[10]，中于机辟[11]，死于罔罟[12]。今夫斄牛[13]，其大若垂天之云。此能为大矣，而不能执鼠。今子有大树，患其无用，何不树之于无何有之乡[14]，广莫之野[15]，彷徨乎无为其侧[16]，逍遥乎寝卧其下。不夭斤斧[17]，物无害者，无所可用，安所困苦哉！"

中华书局2004年刊本郭庆藩《庄子集释·内篇·逍遥游第一》

注释

［1］樗（chū）：俗名臭椿，落叶乔木，木质低劣。

［2］大本：树的主干。拥肿：形状肥短而不端正。不中（zhòng）绳墨：无法取直。中，合乎。绳墨，木匠用于取直的工具，喻法度规矩。

［3］不中规矩：无法加工成方形和圆形。规矩，木匠所用的两种工具，用规画圆，用矩画方。

［4］立之涂：生长在路边。立，挺立。涂，道路。

［5］匠者：工匠。不顾：不注视。顾，转过头看。

［6］同去：一道离开。去，离开，抛弃。

［7］狸：野猫。狌（shēng）：俗称黄鼠狼。

［8］候：等待。敖者：指往来的可食动物，敖，游逛，闲游。

［9］跳梁：跳跃，蹦跳。梁，跳跃。

［10］辟：躲避。

［11］中（zhòng）：触及，接触。机辟：捕鸟兽的工具，装有开关的机械，一接触就射出箭。

［12］罔罟（gǔ）：捕鸟兽的网。罔，通"网"。罟，网的别称。

［13］斄（lí）牛：牦牛，主要产于我国西南。

［14］树之：栽植它。无何有之乡：没有任何事物的地方。无何有：什么都不存在。

［15］广莫：空旷。莫，大。

［16］彷徨：来回走动。无为：无思无虑。

［17］不夭斤斧：不因斧类工具砍伐而夭折。斤，大斧。

问题与思考

一、分析鲲鹏意象与逍遥境界的关联。

二、鹏鸟图南与列子御风而行的意义指向存在什么差异？

三、解读文章后一部分的几则寓言，指出它们所体现的逍遥境界的意蕴。

知识链接

《庄子·逍遥篇》旧是难处，诸名贤所可钻味，而不能拔理于郭、向之外。支道林在白马寺中，将冯太常共语，因及《逍遥》。支卓然标新理于二家之表，立异义于众贤之外，皆是诸名贤寻味之所不得。后遂用支理。（刘义庆《世说新语·文学》）

向子期、郭子玄《逍遥义》曰："夫大鹏之上九万，尺鴳之起榆枋，小大虽差，各任其性。苟当其分，逍遥一也。然物之芸芸，同资有待，得其所待，然后逍遥耳。唯圣人与物冥而循大变，为能无待而常通，岂独自通而已。又从有待者不失其所待，不失，则同于大通矣。"

支氏《逍遥论》曰："夫逍遥者，明至人之心也。庄生建言大道，而寄指鹏、鴳。鹏以营生之路旷，故失适于体外；鴳以在近而笑远，有矜伐于心内。至人乘天正而高兴，游无穷于放浪，物物而不物于物，则遥然不我得，玄感不为，不疾而速，则逍然靡不适。此所以为逍遥也。若夫有欲当其所足，足于所足，快然有似天真。犹饥者一饱，渴者一盈，岂忘烝尝于糗粮，绝觞爵于醪醴哉？苟非至足，岂所以逍遥乎？"此向、郭之注所未尽。（刘义庆《世说新语·文学》刘孝标注）

泽雉十步一啄，百步一饮，不蕲畜乎樊中。神虽王，不善也。（《庄子·养生主》）

不累于俗，不饰于物，不苟于人，不忮于众，愿天下之安宁以活民命，人我之养毕足而止，以此白心，古之道术有在于是者。宋钘、尹文闻其风而悦之。……以禁攻寝兵为外，以情欲寡浅为内。其小大精粗，其行适至是而止。（《庄子·天下》）

庄子文法断续之妙，如《逍遥游》忽说鹏、忽说蜩与学鸠、斥鷃，是为断；下乃接之曰"此小大之辨也"，则上文之断处皆续矣，而下文宋荣子、许由、接舆、惠子诸断处，亦无不续矣。（刘熙载《艺概·文概》）

附录

马 蹄

马，蹄可以践霜雪，毛可以御风寒，龁草饮水，翘足而陆，此马之真性也。虽有义台路寝，无所用之。及至伯乐，曰："我善治马。"烧之，剔之，刻之，雒之，连之以羁馽，编之以皂栈，马之死者十二三矣；饥之，渴之，驰之，骤之，整之，齐之，前有橛饰之患，而后有鞭策之威，而马之死者已过半矣。陶者曰："我善治埴，圆者中规，方者中矩。"匠人曰："我善治木，曲者中钩，直者应绳。"夫埴木之性，岂欲中规矩钩绳哉？然且世世称之曰："伯乐善治马而陶匠善治埴木"，此亦治天下者之过也。

吾意善治天下者不然。彼民有常性，织而衣，耕而食，是谓同德；一而不党，命曰天放。故至德之世，其行填填，其视颠颠。当是时也，山无蹊隧，泽无舟梁；万物群生，连属其乡；禽兽成群，草木遂长。是故禽兽可系羁而游，鸟鹊之巢可攀援而窥。

夫至德之世，同与禽兽居，族与万物并，恶乎知君子小人哉！同乎无知，其德不离；同乎无欲，是谓素朴；素朴而民性得矣。及至圣人，蹩躠为仁，踶跂为义，而天下始疑矣；澶漫为乐，摘僻为礼，而天下始分矣。故纯朴不残，孰为牺尊！白玉不毁，孰为珪璋！道德不废，安取仁义！性情不离，安用礼乐！五色不乱，孰为文采！五声不乱，孰应六律！夫残朴以为器，工匠之罪也；毁道德以为仁义，圣人之过也。

夫马，陆居则食草饮水，喜则交颈相靡，怒则分背相踶。马知已此矣。夫加之以衡扼，齐之以月题，而马知介倪闉扼鸷曼诡衔窃辔。故马之知而态至盗者，伯乐之罪也。

夫赫胥氏之时，民居不知所为，行不知所之，含哺而熙，鼓腹而游，民能以此矣。及至圣人，屈折礼乐以匡天下之形，县跂仁义以慰天下之心，而民乃始踶跂好知，争归于利，不可止也。此亦圣人之过也。

中华书局 2004 年刊本郭庆藩《庄子集释》卷九

庄　子　序

郭　象

夫庄子者，可谓知本矣，故未始藏其狂言，言虽无会而独应者也。夫应而非会，则虽当无用；言非物事，则虽高不行；与夫寂然不动，不得已而后起者，故有间矣，斯可谓知无心者也。夫心无为，则随感而应，应随其时，言唯谨尔。故与化为体，流万代而冥物，岂曾设对独构而游谈乎方外哉！此其所以不经而为百家之冠也。

然庄生虽未体之，言则至矣。通天地之统，序万物之性，达死生之变，而明内圣外王之道，上知造物无物，下知有物之自造也。其言宏绰，其旨玄妙。至至之道，融微旨雅；泰然遣放，放而不敖。故曰不知义之所适，猖狂妄行而蹈其大方；含哺而熙乎淡泊，鼓腹而游乎混芒。至〔仁〕极乎无亲，孝慈终于兼忘，礼乐复乎已能，忠信发乎天光。用其光则其朴自成，是以神器独化于玄冥之境而源流深长也。

故其长波之所荡，高风之所扇，畅乎物宜，适乎民愿。弘其鄙，解其悬，洒落之功未加，而矜夸所以散。故观其书，超然自以为已当，经昆仑，涉太虚，而游惚怳之庭矣。虽复贪婪之人，进躁之士，暂而揽其余芳，味其溢流，彷彿其音影，犹足旷然有忘形自得之怀，况深其远情而玩永年者乎！遂绵邈清遐，去离尘埃而返冥极者也。

中华书局 2004 年刊本郭庆藩《庄子集释·庄子序》

第十五讲
荀 子

解 题

　　荀子，名况，字卿，后避汉宣帝讳，改称孙卿。战国末期赵国（今山西安泽）人，生卒年代已经无考，大约在公元前313—公元前238年间。著名思想家、文学家、政治家，儒家学派代表人物，时人尊称"荀卿"。年十五曾游学齐国稷下（在齐国都临淄，今山东淄博市临淄西北），善为《诗》《书》《礼》《春秋》。齐襄王时，曾三次出任齐国稷下学宫的祭酒。曾向秦昭王、赵孝成王推行他的政治主张，未被采用，后至楚，楚相春申君以为兰陵（今山东兰陵）令。春申君死而荀卿废，遂家于兰陵，疾浊世之政，发愤著书数万言而卒，葬在兰陵。韩非子和李斯都是他的学生。

　　荀况是孔、孟之后的又一位儒家大师，是先秦儒家最后的代表人物。荀子的思想是时代发展的产物。战国末期，封建生产关系已经基本确立，经过长时间的兼并战争，结束诸侯割据的局面，建立一个统一的中央集权制国家成为时代的要求，此时，学术思想也由百家争鸣趋向于互相吸收、互相融合。荀子适应时代的要求，批判吸收各家之长，兼取儒、道、墨、法等诸家思想，成为战国后期一位集大成的思想家。纵观《荀子》一书，其思想博大精深，内容极为丰富，凡自然、社会、哲学、政治、经济、军事、文学等皆有涉猎，堪称我国思想史上的一座丰碑。

　　荀子是杰出的进步思想家，这突出地表现在他对宇宙自然的看法上。在先秦时代的哲学中，儒家认为"天"是有意志、有精神的宇宙万物的主宰者，人的命运是由上天决定的。孔、孟都认为"死生有命，富贵在天"。荀子吸收道家天道自然的宇宙观，但又摒弃老庄消极无为的思想，大胆地提出"明于天人之分"（《天论》）的命题。他认为"天行有常，不为尧存，不为桀亡。应之以治则吉，应之以乱则凶"（《天论》），天是无意志无目的的自然界，有自己的运行规律，不以个人的意志为转移，社会的治乱和国家的兴亡是政治造成的，与天没有关系。因此荀子提出了"制天命而用之"的口号，认为人们只要发挥自己的主观能动作用，认识、掌握自然规律，就能改造自然界、利用自然界。他说："大天而思之，孰与物畜而制之！

从天而颂之，孰与制天命而用之！望时而待之，孰与应时而使之！"（《天论》）荀子的这种天人关系的光辉命题在我国思想史上具有划时代的意义。

荀子的自然观反映到人性论上，形成了他的"性恶说"，这是荀子哲学思想的一个重要基石。荀子批判孟子天赋道德观念的"性善说"，在"天人之分"基础上提出"性伪之分"。他认为人的本性"固无礼义"（《性恶》），不像孟子说的那样天生是善的，而是恶的，充满了对物质欲望的渴求。人们的善良行为是后天人为努力的结果，"人之性恶；其善者伪也"（《性恶》）。人性虽不可改变，但可以改造，荀子主张"化性起伪"，他说："性也者，吾所不能为也，然而可化也。"（《儒效》）要求人们不断地学习、实践来改造本"恶"的人性，实现"性伪合"（《礼论》）。基于此，荀子提出了"涂之人可以为禹"（《性恶》）的著名论点，认为人们只要不断地"积伪"，都可以成为禹一样的人。荀子的性恶论从另一角度论证人性问题，有其积极的进步意义，但他离开人的社会属性，仅仅从自然生物性来谈论人性，没有从根本上解决人性的本质问题，而是一种抽象的人性论。

荀子所说的"伪"，指的是人类后天的教化和努力，其核心的内容就是礼。"性者，本始材朴也；伪者，文理隆盛也。无性则伪之无所加；无伪则性不能自美。"（《礼论》）所谓礼，即"贵贱有等，长幼有差，贫富轻重皆有称者"（《富国》），也就是荀子理想中上下、尊卑有序的社会制度。荀子认为，正因为人生而有欲，所以一旦欲望得不到满足，人们就会去追逐，追逐而没有止境，就会产生争夺和混乱。先王为了避免这种混乱而建立"师法之化、礼义之道"（《性恶》），用此来规范人的行为，矫正人的天性，使人都能够"出于辞让，合于文理"（《性恶》），进而达到社会的治理安定。这就是荀子对于礼的缘起的看法。

正因为"礼"具有等级制度、道德规范和礼仪形式等多种内容，所以荀子提出了"隆礼"的观点，对礼在维护社会安定方面的作用给予了高度评价。他指出礼是治国的根本，是"人道之极"，"天下从之者治，不从者乱；从之者安，不从者危；从之者存，不从者亡"（《礼论》）。"人之命在天，国之命在礼。"（《强国》）"礼者，法之大分，类之纲纪也。"（《劝学》）"人无礼不生，事无礼不成，国家无礼不宁。"（《大略》）认为"礼"是人之所以为人的根本，礼的存在与否关系到国家的生死存亡。先秦儒家学者，对于礼都非常重视，但荀子所言的礼，与孔子、孟子又有不同。孔、孟也讲礼，不过孔子的"礼"更多显示出的是他对西周文明的留恋和向往之情，而孟子的学说则以人性善为出发点，故而将礼的实现更多地寄托于人内心的自觉和自我的道德修养。荀子则不同，他的礼论是以人性恶为思想基础的，故而加入了一些"法"的思想，不但"隆礼"，而且"重法"，非常强调法律约束和制裁作用。"明礼义以化之，起法正以治之，重刑罚以禁之。"（《性恶》）在他看来，制定法律的根本目的在"禁暴恶恶，且征（惩）其未也"，人类的天性会使人去作恶，作恶就应该受到应有的惩罚，否则就是赏罚不明，会导致社会的不公，引起混乱。

荀子作为一位杰出的哲学家，其思想对后代进步思想家产生了深刻的影响。如东汉王充的"天地合气""万物自生"（《论衡·自然》）的思想，唐代柳宗元的"功者自功，祸者自祸"（《天说》）的思想，刘禹锡"天与人交相胜"（《天论》）的思想，明末清初王夫之的"圣人之志在胜天"（《张子正蒙注·太和》）的思想等等，都能看到荀子"天人之分""人能制天"自然观的影子。此外，后世一大批文学家也从荀子散文中汲取了丰富的营养。汉初政论家贾谊、晁错的政论散文明显受到荀文的影响，唐代的柳宗元、刘禹锡和宋代的王安石等人的文章，也都带有荀子散文的风格。

对于《荀子》一书的作者，世人争议不大，一般认为《荀子》的大部分章节出自荀子之手，只有极少数篇章是荀子的学生或门人记录荀子的言行编纂而成。梁启超、郭沫若认为《荀子》中的《君子》《大略》《宥坐》《子道》《法行》《哀公》《尧问》《仲尼》八篇，皆非荀子自著，是荀子的门人杂录或后人附益所为。至于《荀子》的篇数，今无可考，西汉刘向校雠孙卿书时有三百二十二篇，去其重复，定为三十二篇，取名《孙卿新书》。唐杨倞则把三十二篇分为二十卷，次序略作调整并为之作注，取名《荀卿子》，从此杨倞的《荀子》注本便作为通行本流传于世，遂成定本。清人对荀子的研究成果颇多，以卢文弨的《荀子校》、谢墉的《荀子笺释》、汪中的《荀卿子通论》、郝懿行的《荀子补注》和王念孙的《读荀子杂志》最有代表性。清末王先谦的《荀子集解》则采集众家之说，是清儒中最完善、最精详的注本。近人梁启雄的《荀子简释》、章诗同的《荀子简注》、张觉的《荀子译注》等都各具特色，是了解荀子思想的较好注本。

天论[1]（节选）

荀况

天行有常[2]，不为尧存，不为桀亡[3]。应之以治则吉，应之以乱则凶[4]。强本而节用，则天不能贫[5]，养备而动时，则天不能病[6]；修道而不贰，则天不能祸[7]。故水旱不能使之饥渴，寒暑不能使之疾，祅怪不能使之凶[8]。本荒而用侈，则天不能使之富；养略而动罕，则天不能使之全；倍道而妄行，则天不能使之吉[9]。故水旱未至而饥，寒暑未薄而疾[10]，祅怪未至而凶。受时与治世同，而殃祸与治世异，不可以怨天，其道然也[11]。故明于天人之分[12]，则可谓至人矣。

不为而成，不求而得，夫是之谓天职[13]。如是者，虽深，其人不加虑焉[14]；虽大，不加能焉；虽精，不加察焉：夫是之谓不与天争职。天有其时，地有其财，人有其治，夫是之谓能参[15]。舍其所以参而愿其所参[16]，则惑矣。

列星随旋[17]，日月递照，四时代御[18]，阴阳大化，风雨博施[19]，万物各得其和以生[20]，各得其养以成[21]，不见其事而见其功[22]，夫是之谓神。皆知其所以成，莫知其无形，夫是之谓天[23]。唯圣人为不求知天[24]。

天职既立，天功既成，形具而神生，好恶、喜怒、哀乐臧焉[25]，夫是之谓天情[26]。耳目鼻口形能，各有接而不相能也[27]，夫是之谓天官。心居中虚以治五官[28]，夫是之谓天君。财非其类[29]，以养其类，夫是之谓天养。顺其类者谓之福，逆其类者谓之祸，夫是之谓天政[30]。暗其天君[31]，乱其天官[32]，弃其天养[33]，逆其天政[34]，背其天情[35]，以丧天功，夫是之谓大凶。圣人清其天君，正其天官，备其天养，顺其天政，养其天情，以全其天功。如是，则知其所为，知其所不为矣，则天地官而万物役矣[36]。其行曲治[37]，其养曲适，其生不伤，夫是之谓知天。

故大巧在所不为[38]，大智在所不虑[39]。所志于天者[40]，已其见象之可以期者矣[41]；所志于地者，已其见宜之可以息者矣[42]；所志于四时者，已其见数之可以事者矣[43]；所志于阴阳者，已其见知之可以治者矣[44]。官人守天而自为守道也[45]。

中华书局 1988 年刊本王先谦《荀子集解》卷十一

注释

[1] 本篇论述一系列有关自然的问题，认为"天行有常"，不以人的意志为转移；认为决定社会治乱与人间祸福的是"人"而不是"天"，所以必须"明于天人之分"；认为人类可以"制天命而用之"，这种人能制天的思想是前所未有的。

[2] 行：道，规律。常：经久不变。

[3] 尧：唐尧，名放勋，上古五帝之一，传说中的贤君。桀：人名，夏代亡国之君。

[4] 应：应对，应合。之：它，指代"天行"，天道。治：在《荀子》中，常与"乱"对文，表示合于礼仪，治理。

[5] 本：农桑。古代以农桑立国，故谓之本，工商则谓之末。

[6] 养：养生之具，即衣食之类。养备：使人衣食足，备，充足。动时：谓劝人行动适时，时，适时。

[7] 道：自然规律和社会规律。

[8] 祅怪：指自然灾害和自然界的变异现象。祅，同"妖"。

[9] 养略：使人衣食不足，略：不足。动罕：怠惰。

[10] 薄：迫，迫近。

[11] 道：方法，措施，指"本荒而用侈""养略而动罕""倍道而妄行"。

[12] 天人之分：天与人的区分。即自然与人类社会各有其独立性，社会上发

生的事情往往取决于人，而与天无关。

[13] 为：作为。"不为"三句：即孔子所言"天何言哉？四时行焉，百物生焉，天何言哉"之意。

[14] 其人：指上文的"至人"。加：施加。焉：于之，对它。

[15] 参：并列。"天""地""人"各有其道，所以说"能参"。

[16] 所以参：用来并列的东西，指前句的"治"。愿：倾慕，美慕。所参：被并列的东西，指上文的"天""地"。这两句是说：舍弃了人的治理，只指望天、地的恩赐。

[17] 列星：排列位置固定而定时出现的星，即恒星，如二十八宿。随旋：相随旋转。

[18] 代：与"递"同义，交替，轮流。御：驾驭，控制，指控制每一季中的节气。

[19] 阴阳大化：古代思想家认为宇宙万物都是由阴、阳相互作用产生的"和气"构成的，阴阳二气是不断地运动着的，它们通过相互作用而化成万事万物。这就是所谓的大化，即寒暑变化万物的意思。博施：广博施行。

[20] 其：指"阴阳"，和：指"和气"。

[21] 其：指"风雨"，养：滋养。

[22] 其：和、养。

[23] 天：天成，自然而然。

[24] 不求知天：不追求了解天，即不去探究大自然形成万物的原因与过程。荀子认为天道难测，故圣人但修人事，不务役虑于知天。

[25] 臧：通"藏"。

[26] 天情：人所自然具有的情感。

[27] 接：接受，指感受、感知。耳目鼻口形能各有接：指耳感知声，目感知色，鼻感知臭，口感知味，形感知寒热痛痒。能：顺从。不相能：不相顺。意为各种感官之间不存在服从关系，各自独立。

[28] 中虚：人之中心空虚之地，指胸腔。治：支配，统治。五官：五种器官。古代说法不一，此指耳、目、口、鼻、身体五种感官。古人认为心脏是思维的器官，所以说心治五官，并把它比作"君"。

[29] 财：通"裁"，裁制、利用。非其类：人类以外的万物，如饮食衣物等。

[30] 政：有赏罚之功。

[31] 暗其天君：指使自己的思想昏乱糊涂。

[32] 乱其天官：指纵情于声色饮食，淫乐过度。

[33] 弃其天养：指不能搞好生产。

[34] 逆其天政：指违逆物性。

[35] 背其天情：指喜乐无常，爱憎无度。

[36] 官：指管理。役：驱使、役使。

[37] 曲：曲尽，周到。曲治：各方面都治理得很好。

[38] 所不为：不做的事，指违反客观规律的事情。顺应自然，不主观蛮干，就能"不为而成"，所以有所不为是大巧。

[39] 所不虑：不加考虑的事，指探究自然之事。

[40] 志：记住，记。或释为心之所往，志向。

[41] 已：通"以"。见：同"现"。期：日期，这里用作动词，指确定日期。其见象之可以期者：指可以用来确定时节日期的天文现象。如可以确定夏至日与冬至日的"日长至"与"日短至"，可以确定春分、秋分的"日夜分"等等。

[42] 宜：适宜，指适合农作物生长的条件。息：繁殖生长。

[43] 数：规律，指历数，带有规律性的节气，即春生夏长秋收冬藏。事：从事，指从事农业生产。

[44] 知：相配、相交。

[45] 官人：任用人。但解为"官吏"也通，指掌管天文历法和农业生产的官，主管观测天象，辨别土宜，测察气候，协调阴阳寒暑等事。

问题与思考

一、分析并评价"明于天人之分"的思想。

二、荀子为何将人的情感、感官、心灵分别称为天情、天官、天君？

知识链接

天地合气，万物自生，犹夫妇合气，子自生矣。万物之生，含血之类，知饥知寒。见五谷可食，取而食之；见丝麻可衣，取而衣之。或说以为天生五谷以食人，生丝麻以衣人。此谓天为人作农夫桑女之徒也，不合自然，故其义疑，未可从也。试依道家论之。

天者，普施气万物之中，谷愈饥而丝麻救寒，故人食谷、衣丝麻也。夫天之不故生五谷丝麻以衣食人，由其有灾变不欲以谴告人也。物自生，而人衣食之；气自变，而人畏惧之。以若说论之，厌于人心矣。如天瑞为故，自然焉在？无为何居？何以〔知〕天之自然也？以天无口目也。案有为者，口目之类也。口欲食而目欲视，有嗜欲于内，发之于外，口目求之，得以为利，欲之为也。今无口目之欲，于物无所求索，夫何为乎？何以知天无口目也？以地知之。地以土为体，土本无口目。无地，夫妇也，地体无口目，亦知天无口目也。使天体乎？宜与地同。使天气乎？气若云烟，云烟之属，安得口目？（王充《论衡·自然篇》）

"心之在体，君之位也；九窍之有职，官之分也。"耳目者，视听之官也，心而无与于视听之事，则官得守其分矣。夫心有欲者，物过而目不见，声至而耳不闻也。故曰："上离其道，下失其事。"故曰：心术者，无为而制窍者也。故曰"君"。

"毋代马走","无代鸟飞",此言不夺能能，不与下诚也。"毋先物动"者，摇者不定，趮者不静，言动之不可以观也。"位"者，谓其所立也。人主者立于阴，阴者静，故曰"动则失位"。阴则能制阳矣，静则能制动矣，故曰"静乃自得"。道在天地之间也，其大无外，其小无内，故曰"不远而难极也"。

虚之与人也无间，唯圣人得虚道，故曰"并处而难得"。世人之所职者精也。去欲则宣，宣则静矣，静则精。精则独立矣，独则明，明则神矣。神者至贵也，故馆不辟除，则贵人不舍焉。故曰"不洁则神不处"。"人皆欲知而莫索之"：其所以知彼也；其所以知，此也。不修之此，焉能知彼？修之此，莫能虚矣。虚者，无藏也。故曰：去知则奚求矣，无藏则奚设矣。无求无设则无虑，无虑则反复虚矣。（管子《心术上》）

礼论[1]（节选）

荀况

礼起于何也？曰：人生而有欲，欲而不得，则不能无求；求而无度量分界[2]，则不能不争；争则乱，乱则穷。先王恶其乱也，故制礼义以分之[3]，以养人之欲，给人之求，使欲必不穷乎物，物必不屈于欲[4]，两者相持而长，是礼之所起也。故礼者，养也[5]。刍豢稻粱[6]，五味调香[7]，所以养口也；椒兰芬苾[8]，所以养鼻也；雕琢、刻镂[9]，黼黻，文章[10]，所以养目也；钟鼓、管磬，琴瑟、竽笙，所以养耳也；疏房、檖貌、越席、床笫、几筵[11]，所以养体也。故礼者，养也。

君子既得其养，又好其别。曷谓别？曰：贵贱有等，长幼有差，贫富轻重皆有称者也[12]。故天子大路越席[13]，所以养体也；侧载睪芷[14]，所以养鼻也；前有错衡[15]，所以养目也；和鸾之声[16]，步中《武》、《象》，趋中《韶》、《护》[17]，所以养耳也；龙旗九斿[18]，所以养信也[19]；寝兕、持虎、蛟韅、丝末、弥龙[20]，所以养威也；故大路之马必信至[21]教顺，然后乘之[22]，所以养安也。孰知夫出死要节之所以养生也[23]！孰知夫出费用之所以养财也！孰知夫恭敬辞让之所以养安也！孰知夫礼义文理之所以养情也[24]！故人苟生之为见[25]，若者必死[26]；苟利之为见，若者必害；苟怠惰偷懦之为安，若者必危；苟情说之为乐[27]，若者必灭。故人一之于礼义[28]，则两得之矣[29]；一之于情性，则两丧之矣[30]。故儒者将使人两得之者也，墨者将使人两丧之者也，是儒、墨之分也。

中华书局 1988 年刊本王先谦《荀子集解》卷十三

注释

[1] 本篇论述礼制的起源、内容、作用等各个方面。荀子认为，"人生而有欲"，为了满足欲望，就会发生争夺混乱。统治者为了避免这种局面，于是就制定了礼来加以约束。制定礼不但是为了用来调节与满足人们的物质欲"养"，更是为了用来确立社会等级制度"别"。它规定的各种道德规范和礼节仪式等等都有利于等级制度的确立与巩固，所以它是治国的根本，是"人道之极"，关系到国家的安危存亡，因此必须重视实行礼。篇中关于具体礼制的论述十分丰富，对我们了解古代的礼制具有重要的认识价值。

[2] 度量：标准、限度。分（fèn）界：等级界限。分，指等级。

[3] 分：名分，这里作动词，表示确定名分，即划定各人的等级地位职分等等。

[4] 屈：竭尽。

[5] 养：指上段所说"养人之欲"。

[6] 刍：吃草料的牛羊之类称为"刍"。豢：吃粮食的猪狗之类称为"豢"。刍豢：泛指食用的家畜、家禽，这里指肉食。稻粱：泛指粮食。

[7] 五味：甜、咸、酸、苦、辣，指蜜、盐、醋、酒、姜等调味品烹制的美味佳肴。香：当作"盉"，通"和"。

[8] 椒：香木名，其叶芳香。兰：香草名。苾（bì）：芳香。

[9] 雕琢：雕刻玉器。刻镂：雕刻金器。

[10] 黼黻（fǔfú）文章：古代礼服上的彩色花纹，黑白相间的叫黼，青黑相间的叫黻，青赤相间的叫文，赤白相间的叫章。

[11] 疏房：有窗的房屋。疏，窗子。檖貌（suì mào）：深邃的庙堂。檖：通"邃"，深远。貌：古"貌"字，通"庙"，指朝廷、王宫的前殿，朝堂。越席：蒲草制成的席子。第（zǐ）：竹编的床席。几筵：古人席地而坐，放在座位边上供倚靠的小桌子叫几，竹制的垫席叫筵。

[12] 轻重：尊卑。称：相称，合宜。

[13] 大路：即"大辂"，古代天子坐的车。

[14] 侧：大路的两旁。载：放置。羃芷：香草。羃，通"泽"。

[15] 错：涂饰。衡：车前的横木。

[16] 和鸾：和谐的铃声。鸾，车上的铃。

[17] 步中武、象：迈步合乎大武乐和象舞的节拍。武：武王乐。象：武王舞。小步急行合乎韶乐和护乐。趋：小步快走。韶：舜乐。护：汤乐。

[18] 斿（liú）：通"旒"，古代旌旗下边悬垂的饰物。

[19] 信：符信，凭据。古代天子诸侯乃至各级官员为了区别不同的身份与地位而使用不同的旗章作为符信（称"信幡"），龙旗九斿是彰明天子身份的旗章，所

以说"养信"。

[20] 寝兕（sì）、持虎：躺卧的犀牛和蹲着的虎，是画在天子车子上的图案。兕，雌性的犀牛。持：通"跱"，蹲。蛟韅（xiǎn）：用沙鱼皮制成的马腹革带。蛟：通"鲛"，沙鱼。韅：马腹革带，在两腋旁，横经其下，而上系于鞍。丝末：用丝制成的帷帘。末，通"幦"，车前遮挡风尘的帷帘。弥龙：曲沟龙形。弥，车耳，车箱两旁之上的横木前端的曲钩，形似人耳。

[21] 信至：的确达到极点。信，《集解》作"倍"，据《史记·礼书》改，意为的确。至，达到极点。

[22] 乘：驾驭，驱马拉车。之：指代马。

[23] 孰知：熟知。孰，"熟"的初文。出死：使其出外而死。出，使之出。要节：用节操道义来约束自己，即坚守节操。要：约束。如果不尽忠守节，就会受到制裁，所以说"出死要节"是用来养生的。

[24] 文理：区别等级的礼仪制度。

[25] 苟：如果，假如。生之为见：见生，只看到生，指不能"出死要节"。

[26] 若者：顺应的人。若，顺应，指不能控制自己的取舍，率性而为。

[27] 说：通"悦"。

[28] 一之于礼义：专一于礼义。

[29] 两得：礼义情性兼得。

[30] 两丧：礼义情性全都丧失。

问题与思考

一、如何理解荀子所说的"礼"的缘起？

二、如何理解荀子思想中的"伪"字？

知识链接

"夫礼，天之经也，地之义也，民之行也。"天地之经，而民实则之。则天之明，因地之性，生其六气，用其五行。气为五味，发为五色，章为五声，淫则昏乱，民失其性。是故为礼以奉之：为六畜、五牲、三牺，以奉五味。为九文、六采、五章，以奉五色。为九歌、八风、七音、六律，以奉五声。为君臣上下，以则地义。为夫妇外内，以经二物。为父子、兄弟、姑姊、甥舅、昏媾、姻亚，以象天明。为政事、庸力、行务，以从四时。为刑罚威狱，使民畏忌，以类其震曜杀戮。为温慈惠和，以效天之生殖长育。民有好、恶、喜、怒、哀、乐，生于六气，是故审则宜类，以制六志。哀有哭泣，乐有歌舞，喜有施舍，怒有战斗；喜生于好，怒生于恶。是故审行信令，祸福赏罚，以制死生。生，好物也；死，恶物也。好物，乐也；恶物，哀也。哀乐不失，乃能协于天地之性，是以长久。（《左传·昭公

二十五年》)

何谓人情？喜、怒、哀、惧、爱、恶、欲，七者弗学而能。何谓人义？父慈、子孝、兄良、弟弟、夫义、妇听、长惠、幼顺、君仁、臣忠，十者谓之人义。讲信修睦，谓之人利；争夺相杀，谓之人患。故圣人之所以治人七情，修十义，讲信修睦，尚辞让，去争夺，舍礼何以治之？饮食男女，人之大欲存焉。死亡贫苦，人之大恶存焉。故欲恶者，心之大端也。人藏其心，不可测度也。美恶皆在其心，不见其色也。欲一以穷之，舍礼何以哉！（《礼记·礼运》)

附录

性恶（节选）

荀况

人之性恶，其善者伪也。

今人之性，生而有好利焉，顺是，故争夺生而辞让亡焉；生而有疾恶焉，顺是，故残贼生而忠信亡焉；生而有耳目之欲，有好声色焉，顺是，故淫乱生而礼义文理亡焉。然则从人之性，顺人之情，必出于争夺，合于犯分乱理而归于暴。故必将有师法之化，礼义之道，然后出于辞让，合于文理，而归于治。用此观之，然则人之性恶明矣，其善者伪也。

故枸木必将待檃栝、烝、矫然后直，钝金必将待砻、厉然后利。今人之性恶，必将待师法然后正，得礼义然后治。今人无师法则偏险而不正，无礼义则悖乱而不治。古者圣王以人之性恶，以为偏险而不正，悖乱而不治，是以为之起礼义，制法度，以矫饰人之情性而正之，以扰化人之情性而导之也。始皆出于治，合于道者也。今之人，化师法，积文学，道礼义者为君子；纵性情，安恣睢，而违礼义者为小人。用此观之，然则人之性恶明矣，其善者，伪也。

中华书局 1988 年刊本王先谦《荀子集解》卷十七

第十六讲
韩非子

解题

　　韩非（约前280年—前233年），战国后期韩国贵族公子，与李斯一道师事荀子，李斯自认为学业不及韩非。当时韩国已经日益衰落，形势危急。韩非多次上书谏韩王，他的建议未能得到采纳。于是，他发愤著书，写出一系列重要文章。他的著述传入秦国，深得秦王嬴政赏识。秦国出兵攻打韩国，韩国派韩非出使秦国。李斯等人陷害韩非，他被拘禁入狱。李斯又派人送给他毒药，韩非被迫自杀。《史记》有韩非的传记。

　　韩非早年师事荀子，对荀子的哲学和政治学说有所继承。韩非作为先秦法家的殿军和集大成者，对于多个学派的思想理论均有借鉴。在哲学方面，他推崇老子，继承老子以道为核心的理论，舍弃老子柔弱不争的主张，把老子的一系列命题改造成法家理念。韩非子的刑名之说，与先秦名家亦存在密切关联。

　　韩非著作对已有思想资源的开发利用，取自法家的比例最高。韩非之前的法家主要有四派：李悝尚实，商鞅尚法，申不害尚术，慎到尚势。韩非对这四派的法家思想均有继承，而受商鞅的影响尤为深巨，尚法成为韩非思想的中坚。对于法与势、法与术的关联，《韩非子》一书论述得颇为充分。

　　《韩非子》一书的思想来源很驳杂，韩非通过整合众多学派的理论，建立起自己的法家思想体系。在此过程中，有时也出现自相矛盾的现象，从中可以看出他学术思想演变的轨迹。

　　《韩非子》不但是先秦法家的集大成之作，而且是先秦散文的代表性著作之一，具有重要的文学价值。《韩非子》收录的文章均是自拟篇题，篇名取自文章的内容，这是专题说理文成熟的重要标志。《韩非子》作为先秦法家的集大成之作，在行文方面体现鲜明的法家特色。这部书的许多文章题目冠以数字，如《二柄》《八奸》《十过》《六反》《五蠹》等。这些篇目条理清晰，逻辑严密，风格峻峭。《韩非子》对于各篇文章所作的调遣，均有方圆规矩可循。如：同是对《老子》加以解说，《解老》采用理论阐释的方式，而《喻老》则是用历史传说和故事加以论证。对于其他篇目，哪些文章纯用议论，哪些文章兼用议论和传说故事，也有妥善的安排。上述精心调遣，使得全书显得法度森严。《说林》《内储说》《外储说》主要由历史传说和故事组成，以叙事为主，开创专门的说体文学，是中国古代小说的最初源头之一。另外，《扬权》篇多为四言韵语，反映出战国散文用韵的风尚。

《汉书·艺文志》法家栏目著录"《韩子》五十五篇"，传世《韩非子》也是五十五篇，基本是韩非自撰。主要注本有清王先慎的《韩非子集解》，今人陈奇猷的《韩非子新校注》。

本教材选录的《孤愤》，是韩非的代表作之一。《史记·老子韩非列传》记载："人或传其书至秦。秦王见《孤愤》、《五蠹》之书，曰：'嗟乎，寡人得见此人与之游，死不恨矣。'"这篇文章集中抨击违法乱纪、在朝廷执掌大权的所谓重人，指出君权旁落的危险性，主张进用法术之士。

孤　　愤[1]
韩非

智术之士[2]，必远见而明察，不明察不能烛私[3]；能法之士[4]，必强毅而劲直，不劲直不能矫奸。人臣循令而从事，案法而治官[5]，非谓重人也[6]。重人也者，无令而擅为，亏法以利私[7]，耗国以便家[8]，力能得其君[9]，此所为重人也。智术之士明察，听用[10]，且烛重人之阴情[11]；能法之士劲直，听用，且矫重人之奸行。故智术能法之士用，则贵重之臣必在绳之外矣[12]。是智法之士与当涂之人[13]，不可两存之仇也[14]。

注　释

[1]孤愤：孤独无依郁结闭塞。孤，孤独。愤，郁结不通。这篇文章集中论述君主用人不当而使自己变成孤家寡人，受目无法纪之臣的蒙蔽而政令无法畅通。古注多释为韩非因孤独而激愤。

[2]智术：有智慧而能按标准进行考核。智，智慧。术，这里指对官员按标准依法考核。

[3]烛私：明察私利。烛，明察，洞悉。

[4]能法：能够合乎法度。法，合乎法度，有法则。

[5]案法：依据法律。案，依据，按照。

[6]重人：目无法纪之人。重，甚，极，过分之义。

[7]亏法：损害法律。亏，损害。

[8]便家：有利于家。

［9］力：权力。能：能够。得：投合。这句意为：运用权力能够投合其君主。

［10］听用：探听治理。听，探听。用，治理。

［11］阴情：隐秘的事情。

［12］绳之外：法律之外，指违法，要依法处置。绳，指法。

［13］当涂：当权。

［14］两存：兼存，指同在朝廷。仇：仇敌。

当涂之人擅事要[1]，则外内为之用矣[2]。是以诸侯不因则事不应[3]，故敌国为之讼[4]。百官不因则业不进[5]，故群臣为之用[6]。郎中不因则不得近主[7]，故左右为之匿[8]。学士不因则养禄薄礼卑[9]，故学士为之谈也[10]。此四助者，邪臣之所以自饰也[11]。重人不能忠主而进其仇[12]，人主不能越四助而烛察其臣，故人主愈弊[13]，而大臣愈重[14]。

凡当涂者之于人主也，希不信爱也[15]，又且习故[16]。若夫即主心同乎好恶[17]，固其所自进也[18]。官爵贵重，朋党又众，而一国为之讼[19]。则法术之士欲干上者[20]，非有所信爱之亲，习故之泽也[21]，又将以法术之言矫人主阿辟之心[22]，是与人主相反也。处势卑贱，无党孤特[23]。夫以疏远与近爱信争，其数不胜也[24]；以新旅与习故争[25]，其数不胜也；以反主意与同好争[26]，其数不胜也；以轻贱与贵重争，其数不胜也；以一口与一国争[27]，其数不胜也。

法术之士，操五不胜之势，以岁数而又不得见[28]。当涂之人，乘五胜之资[29]，而旦暮独说于前[30]。故法术之士，奚道得进[31]，而人主奚时得悟乎？故资必不胜而势不两存[32]，法术之士焉得不危？其可以罪过诬者[33]，以公法而诛之[34]；其不可被以罪过者[35]，以私剑而穷之[36]。是明法术而逆主上者，不僇于吏诛[37]，必死于私剑矣。

注 释

［1］擅事要：独揽大权。擅，独揽。事要，事情的关键。要，指关键。

［2］外：指其他诸侯国。内：指本国朝廷内部。为之用：为当权者所用。为，被。

［3］因：依附，依托。应：答应，许诺，应和。

［4］敌国：势力地位相匹敌的诸侯国。为之讼：对重臣加以颂扬。讼，通“颂”。

［5］业：所职掌的事务。不进：指无法推荐到君主那里。进，推荐，传达。

［6］群臣：指百官。为之用：被当权者所利用。

［7］郎中：官名，始置于战国，职掌侍卫。近主：接近君主。

[8]左右：指担当郎中官职的人，在君主身边，故名。匿：隐瞒。

[9]学士：指朝廷学官。由通晓古今、能言善辩之人担任。养：供养之物，生活资料。禄：奉禄。礼卑：指不受人尊重。

[10]谈：谈论，这里指游说。

[11]邪臣：指目无法纪的当权者、重人。自饰：自我掩饰。

[12]进：进用。仇：指法术之士。

[13]弊：蒙蔽，遮蔽。弊，通"蔽"。

[14]重：指无法无天。

[15]希：罕见，无。信爱：信任喜爱。

[16]习故：亲信故旧。习，亲近。故，故旧。

[17]即主心：迎合君主的心。即，就，趋近。同乎好恶：附和于好恶。同，附和。

[18]固：稳固，安定。自进：自己进身，升官之义。

[19]讼：颂扬。

[20]干上：干预君主。干，干预。

[21]泽：恩惠，恩泽。

[22]阿辟（ē pì）：偏私邪僻。

[23]无党：没有同伙。孤特：孤独。特，单独。

[24]数：道理，也可释为命运。

[25]新旅：新客。旅，客。

[26]反主意：违逆君主意愿。主，君主。

[27]一口：一个嘴，指单个人说话。

[28]以岁数：按照年度进行计算。不得见：指没有机会见到君主。

[29]乘：依托。资：本钱，资本。

[30]旦暮：从早到晚。说（shuì）：劝说，说服。

[31]奚道：什么道路。奚，何，什么。

[32]资：依托。势不两存：势不两立。

[33]罪过诬：诬陷对方犯罪。诬，诬陷。

[34]公法：官方的法律。

[35]被：加于其上。

[36]私剑：指私人雇用的刺客。穷：终，指杀死。

[37]僇（lù）：杀戮。吏诛：被法官判死。吏，指法官。诛，杀。

朋党比周以弊主[1]，言曲以便私者[2]，必信于重人矣。故其可以功伐借者[3]，以官爵贵之[4]。其不可借以美名者[5]，以外权重之[6]。是以弊主上而趋于私门者[7]，不显于官爵，必重于外权矣。今人主不合参验而行诛[8]，不待见功而爵禄[9]，故法术之士安能蒙死亡而进其说[10]，奸邪之臣安肯乘利而退其身[11]？故主上愈卑，私门益尊。夫越虽国富兵强[12]，中国之主皆知无益于己也[13]，曰："非吾所得制也[14]。"今有国者虽地广人众，然而人主壅蔽，大臣专权，是国为越也[15]。智不类越[16]，而不智不类其国[17]，不察其类者也。人主所以谓齐亡者[18]，非地与城亡也。吕氏弗制[19]，而田氏用之[20]，所以谓晋亡者[21]，亦非地与城亡也，姬氏不制[22]，而六卿专之也[23]。今大臣执柄独断，而上弗知收[24]，是人主不明也。与死人同病者[25]，不可生也；与亡国同事者[26]，不可存也。今袭迹于齐、晋[27]，欲国安存，不可得也。

注 释

[1]朋党比周：同类人为私利结成小集团。朋党，拉帮结派。比周，结党营私。

[2]言曲：言语邪僻不正。便私：便于私利。

[3]攻伐：功劳，功绩。伐，功绩。借：凭借，依托。

[4]官爵：官职爵位。贵，指官位高。

[5]美名：指有功劳业绩。

[6]外权：指其他诸侯国的力量。重，指权势显要。

[7]私门：权贵之家。

[8]不合：不对合。合，对合。参验：检验，验证。

[9]爵禄：给予爵禄，此处作动词。

[10]蒙：冒着，蒙受。

[11]乘利：挤压利益。乘，压。

[12]越：诸侯国名，春秋末期称霸，战国时期亡于楚，其故地在今浙江一带。

[13]中国：指中土，黄河流域。

[14]制：制御，驾御。

[15]国为越：指无法制御。

[16]智不类越：智慧不偏颇于越国。智，智慧。类，偏颇，倾斜。

[17]不智：不明智。不类其国：不向所在之国倾斜。这句意为：不明智的君主，不向所在之国倾斜，指大权旁落，对国家失去控制。

[18]齐：西周到战国末期的诸侯国，春秋时期一度称霸。

[19]吕氏：西周到春秋末期的齐国君主为吕姓。

[20]田氏：战国初期田氏取代吕氏成为齐国君主。

[21]晋：西周到春秋末期的诸侯国，春秋时期一度称霸。

[22]姬氏：晋国君主为姬姓。

［23］六卿：指范氏、中行氏、智氏及韩、魏、赵，世为晋卿。六卿专权，最后导致韩、魏、赵三家分晋。

［24］收：收取。指把大臣执柄独断之权收回到君主手中。

［25］同病：患上相同的疾病。

［26］同事：做事相同。事，做事，动词。

［27］袭迹：沿袭痕迹。袭，因循，沿袭。迹，痕迹，踪迹。

凡法术之难行也，不独万乘^[1]，千乘亦然^[2]。人主之左右不必智也，人主于人有所智而听之^[3]，因与左右论其言，是与愚人论智也；人主之左右不必贤也。人主于人有所贤而礼之^[4]，因与左右论其行，是与不肖论贤也。智者决策于愚人，贤士程行于不肖^[5]，则贤智之士羞而人主之论悖矣^[6]。人臣之欲得官者，其修士且以精洁固身^[7]，其智士且以治辩进业^[8]。其修士不能以货赂事人^[9]，恃其精洁，而更不能以枉法为治^[10]，则修智之士，不事左右，不听请谒矣^[11]。人主之左右，行非伯夷也^[12]，求索不得^[13]，货赂不至，则精辩之功息^[14]，而毁诬之言起矣。治辩之功制于近习^[15]，精洁之行决于毁誉^[16]，则修智之吏废，则人主之明塞矣^[17]。不以功伐决智行^[18]，不以参伍审罪过^[19]，而听左右近习之言，则无能之士在廷^[20]，而愚污之吏处官矣。

注释

［1］万乘（shèng）：万辆兵车，指大的诸侯国。

［2］千乘：千辆兵车，指小的诸侯国。

［3］有所智：指有智慧的人。听之：听智者讲话。

［4］有所贤：指贤能之人。礼之：以礼相待。

［5］程行：衡量做事。程，衡量。行，做事。

［6］论：议论。悖：荒谬。

［7］修士：操行高洁的人。精洁：精美纯洁。固身：安定身体。

［8］治辩：整治，治理。

［9］货赂：指贿赂。

［10］枉法：歪曲法律，违法。

［11］请谒（yè）：私下告求。

［12］伯夷：古代孤竹国君的长子，不肯继承君位，与其弟叔齐前往周族所在地。武王伐纣，伯夷力谏。周朝建立，伯夷、叔齐不食周粟，饿死于首阳山。伯夷是古代清廉之士的代表，《史记》卷六十一有传。

[13] 求索：指贪官所赂。

[14] 精辩之功：精洁整治之事。功，事情。息：止息。

[15] 近习：近臣，君主亲近的人。

[16] 毁誉：诽谤美誉，动宾结构。毁，诋毁，诽谤。誉，声誉，美名。

[17] 明：英明，聪明。

[18] 功伐：功劳。智行：指智慧和行为，即治辩之功和精洁之行。

[19] 参伍：对比检验。参，进行比较。伍，加以验证。

[20] 廷：指朝廷。

　　万乘之患，大臣太重；千乘之患，左右太信。此人主之所公患也。且人臣有大罪，人主有大失[1]，臣主之利与相异者也[2]。何以明之哉？曰：主利在有能而任官[3]，臣利在无能而得事；主利在有劳而爵禄[4]，臣利在无功而富贵；主利在豪杰使能[5]，臣利在朋党用私。是以国地削而私家富，主上卑而大臣重。故主失势而臣得国，主更称蕃臣[6]，而相室剖符[7]。此人臣之所以谲主便私也[8]。故当世之重臣，主变势而得固宠者[9]，十无二三。是其故何也？人臣之罪大也。臣有大罪者，其行欺主也，其罪当死亡也。智士者远见，而畏于死亡，必不从重人矣。贤士者修廉，而羞与奸臣欺其主，必不从重人矣。是当涂者之徒属，非愚而不知患者，必污而不避奸者也。大臣挟愚污之人，上与之欺主，下与之收利侵渔[10]，朋党比周，相与一口[11]，惑主败法，以乱士民，使国家危削，主上劳辱？此大罪也。臣有大罪而主弗禁，此大失也。使其主有大失于上，臣有大罪于下，索国之不亡者[12]，不可得也。

上海古籍出版社 2000 年刊本陈奇猷《韩非子新校注》卷四

注释

[1] 大失：大的过失。失，过失，错误。

[2] 利与：利益和选拔。与，指选拔，推举。

[3] 有能：有才能。能，能力，才干。

[4] 有劳：有功劳。劳，功绩。

[5] 豪杰使能：任用能人。豪杰，才能出众的人。使，任用。

[6] 更称：改称。蕃臣：捍卫朝廷之臣。蕃，通"藩"。

[7] 相室：执政大臣，国相。剖符：古代分封诸侯或封赏功臣，将符一分为二，一留帝王处，一授与诸侯或功臣，称为剖符。符，传达君主命令或征调兵将用的凭证，用竹或铜制成。

　　[8]谲（jué）：欺诈。便私：方便谋利。便，方便。

　　[9]主变势：指君主更迭。固宠：旧宠，以往的得宠者。固，通"故"。

　　[10]侵渔：侵吞百姓以谋私利。渔，打鱼，此处指掠夺，骗取。

　　[11]相与一口：异口同声。相与，相亲附，即朋党比周之义。一口，说出的话一致。

　　[12]索国：求国。索，求，追求。

问题与思考

　　一、怎样理解文中提到的智术之士、能法之士、修士、智士？分析韩非的人才观。

　　二、文中大量运用排比的句式进行对比，找出文中的相关段落，分析进行对比过程中揭示的正反相悖、善恶颠倒、是非混淆等朝廷乱象。

知识链接

　　今申不害言术，而公孙鞅为法。术者，因任而授官，循名而责实，操杀生之柄，课群臣之能者也，此人主之所执也。法者，宪令著于官府，刑罚必于民心。赏存乎慎法，而罚加乎奸令者也，此臣之所师也。(《韩非子·定法》)

　　明主之国，有贵臣，无重臣。贵臣者，爵尊而官大也；重臣者，言听而力多者也。明主之国，迁官袭级，官爵受功，故有贵臣；言不度行，而有伪必诛，故无重臣也。(《韩非子·八说》)

　　重人者，能行私者也。夫行私者，绳之外也。(《韩非子·外储说右上》)

　　其百官之吏，亦知方正之不可以得安也，必曰："我以清廉事上而求安，若无规矩而欲为方圆也，必不几矣。若以守法不朋党治官而求安，是犹以足搔顶也，愈不几也。二者不可以得安，能无废法行私以适重人哉！"此必不顾君上之法矣，故以私为重人者众，而以法事君者少矣。是以主孤于上而臣成党于下，此田成之所以弑简公者也。(《韩非子·奸劫弑臣》)

附录

五蠹（节选）

韩非

　　儒以文乱法，侠以武犯禁，而人主兼礼之，此所以乱也。夫离法者罪，而诸先生以文学取；犯禁者诛，而群侠以私剑养。故法之所非，君之所取；吏之所诛，上之所养也。法趣上下四相反也，而无所定，虽有十黄帝不能治也。故行仁义者非所誉，誉之则害功；文学者非所用，用之则乱法。楚之有直躬，其父窃羊而谒之吏，令尹曰："杀之。"以为直于君而曲于父，报而罪之。以是观之，夫君之直臣，父之暴子也。鲁人从君战，三战三北。仲尼问其故，对曰："吾有老父，身死莫之养也。"仲尼以为孝，举而上之。以是观之，夫父之孝子，君之背臣也。故令尹诛而楚奸不上闻，仲尼赏而鲁民易降北。上下之利若是其异也，而人主兼举匹夫之行，而求致社稷之福，必不几矣。古者苍颉之作书也，自环者谓之私，背私谓之公，公私之相背也，乃苍颉固以知之矣。今以为同利者，不察之患也。然则为匹夫计者，莫如修行义而习文学。行义修则见信，见信则受事；文学习则为明师，为明师则显荣；此匹夫之美也。然则无功而受事，无爵而显荣，为有政如此，则国必乱，主必危矣。故不相容之事，不两立也。斩敌者受赏，而高慈惠之行；拔城者受爵禄，而信廉爱之说；坚甲厉兵以备难，而美荐绅之饰；富国以农，距敌恃卒，而贵文学之士；废敬上畏法之民，而养游侠私剑之属。举行如此，治强不可得也。国平养儒侠，难至用介士，所利非所用，所用非所利。是故服事者简其业，而游学者日众，是世之所以乱也。

且世之所谓贤者，贞信之行也。所谓智者，微妙之言也。微妙之言，上智之所难知也。今为众人法，而以上智之所难知，则民无从识之矣。故糟糠不饱者不务粱肉，短褐不完者不待文绣。夫治世之事，急者不得，则缓者非所务也。今所治之政，民间之事，夫妇所明知者不用，而慕上知之论，则其于治反矣。故微妙之言，非民务也。若夫贤良贞信之行者，必将贵不欺之士。不欺之士者，亦无不欺之术也。布衣相与交，无富厚以相利，无威势以相惧也，故求不欺之士。今人主处制人之势，有一国之厚，重赏严诛，得操其柄，以修明术之所烛，虽有田常、子罕之臣，不敢欺也，奚待于不欺之士？今贞信之士不盈于十，而境内之官以百数，必任贞信之士，则人不足官，人不足官则治者寡而乱者众矣。故明主之道，一法而不求智，固术而不慕信，故法不败，而群官无奸诈矣。

今人主之于言也，说其辩而不求其当焉；其用于行也，美其声而不责其功焉。是以天下之众，其谈言者务为辩而不周于用，故举先王言仁义者盈廷，而政不免于乱；行身者竞于为高而不合于功，故智士退处岩穴，归禄不受，而兵不免于弱。政不免于乱，此其故何也？民之所誉，上之所礼，乱国之术也。今境内之民皆言治，藏商、管之法者家有之，而国愈贫，言耕者众，执耒者寡也；境内皆言兵，藏孙、吴之书者家有之，而兵愈弱，言战者多，被甲者少也。故明主用其力，不听其言；赏其功，必禁无用；故民尽死力以从其上。夫耕之用力也劳，而民为之者，曰："可得以富也。"战之为事也危，而民为之者，曰："可得以贵也。"今修文学、习言谈，则无耕之劳而有富之实，无战之危而有贵之尊，则人孰不为也？是以百人事智而一人用力，事智者众则法败，用力者寡则国贫，此世之所以乱也。故明主之国，无书简之文，以法为教；无先王之语，以吏为师；无私剑之捍，以斩首为勇。是境内之民，其言谈者必轨于法，动作者归之于功，为勇者尽之于军。是故无事则国富，有事则兵强，此之谓王资。既畜王资而承敌国之衅，超五帝，侔三王者，必此法也。

上海古籍出版社 2000 年刊本陈奇猷《韩非子新校注》卷十九

第十七讲
孙子兵法

解 题

《孙子兵法》亦称《孙子》《孙武兵法》《吴孙子兵法》，是中国古代最著名的兵书，也是世界上现存最古老的成体系的军事理论著作，记载孙武的军事思想和理论。

孙武，字长卿，春秋后期人，与孔子所处的时段大体相当。孙武本为齐国人，后来前往吴国，受到吴王阖闾的重用，与伍子胥一道协助吴王经国治军。公元前506年，他和伍子胥率领吴军攻入楚国郢都（今湖北江陵北），为后来吴国称霸奠定了基础。

孙武的事迹，主要见于《史记》的《孙子吴起列传》和《伍子胥列传》。除此之外，1972年山东临沂银雀山出土汉墓竹简，其中有的篇目提到孙武与吴王的对话。清人严可均《全上古三代文》所辑《孙子》佚文也有这方面的内容。

《汉书·艺文志·兵书略》下的"兵权谋家"类著录《吴孙子兵法》八十二篇，图四卷。《孙子兵法》现存十三篇，其成书时间当在春秋末期到战国初期这个阶段，不是一时一人之作，当是孙武晚年讲学的口传笔录。

今本《孙子兵法》十三篇，兼论战略和战术。从开头的《计篇》到第八《九变篇》侧重于战略，从第九《行军篇》到第十三《用间篇》侧重于具体战术。

《孙子兵法》是中国古代最早的军事经典著作。孙武是杰出的军事家，但是，这部经典并不是单纯地就军事论军事，而是从政治、经济、外交等多方面对战争加以考察，显示出开阔的视野和远见卓识。这部著作具有完整的体系，鲜明的理论色彩，同时又具有很强的可操作性。孙武作为杰出的军事家，曾经多次率兵出征，有丰富的实战经验，因此，这部兵书又带有战争经验总结的性质，提出一系列经得起实战检验的命题。如《计篇》的"攻其无备，出其不意"；《作战篇》的"兵贵胜，不贵久"；《谋攻篇》的"不战而屈人之兵，善之善者也""知彼知己，百战不殆"；《军争篇》的"三军可夺气，将军可夺心""以近待远，以佚待劳"；《九变篇》的"君命有所不受"；《九地篇》的"投之亡地然后存，陷之死地然后生"；如此等等，极其众多。这一系列命题均属于至理名言，也是指挥作战的金科玉律，在后代广为传诵。

《孙子兵法》作为经典的军事理论著作，具有很强的哲学思辨性。书中兼用正向和逆向思维，在这方面可与同时期成书的《老子》《论语》相媲美，而逆向思维运用尤为成功，与《老子》有相通之处。由于兼用正向和逆向思维，所以，把相互对立因素的关联、转化揭示得颇为透彻，体现出辩证思维的特征。

这部著作的哲学思辨色彩，还在于对古代传统哲学的吸纳和运用。精气说、阴阳学说、五行学说，均被纳入军事理论体系之中，成为有力的哲学支撑。同时，当时正处于生成阶段的道论，也在书中有所反映，道作为战术的统辖和最高境界出现，如《虚实论》称："微乎微乎，至于无形；神乎神乎，至于无声，故能为敌之司命。"这正是当时道论的典型形态。

《孙子兵法》提出一系列重要的概念，如《计篇》提及道、天、地、将、法，《形篇》提到度、量、数、称、胜。对于这些概念，书中作了具体的界定，可与《墨辩》相互印证。在中国古代逻辑学发展史上占有一席之地。

这部书是军事理论著作，同时也是文章学的典范之作，有很高的文学价值。在具体论述过程中，反复运用排比、正反对照句式，并且往往用生动的比喻表达抽象的理念，还有的段落句末押韵，声情并茂。

《孙子兵法》对于战争没有划分正义与非正义，但是，并没有出现穷兵黩武的倾向。《谋攻篇》称："不战而屈人之兵，善之善者也。"虽然论述的是用兵之道，却把没有战争作为最高追求和终极目的，体现出古代农业文明对待战争的态度。

《孙子兵法》问世后，得到古今中外兵家的高度重视。曹操最先为这部书作注，后来陆续出现许多注家。《孙子兵法》在宋代被列为《武经七书》之首。《孙子兵法》约在七世纪传入日本，十八世纪以后，陆续有法、英、德、俄、捷等文译本。

《孙子兵法》的传世版本，主要有《十一家注孙子兵法》和《武经七书》中的《孙子》，都是以曹操注为底本。当世注本以郭化若的《孙子译注》为佳。银雀山汉墓竹简中的《孙子兵法》，由文物出版社刊出。

本教材所收录的《势篇》是《孙子兵法》的核心篇目之一。这篇文章是从动态的角度论述战争，把造势和用势说成是克敌制胜的重要方式。文中强调出奇制胜，运用奇正之变，并且要近距离出击，运用五行学说解释奇正之变，采用比喻方式进行阐述，构成文章的鲜明特色。

势　篇[1]

孙子曰：凡治众如治寡[2]，分数是也[3]；斗众如斗寡，形名是也[4]；三军之众，可使必受敌而无败者[5]，奇正是也[6]；兵之所加，如以碫投卵者[7]，虚实是也。

凡战者，以正合[8]，以奇胜。故善出奇者，无穷如天地，不竭如江河。终而复始，日月是也[9]；死而复生，四时是也[10]。声不过五[11]，五声之变，不可胜听也[12]。色不过五[13]，五色之变，不可胜观也。味不过五[14]，五味之变，不可胜尝也。战势不过奇正，奇正之变，不可胜穷也。奇正相生，如环之无端[15]，孰能穷之？

激水之疾[16]，至于漂石者，势也；鸷鸟之疾[17]，至于毁折者[18]，节也[19]。是故善战者，其势险[20]，其节短[21]。势如彍弩[22]，节如发机。

注释

[1] 势篇：《孙子兵法》第五篇。势，指力量、威力，属于动能。

[2] 众：指人多。寡：指人少。

[3] 分数：指军队的组织编制，亦即建制。

[4] 形名：指军队指挥的号令，包括战旗、战鼓等。

[5] 受敌：应对敌方。受，应和、应对。

[6] 奇正：古代兵法术语，对阵交锋为正，设计邀截、袭击为奇。

[7] 以碫（duàn）投卵：用石头投向禽卵。碫，磨刀石，这里泛指石块。此句用作比喻，指以实击虚。

[8] 以正合：以对阵交锋的方式相会合。合，指交战。

[9] 日月：指太阳、月亮升降的循环往复。

[10] 四时：指一年四季。

[11] 声不过五：指宫、商、角、徵、羽五声。

[12] 胜：尽。

[13] 色不过五：指青、赤、黄、黑、白五味。

[14] 味不过五：指酸、辛、甘、苦、咸。辛，谓辣。

[15] 环：圆环。端：发端、开头。

[16] 激水：指水势因受阻而溅涌。疾：指水的流速很快。

[17] 鸷（zhì）鸟：凶猛的鸟。

[18] 毁折：使外物受到伤害。

[19] 节：分寸，这里指距离，空间长度。

[20] 势险：气势险峻。

[21] 节短：空间距离短。

[22] 彍弩（kuònǔ）：拉满弓的弩机。彍，拉满弓。弩，用机械发矢的弓。

纷纷纭纭，斗乱而不可乱也[1]；浑浑沌沌[2]，形圆而不可败也[3]。乱生于治[4]，怯生于勇[5]，弱生于强[6]。治乱，数也[7]；勇怯，势也；强弱，形也[8]。

故善动敌者[9]，形之[10]，敌必从之[11]；予之[12]，敌必取之；以利动之[13]，以卒待之[14]。

故善战者，求之于势，不责于人，故能择人而任势。任势者，其战人也[15]，如转木石[16]。木石之性，安则静，危则动[17]，方则止，圆则行。故善战人之势，如转圆石于千仞之山者[18]，势也。

上海古籍出版社 1984 年刊本郭化若《孙子译注》

注　释

[1] 斗乱：战斗混乱。

[2] 浑浑沌沌：混杂不清之象。

[3] 形圆：部队阵容呈圆形，回应前文"如环之无端"。

[4] 乱生于治：混乱会从严整中产生。

[5] 怯生于勇：怯懦会从勇敢中产生。

[6] 弱生于强：软弱会从强盛中产生。

[7] 数：方略、谋略。

[8] 形：表现、显示。

[9] 动敌：引诱敌方使其有所行动，挑动敌方。

[10] 形之：加以显露，指显露己方。

[11] 敌必从之：敌方必定迎面而来。从，迎面。

[12] 予：给予，指对敌方施利，加以引诱。

[13] 以利动之：以利相诱，使敌方有行动。

[14] 卒：泛指士兵。待之：指迎战对方。

[15] 战人：与人作战。

[16] 转：转动、旋转。

[17] 危：偏而不正、偏斜。

[18] 仞：长度单位，古代以八尺或七尺为一仞。

问题与思考

一、找出文中采用比喻的句子，指出兵势的属性、特征。

二、势与奇正存在什么关联？研读原文并加以分析。

知识链接

今夫水，搏而跃之，可使过颡；激而行之，可使在山：是岂水之性哉？其势则

然也。(《孟子·告子上》)

飞龙乘云，腾蛇游雾，吾不以龙蛇为不托于云雾之势也。……夫有云雾之势而能乘游之者，龙蛇之材美之也。(《韩非子·难势》)

比如顺风而呼，声非加疾，其势激也。(《史记·游侠列传》)

此所谓"强弩之末，势不能穿鲁缟"者也。(《三国志·蜀书·诸葛亮传》)

势者，乘利而为制也。如机发矢直，涧曲湍回，自然之趣也。圆者规体，其势也自转；方者矩形，其势也自安：文章体势，如斯而已。(刘勰：《文心雕龙·定势》)

附录

孙子兵法·虚实篇

孙子曰：凡先处战地而待敌者佚，后处战地而趋战者劳。故善战者，致人而不致于人。

能使敌自至者，利之也；能使敌不得至者，害之也。故敌佚能劳之，饱能饥之，安能动之。出其所不趋，趋其所不意。行千里而不劳者，行于无人之地也。攻而必取者，攻其所不守也；守而必固者，守其所不攻也。

故善攻者，敌不知其所守；善守者，敌不知其所攻。

微乎微乎，至于无形，神乎神乎，至于无声，故能为敌之司命。

进而不可御者，冲其虚也；退而不可追者，速而不可及也。故我欲战，敌虽高垒深沟，不得不与我战者，攻其所必救也；我不欲战，虽画地而守之，敌不得与我战者，乖其所之也。

故形人而我无形，则我专而敌分；我专为一，敌分为十，是以十攻其一也，则我众而敌寡；能以众击寡者，则吾之所与战者，约矣。吾所与战之地不可知，不可知，则敌所备者多，敌所备者多，则吾所与战者，寡矣。

故备前则后寡，备后则前寡，备左则右寡，备右则左寡，无所不备，则无所不寡。寡者备人者也，众者使人备己者也。

故知战之地，知战之日，则可千里而会战。不知战之地，不知战之日，则左不能救右，右不能救左，前不能救后，后不能救前，而况远者数十里，近者数里乎？

以吾度之，越人之兵虽多，亦奚益于胜败哉？！

故曰：胜可为也。敌虽众，可使无斗。

故策之而知得失之计，作之而知动静之理，形之而知死生之地，角之而知有余不足之处。

故形兵之极，至于无形；无形，则深间不能窥，智者不能谋。

因形而错胜于众，众不能知；人皆知我所以胜之形，而莫知吾所以制胜之形；故其战胜不复，而应形于无穷。

夫兵形象水，水之形避高而趋下，兵之形避实而击虚，水因地而制流，兵因敌而制胜。故兵无常势，水无常形，能因敌变化而取胜者，谓之神。

故五行无常胜，四时无常位，日有短长，月有死生。

上海古籍出版社 1984 年刊本郭化若《孙子译注》

第十八讲
春秋繁露

　　《春秋繁露》由西汉董仲舒（前179—前104）所著。董仲舒是西汉广川（今河北景县）人。景帝时为博士，教授生徒，下帷讲诵，学人尊之为师。武帝元光元年（前134），下诏求贤良文学，董仲舒连上三篇对策、提出治国理政的纲领，受到武帝赏识，出任江都易王相，后又为胶西王相。晚年去位归家，以修学著书为事。

　　董仲舒是《春秋》公羊学大师，所著《春秋繁露》贯穿公羊学说，其中的《俞序》是阐述公羊派《春秋》的主旨之作。《春秋繁露》自首篇《楚庄王》至第十七篇《俞序》，是阐释公羊派《春秋》的专门板块，可与《公羊传》对读。从第十八篇《离合根》到第三十七篇《诸侯》，主要是从制度层面为西汉大一统国家提供支撑，强调它的合理性。从第三十八篇《五行对》到第六十四篇《五行五事》，是该书的第三个板块，集中对阴阳五行学说加以论述，从多个角度展开，是该书的核心内容。从第六十五篇《郊语》到第七十六篇《祭义》，是从实际操作层面对祭祀、求雨巫术的相关活动进行陈述。从第七十七篇《循天之道》到最末的第八十二篇《天道施》，是该书的第五个板块，主要论述天道。

　　董仲舒遍诵群经，《春秋繁露》所援引的前代典籍，主要出自《诗》《书》《礼》《易》《论语》《孝经》，而以《春秋》为归宿。

　　董仲舒的著述除了《春秋繁露》之外，还有载于《汉书》本传的三篇对策文，称为"天人三策"，是西汉时期有代表性的政论文。除此之外，收录在《艺文类聚》卷三十的《士不遇赋》，是中国古代首篇以士不遇为题目的作品，是这类题材发展史上的一座里程碑。至于收录在《春秋繁露》中的《山川颂》，则是汉代颂类作品的先声，在文学史上具有重要价值。

　　董仲舒是西汉经学的代表人物。他首倡推崇儒学，抑黜百家，主张立学校之官，郡举茂材孝廉，对西汉王朝的制度和文化建设发挥了巨大作用。他的门生和子孙在西汉王朝任职者达百人。东汉王充在《论衡·超奇篇》中称："文王之文在孔子，孔子之文在仲舒。"宋代理学家程颐、程颢、朱熹均非常推崇董仲舒，认为他的儒学思想纯粹，深得圣贤之意。

《春秋繁露》系后人辑录而成，至清代才出现两个较完善的校注读本，即卢文弨的抱经堂校刊本、凌曙的《春秋繁露注》。清末苏舆兼取卢校凌注，广采前人研究成果，撰成《春秋繁露义证》，是目前为止校订《春秋繁露》较完善的版本。

本教材收录的《人副天数》，是《春秋繁露》的第五十六篇，是董仲舒探讨天人关系的系列文章之一。天人合一、天人感应，是董仲舒的基本理念。他在对上述理念进行论述的过程中，系统地继承先秦时期已有的思想成果，建立起颇为完备的理论体系。《人副天数》是这个理论体系重要的组成部分，是从天人同构的角度论述天人合一。其中渗透阴阳五行学说、精气说，反映出中国古代哲学朴素直观的属性。

人　副　天　数[1]

董仲舒

天德施[2]，地德化[3]，人德义[4]。天气上，地气下，人气在其间。春生夏长，百物以兴；秋杀冬收，百物以藏[5]。故莫精于气，莫富于地，莫神于天。天地之精所以生物者，莫贵于人。人受命乎天也[6]，故超然有以倚[7]。物疢疾莫能为仁义[8]，唯人独能为仁义；物疢疾莫能偶天地[9]，唯人独能偶天地。

人有三百六十节[10]，偶天之数也[11]；形体骨肉，偶地之厚也[12]。上有耳目聪明[13]，日月之象也；体有空窍理脉[14]，川谷之象也。心有哀乐喜怒，神气之类也[15]。

观人之体一[16]，何高物之甚[17]，而类于天也[18]。物旁折取天之阴阳以生活耳[19]，而人乃烂然有其文理[20]。是故凡物之形，莫不伏从旁折天地而行[21]，人独题直立端尚[22]，正正当之[23]。是故所取天地少者，旁折之；所取天地多者，正当之。此见人之绝于物而参天地[24]。

是故人之身，首妢而员[25]，象天容也[26]；发[27]，象星辰也；耳目戾戾[28]，象日月也；鼻口呼吸，象风气也[29]；胸中达知[30]，象神明也[31]；腹胞实虚[32]，象百物也。百物者最近地[33]，故要以下[34]，地也。天地之象[35]，以要为带[36]。颈以上者，精神尊严，明天类之状也[37]；颈而下者，丰厚卑辱[38]，土壤之比也[39]。足布而方[40]，地形之象也[41]。是故礼，带置绅必直其颈[42]，以别心也[43]。带而上者尽为阳，带而下者尽为阴，各其分[44]。

注释

［1］本篇选自苏舆《春秋繁露义证》卷十三。人副天数，指人体构造功能与天道的度数相副。天，指天地自然。

［2］天德施：上天的功能是施予。天，指上天。德，指功能。施，施予，施动。

［3］化：指化育。

［4］义：指做合乎正义的事情。

［5］藏：闭藏，啬敛。

［6］受命：接受生命。受，接受，得到。命，指生命、性命。

［7］超然：超越，出类拔萃。有以倚：又因而独特奇异。有，谓又。以，因而。倚，独特，奇异。

［8］疢（chèn）疾：本指疾病，引申为灾患。这句意为：人以外的有生之属，其造成的灾患在于不能践行仁义。或译为：人以外有生之属的毛病是不能践行仁义。疢疾，指毛病、缺陷。

［9］偶天地：与天地相匹配。偶，相偶、匹配。

［10］三百六十节：指人体的所有关节。

［11］天之数：指一年三百六十天，举其整数而言。

［12］地之厚：指大地的实体。厚，谓丰厚。

［13］聪明：听觉灵敏，视力好。

［14］空窍：孔窍，指人外部感官的口、眼、鼻、耳等。理脉：肌理和脉络。

［15］神气：指自然界的元气，神妙之气。

［16］人之体一：人的形体是相同的。体，形体。一，指相同、一样。

［17］高物：高出外物。物，指人以外的动物。甚，很多。

［18］类于天：与天相类似。

［19］物旁折：屈身而行。旁，歪斜。折，屈折。

［20］烂然：鲜明之象。文理：指条理、礼仪。

［21］伏从（zōng）：爬行。伏，趴着。从，踪迹。

［22］独：惟独。题：额头。端：端正。尚：通"上"。这句意为：惟独人的额头直立端正在上。指人能直立行走。

［23］正正：不偏不斜，端端正正。当之：面对前方。当，面对。这句承前而来，意谓人的头部端端正正地面对前方，指人行走时的状态。

［24］绝于物：超越于物。绝，超越。参天地：与天地相比并。参，比并、并列。

［25］首妢（fén）：头部硕大。妢，通"颁"，大首。员：通"圆"。

［26］天容：天的样态。古人认为天是圆形的。

［27］发：人的头发。

［28］戾（lì）戾：至其所当至。戾，到达、至。耳目戾戾，即前面所说的"耳目聪明"之义，视听至其所当至。

［29］风气：风之气，古人认为风是由气形成的。

［30］达知：无所不知。达，通晓。

［31］神明：神灵，天地间的神。

［32］腹：指人的肚子，即人体内部器官的六府，指胃、大肠、小肠、三焦、膀胱、胆。胞：本指包裹胎儿的膜质囊，这里指人体内部器官六府的外膜。实虚：指人体内部器官六府的新陈代谢。

［33］近地：距离地面近。

［34］要："腰"的初文。

［35］天地之象：天地的形状、样态。

［36］以要为带：以腰相环绕。带：环绕。

［37］明：昭示，显明。天类：天的法式。类，法式。

［38］卑辱：相对"丰厚"而言，指低下、微薄。

［39］比：类。

［40］足布：指迈步。布，分布，散步。方：方形。此句指迈着方步。

［41］地形之象：古人认为大地是方形的。

［42］带置绅：围绕扎束腰带。带，环绕、围绕。置，设置，这里指扎束。绅，古代士大夫束在衣外的大带。直其颈：挺直脖子。

［43］别心：明辨内心。别，明辨。

［44］各其分：各自一半。分，一半、二分之一。

　　阳，天气也；阴，地气也。故阴阳之动，使人足病[1]，喉痹起[2]。则地气上为云雨[3]，而象亦应之也[4]。天地之符[5]，阴阳之副[6]，常设于身[7]，身犹天也，数与之相参[8]，故命与之相连也[9]。

　　天以终岁之数[10]，成人之身[11]，故小节三百六十六[12]，副日数也[13]；大节十二分[14]，副月数也；内有五藏[15]，副五行数也[16]；外有四肢，副四时数也[17]；乍视乍瞑[18]，副昼夜也；乍刚乍柔，副冬夏也[19]；乍哀乍乐，副阴阳也[20]；心有计虑，副度数也[21]；行有伦理[22]，副天地也。此皆暗肤著身[23]，与人俱生，比而偶之弇合[24]。于其可数也[25]，副数[26]；不可数者，副类[27]。皆当同而副天[28]，一也[29]。是故陈其有形以著其无形者[30]，拘其可数以著其不可数者[31]。以此言道之[32]亦宜以类相应[33]，犹其形也[34]，以数相中也[35]。

中华书局 1992 年刊本苏舆《春秋繁露义证》卷十三

注释

［1］足病：阴气、地气之动所引发。

［2］喉痹（bì）：咽喉发炎。痹，炎症，发炎。它所对应的是阳气之动。

［3］地气上为云雨：古人认为云雨是地气上升所形成。

［4］象亦应之：云雨为阴柔之象，以应地气。

［5］符：本指符节。这里指符合、相合。

［6］副：相称、符合。

［7］设：适合。

［8］数：数量。相参：相比并。参，并列。

［9］命：生命、性命。

［10］终岁之数：一年的天数。终，尽。

［11］成人之身：成为人的形体。成，成为、变成。身，形体。

［12］小节：指人体小的关节。

［13］副日数：与一年的天数相合。

［14］大节：指人体大的关节。分：总领；一说指区分。

［15］五藏：指肝、心、脾、肾、肺。

［16］五行：指木、火、土、水、金。

［17］四时数：指一年春、夏、秋、冬四季。

［18］乍视乍暝：指人的眼睛或开或合。乍，忽然。暝，指闭目。

［19］副冬夏：古人认为冬为刚，夏为柔。

［20］副阴阳：古人认为哀属阴，乐属阳。

［21］度数：标准和数量。

［22］伦理：条理、道理。

［23］暗肤：隐蔽的美。暗，指隐蔽。肤，谓美。著身：附著于形体。此句意为：这都是隐蔽的美附著于人的形体。

［24］比而偶之：比并而相偶。弇（yǎn）合：遮蔽地相合。弇，遮蔽、隐蔽。

［25］可数（shǔ）：可以用数字计量。数，计算，动词。

［26］副数（shǔ）：与数量相合。数，数量。

［27］副类：与类别相合。类，类别。

［28］当同：适应相同。当，适应，与之相称。

［29］一：一致，同样。

［30］陈其有形：陈列有形态的事物。著（zhuó）其无形：附着其无形。著，附着。

［31］拘（gōu）其可数：取其可数。拘，取。

［32］道（dǎo）：引导。

［33］亦：句首语气词，无实义。以类相应：按照类别相应和。

［34］犹其形：如同其形。犹，如同，好像。

［35］以数相中：以数相合。中，相合，适当。

问题与思考

一、文中列举人与天地自然的相副，涉及人自身的哪些因素？按照类别进行划分。

二、文中把人与天地自然的相副划分几种类别？这些划分是否有道理？

三、分析这篇文章体现的生命理念及思维特征。

知识链接

天道曰圆，地道曰方，方曰幽而圆曰明。明者，吐气者也，是故外景；幽者，含气者也，是故内景。故火曰外景，而金水内景。吐气者施，而含气者化，是以阳施而阴化也。（《大戴礼记·曾子天圆》）

乾为首，坤为腹，震为足，巽为股，坎为耳，离为目，艮为手，兑为口。（《周易·说卦》）

故头之圆也象天；足之方也象地。天有四时、五行、九解、三百六十六日，人亦有四支、五藏、九窍、三百六十六节。天有风雨寒暑，人亦有取与喜怒。故胆为云，肺为气，肝为风，肾为雨，脾为雷，以与天地相参也，而心为之主。是故耳目者日月也；血气者风雨也。（《淮南子·精神训》）

天有六气，……六气曰阴、阳、风、雨、晦、明也。分为四时，序为五节，过则为菑。（《左传·昭公元年》）

民有好、恶、喜、怒、哀、乐，生于六气。……生，好物也。死，恶物也。好物，乐也。恶物，哀也。哀乐不失，乃能协于天地之性，是以长久。（《左传·昭公二十五年》）

✒ 附录

白虎通义·性情

班固

性情者，何谓也？性者阳之施，情者阴之化也。人禀阴阳气而生，故内怀五性六情。情者，静也。性者，生也。此人所禀六气以生者也。故《钩命决》曰："情生于阴，欲以时念也。性生于阳，以就理也。阳气者仁，阴气者贪，故情有利欲，性有仁也。"

五性者何谓？仁义礼智信也。仁者，不忍也，施生爱人也。义者，宜也，断决得中也。礼者，履也，履道成文也。智者，知也，独见前闻，不惑于事，见微知著也。信者，诚也，专一不移也。故人生而应八卦之体，得五气以为常，仁义礼智信也。六情者，何谓也？喜怒哀乐爱恶谓六情，所以扶成五性。性所以五，情所以六何？人本含六律五行之气而生，故内有五藏六府，此情性之所由出入也。《乐动声仪》曰："官有六府，人有五藏。"

五藏者，何也？谓肝、心、肺、肾、脾也。肝之为言干也。肺之为言费也，情动得序。心之为言任也，任于恩也；肾之为言写也，以窍写也；脾之为言辨也，所以积精禀气也。五藏，肝仁，肺义，心礼，肾智，脾信也。

肝所以仁者何？肝，木之精也。仁者好生，东方者，阳也，万物始生，故肝象木色青而有枝叶。目为之候何？目能出泪，而不能内物，木亦能出枝叶，不能有所内也。

肺所以义者何？肺者，金之精。义者断决，西方亦金，杀成万物也。故肺象金色白也。鼻为之候何？鼻出入气，高而有窍，山亦有金石累积，亦有孔穴，出云布雨，以润天下，雨则云消。鼻能出纳气也。

心所以为礼何？心，火之精也。南方尊阳在上，卑阴在下，礼有尊卑，故心象火，色赤而锐也。人有道尊，天本在上，故心下锐也。耳为之候何？耳能遍内外、别音语，火照有似于礼，上下分明。

肾所以智何？肾者，水之精。智者进止无所疑惑，水亦进而不惑。北方水，故肾色黑，水阴，故肾双。窍为之候何？窍能泻水，亦能流濡。

脾所以信何？脾者，土之精也。土尚任养，万物为之象，生物无所私，信之至也。故脾象土，色黄也。口为之候何？口能啖尝，舌能知味，亦能出音声，吐滋液。

故《元命苞》曰："目者肝之使，肝者木之精，苍龙之位也。鼻者肺之使，肺者金之精，制割立断。耳者心之候，心者火之精，上为张星。阴者肾之写，肾者水之精，上为虚危。口者脾之门户，脾者土之精，上为北斗，主变化者也。"或曰：舌者心之候，耳者肾之候。或曰：肝系于目，肺系于鼻，心系于口，脾系于舌，肾系于耳。

六府者，何谓也？谓大肠、小肠、胃、膀胱、三焦、胆也。府者，谓五藏宫府也。故《礼运》记曰："六情者，所以扶成五性也。"

胃者，脾之府也。脾主禀气。胃者，谷之委也，故脾禀气也。

膀胱者，肾之府也。肾者主泻，膀胱常能有热，故先决难也。

三焦者，包络府也。水谷之道路，气之所终始也。故上焦若窍，中焦若编，下焦若渎。

胆者，肝之府也。肝者，木之精也。主仁，仁者不忍，故以胆断焉。是以仁者必有勇也。肝胆异趣，何以知相为府也？肝者，木之精也，木之为言牧也，人怒无不色青目眦张者，是其效也。

小肠大肠，心肺之府也。主礼义，礼义者，有分理，肠亦大小相承受也。肠为心肺主，心为支体主，故为两府也。目为心视，口为心谭，耳为心听，鼻为心嗅，是其支体主也。

喜在西方，怒在东方，好在北方，恶在南方，哀在下，乐在上何？以西方万物之成，故喜。东方万物之生，故怒。北方阳气始施，故好。南方阴气始起，故恶。上多乐，下多哀也。

魂魄者，何谓也？魂犹伝伝也，行不休也。少阳之气，故动不息，于人为外，主于情也。魄者，犹迫然著人也。此少阴之气，象金石著人不移，主于性也。魂者，芸也。情以除秽。魄者，白也，性以治内。

精神者，何谓也？精者静也，太阴施化之气也。象水之化，须待任生也。神者恍惚，太阳之气也，出入无间。总云支体万化之本也。

中华书局 1994 年刊本陈立《白虎通疏证》卷八

第十九讲
阮籍集

阮籍（210—263），字嗣宗，陈留尉氏（今属河南）人。建安七子阮瑀之子，竹林七贤之一。曾任步兵校尉，故后世称为阮步兵。他生活的时代，天下混乱，社会动荡，阮籍逃避现实政治，不拘礼法，放诞纵酒，用以保全自身。《三国志》卷二十一、《晋书》卷四十九有他的传记。

阮籍是魏晋玄学重要代表人物，属于崇尚自然而反对名教的一派。《阮籍集》中收录的诗、文、赋，从不同角度记载了作者的玄学理念。

阮籍以自然反抗名教，他崇尚自然的主张，贯穿在本体论、生成论、存在论，以及人生哲学各个环节。

阮籍著《通易论》，对《周易》本经进行具体解说，多数段落取自成书于先秦时期的《易传》，而在总体上则是置于崇尚自然的框架之内。文中称："《易》者何也？乃昔之玄真，往古之变经也。"这是把《周易》认定为玄真之学，以通变为宗旨。所谓的玄真，也就是自然。文中还写道："此天下之所以顺自然，惠生类也""顺而应人，涣然成章。风行水上，有文有光。"这是把《周易》的功用也概括为顺应自然。

阮籍著《通老论》，其中写道："圣人明于天人之理，达于自然之分，通于治化之体，审于大慎之训，故君臣垂拱，完太素之朴，百姓熙洽，保性命之和。"这是从政治哲学的角度解说《老子》，把无为而治说成是"达于自然之分"，所收到的效果则是君臣百姓均能保全自然天性。

阮籍著《达庄论》，其中写道："天地生于自然，万物生于天地。自然者无外，故天地名焉；天地者有内，故万物生焉。"所谓的自然既是宇宙本体，又是天地万物得以生成的最终母体。文中还写道："人生天地之中，体自然之形。身者，阴阳之精气也；性者，五行之正性也；情者，游魂之变欲也；神者，天地之所以驭者也。"这是把精气、阴阳五行、神，都纳入天地自然的范畴，以此解释人的形体、性情、精神的由来，它们都是生于天地自然。

阮籍著《乐论》，文中称："此自然之道，乐之所始也。"这是把音乐的最初生成追溯到自然之道。文中还写道："故八音有本体，五声有自然。其同物者，以大小相君。有自然，故不可乱。"音乐的节奏、旋律、声调，都被归结为遵循自然的结果。

在阮籍看来，所谓的自然是浑沦一体、不可分割的，这就是《达庄论》所称："自然一体，则万物经其常。"从这种理念出发，他反对人为的作智造巧、明是考非、乐生恶死。对于庄子提出的齐一万物的论断，《达庄论》中反复予以阐释，用以论证天地自然的浑沦一体："至道之极，混一不分。"

阮籍崇尚自然而反抗名教，把追求精神自由作为人生的最终归宿。《清思赋》写道："夫清虚寥廓，则神物来集；飘摇恍惚，则洞幽贯冥；冰心玉质，则激洁思存；恬淡无欲，则泰志适情。"在阮籍看来，人的心灵回归自然，就能与天地自然合体，从而进入泰志适情的自由境界。《答伏义书》对于人生的自由境界作了如下描述："齐万物之去留，随六气之虚盈，总玄纲于太极，抚天一于寥廓。"阮籍所追求的人生自由境界，带有浓郁的浪漫色彩，呈现的是幻想世界。其中提到的六气、太极、天一，均属于天地自然，精神自由就是向天地自然回归。

阮籍的著述在南朝梁时期有集十三卷，《隋书·经籍志》著录十卷。明人张溥辑《汉魏六朝百三家集》，辑有《阮籍集》，其中收录的文类有赋、诗、文。阮籍的五言诗以《咏怀》八十二首为代表，反映易代之际的忧伤和感慨，内容复杂，笔法隐晦，兴寄遥深。主要注本有今人陈伯君的《阮籍集校注》。

本教材节选的《大人先生传》，全文以大人先生为理想的化身，从中可以见到阮籍本人的投影。文中强烈抨击虚伪的名教，追求自由逍遥的人生境界。这篇文章是阮籍玄学理念的形象表现，是崇尚自然之道的浪漫书写。

大人先生传[1]（节选）

阮籍

大人先生盖老人也[2]。不知姓字[3]。陈天地之始[4]，言神农、黄帝之事[5]，昭然也[6]。莫知其生平年之数[7]。尝居苏门之山[8]，故世或谓之。问[9]养性延寿，与自然齐光[10]，其视尧舜之所事[11]若手中耳[12]。以万里为一步，以千岁为一朝[13]，行不赴而居不处[14]，求乎大道而无所寓[15]。先生以应变顺和[16]，大地为家，运去势隤[17]，魁然独存[18]，自以为足与造化推移，故默探道德[19]，不与世同。自好者非之[20]、无识者怪之，不知其变化神微也[21]；而先生不以世之非怪而易其务也。先生以为中区之在天下[22]，曾不若蝇蚊之着帷[23]，故终不以为事[24]，而极意乎异方奇域[25]，游览观乐[26]，非世所见[27]，徘徊无所终极。遗其书于苏门之山而去[28]，天下莫知其所如往也[29]。

注释

［1］大人：这里指超脱世俗的逍遥之人。传：本指人物传记，这里指对于大人的立身行事加以叙述。全文并不是传记体，而是主客问答的设辞体。

［2］盖：句首语气词。

［3］姓字：姓氏和名字。古人有名有字，称字表示对他人的尊敬。

［4］陈：陈述，讲述。

［5］神农：传说中最开始从事农耕的人物，或称炎帝。黄帝：上古早期的部落联盟首领，后世把他列为五帝之首。

［6］昭然：清清楚楚。

［7］生平年：年寿，寿命。

［8］苏门之山：传说中的隐士高人所在之山。当指天门山，在今河南修武附近。

［9］有版本"问"作"闲"字。

［10］齐光：同光，同样光辉。

［11］尧、舜之所事：指尧、舜禅让及治理天下之事。

［12］若手中：如同在手中，谓轻而易举。

［13］一朝（zhāo）：一个早晨。朝，早晨。

［14］行不赴：走路没有目的地，即无固定目标。赴，奔向，前往。居不处：居住而不停留，居无定所之义。处，停留。

［15］寓：委托。

［16］应变：适应变化。顺和：顺随和谐。顺，顺从，动词。

［17］运去：时运离开，指形势变得恶劣。运，气数，世运。势隤（tuí）：形势恶化。隤，坠下，崩塌。

［18］魁（kuí）然：高大壮伟之象。

［19］默探：暗中探索。默，暗中，心中。

［20］自好（hào）：自爱，自洁。

［21］神微：神奇微妙。

［22］中区：中土，九州大地。

［23］曾：简直。着帷：附着在帷帐上。着，附着。

［24］不以为事：不把它作为自己的事情。

［25］极意：尽意。极，尽。

［26］观乐（lè）：观赏而快乐。

［27］世：指现实世界。

［28］遗其书：留下书信。遗，遗留。

［29］如往：前往。如，前行。

　　或遗大人先生书曰[1]：“天下之贵，莫贵于君子[2]：服有常色[3]，貌有常则[4]，言有常度[5]，行有常式[6]；立则磬折[7]，拱若抱鼓[8]，动静有节[9]，趋步商羽[10]，进退周旋[11]，咸有规矩心若怀冰[12]，战战慄慄[13]，束身修行[14]，日慎一日，择地而行，唯恐遗失[15]，诵周孔之遗训[16]，叹唐虞之道德[17]，唯法是修，唯理是克[18]，手挚珪璧[19]，足履绳墨[20]，行欲为目前检[21]，言欲为无穷则[22]；少称乡闾[23]，长闻邦国[24]，上欲图三公[25]，下不失九州牧[26]，故挟金玉[27]，垂文组[28]，享尊位，取茅土[29]，扬声名于后世，齐功德于往古；奉事君上，牧养百姓[30]，退营私家[31]，育长妻子[32]，卜吉而宅[33]，虑乃亿祉[34]，远祸近福，永坚固己[35]：此诚士君子之高致[36]，古今不易之美行也。今先生乃被发而居巨海之中[37]，与若君子者远[38]，吾恐世之叹先生而非之也。行为世所笑，身无由自达[39]，则可谓耻辱矣。身处困苦之地，而行为世俗之所笑，吾为先生不取也[40]。”

注 释

[1]或：有人。遗（wèi）：给。

[2]君子：这里指礼法之士。

[3]服：衣服。常：固定的。

[4]貌：面貌，面容。则：规则。

[5]度：尺度，标准。

[6]式：法世，这里指姿势。

[7]立：站立。磬折：磬的弯曲之象。磬，古代打击乐器，状如曲尺，以玉或石制成。这句意为：站立时身体如磬形弯曲，如鞠躬之象。

[8]拱：拱手，双手胸前相合，表示恭敬。

[9]节：法度，分寸。

[10]趋：小步快行。步：慢走。商羽：音乐术语，指商声和羽声。这句是说行走快慢合乎音乐节拍。

[11]周旋：本指旋转，这里指行礼的动作。

[12]怀冰：心中惊恐不安之象。

[13]慄（lì）慄：小心谨慎，恐惧不安。

[14]束身：约束自己。

[15]遗失：遗漏和缺失。

[16]周孔：周公和孔子。周公，周武王之弟，西周初年制礼作乐。

[17]唐虞：唐尧和虞舜。原始社会末期两位部落联盟首领。

〔18〕克：完成，实现。

〔19〕挚（zhì）：执持。珪（guī）璧：古代贵族在礼仪场合所用的玉器。珪，长条形，上尖或圆，下方。璧，圆形，扁平，正中有孔。

〔20〕绳墨：木工用于正曲直的工具，这里指规矩、法度。

〔21〕检：取法。这句意为：做事想要被目前所取法。

〔22〕无穷：指无限的未来。这句意为：说话想要被无限的未来作为准则。

〔23〕少：年少时。称：赞扬，此指受到称赞。乡闾（lǘ）：乡里，乡间。

〔24〕长：年长。闻：有名声。

〔25〕上：最高。图：图谋，谋取。三公：指朝廷最高官职，各个朝代具体所指不同。

〔26〕下：最低。九州牧：九州的行政长官。古代中国分为九州，牧为一州之长。

〔27〕挟（xié）：拥有。金玉：泛指玉佩、金印等。

〔28〕文组：有花纹的绶带，用于系玉佩、金印等。

〔29〕取茅土：代指封侯。周代封五色土为社，分封诸侯时，各取所在方位色彩的社土，用白茅包之。

〔30〕牧养：管理养育。牧，管理。

〔31〕退：告退，退休。私家：指自己的家庭。

〔32〕育长：抚养，养育。妻子：妻子儿女。

〔33〕卜吉：占卜吉利。宅：建房居住。

〔34〕虑：考虑，思虑。亿祉（zhǐ）：多福。亿，十万，极言其多。

〔35〕永坚：长久坚牢。固己：加固自己。

〔36〕高致：高尚的情致。

〔37〕被发：披发。巨海：大海。

〔38〕若：顺从。这句意为：与顺从君子的做法相距甚远。亦可释为代词，指这样、如此。

〔39〕无由：无从，没有办法。自达：自己得志、显贵。

〔40〕为：对。不取：不赞成。这句意为：我对先生不赞成。

于是大人先生乃逌然而叹[1]，假云霓而应之曰[2]："若之云尚何通哉[3]！夫大人者，乃与造物同体[4]，天地并生[5]，逍遥浮世[6]，与道俱成，变化散聚，不常其形[7]。天地制域于内[8]，而浮明开达于外[9]。天地之永固，非世俗之所及也。吾将为汝言之。

往者[10]，天尝在下[11]，地尝在上，反复颠倒，未之安固，焉得不失度式而常之？天因地动[12]，山陷川起，云散震坏[13]，六合失理[14]，汝又焉得择地而行，趋步商羽？往者群气争存[15]，万物死虑[16]，支体不从^[17]，身为泥土^[18]，根拔枝殊^[19]，咸失其所^[20]，汝又焉得束身修行，磬折抱鼓？李牧功而身死^[21]，伯宗忠而世绝^[22]，进求利以丧身，营爵赏而家灭^[23]，汝又焉得挟金玉万亿，祗奉君上而全妻子乎^[24]？且汝独不见乎虱之处乎裈中^[25]，逃乎深缝，匿夫坏絮，自以为吉宅也^[26]。行不敢离缝际，动不敢出裈裆，自以为得绳墨也。饥则啮人^[27]，自以为无穷食也^[28]。然炎丘火流^[29]，焦邑灭都^[30]，群虱死于裈中而不能出。汝君子之处区内^[31]，亦何异夫虱之处裈中乎？悲乎！而乃自以为远祸近福，坚无穷已；亦观夫阳乌游于尘外^[32]而鷦鹩戏于蓬艾^[33]，小火固不相及^[34]，汝又何以为若君子闻于予乎？且近者夏丧于商^[35]，周播之刘^[36]，耿薄为墟^[37]，丰镐成丘^[38]，至人未一顾^[39]而世代相酬^[40]，厥居未定^[41]，他人已有^[42]，汝之茅土，将谁与久^[43]？是以至人不处而居^[44]，不修而治^[45]，日月为正^[46]，阴阳为期^[47]岂希情于世，系^[48]累于一时^[49]。乘东云，驾西风，与阴守雌^[50]，据阳为雄^[51]，志得欲从^[52]，物莫之穷^[53]，又何不能自达而畏夫世笑哉！”

中华书局 1987 年刊本陈伯君《阮籍集校注》卷上

注释

[1] 逌（yōu）然：神态轻松的样子。

[2] 假：凭借，依托。这句意为：驾乘云和霓虹而作回应。

[3] 若之云：你所说的。若，你。尚何通：崇尚的是什么样的通达？

[4] 造物：指自然造化。

[5] 并生：并列而生。

[6] 浮世：漂浮在现实世界之上。

[7] 不常：不固定。

[8] 制域：控制疆域。内：指内心。这句意为：天地控制我内心的疆域，指心灵如天地般广阔。

[9] 浮明：指日月星辰。开达：开启通达。

[10] 往：以往，过去。

[11] 尝：曾经。

[12] 因：顺着，依随。

[13] 震：指雷。坏：指毁坏。

[14] 六合：指上下和四方。失理：失去秩序。理，规则，秩序。

[15] 群气：自然界中的各种气体。存：存在。

[16] 死洃：死亡相连结。洃，连缀，连结。

　　[17] 不从：不顺从。此句指肢体不灵活，动作艰难，病态。

　　[18] 身为泥土：谓死亡而土葬。

　　[19] 枝殊：枝条脱离主干。殊，断绝。

　　[20] 失其所：失其住所，意谓没有安身立命之处。所，处所。

　　[21] 李牧：战国时赵国名将，因军功封为武安君。后来秦国贿赂赵王宠臣郭开，诬陷他谋反，李牧被杀。事见《史记·廉颇蔺相如列传》。

　　[22] 伯宗：春秋时期晋国大夫，为人忠直，最终被杀。事见《国语·晋语五》。世绝：世系断绝。

　　[23] 营：谋求，经营。爵赏：官职和赏赐。爵：这里指官职。

　　[24] 祗（zhǐ）奉：敬奉。祗，恭敬。

　　[25] 虱（shī）：寄生在人畜身上吸血的小虫。裈（kūn）：裤子。

　　[26] 吉宅：安全的住宅。

　　[27] 啮（niè）：咬。

　　[28] 无穷食：享用不尽的食物，无限期地加以食用。

　　[29] 炎丘：指火山，山上起火。丘，指山。

　　[30] 焦邑：烧焦人群聚居之处。邑，古代区域单位，九夫为井，四井为邑，相当于村落。灭都：毁灭中心城市。都，中心城市，大邑。

　　[31] 区内：人世间，人间世界之中。

　　[32] 阳乌：指太阳，神话中太阳里有三足乌，负载太阳运行。尘外：尘埃之外。

　　[33] 鹪鹩（jiāoliáo）：一种形体很小的鸟。

　　[34] 不相及：不相涉，无法相比之义。

　　[35] 近者：指所距时段较近。夏衰于商：夏朝灭亡于商。

　　[36] 周：周朝。播：流荡，迁徙。刘：代指汉王朝，天子刘姓。这句意为：周朝被刘姓汉王朝所取代。

　　[37] 耿：古邑名，在今河南温县东，商代自祖乙至阳甲建都于此。薄：通"亳"，殷商王朝多处都城均称为亳。墟：废墟。

　　[38] 丰镐（hào）：周族早期首都，文王居丰，武王居镐，二者均位于今陕西西安附近。丘：丘墟，废墟。

　　[39] 顾：看，牢视。

　　[40] 相酬：相报答，这里指商灭夏、周灭商、汉灭周的历史更迭。

　　[41] 厥居：其居。这句意为：他的居处尚未安定下来。

　　[42] 已有：已经占有。有，占有。

　　[43] 将：跟随。与久：同久。与，同。以上两句意为：你所说的分封的土地，伴随何人同为长久呢？

　　[44] 不处而居：居无定处。处，停留。

　　[45] 修：指前文的束身修行。

　　[46] 正：统领，官长。

［47］期：限度。

［48］希情：寄托情感。希，企求，引申为寄托。

［49］系，牵涉，牵连。累：拖累，连累。

［50］与：亲附。守雌：守柔。

［51］据：依托。雄：指刚。

［52］欲从：欲望随顺，自然而然之义。

［53］莫：没有。穷：阻塞不通。这句意为：外物没有什么阻塞不通。

问题与思考

一、以上所录大人先生与对方的论辩，从哪些方面体现出天性自然与名教的冲突？

二、从空间和时间维度分析文章中大人先生对现实的超越。

知识链接

阮籍常率意独驾，不由径路，车迹所穷，辄恸哭而反。尝游苏门山，有隐者莫知姓名，有竹实数斛，杵臼而已。籍闻而从之，谈太古无为之道，论五帝三王之义，苏门先生翛然曾不眄之。籍乃嘐然长啸，韵响寥亮。苏门先生乃逌尔而笑。籍既降，先生喟然高啸，有如风音。籍素知音，乃假苏门先生之论以寄所怀。（刘义庆《世说新语·栖逸》刘孝标注引《魏氏春秋》）

籍归，遂著《大人先生论》，所言皆胸怀间本趣，大意谓先生与己不异也。观其长啸相和，亦近乎目击道存矣。（刘义庆《世说新语·栖逸》刘孝标注引《竹林七贤论》）

步兵校尉缺，厨中有贮酒数百斛，阮籍乃求为步兵校尉。

……

阮籍嫂尝还家，籍见与别。或讥之，籍曰："礼岂为我辈设也？"

阮公邻家妇有美色，当垆酤酒。阮与王安丰常从妇饮酒，阮醉，便眠其妇侧。夫始殊疑之，伺察，终无他意。（刘义庆《世说新语·任诞》）

附录

难张辽叔自然好学论

嵇康

夫民之性，好安而恶危，好逸而恶劳，故不扰则其愿得，不逼则其志从。洪荒之世，大朴未亏。君无文于上，民无竞于下。物全理顺，莫不自得。饱则安寝，饥则求食，怡然鼓腹，不知为至德之世也。若此，则安知仁义之端、礼律之文？及至人不存，大道陵迟，乃始作文墨，以传其意。区别群物，使有类族；造立仁义，以婴其心；制为名分，以检其外；勤学讲文，以神其教。故六经纷错，百家繁炽。开荣利之途，故奔骛而不觉。是以贪生之禽，食园池之粱菽；求安之士，乃诡志以从俗。操笔执觚，足容苏息；积学明经，以代稼穑。是以困而后学，学以致荣；计而后习，好而习成。有似自然，故令吾子谓之自然耳。推其原也，六经以抑引为主，人性以从欲为欢。抑引则违其愿，从欲则得自然。然则自然之得，不由抑引之六经；全性之本，不须犯情之礼律。故仁义务于理伪，非养真之要术；廉让生于争夺，非自然之所出也。由是言之：则鸟不毁以求驯，兽不群而求畜。则人之真性，无为正当，自然耽此礼学矣。

论又云：嘉肴珍膳，虽所未尝，尝必美之，适于口也。处在暗室，睹烝烛之光，不教而悦得于心。况以长夜之冥，得照太阳，情变郁陶，而发其蒙。虽事以末来，情以本应，则无损于自然好学。

难曰：夫口之于甘苦，身之于痛痒，感物而动，应事而作，不须学而后能，不待借而后有，此必然之理，吾所不易也。今子以必然之理，喻未必然之好学，则恐似是而非之议。学如一粟之论，于是乎在也。今子立六经以为准，仰仁义以为主，以规矩为轩驾，以讲诲为哺乳。由其途则通，乖其路则滞。游心极视，不睹其外。终年驰聘，思不出位。聚族献议，唯学为贵。执书摘句，俯仰咨嗟。使服膺其言，以为荣华。故吾子谓六经为太阳，不学为长夜耳。今若以明堂为丙舍，以诵讽为鬼语，以六经为芜秽，以仁义为臭腐。睹文籍则目瞧，修揖让则变伛，袭章服则转筋，谭礼典则齿龋。于是兼而弃之，与万物为更始，则吾子虽好学不倦，犹将阙焉。则向之不学，未必为长夜，六经未必为太阳也。俗语曰：乞儿不辱马医。若遇上古无文之治，可不学而获安，不勤而得志，则何求于六经，何欲于仁义哉？以此言之，则今之学者，岂不先计而后学？苟计而后动，则非自然之应也。子之云云，恐故得菖蒲菹耳！

人民文学出版社 1962 年刊本戴明扬《嵇康集校注》卷七

第二十讲
六祖坛经

所谓佛教，就是佛陀创立的宗教。佛的意思是觉者，以自觉、觉他、觉行圆满为追求。佛教产生于古印度。

约在公元前七世纪，婆罗门教形成，古印度奉其为国教，实行极其不平等的种姓制度。而反婆罗门教思潮的各种沙门派别日渐壮大。公元前六世纪，恒河流域中部一些城邦国家的经济迅猛发展，刹帝利等阶层追求平等的愿望空前强烈。在此背景下，释迦牟尼创立了佛教，以慈悲平等为号召，迅速发展壮大。

佛教在古印度的主要发展阶段是：一、原始佛教，公元前5—前3世纪，释迦牟尼创建佛教及其直传弟子传教的时期。二、部派佛教，公元前2—前1世纪。释迦牟尼生前随机布教，后来弟子们对佛法理解产生各种差异。佛灭后约一百年，佛教分裂为上座部、大众部，称"根本二部"。其后百余年间进一步分裂为十八部或二十部，称"枝末部派"。原始、部派时期的佛教，看到无常、无我（空），有很强的出世主义思想，追求自我解脱，但基本上还没有神的信仰。三、大乘佛教，自公元前后开始逐渐发展，强调普度众生，自称大乘，而将早期佛教贬称为小乘。《大般若经》《维摩诘经》《妙法莲华经》等阐释大乘理论和实践的经典影响巨大，他力信仰、十方世界、十方佛等大乘思想发展起来。大乘佛教在印度经历了三个时期：佛灭后约五百年，龙树、提婆创建的中观学派（空宗）兴起，宣扬"空""中道""二谛"思想；佛灭后约九百年，无著、世亲创建的瑜伽行派（有宗）兴起，宣扬"万法唯识""三界唯心"的唯识论思想；七世纪以后，密教开始流行。

印度孔雀王朝时期，阿育王（前273—前232年在位）奉佛教为国教，派传教师到周围国家传教，后来佛教逐渐成为世界性宗教，对许多国家的社会政治和文化生活产生重大影响。

佛教于两汉之际传入中国，其发展可分为三大阶段：格义连类，教门，宗门。

东汉至魏晋南北朝，以中国文化的固有术语翻译佛经，以传统的中国哲学去附会佛教思想，这种方法被称为"格义""连类"。格，比较，度量。义，名称，概念。格义指用比较和类比的方法来解释和理解跨文化背景的概念。连类指连缀同类事物。格义连类就是以本国文化拟配外来思想，是初步的、过渡性的方法，是必然的、开启性的解释模式。东汉已有佛经翻译，但当时没有出家的中国僧人，佛教活动主要存在于以宫廷贵族为主的上层社会。魏晋时期，译经的数量、质量都大大提高，名僧辈出，出现了中国佛教的义理之学，佛教的般若学深受玄学影响。南北朝时期，南方、北方分别盛行义学和禅学。北朝僧尼数量最多时达二百万人。

隋唐时期，佛教进入鼎盛。始于南北朝的"教相判释"，促使中国化的宗派在隋唐产生。教相判释，就是对释迦牟尼一代所说佛法之相状差别进行辨别、阐释，即对经典、派别、理论的时间先后、义理浅深等进行全面比较、剖析，判别其意义和地位。由于诸家所见各异，遂生宗派之别。隋代产生了天台宗、三论宗，唐代产生了唯识宗、华严宗、禅宗、律宗、净土宗、密宗。"大乘八宗"的形成标志着佛教中国化的完成。

禅宗自许为得佛之心印的"宗门"，将别的宗派归为"教门"。宋以后，佛教各派趋向于融合。明清两代，汉地佛教仅保持原有余绪。

佛教建构了须弥山、三千大千世界组成的宇宙模式，进而指出本质皆空。各个佛教派别竞相把"空"阐释得更透彻、更圆融，希望由此觉悟，破除"无明"，摆脱生死轮回，获得究竟解脱。禅宗（南宗禅）在相关问题上的立场最为彻底，将他力信仰转变为自我解脱，其极致就是佛教的自我瓦解。

佛教各个宗派的经典形成了非常丰富的佛学理论体系，提供了对待人生和世界的独特视角和态度。

《六祖大师法宝坛经》，简称《坛经》，记载了禅宗六祖慧能一生得法传宗的事迹和启导门徒的言教，是研究禅宗思想渊源的重要依据。由于历代辗转传抄，因而版本较多，大致有五类：一、唐代敦煌本；二、北宋惠昕本；三、北宋契嵩本；四、元代德异本；五、元代宗宝本。各本体例互异，内容详略不同。宗宝本最为成熟、完整且文字晓畅，是明以后最通行的版本，《坛经》文本至此最终定型。一般认为，《坛经》有后人增益的成分，但基本内容代表了慧能思想。

《坛经》品目为自序、般若、决疑、定慧、妙行、忏悔、机缘、顿渐、护法、付嘱等十品。《行由品》述慧能求法、得法以及讲法的事迹由来。《般若品》讲述般若智慧的存在、作用以及获得途径。《疑问品》回答韦使君对达摩功德、往生西方的疑问。《定慧品》阐释定、慧的本质及其关系。《坐禅品》论述关于坐禅习定的新观念。《忏悔品》以无相忏悔为中心，述说清除世俗业缘、实现心性解脱的仪轨和义理。《机缘品》述慧能演说佛法、普度众生的根机与因缘。《顿渐品》述顿悟与渐悟的分别，以及南北宗之间发生的事件。《护法品》述慧能为朝廷使者讲说禅门宗旨一事的始末，表露了护持正法的心意。《付嘱品》记述慧能去世前后的情景以及他临终说法的主要内容。

《坛经》中心思想是"见性成佛"。性，指众生本具之成佛可能性。这一思想与《涅槃经》"一切众生悉有佛性"之说一脉相承。其诱导禅者修禅的实践方法是"无念为宗，无相为体，无住为本"。又主张顿悟说，同时也强调"法即无顿渐，迷悟有迟疾""法无顿渐，人有利钝"。《坛经》还发挥唯心净土思想，同时主张"佛法在世间，不离世间觉。离世觅菩提，恰如求兔角"。

本章选读宗宝本《坛经》的《般若品第二》，其主要内容是：般若是觉悟而解脱的智慧，是六种波罗蜜中最重要的；般若存在于人的自性之中；人要认识自己的本性，从中悟得般若智慧；不仅要悟解，还要修行。

般若品第二

次日，韦使君请益[1]。师升座，告大众曰：总净心念摩诃般若波罗蜜多[2]。复云：善知识[3]，菩提般若之智[4]，世人本自有之。只缘心迷[5]，不能自悟。须假大善知识[6]，示导见性[7]。当知愚人智人，佛性本无差别[8]。只缘迷悟不同，所以有愚有智。吾今为说摩诃般若波罗蜜法，使汝等各得智慧。志心谛听[9]，吾为汝说。

善知识，世人终日口念般若，不识自性般若[10]，犹如说食不饱[11]。口但说空，万劫不得见性[12]，终无有益。

善知识，摩诃般若波罗蜜是梵语[13]，此言大智慧到彼岸。此须心行，不在口念。口念心不行，如幻如化，如露如电。口念心行[14]，则心口相应。本性是佛[15]，离性无别佛[16]。

> ## 注释

[1] 韦使君：指当时的韶州刺史韦璩，或作韦琚。

[2] 总：都，皆。净心：排除外在干扰。摩诃般若波罗蜜多：由生死苦海渡到涅槃之彼岸的大智慧。摩诃：大。般若：透彻观照一切事物本质皆空而获得解脱的非寻常智慧。波罗蜜多：到彼岸，究竟，度。

[3] 善知识：能教导众生远离恶法、修行善法的人。知识：相识的人，友人。佛书以"善知识"称呼道友、良师。

[4] 菩提：觉、智、道，指豁然彻悟的境界，又指觉悟的智慧和觉悟的途径。

[5] 缘：由于，因为。

[6] 假：依靠，借助。大善知识：指深通佛法、能指导他人修习的高僧大德。

[7] 见性：彻悟清净的佛性。

[8] 佛性：众生自我觉悟、得道成佛之性。

[9] 志心：专心，诚心。

[10] 自性：自体的本性，即人人本来具有之佛性。

[11] 说食不饱：凭空谈论食物，而不真正进食，是不可能填饱肚子的。此处

比喻参禅悟道必须自性领悟，而不能靠口头言说。

[12]万劫：极长久的时间。佛教称世界从生成到毁灭的过程为一劫，万劫即万世。

[13]梵语：一般指古印度的书面语。古印度人认为自己所说的语言为婆罗门教创造之神梵天所制，称作梵语。佛经原用梵文写成，故凡与佛教有关的事物，多以"梵"字前缀。

[14]心行：诚心修行、实践。

[15]佛：佛陀的简称，本义为"觉"，佛教徒用作对其创始人释迦牟尼的尊称，亦泛指修行圆满而成道的一切佛陀。

[16]以上是第一部分，大意是：般若智慧存在于自性之中，只有体悟自身本有的般若之智，才能领悟佛法，渡到彼岸。

何名摩诃？摩诃是大。心量广大[1]，犹如虚空，无有边畔，亦无方圆大小，亦非青黄赤白，亦无上下长短，亦无瞋无喜，无是无非，无善无恶，无有头尾[2]。诸佛刹土[3]，尽同虚空。世人妙性本空，无有一法可得[4]。自性真空，亦复如是。

善知识，莫闻吾说空便即著空[5]。第一莫著空。若空心静坐[6]，即著无记空[7]。

善知识，世界虚空，能含万物色像、日月星宿、山河大地、泉源溪涧、草木丛林，恶人善人、恶法善法，天堂地狱、一切大海、须弥诸山[8]，总在空中。世人性空，亦复如是。

善知识，自性能含万法是大，万法在诸人性中，若见一切人恶之与善尽皆不取不舍，亦不染著，心如虚空，名之为大。故曰摩诃[9]。

注释

[1]心量：胸怀，心胸。佛教指心对外境的攀缘、度量，以此概括集起万有的精神现象。

[2]此句谓佛之心量中没有一切世俗之喜怒、善恶、是非。

[3]刹土：田土，国土。

[4]此句意为：人所具有的圆满殊胜、不可思议的佛性，本为虚空，所以没有任何一法可以执取获得。

[5]著：陷于，执着于，局限于，拘泥于，纠缠于。

[6]空心：执著空见的心，亦即否定因果之理的心。空心静坐：虽不牵涉善恶等事，然俱非真心，但是昏住。

［7］无记空：于善不善皆不可记别的空。

［8］须弥诸山：指须弥山及其外围的八个山。佛家把宇宙空间称作"大千世界"，包括一千个"中千世界"。继续往下解构，就是"小千世界""小世界"。每个"小世界"的主体，是一座须弥山。须弥山腰有日月、四天王天，山顶为帝释三十三天。须弥山外围的八个山是：持双、持轴、檐木、善见、马耳、象鼻、持边、铁围。

［9］以上是第二部分，大意是："摩诃"是佛性的境界，它容量广大，能包含万物，而又不染不著，心如虚空，故名之为"大"。

善知识，迷人口说，智者心行。又有迷人，空心静坐，百无所思，自称为大。此一辈人，不可与语，为邪见故。

善知识，心量广大，遍周法界。用即了了分明，应用便知一切。一切即一，一即一切。去来自由，心体无滞，即是般若。

善知识，一切般若智，皆从自性而生，不从外入。莫错用意，名为真性自用。一真一切真。心量大事，不行小道。口莫终日说空，心中不修此行。恰似凡人自称国王，终不可得，非吾弟子。

善知识，何名般若？般若者，唐言智慧也。一切处所，一切时中，念念不愚，常行智慧，即是般若行。一念愚即般若绝，一念智即般若生。世人愚迷，不见般若。口说般若，心中常愚。常自言我修般若，念念说空，不识真空。般若无形相，智慧心即是。若作如是解，即名般若智[1]。

何名波罗蜜？此是西国语，唐言到彼岸，解义离生灭。著境生灭起，如水有波浪，即名为此岸。离境无生灭，如水常通流，即名为彼岸，故号波罗蜜。善知识，迷人口念，当念之时，有妄有非。念念若行，是名真性。悟此法者，是般若法。修此行者，是般若行。不修即凡。一念修行，自身等佛。善知识，凡夫即佛，烦恼即菩提。前念迷即凡夫，后念悟即佛。前念著境即烦恼，后念离境即菩提[2]。

善知识，摩诃般若波罗蜜最尊最上最第一，无住无往亦无来，三世诸佛从中出。当用大智慧打破五蕴烦恼尘劳[3]。如此修行，定成佛道，变三毒为戒定慧[4]。善知识，我此法门[5]，从一般若生八万四千智慧[6]。何以故？为世人有八万四千尘劳。若无尘劳，智慧常现，不离自性。悟此法者，即是无念。无忆无著[7]，不起诳妄。用自真如性[8]，以智慧观照[9]。于一切法，不取不舍，即是见性成佛道[10]。

![注释]

[1]以上是第三部分，大意是：一切般若智慧都从人本有的佛性中来。心体无滞，即是般若；念念破除迷妄，遵照修行，即是般若行。

[2]以上是第四部分，大意是："波罗蜜"就是超离生死，渡到彼岸。只要坚持修行，超离世俗，一定能够觉悟成佛。

[3]五蕴：色、受、想、行、识。"蕴"（塞建陀）意思为"荫蔽"。色，组成身体的物质。"受"本义为"领纳"，受蕴指生理、心理、伦理方面的情绪感受，就是感官对现象而生成的苦、乐、喜、忧等情绪积聚。想，意向作用。行蕴，意志、活动等。识蕴，意识。五蕴可归纳为"名"和"色"两个大类。色为物质现象，受、想、行、识都属心理活动，总括为"名"。佛教四谛之一的苦谛认为，人生现世一切有生灭，故"一切皆苦"。列举的三苦、八苦等种种苦象，其中一种是五蕴炽盛，意思是：一切现象都是名、色积聚集合的结果，本身没有自性。

[4]三毒：贪、嗔、痴。贪是贪爱五欲，引取无厌；嗔是嗔恚无忍，身心恼热；痴是愚痴无明，迷于事理。贪嗔痴是一切烦恼的根本，能毒害身命和慧命，故名"三毒"。戒定慧：概称"三学"，是学佛者必须修持的三种基本学业。戒，指戒律，即防止身、口、意（行为、语言、思想）三方面的过失。定，指禅定，即静虑澄心，见性悟道。慧，亦即智慧，就是断除烦恼，显发本性，摈除一切欲望和烦恼，以窥见法，获得智慧解脱。"三学"概括了全部佛教教义和修行法门。戒和定是获得慧的手段，由戒得定，由定发慧，最终获得无漏道果。

[5]法门：佛教的教化方式和内容，是众生超凡入圣的门户，故称"法门"。

[6]八万四千：形容数目很多，是印度人常用的一种习惯语，佛经常以此表示极其众多的数字。

[7]此处指对世俗之事不系念、不追忆、不执著。无念：无有妄念。

[8]真如：指诸法实相，亦即宇宙万有的本体、永恒存在的实性。真，真实不虚；如，如常不变。诸法之体性离虚妄而真实，常住而不变不改，恒常如此。自性清净心、佛性、法身，与"真如"异名而同体。

[9]观照：静观世界，以智慧而照见事理。

[10]见性成佛：彻见自心之中有着一切众生普具之佛性，当下即与诸佛无异，更莫别求。以上是第五部分，大意是："摩诃般若波罗蜜"尊贵无比，可以破除一切五蕴烦恼，生出无穷智慧。

善知识，若欲入甚深法界[1]，及般若三昧者[2]，须修般若行。持诵《金刚般若经》，即得见性。当知此经功德，无量无边。经中分明赞叹，莫能具说。此法门是最上乘，为大智人说，为上根人说[3]。小根小智人闻，心生不信。何以故？譬如天龙下雨于阎浮提[4]，城邑聚落，悉皆漂流，如漂草叶；若雨大海，不增不减。若大乘人[5]，若最上乘人，闻说《金刚经》[6]，心开悟解，故知本性自有般若之智，自用智慧，常观照故，不假文字。譬如雨水，不从无有，元是龙能兴致，令一切众生，一切草木，有情无情，悉皆蒙润。百川众流，却入大海，合为一体。众生本性般若之智，亦复如是[7]。

善知识，小根之人闻此顿教[8]，犹如草木，根性小者，若被大雨，悉皆自倒，不能增长。小根之人，亦复如是。元有般若之智，与大智人更无差别，因何闻法不自开悟？缘邪见障重，烦恼根深。犹如大云覆盖于日，不得风吹，日光不现。般若之智亦无大小，为一切众生自心迷悟不同。迷心外见，修行觅佛，未悟自性，即是小根。若开悟顿教，不执外修，但于自心常起正见，烦恼尘劳，常不能染[9]，即是见性。

善知识，内外不住，去来自由；能除执心，通达无碍。能修此行，与《般若经》本无差别[10]。

注释

[1] 法界：通常泛称各种事物的现象及其本质，此处指真如实相。现象意义的"法"泛指宇宙万有一切事物，包括世出世间法，皆能保持各自特性，互不相紊。"界"含有部类、分际的意思，即分门别类的不同事物各守其不同的界限。不同经论、宗派对法界的开合分类有所不同。佛教关于法界的说法主要有：1.受因果之理支配的法相范围名为法界，而佛超脱此范围，独屹立于法界之外。2.真如实相，法性法界，其体为一，是为诸法所依之性，亦谓之一法界。3.法之边际，总该万有，广大深远，无过于此。4.诸法各有自体，而分界不同。5.一一之法，法尔圆融，事事无碍，具足一切诸法。

[2] 三昧：梵语音译，又译为"三摩地"等。意为定，息虑凝心。一切禅定，亦名定，亦名三昧。息止缘虑，凝结心念，心体寂静，自性不动，离于邪乱，善心一处住不动，是名三昧。

[3] 上根：上等的根器，指根性很敏锐的人。人的本性和本质，如同树木的本根。佛家以"根性"表示众生善恶的业力和习性。能产生善恶的力叫"根"，产生善恶的习气叫"性"。与"根性"相似的还有"根器""根机"。根能堪物曰"器"，根之发动处曰"机"。佛教认为众生根器有大小、高下、利钝、善恶等区别。

[4] 阎浮提：佛教所说须弥山之南方大洲，是人类之所居处，人身多长三肘半，人寿无定限。又译为赡部洲。阎浮（赡部）为树名。此洲有五百小洲围绕，中心有阎浮树的森林，树形高大，其果甘美。林中有河，底有金沙。或说，阎浮果汁，点物成金，因流入河，染石为金。其色赤黄，兼带紫焰。

　　[5]大乘："摩诃衍那"之意译，是公元一世纪左右逐步形成的佛教派别，强调普度一切众生，提倡以"六度"为主的"菩萨行"，如发大心者所乘的大车，故名"大乘"。

　　[6]金刚经：全称《能断金刚般若波罗蜜经》，又称《金刚般若波罗蜜经》。金刚石，极其坚利，百炼不销，佛家视为希世之宝，引申喻如来之智慧。《金刚经》内容为佛在舍卫国为须菩提等说法，初说境空，次示慧空，后明菩萨空。有后秦鸠摩罗什、北魏菩提流支、南朝陈真谛、隋达摩笈多、唐玄奘、唐义净等六种汉文译本。此经以空慧为体，说一切法无我之理。此经篇幅适中，历来弘传甚盛，特别为惠能以后的禅宗所重。

　　[7]以上是第六部分，大意是：要了解般若智慧的精妙之处，就要诵持《金刚经》，以自心本有的般若智慧观照万物，而不假文字。

　　[8]顿教：不必渐修，而由顿悟以成就佛果的法门。对于顿悟成佛者，直说大法的说法方式也叫顿教。

　　[9]染：染污，沾染。

　　[10]以上是第七部分，大意是：世俗邪见烦恼，如同浮云覆盖阳光，障蔽了人的自性。若能闻此顿教，开悟自性，则可成就般若法门。

　　善知识，一切修多罗及诸文字[1]、大小二乘、十二部经[2]，皆因人置。因智慧性，方能建立。若无世人，一切万法本自不有，故知万法本自人兴。一切经书，因人说有，缘其人中有愚有智。愚为小人，智为大人。愚者问于智人，智者与愚人说法。愚人忽然悟解心开，即与智人无别。善知识，不悟即佛是众生。一念悟时，众生是佛。故知万法尽在自心。何不从自心中，顿见真如本性。《菩萨戒经》[3]云：我本元自性清净，若识自心见性，皆成佛道。《净名经》[4]云：即时豁然，还得本心[5]。

　　善知识，我于忍和尚处[6]，一闻言下便悟[7]，顿见真如本性。是以将此教法流行，令学道者顿悟菩提，各自观心，自见本性。若自不悟，须觅大善知识，解最上乘法者，直示正路。是善知识有大因缘。所谓化导令得见性。一切善法，因善知识能发起故。三世诸佛[8]、十二部经，在人性中本自具有。不能自悟，须求善知识，指示方见。若自悟者，不假外求。若一向执谓须他善知识望得解脱者，无有是处。何以故？自心内有知识自悟。若起邪迷，妄念颠倒，外善知识虽有教授，救不可得。若起正真般若观照，一刹那间[9]，妄念俱灭。若识自性，一悟即至佛地[10]。

注释

[1] 修多罗：有共名、别名两种含义。广义的修多罗是一切经之总名，该摄十二部经。"修多罗"梵语本意为綖（同线），谓佛经教能贯穿法义使不散失，如以綖贯花。又有意译为契经，谓佛经契理合机，贯穿法相，摄持所化，如经之于纬。狭义的修多罗指"十二部经"中的修多罗部经。本句中修多罗为广义共名。

[2] 十二部经：一切经教可分为十二类，也叫十二分教。佛所说的一切法，可统摄为一修多罗，总称一切经，还可分类为经、律、论三藏。又可根据体裁和内容分为十二部。长行、重颂、孤起颂是以经文格式立名，其余九种依照经文内容而立名。

[3] 菩萨戒经：指《梵网经·卢舍那佛说菩萨心地戒品第十》下卷的戒相内容。此卷述释迦佛由莲华藏世界没，于十处示现成佛说法，又在娑婆世界阎浮提之菩提树下结示十重四十八轻之戒法。后为了便于诵持，将下卷里面偈颂之后的戒相独立录为一卷，天台宗智者大师称之为《菩萨戒经》。

[4] 净名经：《维摩诘经》之异名。维摩诘，汉语意译为无垢、净名。《维摩诘经》述说吠舍离一位"资产无量"的居士维摩诘，有无限灵活的善巧方便，过着十足的世俗贵族生活，却有超越沙门、菩萨的智慧，善于解说佛理。《维摩诘经》把世间、出世间统一起来，为大乘佛教的积极入世张目。

[5] 本心：自性清净心，指未受后天情识染污的心性。以上第八部分，大意是：一切万法，皆因人立；一切佛性，皆在自性之中。故不悟则佛是众生，顿悟则众生是佛。

[6] 忍和尚：禅宗五祖弘忍，俗姓周氏，湖北黄梅人。

[7] 言下：一言之下，顿时。

[8] 三世诸佛：出现于过去世、现在世、未来世的一切佛。在佛教成立的当时，释迦牟尼佛称为现在佛，在释迦牟尼佛以前的一切佛称为过去佛，在释迦牟尼佛以后成佛的称为未来佛。

[9] 一刹那间：极短的时间。佛经说人的一个念头中就含有九十个刹那，一刹那经九百生灭。佛家以"刹那"这一概念表达世间一切事物生灭变化的连续性和迅速性，谓之"刹那无常"。

[10] 以上是第九部分，大意是：学道者若未能自悟，便须由精通上乘佛法之大师化导开示，以生起内心般若智慧，见性成佛。

　　善知识，智慧观照，内外明彻，识自本心。若识本心，即本解脱。若得解脱，即是般若三昧。般若三昧，即是无念。何名无念？知见一切法，心不染著，是为无念。用即遍一切处，亦不著一切处。但净本心，使六识出六门[1]，于六尘中无染无杂[2]。来去自由，通用无滞。即是般若三昧，自在解脱^[3]。名无念行。若百物不思，当令念绝，即是法缚，即名边见^[4]。

善知识，悟无念法者，万法尽通。悟无念法者，见诸佛境界。悟无念法者，至佛地位^[5]。

善知识，后代得吾法者，将此顿教法门^[6]，于同见同行，发愿受持如事佛故，终身而不退者，定入圣位。然须传授从上以来默传分付，不得匿其正法。若不同见同行，在别法中，不得传付，损彼前人，究竟无益。恐愚人不解，谤此法门，百劫千生，断佛种性^[7]。

善知识，吾有一《无相颂》^[8]，各须诵取。在家出家，但依此修。若不自修，惟记吾言，亦无有益。听吾颂曰：

"说通及心通^[9]，如日处虚空。

唯传见性法，出世破邪宗。

法即无顿渐，迷悟有迟疾；

只此见性门，愚人不可悉。

说即虽万般，合理还归一；

烦恼暗宅中，常须生慧日^[10]。

邪来烦恼至，正来烦恼除；

邪正俱不用，清净至无余。

菩提本自性，起心即是妄。

净心在妄中^[11]，但正五三障^[12]。

世人若修道，一切尽不妨。

常自见己过，与道即相当。

色类自有道^[13]，各不相妨恼。

离道别觅道，终身不见道。

波波度一生^[14]，到头还自懊。

欲得见真道，行正即是道。

自若无道心，暗行不见道。

若真修道人，不见世间过；

若见他人非，自非却是左^[15]。

他非我不非，我非自有过。

但自却非心，打除烦恼破。

憎爱不关心，长伸两脚卧。

欲拟化他人，自须有方便^[16]。

勿令彼有疑，即是自性现。

佛法在世间，不离世间觉。

离世觅菩提，恰如求兔角。

'正见名出世，邪见名世间[17]'。

邪正尽打却[18]，菩提性宛然。

此颂是顿教，亦名大法船[19]；

迷闻经累劫，悟则刹那间。"

师复曰：今于大梵寺说此顿教，普愿法界众生言下见法成佛。时韦使君与官僚道俗[20]，闻师所说，无不省悟。一时作礼，皆叹善哉，何期岭南有佛出世[21]。

元宗宝本《六祖坛经·般若品第二》

注释

[1] 六识：眼识、耳识、鼻识、舌识、身识、意识。指六根（眼、耳、鼻、舌、身、意）对六尘（色、声、香、味、触、法）而生出的六种认识作用。六门：眼、耳、鼻、舌、身、意。指各种感知外境的器官，也称"六根""六入"。

[2] 六尘：见注[1]。此为"六境"，皆如尘埃染污，且俱为虚妄，故又称"六尘""六妄"。

[3] 解脱：指摆脱烦恼业障的系缚而复归自在。亦指脱离生死轮回之苦因，与"涅槃""圆寂"的含义相通。

[4] 边见：指执着片面极端的邪见。分为两种：常见，认为我常住不变；断见，认为我可以不受果报。亦作"边执"。

[5] 以上是第十部分，大意是：用佛性智慧观照万物，内外明彻，识本心而得解脱，这就是般若三昧的境界，也就是无念的境界。

[6] 顿教：佛教宗派对释迦牟尼一生所说教法进行判释，把不设位次、不依言辞而直接悟入真谛的教法归为"顿教"。慧能创立的南宗禅奉行"直指人心，顿悟成佛"之旨，不说法相，唯明真性，直指本源，顿时开悟，也被视为"顿教"。

[7] 以上是第十一部分，大意是：后代得此无念法者，应当终身发愿奉持不退，并向志同道合者传授此项法门，不得隐匿正法。

[8] 无相颂：阐说佛法的偈诗。佛教认为万物皆是化生而起的幻相，无真实相，故以"无相"代称佛法。

[9] 说通：辩说无碍，能以方便而随顺众生根器浅深，为其演说，无有障碍。"通"即融通无碍。心通：自悟彻底，远离一切言说文字妄想，悟证自己的本性。也作"宗通"。"宗"即心宗，心要。所谓宗通、心通，就是依教思修，得意忘言，趣入自觉之地，觉智圆明，融通无碍。

［10］慧日：像太阳一样无所不照的菩萨智慧。

［11］净心在妄中：与"烦恼即菩提"含义类似，意思是说：清静之佛性与迷妄相依存。

［12］三障：修行佛法、获得解脱的三大障碍。具体有多种说法：烦恼障、业障、报障，皮烦恼障、肉烦恼障、心烦恼障，我慢重障、嫉妒重障、贪欲重障，等等。

［13］色类：众生，万物。

［14］波波：奔波。

［15］左：偏邪，不行正道。

［16］方便：便于众生根机而阐释佛理的巧妙方法。方便是随时设教、随机应变的"权智"，是相对于般若、真实而言的，引导和教化众生所用的手段、方法和语言。

［17］这一句是概括某些人的错误看法：只有出世才能获得正见，身处尘世只能产生邪恶心念。

［18］邪正尽打却：不存有正邪的成见，将出世、入世打成一片。

［19］大法船：佛法能普度众生脱离苦海，像一条大船。

［20］道俗：出家之人与世俗之人。

［21］以上是第十二部分，大意是：慧能通过《无相偈》讲说顿悟法门，要求修行佛道者打破烦恼，体悟自性，不离世间，成就佛法。

问题与思考

一、佛学与佛教是什么关系？
二、如何看待三教关系？
三、什么是"判释教相"？
四、解释下列概念：大千世界，缘起性空，定慧双修，三谛圆融。

知识链接

尝观中国之有三教也，自伏羲氏画八卦，而儒教始于此。自老子著《道德经》，而道教始于此。自汉明帝梦金人，而佛教始于此。此中国有三教之序也。大抵儒以正设教，道以尊设教，佛以大设教。观其好生恶杀，则同一仁也；视人犹己，则同一公也；惩忿窒欲，禁过防非，则同一操修也；雷霆众聩，日月群盲，则同一风化也。由粗迹而论，则天下之理不过善、恶二途，而三教之意无非欲人之归于善耳。故孝宗皇帝制《原道辩》曰："以佛治心，以道治身，以儒治世。"诚知心也、身也、世也，不容有一之不治，则三教岂容有一之不立。无尽居士作《护法论》曰："儒疗皮肤，道疗血脉，佛疗骨髓。"诚知皮肤也、血脉也、骨髓也，不容有一之不疗也。如是，则三教岂容有一之不行焉？

儒教在中国，使纲常以正，人伦以明，礼乐刑政，四达不悖；天地万物，以位以育。其有功于天下也大矣。故秦皇欲去儒，而儒终不可去。道教在中国，使人清虚以自守，卑弱以自持，一洗纷纭轇轕之习，而归于静默无为之境。其有裨于世教也至矣。故梁武帝欲除道，而道终不可除。佛教在中国，使人弃华而就实，背伪而归真，由力行而造于安行，由自利而至于利彼。其为生民之所依归者，无以加矣。故三武之君欲灭佛，而佛终不可灭。隋李士谦之论三教也，谓："佛，日也；道，月也；儒，五星也。"岂非三光在天，阙一不可，而三教在世，亦缺一不可。虽其优劣不同，要不容于偏废欤！（元刘谧《三教平心论》）

孔子，人乘之圣也，故奉天以治人。老子，天乘之圣也，故清净无欲，离人而入天。声闻、缘觉，超人天之圣也，故高超三界，远越四生，弃人天而不入。菩萨，超二乘之圣也，出人天而入人天，故往来三界，救度四生，出真而入俗。佛则超圣凡之圣也，故能圣能凡，在天而天，在人而人，乃至异类分形，无往而不入。且夫能圣能凡者，岂圣凡所能哉。据实而观，则一切无非佛法，三教无非圣人。若人若法，统属一心；若事若理，无障无碍。是名为佛。（明憨山德清《论教乘》）

✒ 附录

般若波罗蜜多心经

［唐］三藏法师玄奘译

观自在菩萨，行深般若波罗蜜多时，照见五蕴皆空，度一切苦厄。

"舍利子，色不异空，空不异色；色即是空，空即是色。受想行识，亦复如是。"

"舍利子，是诸法空相，不生不灭，不垢不净，不增不减。是故空中无色，无受想行识；无眼耳鼻舌身意，无色声香味触法；无眼界，乃至无意识界。无无明，亦无无明尽；乃至无老死，亦无老死尽。无苦集灭道，无智亦无得。"

"以无所得故，菩提萨埵。依般若波罗蜜多，故心无罣碍。无罣碍，故无有恐怖，远离颠倒梦想，究竟涅槃。"

"三世诸佛，依般若波罗蜜多，故得阿耨多罗三藐三菩提。"

"故知般若波罗蜜多，是大神咒，是大明咒，是无上咒，是无等等咒，能除一切苦，真实不虚。故说般若波罗蜜多咒。"

即说咒曰："揭谛揭谛，波罗揭谛，波罗僧揭谛，菩提娑婆诃。"

乾隆《大藏经》第十七部

金刚经（节选）

[后秦] 鸠摩罗什译

第九品　一相无相分

"须菩提！于意云何？须陀洹能作是念：我得须陀洹果不？"须菩提言："不也，世尊！何以故？须陀洹名为入流，而无所入；不入色、声、香、味、触、法，是名须陀洹。"

"须菩提！于意云何？斯陀含能作是念：我得斯陀含果不？"须菩提言："不也，世尊！何以故？斯陀含名一往来，而实无往来，是名斯陀含。"

"须菩提！于意云何？阿那含能作是念：'我得阿那含果'不？"须菩提言："不也，世尊。""何以故？""阿那含名为不来，而实无不来，是名阿那含。"

"须菩提！于意云何？阿那含能作是念，我得阿那含果不？"须菩提言："不也。世尊！何以故？阿那含名为不来，而实无不来，是故名阿那含。"

"须菩提！于意云何？阿罗汉能作是念：我得阿罗汉道不？"须菩提言："不也，世尊！何以故？实无有法名阿罗汉。世尊！若阿罗汉作是念，我得阿罗汉道，即为著我、人、众生、寿者。世尊！佛说我得无诤三昧，人中最为第一，是第一离欲阿罗汉。世尊！我不作是念：'我是离欲阿罗汉。'世尊！我若作是念，我得阿罗汉道，世尊则不说须菩提是乐阿兰那行者，以须菩提实无所行，而名须菩提是乐阿兰那行。"

第十品　庄严净土分

佛告须菩提："于意云何？如来昔在然灯佛所，于法有所得不？""不也，世尊！如来在然灯佛所，于法实无所得。"

"须菩提，于意云何？菩萨庄严佛土不？""不也，世尊！何以故？庄严佛土者，即非庄严，是名庄严。"

"是故，须菩提！诸菩萨摩诃萨，应如是生清净心，不应住色生心，不应住声、香、味、触、法生心，应无所住，而生其心，须菩提！譬如有人，身如须弥山王，于意云何？是身为大不？"须菩提言："甚大，世尊！何以故？佛说非身，是名大身。"

乾隆《大藏经》第十七部

解题

朱熹（1130—1200）和吕祖谦（1137—1181）共同编纂。朱熹，南宋理学家，字元晦，一字仲晦，号晦庵，别称紫阳。祖籍徽州婺源（今属江西），后迁居建阳（今属福建）。师事李侗，是宋代理学家程颢、程颐的四传弟子。博览群书，广注典籍，传世著作主要有《四书章句集注》《周易本义》《诗集传》《楚辞集注》，及后人编纂的《晦庵先生朱文公文集》《朱子语类》等。

吕祖谦，与朱熹同时代的南宋理学家，字伯恭，时称东莱先生，婺州（今浙江金华）人。著有《东莱集》《吕氏家塾读书记》《东莱左传博议》等，编纂《宋文鉴》《古文关键》等。

南宋孝宗淳熙二年（1175）夏，吕祖谦从东阳（今属浙江）前往朱熹所在的建阳，与朱熹切磋学问，十天之后，编成这部著作。对此，朱熹在该书序言中有具体陈述。

《近思录》共收六百二十二则语录，分别出自北宋理学家周敦颐、张载、程颢、程颐的著作。从南宋孝宗乾道六年（1170）到淳熙二年（1175），朱熹一直居住在建阳的寒泉坞，八次辞免朝廷征召的命令，潜心学问，著书立说，完成一系列重要著述。在此期间，他全身心投入以周、张、二程为代表的理学思想的研究，从而为《近思录》的编纂奠定了坚实的基础。关于这部书的编纂意图，朱熹在序言中作了明确的交代："以为穷乡晚进有志于学，而无明师良友以先后之者，诚得此而玩心焉，亦足以得其门而入矣。"这部著作是为研究四子思想提供入门的向导，为的是把初学者引入北宋理学的精神世界。同时，朱熹在序言中又明确指出，读过《近思录》之后，要想继续深造，还须读四子全书，并且由博返约，才有可能全面掌握四子思想的精华，而不能停留于对《近思录》的研读。朱熹对这部著作有准确的定位，全书的编纂体现出作为理学入门书的特点。

《近思录》的"近思"一语出自《论语·子张》所载子夏的话语："博学而笃志，切问而近思，仁在其中矣。"所谓的近思，就是从自己身边的日常事情进行思索，这是二程的一贯主张。而在朱熹看来，博学、笃志、切问、近思，都是属于学问思辨层面，还未进入身体力行的社会实践范畴。因此，《近思录》没有停留在学理层面，而是兼顾理学的修身治人，关注它的可操作性、实践性。

《近思录》各卷未设标题，据《朱子语类》记载，朱熹在回答弟子询问时，对各篇内容依次概括如下：道体、为学大要、格物穷理、存养、改过迁善、克己复礼、齐家之道、出处进退辞受之义、治国平天下之道、制度、君子处世之方、教学之道、改过及人心疵病、异端之学、圣贤气象。清代茅星来注《近思录》，认为这部著作是按照《大学》的三纲八目编纂的。《近思录》用以解析北宋理学四子思想的篇目结构，在学术上具有原创性，是朱熹对理学的重要贡献，是对理学百年历史的全面反思和系统总结。

《近思录》对后代的影响极其深远，广为传播。从南宋到民国七百年间，《近思录》反复刊印，版本数量众多，仅次于钦定科举必读的《四书章句集注》。在相当于元末至清末的几百年间，高丽、朝鲜两朝刊印《近思录》十余种版本。近代梁启超的《国学入门书要目及其读法》，是为清华学生拟定的推荐书目，其中入选的朱熹著作只有《四书章句集注》和《近思录》。总之，研究宋代理学，首先要读的就是《近思录》。

《近思录》的主要注本，有宋代的叶采、清代的茅星来和江永三种注本。上海古籍出版社 2000 年出版的《朱子近思录》，由严佐之导读，可供参阅。

本教材选录的《伊川论识量》，是程颐回答弟子所问的大段话语，强调识量的重要性，把它作为划分人格层次的标准。其宗旨在于引导人涵养气质、熏陶德性。《太极天地上》是《朱子论理气》的前半部分。文中把太极说成是天地万物之理，又由理而论及气，集中探讨理与气的关系，是宋代理学的重要理论基础。

伊川论识量[1]

问："人于议论，多欲直己[2]，无含容之气[3]，是气不平否[4]？"曰："固是气不平，亦是量狭[5]。人量随识长[6]，亦有人识高而量不长者，是识实未至也[7]。大凡别事人都强得[8]，惟识量不可强。今人有斗筲之量[9]，有釜斛之量[10]，有钟鼎之量[11]，有江河之量。江河之量亦大矣[12]，然有涯；有涯亦有时而满。惟天地之量则无满，故圣人者，天地之量也。圣人之量，道也[13]；常人之有量者，天资也[14]。天资有量须有限，大抵六尺之躯[15]，力量只如此，虽欲不满[16]，不可得也。如邓艾[17]，位三公[18]，年七十，处得甚好。及因下蜀有功[19]，便动了[20]。谢安闻谢玄破苻坚[21]，对客围棋，报至不喜，及归，折屐齿[22]，强终不得也[23]。更如人大醉后益恭谨者，只益恭便是动了，虽与放肆者不同，其为酒所动一也[24]。又如贵公子，位益高，益卑谦，只卑谦便是动了，虽与骄傲者不同，其为位所动一也。然惟知道者，量自然宏大，不勉强而成。今人有所见卑下者[25]，无他，亦是识量不足也[26]。"

上海古籍出版社 2000 年刊本吕祖谦《朱子近思录》卷之十

注释

[1] 题目是本教材编者所加。伊川：指北宋理学家程颐，学者称他为伊川先生。文章出自《二程遗书·伊川先生语四》，中间有删节。

[2] 直己：伸张自己。直，伸张。

[3] 含容：宽容、包容。

[4] 不平：不服。平，平服、服气。

[5] 量：度量、气量。

[6] 量随识长：气量随着见识增长。识，见识。

[7] 实未至：实际上没有达到。实，实际。至，达到。

[8] 别事：别的事情。别，别的、其他。强（qiǎng）：勉强、竭力。

[9] 斗筲（shāo）：两种较小的容器。筲，容一斗二升。

[10] 釜斛（fǔhú）：两种容积单位和量具。六斗四升为一釜，十斗为一斛。

[11] 钟：量器、容量单位，六斛四斗为一钟。鼎：古代用于烹煮食物，容量很大，居炊具之首。

[12] 亦：也是。

[13] 道：指形而上之道。程颐认为道是无穷无尽的象征。《近思录》卷三记载程颐之语："固是道无穷，然怎生一个'无穷'便了得他。"

[14] 天资：天赋、天性。

[15] 六尺：北宋一尺相当于近代的九寸稍长。

[16] 不满：不达到极限，没有极限。满，极限。

[17] 邓艾：三国义阳棘阳（今河南南阳）人，字士载。初为司马懿掾属，后为魏征西将军，拒蜀将姜维。景元四年（263），与钟会分路进军灭蜀。后遭钟会诬陷谋反，被杀。邓艾与钟会曾经在平蜀一事上争功。

[18] 三公：泛指朝廷高官。

[19] 下蜀：攻取蜀地，灭蜀。

[20] 动：指内心失去平静，受欲望驱使。

[21] 谢安：东晋人，字安石。孝武帝时位至宰相。谢玄破符（fú）坚：东晋太元八年（383），符坚率领前秦军队南下。谢安使其弟谢石、侄谢玄迎战，获得淝水之战的胜利。

[22] 屐（jī）齿：木屐的齿。屐，有齿或无齿的木底鞋。"折屐齿"一说，见《世说新语·雅量》："谢公与人围棋，俄而谢玄淮上信至。看书竟，默然无言，徐

向局。客问淮上利害，答曰：'小儿辈大破贼。'意色举止，不异于常。"又据《晋书·谢安传》记载，谢安听到淝水大捷的消息之后，虽然在棋局上保持镇静，以显示其雅量，但在返回途中，"心喜甚，不觉屐齿之折"。

［23］强：勉强。不得：不成。得，成、成功。

［24］一：相同、一样。

［25］有所见：指人际交往，有见面的机会。卑下：指谦恭。

［26］无他：没有其他原因。

问题与思考

一、如何理解人的度量与见识之间的关系？程颐所说的圣人之量与常人之量的差异是什么？

二、阅读原文和注解，指出谢安所代表的名士风度与宋代理学家所崇尚的气量有什么不同。

知识链接

为学大益，在自求变化气质。不尔，皆为人之弊，卒无所发明，不得见圣人之奥。

文要密察，心要洪放。

……

心大则百物皆通，心小则百物皆病。（《朱子近思录》卷之二）

伊川先生答横渠先生曰：所论大概，有苦心极力之象，而无宽裕温厚之气。非明睿所照，而考索至此，故意屡偏而言多室，小出入时有之。（明所照者，如目所睹，纤微尽识之矣。考索至者，如揣料于物，约见仿佛尔，能无差乎？）更愿完养思虑，涵泳义理，他日自当条畅。（《朱子近思录》卷之三）

"人语言紧急，莫是气不定否？"曰："此亦当习。习到自然缓时，便是气质变也。学至气质变，方是有功。人只是一个习。今观儒臣自有一般气象，武臣自有一般气象，贵戚自有一般气象。不成生来便如此？只是习也。"（《二程遗书》卷十八《伊川先生语四》）

太极天地上[1]（节选）

朱熹

问："太极不是未有天地之先有个浑成之物[2]，是天地万物之理总名否？"[3]曰："太极只是天地万物之理。在天地言，则天地中有太极；在万物言，则万物中各有太极。未有天地之先，毕竟是先有此理。动而生阳，亦只是理；静而生阴，亦只是理。"问："《太极解》何以先动而后静[4]，先用而后体[5]，先感而后寂？[6]"曰："在阴阳言，则用在阳而体在阴，然动静无端[7]，阴阳无始，不可分先后。今只就起处言之，毕竟动前又是静，用前又是体，感前又是寂，阳前又是阴，而寂前又是感，静前又是动，将何者为先后？不可只道今日动便为始，而昨日静更不说也。如鼻息，言呼吸则辞顺，不可道吸呼。毕竟呼前又是吸，吸前又是呼。"（淳[8]）

问："昨谓未有天地之先，毕竟是先有理，如何？"曰："未有天地之先，毕竟也只是理。有此理，便有此天地；若无此理，便亦无天地，无人无物，都无该载了[9]。有理，便有气流行，发育万物。"曰："发育是理发育之否？"曰："有此理，便有此流行发育。理无形体。"曰："所谓体者，是强名否？[10]"曰："是。"曰："理无极，气有极否？"曰："论其极[11]，将那处做极？[12]"（淳）

若无太极，便不翻了天地？（方子[13]）

太极只是一个"理"字。（人杰[14]）

有是理后生是气，自"一阴一阳之谓道"推来[15]。此性自有仁义。（德明[16]）

天下未有无理之气，亦未有无气之理。（气以成形，而理亦赋焉[17]）（铢[18]）

先有个天理了，却有气[19]。气积为质[20]，而性具焉[21]。（敬仲[22]）

注释

[1]太极天地上：选自《朱子近思录》附录《朱子论理气》。太极：这里指天地万物之理，是派生万物的本原。文中括号内所标的人名，皆系朱熹弟子，表示该段落由此人记录整理。文中问者为朱熹弟子，答方是朱熹。

[2]浑成：浑然天成、浑沦一体。

[3]理：这里指万物普遍存在的规律，也是万物生成的本原，相当于《老子》中所说的道以及这篇文章所说的太极。

[4]太极解：北宋周敦颐作《太极图说》，朱熹作《太极图说解》，发挥周敦颐的说法。

[5]用：指功能、作用。体：事物的主体、本体。

[6]感：感应、触动。寂：静。《周易·系辞上》："《易》，无思也，无为也，

寂然不动，感而遂通天下之故。"

［7］无端：没有端绪。端，头绪。

［8］淳：朱熹弟子。

［9］载：记载，也可释为开始。

［10］强（qiǎng）名：勉强加以命名。强，勉强。

［11］极：极点、尽头。

［12］那处：哪处。那，通"哪"。

［13］方子：朱熹弟子。

［14］人杰：朱熹弟子。

［15］一阴一阳之谓道：语出《周易·系辞上》。

［16］德明：朱熹弟子。

［17］赋：给予、赋予。

［18］铢：朱熹弟子。

［19］却：后、然后。

［20］质：形质。

［21］具：具备。

［22］敬仲：朱熹弟子。

问"理与气"，曰："伊川说得好，曰：'理一分殊'。合天地万物而言，只是一个理；及在人，则又各自有一个理[1]。"（夔孙[2]）

问"理与气"，曰："有是理便有是气[3]，但理是本，而今且从理上说气。如云：'太极动而生阳，动极而静，静而生阴。'不成动已前便无静[4]。程子曰[5]：'动静无端[6]。'盖此亦是且自那动处说起。若论着动以前又有静，静以前又有动，如云：'一阴一阳之谓道，继之者善也[7]。'这'继'字便是动之端。若只一开一阖而无继[8]，便是阖杀了。"又问："继是动静之间否？"曰："是静之终，动之始也。且如四时，到得冬月，万物都归窠了；若不生，来年便都息了。盖是贞复生元[9]，无穷如此。"又问："元亨利贞是备个动静阴阳之理[10]，而《易》只是《乾》有之？"曰："若论文王《易》[11]，本是作'大亨利贞'[12]，只作两字说[13]。孔子见这四字好[14]，便挑开说了[15]。所以某尝说，《易》难看[16]，便是如此。伏羲自是伏羲《易》[17]，文王自是文王《易》，孔子因文王底说[18]，又却出入乎其间也[19]。"又问："有是理而后有是气。未有人时，此理何在？"曰："也只在这里。如一海水，或取得一杓，或取得一担，或取得一碗，都是这海水。但是他为主[20]，我为客[21]；他较长久，我得之不久耳。"（夔孙。义刚录同[22]。）

注　释

［1］理一分殊：所述程颐之语原文如下："所以能穷者，只为万物皆是一理。至如一物一事，虽小，皆有是理。"见《二程遗书》卷十五《伊川先生语一》，意为：万物一理，即理一。一物有一物之理，谓分殊。

［2］夔孙：朱熹弟子。

［3］是气：此气。是，此，这个。

［4］不成：不裁定。成，裁定、判断。

［5］程子：指程颐。

［6］动静无端：程颐此语全文如下："动静无端，阴阳无始，非知道者，孰能识之？"见《朱子近思录》卷之一。

［7］继之者善也：所引两句出自《周易·系辞上》。

［8］阖（hé）：关闭、闭合。

［9］贞复生元：《周易·乾》卦辞为"元亨利贞"，朱熹把元和贞作为首尾相接的两端看待，以此阐述静与动循环往复的道理。

［10］备：具备。

［11］文王：指周文王，传说《周易》六十四卦出自文王。

［12］大亨利贞：朱熹把"元"释为"大"，故称"大亨利贞"。

［13］两字说：意谓"元亨利贞"只是两层意义，即"元亨"和"利贞"。

［14］四字：指元亨利贞。

［15］挑开说：指《周易·乾·文言》对"元亨利贞"逐字诠译，把它分为四层意义。传说《文言》出自孔子之手。

［16］难看：难读、难懂。

［17］伏羲：传说伏羲始作《易》之八卦。

［18］因：因袭、凭借。底：的。

［19］出入乎其间：指《文言》解"元亨利贞"与《乾》卦辞本义本不完全一致。出入：存在差异，不相一致。

［20］他：指理。为主：谓理是主人，是人类得以生成的原始本原。

［21］我：指人。为客：谓人依托、寄寓于理，如同客人。

［22］义刚：朱熹弟子。

　　问："先有理，抑先有气？"曰："理未尝离乎气。然理形而上者[1]，气形而下者。自形而上下言，岂无先后？理无形，气便粗，有渣滓。[2]"（淳）

　　或问："必有是理，然后有是气，如何？"曰："此本无先后之可言。然必欲推其所从来[3]，则须说先有是理。然理又非别为一物，即存乎是

气之中；无是气，则是理亦无挂搭处[4]。气则为金木水火，理则为仁义礼智。"（人杰）

或问："理在先，气在后"，曰："理与气本无先后之可言。但推上去时，却如理在先，气在后相似。"又问："理在气中发见处如何？[5]"曰："如阴阳五行错综不失条绪，便是理。若气不结聚时，理亦无所附着。故康节云[6]：'性者，道之形体；心者，性之郭郭[7]；身者，心之区宇[8]；物者，身之舟车。'"问"道之体用"，曰："假如耳便是体，听便是用；目是体，见是用[9]。"（祖道[10]）

或问："先有理后有气之说"，曰："不消如此说[11]。而今知得他合下是先有理[12]，后有气邪？后有理，先有气邪？皆不可得而推究。然以意度之[13]，则疑此气是依傍这理行[14]。及此气之聚，则理亦在焉。盖气则能凝结造作[15]，理却无情意，无计度，无造作。只此气凝聚处，理便在其中。且如天地间人物草木禽兽，其生也，莫不有种，定不会无种子白地生出一个物事[16]，这个都是气。若理，则只是个净洁空阔底世界，无形迹，他却不会造作；气则能酝酿凝聚生物也[17]。但有此气，则理便在其中。"（侗[18]）

问："有是理便有是气，似不可分先后？"曰："要之，也先有理。只不可说是今日有是理，明日却有是气；也须有先后。且如万一山河大地都陷了，毕竟理却只在这里。"（胡泳[19]）

上海古籍出版社2000年刊本吕祖谦《朱子近思录》附录

《朱子论理气》

注释

[1] 形而上者：形成而居上者，这里指的是理。形，形成。《周易·系辞上》："是故形而上者谓之道，形而下者谓之器。"

[2] 渣滓（zǐ）：沉淀的杂质。

[3] 所从来：所由始。从来，由来、来处。

[4] 挂搭：钩取而加于其上。挂，钩取。搭，加于其上。

[5] 发见：生成显露，见，通"现"。亦可解释为发现、可见。

[6] 康节：北宋理学家邵雍的谥号。

[7] 郭（fú）郭：外城，外围城墙。

[8] 区宇：疆土境域。

[9] 见：看见。

［10］祖道：朱熹弟子。

［11］不消：不排斥。消，排斥。

［12］合下：合该、应该。合，应该。

［13］度（duó）：揣测。

［14］行：流动。

［15］造作：创始兴起。造，创作、创始。作，兴起。

［16］白地：白白地，无代价地。

［17］生物：生成事物。生，生成、生出。

［18］侗（xiàn）：朱熹弟子。

［19］胡泳：朱熹弟子。

问题与思考

一、分析朱熹对体与用、动与静、阴与阳对应关系的论述。

二、理与气的关联及差异体现在哪些方面？朱熹所作的分析是否有道理？

知识链接

是故《易》有太极，是生两仪。两仪生四象，四象生八卦。（《周易·系辞上》）

太一出两仪，两仪出阴阳。阴阳变化，一上一下，合而成章。浑浑沌沌，离则复合，合则复离，是谓天常。天地车轮，终则复始，极则复反，莫不咸当。……万物所出，造于太一，化于阴阳。（《吕氏春秋·大乐》）

泰一者，执大同之制，调泰鸿之气。正神明之位者也。（《鹖冠子·泰鸿》）

濂溪先生曰：无极而太极。太极动而生阳，动极而静；静而生阴，静极复动。一动一静，互为其根；分阴分阳，两仪立焉。阳变阴合，而生水、火、木、金、土；五气顺布，四时行焉。（《朱子近思录》卷之一）

精气为物，游魂为变，是故知鬼神之情状。（《周易·系辞上》）

凡物之精，此则为生。下生五谷，上为列星。流于天地之间，谓之鬼神。藏于胸中，谓之圣人。是故民气杲乎如登于天，杳乎如入于渊，淖乎如在于海，卒乎如在于己。是故此气也，不可止以力，而可安以德；不可呼以声，而可迎以意。敬守勿失，是谓成德。德成而智出，万物果得。（《管子·白心》）

精气之集也，必有入也。集于羽鸟与为飞翔；集于走兽与为流行；集于珠玉与为精朗；集于树木与为茂长；集于圣人与为琼明。精气之来也，因轻而扬之，因走而行之，因美而良之，因长而养之，因智而明之。（《吕氏春秋·尽数》）

附录

人物之性气质之性

朱熹

这几个字，自古圣贤上下数千年，呼唤得都一般。毕竟是圣学传授不断，故能如此。至春秋时，此个道理其传犹未泯。如刘定公论人受天地之中以生，郑子产论伯有为厉事，其穷理煞精。（广。）

天之生物也，一物与一无妄。（大雅。）

天下无无性之物。盖有此物，则有此性；无此物，则无此性。（若海。）

问："五行均得太极否？"曰："均。"问："人具五行，物只得一行？"曰："物亦具有五行，只是得五行之偏者耳。"（可学。）

问："性具仁义礼智？"曰："此犹是说'成之者性'。上面更有'一阴一阳'，'继之者善'。只一阴一阳之道，未知做人做物，已具是四者。虽寻常昆虫之类皆有之，只偏而不全，浊气间隔。"（德明。）

人物之生，其赋形偏正，固自合下不同。然随其偏正之中，又自有清浊昏明之异。（佃。）

物物运动蠢然，若与人无异。而人之仁义礼智之粹然者，物则无也。（当时所记，改"人之""之"字为"性"字，姑两存之。）（节。）

或问："人物之性一源，何以有异？"曰："人之性论明暗，物之性只是偏塞。暗者可使之明，已偏塞者不可使之通也。横渠言，凡物莫不有是性，由通蔽开塞，所以有人物之别。而卒谓塞者牢不可开，厚者可以开而开之也难，薄者开之也易是也。"又问："人之习为不善，其溺已深者，终不可复反矣。"曰："势极重者不可反，亦在乎识之浅深与其用力之多寡耳。"（大雅。）

先生《答黄商伯书》有云："论万物之一原，则理同而气异；观万物之异体，则气犹相近，而理绝不同。"问："'理同而气异'，此一句是说方付与万物之初，以其天命流行，只是一般，故理同；以其二五之气有清浊纯驳，故气异。下句是就万物已得之后说，以其虽有清浊之不同，而同此二五之气，故气相近；以其昏明开塞之甚远，故理绝不同。《中庸》是论其方付之初，《集注》是看其已得之后。"曰："气相近，如知寒暖，识饥饱，好生恶死，趋利避害，人与物都一般。理不同，如蜂蚁之君臣，只是他义上有一点子明；虎狼之父子，只是他仁上有一点子明；其他更推不去。恰似镜子，其他处都暗了，中间只有一两点子光。大凡物事禀得一边重，便占了其他底。如慈爱底人少断制，断制之人多残忍。盖仁多，便遮了义；义多，便遮了那仁。"问："所以妇人临事多怕，亦是气偏了？"曰："妇人之仁，只流从爱上去。"（侃。）

问："人物皆禀天地之理以为性，皆受天地之气以为形。若人品之不同，固是气有昏明厚薄之异。若在物言之，不知是所禀之理便有不全耶，亦是缘气禀之昏蔽故如此耶？"曰："惟其所受之气只有许多，故其理亦只有许多。如犬马，他这形气如此，故只会得如此事。"又问："物物具一太极，则是理无不全也。"曰："谓之全亦可，谓之偏亦可。以理言之，则无不全；以气言之，（士毅录作"以不能推言之"。）则不能无偏。故吕与叔谓物之性有近人之性者，（如猫相乳之类。《温公集》载他家一猫，又更差异。）人之性有近物之性者。"（如世上昏愚人。）（广。）

问："气质有昏浊不同，则天命之性有偏全否？"曰："非有偏全。谓如日月之光，若在露地，则尽见之；若在蔀屋之下，有所蔽塞，有见有不见。昏浊者是气昏浊了，故自蔽塞，如在蔀屋之下。然在人则蔽塞有可通之理；至于禽兽，亦是此性，只被他形体所拘，生得蔽隔之甚，无可通处。至于虎狼之仁，豺獭之祭，蜂蚁之义，却只通这些子，譬如一隙之光。至于猕猴，形状类人，便最灵于他物，只不会说话而已。到得夷狄，便在人与禽兽之间，所以终难改。"（赐。）

性如日光，人物所受之不同，如隙窍之受光有大小也。人物被形质局定了，也是难得开广。如蝼蚁如此小，便只知得君臣之分而已。（侃。）

或说："人物性同。"曰："人物性本同，只气禀异。如水无有不清，倾放白碗中是一般色，及放黑碗中又是一般色，放青碗中又是一般色。"又曰："性最难说，要说同亦得，要说异亦得。如隙中之日，隙之长短大小自是不同，然却只是此日。"（焘孙。）

人物之生，天赋之以此理，未尝不同，但人物之禀受自有异耳。如一江水，你将勺去取，只得一勺；将碗去取，只得一碗；至于一桶一缸，各自随器量不同，故理亦随以异。（侃。）

中华书局 1986 年刊本《朱子语类》卷四·性理一

第二十二讲
楚辞章句

"楚辞"指战国时代以屈原为代表的楚国人创作的诗歌，它是《诗经》三百篇以后出现的一种新诗体。

"楚辞"之名最早见于西汉。《汉书·朱买臣传》："会邑子严助贵幸，荐买臣，召见，说《春秋》，言《楚词》，帝甚说之。"又《王褒传》："宣帝时，修武帝故事，讲论六艺群书，博尽奇异之好，征能为《楚辞》九江被公，召见诵读。"这里所说的《楚辞》《楚词》，都是特指战国时代以屈原为代表的楚国人创作的诗歌。

在中国文学史上，《楚辞》又专指由汉人编辑而成的一本专书。据文献记载，把"楚辞"辑成专书的，是西汉末年的刘向。刘向校书天禄阁时，编纂的书籍很多。他把屈原、宋玉、东方朔、严忌、淮南小山、王褒等人的辞赋和自己写的《九叹》合成一集，名叫《楚辞》。到了东汉的王逸，又增写了自己的《九思》一篇，并为《楚辞》一书作了"章句"，这就是我们今天所见到的《楚辞章句》一书。

楚辞的代表作家是屈原。他的作品和他的不幸遭遇，在汉代文人中产生了巨大的影响。早在汉初，贾谊贬谪长沙在渡湘水之时就曾写赋凭吊屈原。此后淮南王刘安为《离骚》作传；司马迁在《史记》中为屈原作传，称赞其作品兼得《国风》《小雅》之长，"《国风》好色而不淫，《小雅》怨诽而不乱。若《离骚》者，可谓兼之矣"。赞美其人，"其志洁，其行廉"，"濯淖汙泥之中，蝉蜕于浊秽，以浮游尘埃之外，不获世之滋垢，皭然泥而不滓者也。推此志也，虽与日月争光可也"。故西汉文人代屈原立言以抒情，模拟楚辞而成风，由此可见屈原在汉代文人心中崇高的地位。据历史记载，除淮南王刘安为《离骚》作传之外，西汉的刘向、扬雄曾分别作《天问解》，东汉的贾逵、班固都做过《离骚经章句》，可惜都没有流传下来。

《楚辞章句》是现存最早的楚辞注本，共十七卷，今本所见顺序是《离骚》卷一、《九歌》卷二、《天问》卷三、《九章》卷四、《远游》卷五、《卜居》卷六、《渔父》卷七、《九辩》卷八、《招魂》卷九、《大招》卷十、《惜誓》卷十一、《招隐士》卷十二、《七谏》卷十三、《哀时命》卷十四、《九怀》卷十五、《九叹》卷十六、

《九思》卷十七，这个顺序可能已非王逸注本原貌。今之传本，一为单刻王逸《楚辞章句》本，二为合刻于洪兴祖《楚辞补注》本，三为《昭明文选》收录本，均有不同，今人常用者为合刻于洪兴祖《楚辞补注》本。此据上海古籍出版社黄灵庚点校《楚辞补注》本。

王逸，字叔师，南阳宜城人。生卒年不详，历东汉安帝、顺帝、桓帝三朝，曾入东观校书，亲睹兰台秘籍。以屈原《离骚》为代表的楚辞作品，虽然产生于战国后期，但是到了汉武帝的时候，能够研习和吟诵楚辞的人已经不多，到了汉宣帝的时候，熟悉楚辞者甚至已经成为"奇异之好"。据王逸所言，虽然早在他之前注楚辞者有多家，但是淮南王刘安的《离骚传》已经不传，刘向、扬雄只作过《天问解》，却"不能详悉"，东汉的贾逵、班固做过《离骚经章句》，但是其他十五卷却"阙而不说"，而且王逸对班固对屈原的评价也颇不满意，因此他下决心为楚辞作注。王逸生于楚之故地，对楚地文化多有了解，故其诠释楚辞名物语词，多被后人采信。对屈原作品的理解评析多有独到之见，对屈原人格人品的评价更高。其注释博采异闻，斟酌是非，融会贯通，终于成为一代名著。后世习《楚辞》者，莫不将之奉为圭臬。

此书所选为王逸《离骚经序》，既是对《离骚》一诗的基本评价，更主要的是对屈原的生平遭际的基本介绍。关于屈原的生平，汉代人所知已经不太详细。现在人们所依据的主要材料，一是屈原本人的作品，特别是《离骚》的前八句，《九章》中的部分文字，二是司马迁的《屈原列传》，第三就是本篇。这对屈原研究有重要意义。通过本篇的研读，会对屈原的生平遭际有一个基本的了解，对屈原作品的艺术特征也有一个大致的认识，为今后学习《楚辞》打下良好的基础。

离 骚 经 序

王逸

《离骚经》者[1]，屈原之所作也[2]。屈原与楚同姓[3]，仕于怀王[4]，为三闾大夫[5]。三闾之职，掌王族三姓，曰昭、屈、景[6]。屈原序其谱属[7]，率其贤良[8]，以厉国士[9]。入则与王图议政事[10]，决定嫌疑；出则监察群下[11]，应对诸侯。谋行职修，王甚珍之[12]。同列大夫上官、靳尚妒害其能，共谮毁之[13]。王乃疏屈原[14]。

注 释

[1]《离骚经》：《离骚》为屈原作品名称，本无"经"字，汉人以经义解之，故尊之为经。

[2]屈原：约生于前340年，卒于前278年。

[3] 与楚同姓：屈原之祖上为楚武王之子瑕，封于屈地，因以为氏，本为楚王公族，故此处说他与楚同姓。

[4] 怀王：楚怀王。前 328—前 299 年在位。

[5] 三闾大夫：楚官名。闾，里门也。《周礼》："五家为比，五比为闾。"引申为群居之处。此处所说"三闾"，当是指楚之公族所居之处，"三闾大夫"，当为掌管楚国公族事务之官。

[6] 王族三姓：昭、屈、景，皆为楚之公族，故称王族三姓。

[7] 序其谱属：按王族三姓的谱序进行组织管理。序，整理排序；谱，谱系、谱录。

[8] 率：同"帅"，率领。

[9] 厉：激励、勉励。

[10] 入：指在王宫当中。

[11] 出：指在王宫之外。

[12] 珍：重视，器重。

[13] 谮（zèn）毁：谮，说别人的坏话，诬陷，中伤；毁，破坏、损害，此处指诽谤，诬陷。

[14] 疏：疏远。

屈原执履忠贞[1]而被谗邪[2]，忧心烦乱，不知所愬，乃作《离骚经》。离，别也；骚，愁也。经，径也。言已放逐离别，中心愁思，犹依道径，以风谏君也[3]。故上述唐、虞、三后之制[4]，下序桀、纣、羿、浇之败[5]，冀君觉悟，反于正道而还己也[6]。

注释

[1] 执履：坚守、实践。

[2] 被：遭遇。

[3] 按《离骚》原无"经"，此为汉人所加。此处将"经"解为"径"，说屈原犹依道径以风谏君，是王逸一种牵强的解释。

[4] 三后：指夏、商、周开国之君。

[5] 桀、纣、羿、浇：桀、纣，夏、商亡国之君。羿、浇，据《左传·襄公四年》，羿为传说中夏代有穷国首领，善射箭。趁夏之衰而代夏政，荒淫政事，任用谗人寒浞，后被寒浞所害，并抢其家室，生子曰浇。浇勇力过人，纵淫不止，康乐自忘，同样被杀。

[6] 冀：希望。反：同"返"。还己：将自己（屈原）召还。

是时，秦昭王使张仪谲诈怀王，令绝齐交[1]；又使诱楚，请与俱会武关，遂胁与俱归，拘留不遣，卒客死于秦[2]。其子襄王，复用谗言[3]，迁屈原于江南[4]。屈原放在草野，复作《九章》[5]，援天引圣，以自证明，终不见省[6]。不忍以清白久居浊世，遂赴汨渊[7]自沈而死。

注释

[1] 秦昭王：前 306—前 251 年在位。按此处秦昭王当为秦惠王（前 337—前 311 年在位），王逸此处有误。张仪：（？—前 309 年），魏国安邑（今山西夏县）人，魏国贵族后裔，战国时期著名的纵横家、外交家和谋略家。

[2] 又使诱楚：据《史记·屈原列传》：秦惠王派张仪到楚国使用离间计，若楚国与齐国绝交，秦国愿将秦商於之地六百里送给楚国。楚怀王贪而信张仪，与齐绝交之后却发现被张仪所骗。于是发兵击秦，又被秦所败。卒客死于秦：据《史记》，怀王三十年，秦昭王欲与楚结为婚姻，请怀王入秦。怀王入秦国武关之后，被秦兵绝其后路，胁迫其割让土地。怀王不从，试图从赵国逃回，赵国不与接纳，怀王只好又返回秦国，最后竟死在那里。

[3] 襄王：又称楚顷襄王，楚怀王长子，前 298—前 263 年在位。

[4] 迁：贬谪，流放。

[5]《九章》：屈原作品，《惜诵》《涉江》《哀郢》《抽思》《怀沙》《思美人》《惜往日》《橘颂》《悲回风》的合称。

[6] 省（xǐng）：反省，觉悟。此处的主语指的是楚王，意味屈原一直见不到楚王的省悟。

[7] 汨渊：汨罗江。

《离骚》之文，依《诗》取兴[1]，引类譬喻，故善鸟香草，以配忠贞；恶禽臭物，以比谗佞；灵修美人，以媲于君[2]；宓妃佚女，以譬贤臣[3]；虬龙鸾凤，以讬君子[4]；飘风云霓，以为小人[5]。其词温而雅，其义皎而朗。凡百君子，莫不慕其清高，嘉其文采，哀其不遇，而闵其志焉[6]。

中华书局 1983 年刊本洪兴祖《楚辞补注》楚辞卷第一

注释

[1]《诗》：《诗经》。兴：诗"六义"之一。朱熹解释为"先言他物以引起所咏之词"。

[2] 灵修：在《离骚》中代指楚王。王逸注："灵，神也。修，远也。能神明远见者，君德也。故以喻君。"

［3］宓（fú）妃：传说是伏羲氏的女儿，黄河水神河伯之妻，羿射伤河伯后，宓妃与羿结合。佚女：美女，此处特指"有娀之佚女"。《离骚》："望瑶台之偃蹇兮，见有娀之佚女。"王逸注："有娀，国名。佚，美也。谓帝喾之妃，契母简狄也。配圣帝，生贤子，以喻贞贤也。"

［4］虬龙：古代传说中有角的小龙。

［5］飘风：旋风，暴风。《诗·大雅·卷阿》："有卷者阿，飘风自南。"毛传："飘风，回风也。"《诗·小雅·何人斯》："彼何人斯？其为飘风。"毛传："飘风，暴起之风。"云霓：彩虹。《孟子·梁惠王下》："民望之，若大旱之望云霓也。"赵岐注："霓，虹也，雨则虹见，故大旱而思见之。"此处王逸以为是恶气。《离骚》："飘风屯其相离兮，帅云霓而来御。"王逸注："云霓，恶气。以喻佞人。"以上各句是王逸对《离骚》比兴手法的概括。他认为《离骚》中所写的善鸟、香草、恶禽、臭物、灵修、美人、宓妃、佚女、虬龙、鸾凤、飘风、云霓等都有特殊的比喻意义。

［6］闵：哀伤，怜念。

问题与思考

一、简述屈原的生平遭际。

二、屈原为什么要做《离骚》？

三、默写文章最后一段。

知识链接

帝高阳之苗裔兮，朕皇考曰伯庸。摄提贞于孟陬兮，惟庚寅吾以降。皇览揆余初度兮，肇锡余以嘉名：名余曰正则兮，字余曰灵均。纷吾既有此内美兮，又重之以修能。扈江离与辟芷兮，纫秋兰以为佩。汩余若将不及兮，恐年岁之不吾与。朝搴阰之木兰兮，夕揽洲之宿莽。日月忽其不淹兮，春与秋其代序。惟草木之零落兮，恐美人之迟暮。不抚壮而弃秽兮，何不改乎此度？乘骐骥以驰骋兮，来吾道夫先路。（《离骚》）

秋兰兮麋芜，罗生兮堂下。绿叶兮素枝，芳菲菲兮袭予。夫人自有兮美子，荪何以兮愁苦！秋兰兮青青，绿叶兮紫茎。满堂兮美人，忽独与余兮目成。入不言兮出不辞，乘回风兮载云旗。悲莫悲兮生别离，乐莫乐兮新相知。荷衣兮蕙带，儵而来兮忽而逝。夕宿兮帝郊，君谁须兮云之际？与女游兮九河，冲风至兮水扬波。与女沐兮咸池，晞女发兮阳之阿。望美人兮未来，临风恍兮浩歌。孔盖兮翠旍，登九天兮抚彗星。竦长剑兮拥幼艾，荪独宜兮为民正。（《九歌·少司命》）

余幼好此奇服兮，年既老而不衰。带长铗之陆离兮，冠切云之崔嵬。被明月兮佩宝璐。世溷浊而莫余知兮，吾方高驰而不顾。驾青虬兮骖白螭，吾与重华游兮瑶之圃。登昆仑兮食玉英，与天地兮同寿，与日月兮同光。哀南夷之莫吾知兮，旦余济乎江湘。

乘鄂渚而反顾兮，欸秋冬之绪风。步余马兮山皋，邸余车兮方林。乘舲船余上沅兮，齐吴榜以击汰。船容与而不进兮，淹回水而疑滞。朝发枉陼兮，夕宿辰阳。苟余心其端直兮，虽僻远之何伤。

入溆浦余儃徊兮，迷不知吾所如。深林杳以冥冥兮，猿狖之所居。山峻高以蔽日兮，下幽晦以多雨。霰雪纷其无垠兮，云霏霏而承宇。哀吾生之无乐兮，幽独处乎山中。吾不能变心而从俗兮，固将愁苦而终穷。

接舆髡首兮，桑扈裸行。忠不必用兮，贤不必以。伍子逢殃兮，比干菹醢。与前世而皆然兮，吾又何怨乎今之人！余将董道而不豫兮，固将重昏而终身！

乱曰：鸾鸟凤凰，日以远兮。燕雀乌鹊，巢堂坛兮。露申辛夷，死林薄兮。腥臊并御，芳不得薄兮。阴阳易位，时不当兮。怀信侘傺，忽乎吾将行兮！（《九章·涉江》）

后皇嘉树，橘徕服兮。受命不迁，生南国兮。深固难徙，更壹志兮。绿叶素荣，纷其可喜兮。曾枝剡棘，圆果抟兮。青黄杂糅，文章烂兮。精色内白，类可任兮。纷缊宜修，姱而不丑兮。

嗟尔幼志，有以异兮。独立不迁，岂不可喜兮。深固难徙，廓其无求兮。苏世独立，横而不流兮。闭心自慎，不终失过兮。秉德无私，参天地兮。原岁并谢，与长友兮。淑离不淫，梗其有理兮。年岁虽少，可师长兮。行比伯夷，置以为像兮。（《九章·橘颂》）

📝 附录

史记·屈原列传

司马迁

屈原者，名平，楚之同姓也。为楚怀王左徒。博闻强志，明于治乱，娴于辞令。入则与王图议国事，以出号令；出则接遇宾客，应对诸侯。王甚任之。

上官大夫与之同列，争宠而心害其能。怀王使屈原造为宪令，屈平属草稿未定。上官大夫见而欲夺之，屈平不与，因谗之曰："王使屈平为令，众莫不知，每一令出，平伐其功，以为'非我莫能为'也。"王怒而疏屈平。

屈平疾王听之不聪也，谗谄之蔽明也，邪曲之害公也，方正之不容也，故忧愁幽思而作《离骚》。"离骚"者，犹离忧也。夫天者，人之始也；父母者，人之本也。人穷则反本，故劳苦倦极，未尝不呼天也；疾痛惨怛，未尝不呼父母也。屈平正道直行，竭忠尽智以事其君，谗人间之，可谓穷矣。信而见疑，忠而被谤，能无怨乎？屈平之作《离骚》，盖自怨生也。《国风》好色而不淫，《小雅》怨诽而不乱。若《离骚》者，可谓兼之矣。上称帝喾，下道齐桓，中述汤武，以刺世事。明道德之广崇，治乱之条贯，靡不毕见。其文约，其辞微，其志洁，其行廉，其称文小而其指极大，举类迩而见义远。其志洁，故其称物芳。其行廉，故死而不容。自疏濯淖汙泥之中，蝉蜕于浊秽，以浮游尘埃之外，不获世之滋垢，皭然泥而不滓者也。推此志也，虽与日月争光可也。

屈平既绌，其后秦欲伐齐，齐与楚从亲，惠王患之，乃令张仪详去秦，厚币委质事楚，曰："秦甚憎齐，齐与楚从亲，楚诚能绝齐，秦愿献商、於之地六百里。"楚怀王贪而信张仪，遂绝齐，使使如秦受地。张仪诈之曰："仪与王约六里，不闻六百里。"楚使怒去，归告怀王。怀王怒，大兴师伐秦。秦发兵击之，大破楚师於丹、淅，斩首八万，虏楚将屈匄，遂取楚之汉中地。怀王乃悉发国中兵以深入击秦，战於蓝田。魏闻之，袭楚至邓。楚兵惧，自秦归。而齐竟怒不救楚，楚大困。

明年，秦割汉中地与楚以和。楚王曰："不愿得地，愿得张仪而甘心焉。"张仪闻，乃曰："以一仪而当汉中地，臣请往如楚。"如楚，又因厚币用事者臣靳尚，而设诡辩于怀王之宠姬郑袖。怀王竟听郑袖，复释去张仪。是时屈平既疏，不复在位，使于齐，顾反，谏怀王曰："何不杀张仪？"怀王悔，追张仪不及。

其后诸侯共击楚，大破之，杀其将唐眛。

时秦昭王与楚婚，欲与怀王会。怀王欲行，屈平曰："秦虎狼之国，不可信，不如毋行。"怀王稚子子兰劝王行："奈何绝秦欢！"怀王卒行。入武关，秦伏兵绝其后，因留怀王，以求割地。怀王怒，不听。亡走赵，赵不内。复之秦，竟死于秦而归葬。

长子顷襄王立，以其弟子兰为令尹。楚人既咎子兰以劝怀王入秦而不反也。

屈平既嫉之，虽放流，睠顾楚国，系心怀王，不忘欲反，冀幸君之一悟，俗之一改也。其存君兴国而欲反覆之，一篇之中三致志焉。然终无可奈何，故不可以反，卒以此见怀王之终不悟也。人君无愚智贤不肖，莫不欲求忠以自为，举贤以自佐，然亡国破家相随属，而圣君治国累世而不见者，其所谓忠者不忠，而所谓贤者不贤也。怀王以不知忠臣之分，故内惑于郑袖，外欺于张仪，疏屈平而信上官大夫、令尹子兰。兵挫地削，亡其六郡，身客死于秦，为天下笑。此不知人之祸也。易曰："井泄不食，为我心恻，可以汲。王明，并受其福。"王之不明，岂足福哉！

令尹子兰闻之大怒，卒使上官大夫短屈原于顷襄王，顷襄王怒而迁之。

屈原至于江滨，被发行吟泽畔。颜色憔悴，形容枯槁。渔父见而问之曰："子非三闾大夫欤？何故而至此？"屈原曰："举世混浊而我独清，众人皆醉而我独醒，是以见放。"渔父曰："夫圣人者，不凝滞于物而能与世推移。举世混浊，何不随其流而扬其波？众人皆醉，何不餔其糟而啜其醨？何故怀瑾握瑜而自令见放为？"屈原曰："吾闻之，新沐者必弹冠，新浴者必振衣，人又谁能以身之察察，受物之汶汶者乎！宁赴常流而葬乎江鱼腹中耳，又安能以皓皓之白而蒙世俗之温蠖乎！"乃作怀沙之赋……于是怀石遂自沈汨罗以死。

屈原既死之后，楚有宋玉、唐勒、景差之徒者，皆好辞而以赋见称；然皆祖屈原之从容辞令，终莫敢直谏。其后楚日以削，数十年竟为秦所灭。

中华书局 1982 年刊本《史记》卷八十四

文心雕龙·辨骚

刘勰

自《风》《雅》寝声，莫或抽绪，奇文郁起，其《离骚》哉！固已轩翥诗人之后，奋飞辞家之前，岂去圣之未远，而楚人之多才乎！昔汉武爱《骚》，而淮南作《传》，以为："《国风》好色而不淫，《小雅》怨诽而不乱，若《离骚》者，可谓兼之。蝉蜕秽浊之中，浮游尘埃之外，皭然涅而不缁，虽与日月争光可也。"班固以为："露才扬己，忿怼沉江。羿浇二姚，与左氏不合；昆仑悬圃，非经义所载。然其文辞丽雅，为词赋之宗，虽非明哲，可谓妙才。"王逸以为："诗人提耳，屈原婉顺。《离骚》之文，依《经》立义。驷虬乘鹥，则时乘六龙；昆仑流沙，则《禹贡》敷土。名儒辞赋，莫不拟其仪表，所谓'金相玉质，百世无匹'者也。"及汉宣嗟叹，以为"皆合经术"。扬雄讽味，亦言"体同诗雅"。四家举以方经，而孟坚谓不合传，褒贬任声，抑扬过实，可谓鉴而弗精，玩而未核者也。

将核其论，必征言焉。故其陈尧舜之耿介，称汤武之祗敬，典诰之体也；讥桀纣之猖披，伤羿浇之颠陨，规讽之旨也；虬龙以喻君子，云蜺以譬谗邪，比兴之义也；每一顾而掩涕，叹君门之九重，忠恕之辞也：观兹四事，同于《风》《雅》者也。至于托云龙，说迂怪，丰隆求宓妃，鸩鸟媒娀女，诡异之辞也；康回倾地，夷羿彃日，木夫九首，土伯三目，谲怪之谈也；依彭咸之遗则，从子胥以自适，狷狭之志也；士女杂坐，乱而不分，指以为乐，娱酒不废，沉湎日夜，举以为欢，荒淫之意也：摘此四事，异乎经典者也。

故论其典诰则如彼，语其夸诞则如此。固知《楚辞》者，体慢于三代，而风雅于战国，乃《雅》《颂》之博徒，而词赋之英杰也。观其骨鲠所树，肌肤所附，虽取镕经意，亦自铸伟辞。故《骚经》《九章》，朗丽以哀志；《九歌》《九辩》，绮靡以伤情；《远游》《天问》，瑰诡而惠巧，《招魂》《招隐》，耀艳而深华；《卜居》标放言之致，《渔父》寄独往之才。故能气往轹古，辞来切今，惊采绝艳，难与并能矣。

自《九怀》以下，遽蹑其迹，而屈宋逸步，莫之能追。故其叙情怨，则郁伊而易感；述离居，则怆怏而难怀；论山水，则循声而得貌；言节侯，则披文而见时。是以枚贾追风以入丽，马扬沿波而得奇，其衣被词人，非一代也。故才高者菀其鸿裁，中巧者猎其艳辞，吟讽者衔其山川，童蒙者拾其香草。若能凭轼以倚《雅》《颂》，悬辔以驭楚篇，酌奇而不失其真，玩华而不坠其实，则顾盼可以驱辞力，欬唾可以穷文致，亦不复乞灵于长卿，假宠于子渊矣。

赞曰：不有屈原，岂见离骚。惊才风逸，壮志烟高。

山川无极，情理实劳，金相玉式，艳溢锱毫。

人民文学出版社1958年刊本范文澜《文心雕龙注》卷一

第二十三讲
典 论

解题

　　曹丕（187—226），字子桓，沛国谯县（今安徽亳州）人。曹操次子，公元220年废汉献帝自立，国号魏，定都洛阳，史称魏文帝。《典论》一书，为曹丕精心结撰之作。《三国志·魏书·文帝纪》："初，帝好文学，以著述为务，自所勒成垂百篇。"裴松之《三国志注》引《魏书》："帝初在东宫，疫疠大起，时人彫伤，帝深感叹，与素所敬者大理王朗书曰：'生有七尺之形，死唯一棺之土，唯立德扬名，可以不朽，其次莫如著篇籍。疫疠数起，士人彫落，余独何人，能全其寿？'故论撰所著《典论》、诗赋，盖百余篇，集诸儒于肃城门内，讲论大义，侃侃无倦。"以此，知《典论》一书，乃曹丕为太子之时所著。其著述之由，盖有感于当时疫疠流行，名士多死，思与留名千载而作。《左传·襄公二十四年》叔孙豹曰："太上有立德，其次有立功，其次有立言，虽久不废，此之谓不朽。"自此"三不朽"便成为中国古代士大夫人生的理想追求。然而，立德乃圣人之事，非常人所能及；立功需要有时代的机遇，并非个人所能左右。唯有著书立说，士人可以通过自己的努力达到。因此在中国古代，那些胸怀大志的文人们莫不把著书立说看作是人生最重要的事业。司马迁身受腐刑，蒙奇耻大辱而隐忍苟活，就是为了通过《史记》而扬名后世。他在《报任安书》中说："仆诚以著此书，藏诸名山，传之其人通邑大都，则仆偿前辱之责，虽万被戮，岂有悔哉！"由此可见士人对著书立说的重视。

　　《典论》是一部包括多个专题的论文集，涉及许多方面的内容。《论太宗》《论孝武》，是针对西汉的文帝、武帝立论，充分肯定他们的历史功绩。《论周成汉昭》，则是把周成王与汉昭帝加以对比，认为片面地赞扬周成王而贬低汉昭帝，不符合历史事实，得出的结论是"则汉不独少，周不独多也"。《奸谗》《内诫》是从反面总结历史教训，主要取材于东汉末年奸臣、宠妻干乱政治的事例，涉及何进、刘表、袁绍、袁术等人。《终制》是论述丧葬，主张薄葬，并对自己的身后之事进行安排，不许厚葬。《论却俭等事》针对当时的方术之士而发，认为妄信仙药、长生不死之说属于愚谬之人。最值得注意的是《自叙》一文，是一篇自传性质的文章，追述自己的人生经历，对于研究曹丕的思想及著述有重要的价值，可以从一个侧面透视建安时期的社会风尚。

曹丕写作《典论》之动机，同样也要以此而托名不朽。《典论·论文》将撰述"文章"称之为"经国之大业，不朽之盛事"，就是对叔孙豹、司马迁等人观点的继承。但是曹丕在这里所说的是"文章"，与今天我们所说的"文学"并不是相同的概念，而是包括了"奏、议、书、论、铭、诔、诗、赋"等多种文体。而且在曹丕眼中，真正能够传之不朽的，也并不是像"诗""赋"这样的"文学作品"，而是那些表达思想观点的理论文章。所以他接着说："是以古之作者，寄身于翰墨，见意于篇籍，不假良史之辞，不托飞驰之势，而声名自传于后。故西伯幽而演《易》，周旦显而制《礼》，不以隐约而弗务，不以康乐而加思。"可见，在"古之作者"中，曹丕所推崇的是演《易》的"西伯"（周文王）和制《礼》的"周旦"（周公旦）。在建安文人当中，他则独推徐幹一人。在《典论·论文》中他说："融等已逝，唯幹著论，成一家言。"在他写给吴质的信中也说："伟长独怀文抱质，恬淡寡欲，有箕山之志，可谓彬彬君子矣。著《中论》二十余篇，成一家之言，辞义典雅，足传于后，此子为不朽矣。"至于建安七子中的其他人，如应瑒、陈琳、刘桢、阮瑀、王粲诸人，在曹丕看来，虽然可以称之为"一时之隽"，但终未达到"不朽"之境界。

今人论魏晋时代对于文学价值的重视，独推曹丕，而对于其弟陈思王曹植则多有微调。曹植在《与杨德祖书》中说："辞赋小道，固未足以揄扬大义，彰示来世也。昔扬子云先朝执戟之臣耳，犹称'壮夫不为也'。吾虽德薄，位为蕃侯，犹庶几戮力上国，留惠下民，建永世之业，留金石之功，岂徒以翰墨为勋绩，辞赋为君子哉。"由此，认为曹植对于辞赋的评价偏低，他的文学观也没有其兄曹丕的进步。这恰恰是一种浅见。仔细分析，兄弟二人所秉持的人生价值观念是完全一致的，文章观也是一致的。这包括两个方面。首先，在人生"三不朽"的追求中，二者的价值排序同样都是太上立德，其次立功，其次立言。曹丕推重以文章立言的价值，并没有把它的地位排到立功立德之前。曹植看不起辞赋创作，也是将它与立德立功相比较而言的。他希望以藩王的身份，投身疆场建功立业，所以他才有"辞赋小道"之语。其次，就文章本身来说，将辞赋与其他理论著述相比，兄弟二人的观点也是一致的。曹丕在谈到文章八体的时候，将诗赋排在最后。他所认可的"经国之大业，不朽之盛事"的文章，并不是王粲等人的辞赋，而是可以"成一家之言"的徐幹的《中论》。他甚至批评王粲："仲宣独自善于辞赋，惜其体弱，不足起其文。"而曹植将建功立业放在人生价值追求的首位，假如这个理想不能实现，他同样想通过"成一家之言"的著作，而不是通过写作辞赋来实现人生的不朽。他说："若吾志未果，吾道不行，则将来采庶官之实录，辩时俗之得失，定仁义之衷，成一家之言。虽未能藏之于名山，将以传之于同好。"由兄弟二人的文章观和人生价值观，我们可以了解魏晋时代的文人志向。追求建功立业是他们的人生主旋律，退而求其次则是通过著述"成一家之言",以名垂不朽。在曹氏兄弟二人看来,这才是写作文章的最高境界和最终目的。

曹丕在《典论·论文》中提出了另一个重要的观点:"文以气为主",并说"气之清浊有体,不可力强而致"。"气"是中国古代一个重要的哲学概念,含义丰富。此处所说的"气",指的是作家的主观精神与个性品格。这种精神与品格是一个人在长期的生活学习实践中形成的,与一个人的文化修养有关,与他的精神气质有关,甚至与地域民风也有关,这就将对文章的写作与批判和人的文化修养、精神、品格结合起来,对中国后世的文章批评理论产生了深远的影响。

《典论·论文》还批评了当时就已经存在的"文人相轻""常人贵远贱近,向声背实""又患暗于己见,谓己为贤"等不良习气,并对八种不同文体的特征做了简要的概括。作者提出这些问题,旨在告诉读者,"文章"所以为"经国之大业,不朽之盛事",是因为要真正写出"成一家之言"的"不朽"文章,并不是轻而易举的事情。曹丕要求文人不仅要克服自身的诸多弱点,认识到自己的不足,明晰各种文体的特性,不断增强自己的修养,更要珍惜转瞬即逝的生命。"古人贱尺璧而重寸阴,惧乎时之过已。而人多不强力,贫贱则慑于饥寒,富贵则流于逸乐,遂营目前之务,而遗千载之功。日月逝于上,体貌衰于下,忽然与万物迁化,斯志士之大痛也。"

珍重生命,志存高远,通过提升自己的人生境界"成一家之言",从而完成"不朽之盛事"。这就是曹丕写作《典论·论文》的目的。

据《三国志·魏志·明帝纪》载,太和四年二月戊子,明帝曾"诏太傅三公:以文帝《典论》刻石,立于庙门之外"。《隋书·经籍志》:《典论》五卷,魏文帝撰。"《宋史》以后不见著录,大概已亡。明张溥《汉魏六朝百三名家集·魏文帝集》辑其佚文,有《典论自序》《论文》《论方术》等篇。此处所录,据中华书局影印明胡克家重刻宋淳熙本《文选》。

论　文

曹丕

文人相轻,自古而然。傅毅之于班固[1],伯仲之间耳[2],而固小之,与弟超书曰[3]:武仲以能属文,为兰台令史[4],下笔不能自休。夫人善于自见[5],而文非一体,鲜能备善,是以各以所长,相轻所短。里语曰:家有弊帚,享之千金[6]。斯不自见之患也。

注 释

[1] 傅毅(? —89):字武仲,扶风茂陵(今属陕西咸阳)人,东汉文学家。

《后汉书》有传。班固（32—92）：字孟坚，扶风安陵（今属陕西咸阳）人，东汉著名史学家、文学家。

[2]伯仲：古人兄弟排行，老大称伯，老二称仲。伯仲之间，喻两人水平相当。

[3]超：班超（32—102），字仲升。东汉著名军事家、外交家。史学家班彪幼子，班固之弟。

[4]兰台令史：兰台，汉代宫中藏书之处，由御史中丞兼管。兰台令史，御史中丞的属官。

[5]善于自见：善于见到自己的长处。

[6]家有弊帚，享之千金：《东观汉记·光武帝纪》："（吴汉入蜀都，纵兵大掠，举火焚烧）。上闻之，下诏让吴汉副将刘禹曰：'城降，婴儿老母，口以万数，一旦放兵纵火，闻之可为酸鼻。家有弊帚，享之千金。禹宗室子孙，故尝更职，何忍行此。'"比喻自己的东西即使不好也倍觉珍贵。

今之文人，鲁国孔融文举，广陵陈琳孔璋，山阳王粲仲宣，北海徐幹伟长，陈留阮瑀元瑜，汝南应玚德琏，东平刘桢公幹，斯七子者[1]，于学无所遗[2]，于辞无所假[3]，咸以自骋骥騄于千里[4]，仰齐足而并驰[5]，以此相服，亦良难矣。盖君子审己以度人，故能免于斯累[6]，而作《论文》。

注 释

[1]斯七子者：上举七人。鲁国孔融文举：孔融（153—208），字文举，鲁国（今山东曲阜）人；广陵陈琳孔璋：陈琳（？—217年），字孔璋，广陵射阳（今江苏宝应县）人；山阳王粲仲宣：王粲（177—217），字仲宣，山阳高平（今山东微山县）人；北海徐幹伟长：徐幹（171—217），字伟长，北海（今山东潍坊）人；陈留阮瑀元瑜：阮瑀（？—212），字元瑜，陈留尉氏（今河南开封）人；汝南应玚德琏：应玚（？—217），字德琏，东汉汝南（今河南项城）人；东平刘桢公幹：刘桢（？—217），字公幹，东平（今山东东平县）人。以上七人，后世称为"建安七子"。

[2]遗：遗留。于学无所遗：意谓无所不学。

[3]假：借用。于辞无所假，不用借用别人的言辞来创作，比喻有杰出的文章写作能力。

[4]骥騄（lù）：良马。

[5]仰齐足而并驰：意谓此七人的才情可以并驾齐驱。仰，依赖。齐足，《诗·小雅·车攻》："我马既同"，《毛传》："同，齐也。""田猎齐足，尚疾也。"《孔疏》："齐其马足，尚迅疾也。"

[6] 盖君子审己以度人，故能免于斯累：此句意为君子只有正确地认识自己，然后评量别人，才能免于"文人相轻"之累。《吕氏春秋·孝行览》："故君子不处幸，不为苟，必审诸己然后任，任然后动。"《离骚》："羌内恕己以量人兮。"王逸注："量，度也。"

王粲长于辞赋，徐幹时有齐气[1]，然粲之匹也。如粲之《初征》《登楼》《槐赋》《征思》，幹之《玄猿》《漏卮》《圆扇》《橘赋》，虽张蔡不过也[2]。然于他文，未能称是。琳瑀之章、表、书、记，今之隽也。应玚和而不壮，刘桢壮而不密。孔融体气高妙，有过人者，然不能持论，理不胜词[3]，以至乎杂以嘲戏，及其所善，杨班俦也[4]。

常人贵远贱近，向声背实[5]，又患闇于自见，谓己为贤。夫文本同而末异[6]。盖奏议宜雅，书论宜理，铭诔尚实，诗赋欲丽[7]。此四科不同，故能之者偏也，唯通才能备其体。

文以气为主，气之清浊有体[8]，不可力强而致。譬诸音乐，曲度虽均，节奏同检[9]，至于引气不齐[10]，巧拙有素[11]，虽在父兄，不能以移子弟[12]。

注释

[1] 齐气：《文选》李善注："言齐俗文体舒缓，而徐幹亦有斯累。《汉书·地理志》曰：'故齐诗曰：子之还兮，遭我乎峱之间兮。'此亦舒缓之体也。"气是一个复杂的概念，此处指影响作者进行文章创作的精神气质和文章风格，它与人的修养有关，也与人所生活的环境有关。徐幹是齐地人，所以曹丕在这里说他的文章有"齐气"，可能齐气的特点就是文体舒缓。

[2] 张蔡：张衡、蔡邕，两人都是东汉著名辞赋家。

[3] 理不胜词：华而不实，词多于理之义。

[4] 扬班：扬雄、班固。

[5] 向声背实：看重虚名，不重实际。

[6] 本同而末异：本同，指各种文体从根本上有共同性；末异，指不同文体又表现出不同的特点。

[7] 以上四句，是曹丕对这八种文体不同特点的概括。

[8] 文以气为主：是说文章的写作与作者之"气"有主要的关系。气之清浊有体：是说"气"又可以分为"清""浊"等不同表现形态。

[9] 均：调和。检：法度。

[10] 引气：指吹奏、演奏音乐时的运气。

[11]素：素养，技巧。

[12]虽在父兄，不能以移子弟：《文选》李善注引《桓子新论》："惟人心之所独晓，父不能以禅子，兄不能以教弟也。"意谓人心所独自领会的东西，即使父兄也不能转移到子弟身上。

    盖文章经国之大业，不朽之盛事[1]。年寿有时而尽，荣乐止乎其身，二者必至之常期，未若文章之无穷。是以古之作者，寄身于翰墨，见意于篇籍，不假良史之辞，不托飞驰之势[2]，而声名自传于后。故西伯幽而演《易》，周旦显而制《礼》[3]，不以隐约而弗务[4]，不以康乐而加思。夫然则古人贱尺璧而重寸阴，惧乎时之过已[5]。而人多不强力，贫贱则慑于饥寒，富贵则流于逸乐，遂营目前之务，而遗千载之功。日月逝于上，体貌衰于下，忽然与万物迁化[6]，斯志士之大痛也。融等已逝，唯幹著论，成一家言[7]。

《四部丛刊》本《文选》卷五十二

注释

[1]不朽之盛事：《左传·襄公二十四年》叔孙豹曰："太上有立德，其次有立功，其次有立言，虽久不废，此之谓不朽。"文章属于立言，故曹丕说它是"不朽之盛事"。

[2]飞驰之势：指身处高位之人的权势。

[3]西伯幽而演《易》：西伯，周文王，曾被纣王囚禁。《史记·太史公自序》："西伯拘而演《周易》。"周旦：周公旦，周武王之弟，传说周代社会礼制的制定者。

[4]隐约：喻指穷困。

[5]"古人"二句：《文选》李善注引《淮南子》曰："圣人不贵尺之璧，而重寸之阴，时难得而易失。"《孔丛子》引孔子曰："不读《易》，则不知圣人之心，必不使时过已也。"

[6]迁化：死去。《古诗十九首·回车驾言迈》："奄忽随物化，荣名以为宝。"

[7]"唯幹著论"二句：只有徐幹《中论》，成一家之言。这句话表明曹丕对待各类文体的态度并不一样，在他看来，真正能够传之不朽的，并不是诗赋一类的创作，而是能够成一家之言的论说性著作。曹丕在《与吴质书》中再次表明了这一观点："伟长独怀文抱质，恬淡寡欲，有箕山之志，可谓彬彬君子者矣。著《中论》二十余篇，成一家之言，辞义典雅，足传于后，此子为不朽矣。"

问题与思考

一、曹丕在文中所说的"文章"包括哪些文体，它与我们今天所说的"文学"有哪些不同？

二、曹丕说"文以气为主"，你能谈一谈对这句话的理解吗？

三、能写出什么样的文章传世，才能达到曹丕所说的"不朽"？

知识链接

二十四年，春，穆叔如晋。范宣子逆之，问焉，曰："古人有言曰：'死而不朽。'何谓也？"穆叔未对。宣子曰："昔匄之祖，自虞以上为陶唐氏，在夏为御龙氏，在商为豕韦氏，在周为唐、杜氏，晋主夏盟为范氏，其是之谓乎！"穆叔曰："以豹所闻，此之谓世禄，非不朽也。鲁有先大夫曰臧文仲，既没，其言立。其是之谓乎！豹闻之：'大上有立德，其次有立功，其次有立言。'虽久不废，此之谓不朽。若夫保姓受氏，以守宗祊，世不绝祀，无国无之，禄之大者，不可谓不朽。"（《左传·襄公二十四年》）

古者富贵而名摩灭，不可胜记，唯倜傥非常之人称焉。盖西伯文王拘而演《周易》；仲尼厄而作《春秋》；屈原放逐，乃赋《离骚》；左丘失明，厥有《国语》；孙子膑脚，《兵法》修列；不韦迁蜀，世传《吕览》；韩非囚秦，《说难》《孤愤》；《诗》三百篇，大抵圣贤发愤之所为作也。此人皆意有郁结，不得通其道，故述往事，思来者。乃如左丘无目，孙子断足，终不可用，退而论书策以舒其愤。思垂空文以自见。仆窃不逊，近自托于无能之辞，网罗天下放失旧闻，考之行事，稽其成败兴坏之理，凡百三十篇，亦欲以究天人之际，通古今之变，成一家之言。草创未就，适会遭此祸，惜其不成，是以就极刑而无愠色。仆诚已著此书，藏诸名山，传之其人，通邑大都。则仆偿前辱之责，虽万被戮，岂有悔哉。（司马迁《报任安书》）

或问"吾子少而好赋"。曰："然。童子雕虫篆刻。"俄而，曰："壮夫不为也。"（扬雄《法言·吾子》）

魏文之才，洋洋清绮。旧谈抑之，谓去植千里，然子建思捷而才俊，诗丽而表逸；子桓虑详而力缓，故不竞于先鸣。而乐府清越，《典论》辩要，迭用短长，亦无懵焉。但俗情抑扬，雷同一响，遂令文帝以位尊减才，思王以势窘益价，未为笃论也。仲宣溢才，捷而能密，文多兼善，辞少瑕累，摘其诗赋，则七子之冠冕乎？琳瑀以符檄擅声，徐幹以赋论标美，刘桢情高以会采，应玚学优以得文，路粹杨修颇怀笔记之工，丁仪邯郸亦含论述之美，有足算焉。刘劭《赵都》，能攀于前修；何晏《景福》，克光于后进；休琏风情，则《百壹》标其志；吉甫文理，则《临丹》成其采；嵇康师心以遣论，阮籍使气以命诗，殊声而合响，异翮而同飞。（刘勰《文心雕龙·才略》）

附录

与 吴 质 书

曹丕

二月三日丕白：岁月易得，别来行复四年。三年不见，《东山》犹叹其远，况及过之，思何可支。虽书疏往返，未足解其劳结。

昔年疾疫，亲故多离其灾，徐、陈、应、刘，一时俱逝，痛可言邪！昔日游处，行则连舆，止则接席，何曾须臾相失。每至觞酌流行，丝竹并奏，酒酣耳热，仰而赋诗，当此之时，忽然不自知乐也。谓百年已分，可长共相保；何图数年之间，零落略尽，言之伤心！顷撰其遗文，都为一集，观其姓名，已为鬼录，追思昔游，犹在心目，而此诸子，化为粪壤，可复道哉。

观古今文人，类不护细行，鲜能以名节自立。而伟长独怀文抱质，恬淡寡欲，有箕山之志，可谓彬彬君子者矣。著《中论》二十余篇，成一家之言，辞义典雅，足传于后，此子为不朽矣。德琏常斐然有述作之意，其才学足以著书；美志不遂，良可痛惜。间者历览诸子之文，对之抆泪，既病逝者，行自念也。孔璋章表殊健，微为繁富；公幹有逸气，但未遒耳。其五言诗之善者，妙绝时人。元瑜书记翩翩，致足乐也。仲宣续自善于辞赋，借其体弱，不足起其文；至于所善，古人无以远过。昔伯牙绝弦于钟期，仲尼覆醢于子路，痛知音之难遇，伤门人之莫逮。诸子但为未及古人，自一时之隽也。今之存者，已不逮矣。后生可畏，来者难诬，恐吾与足下不及见也。

年行已长大，所怀万端，时有所虑，至通夜不瞑。志意何时，复类昔日，已成老翁，但未白头耳。光武言：年三十余，在兵中十岁，所更非一。吾德不及之，年与之齐矣。以犬羊之质，服虎豹之文，无众星之明，假日月之光，动见瞻观，何时易乎？恐永不复得为昔日游也。少壮真当努力，年一过往，何可攀援。古人思炳烛夜游，良有以也。顷何以自娱？颇复有所述造否？东望于邑，裁书叙心。丕白。

《四部丛刊》本《文选》卷四十二

与杨德祖书

曹植

植白：数日不见，思子为劳，想同之也。仆少小好为文章，迄至于今，二十有五年矣。然今世作者，可略而言也：昔仲宣独步于汉南，孔璋鹰扬于河朔，伟长擅名于青土，公幹振藻于海隅，德琏发迹于北魏，足下高视于上京。当此之时，人人自谓握灵蛇之珠，家家自谓抱荆山之玉。吾王于是设天网以该之，顿八纮以掩之，今悉集兹国矣。然此数子，犹复不能飞轩绝迹，一举千里。以孔璋之才，不闲于辞赋，而多自谓能与司马长卿同风，譬画虎未成，反为狗也。前有书嘲之，反作论盛道仆赞其文。夫钟期不失听，于今称之。吾亦不能妄叹者，畏后世之嗤余也。

世人之著述，不能无病。仆尝好人讥弹其文，有不善者，应时改定。昔丁敬礼常作小文，使仆润饰之。仆自以才不过若人，辞不为也。敬礼谓仆："卿何所疑难？文之佳恶，吾自得之，后世谁相知定吾文者邪？"吾常叹此达言，以为美谈。昔尼父之文辞，与人通流；至于《春秋》，游、夏之徒乃不能措一辞。过此而言不病者，吾未之见也。盖有南威之容，乃可以论于淑媛；有龙泉之利，乃可以议于断割。刘季绪才不能逮于作者，而好诋诃文章，掎摭利病。昔田巴毁五帝，罪三王，呰五霸于稷下，一旦而服千人。鲁连一说，使终身杜口。刘生之辩，未若田氏；今之仲连，求之不难，可无叹息乎。人各有好尚：兰茝荪蕙之芳，众人所好，而海畔有逐臭之夫；咸池六茎之发，众人所共乐，而墨翟有非之之论，岂可同哉。

今往仆少小所著辞赋一通，相与夫街谈巷说，必有可采，击辕之歌，有应风雅，匹夫之思，未易轻弃也。辞赋小道，固未足以揄扬大义，彰示来世也。昔扬子云先朝执戟之臣耳，犹称壮夫不为也。吾虽德薄，位为蕃侯，犹庶几戮力上国，流惠下民，建永世之业，留金石之功；岂徒以翰墨为勋绩，辞赋为君子哉。若吾志未果，吾道不行，则将采庶官之实录，辩时俗之得失，定仁义之衷，成一家之言。虽未能藏之于名山，将以传之于同好。非要之皓首，岂今日之论乎。其言不惭，恃惠子之知我也。明早相迎，书不尽怀。植白。

《四部丛刊》本《文选》卷四十二

第二十四讲
诗 品

《诗品序》是南朝梁钟嵘所撰《诗品》一书的总序。钟嵘（约468—518），字仲伟，颍川长社（今河南长葛）人，他在齐梁时代曾作过参军、记室等小官。

《诗品》一书的产生，有诸多原因。汉末以来，社会上形成了品第人物的风气，广泛影响到学术和文艺领域。齐梁时代士大夫著书蔚然成风，出现了如谢赫的《古画品录》，庾肩吾的《书品》等著作。五言诗自身的蓬勃发展，也是一个重要的原因。钟嵘的《诗品》，正是在这种时代风气和学术传统的影响下产生的。

《诗品》在《梁书》本传中称《诗评》，《隋书·经籍志》："《诗评》三卷，钟嵘撰。或曰《诗品》。"唐宋时期还是两个名称并行。明清以后，"诗品"一名流行。根据有关材料推断，《诗品》的写作时间大约是在梁武帝天监元年（502）至十二年（513）间，完成于今天南京。《诗品》是我国最早的一部诗论专著，是在刘勰《文心雕龙》以后出现的一部品评诗歌的文学批评名著。《诗品》不同于《文心雕龙》的"笼罩群言""体大而虑周"，它把自己的评论对象只限于五言诗。钟嵘认为五言诗"指事造形，穷情写物，最为详切"，是"众作之有滋味者也"。它初步地建立起我国古代诗歌理论批评的体系，提出了许多有关诗歌的精辟见解，在诗歌理论批评方面作出的贡献，是重大而卓越的。书中提倡风力，反对玄言，一共品评了从汉至南朝梁122位五言诗人（包括《古诗》的无名作者），论其优劣，定其品第。

《诗品》版本很多，现存最早的版本是元延祐七年（1320）圆沙书院刊宋章如愚《山堂先生群书考索》本，现藏北京大学图书馆。在考索本中，本篇是作为全书的总序，与《梁书·钟嵘传》所记载的序相同，中品、下品另有序。《历代诗话》本将本篇与中品序、下品序合为一篇，置于全书之前，作为全书的总序。

《诗品序》是全书的总纲。它论述了诗歌发展规律以及对诗歌本质的认识，论及写作的缘起，品评的标准，体现钟嵘的诗歌批评理论体系和诗学思想，阐述了钟嵘关于诗歌的基本理论观点，并说明《诗品》全书的体例等问题，如《诗品序》中有"昔九品论人，《七略》裁士"的话语，说明钟嵘作《诗品》，受到班固《汉书·古今人表》和刘歆《七略》的影响。《诗品序》包含了诸多重要的诗学观点，如吟咏性情说，性情摇荡说，诗有三义说，滋味说等。钟嵘是中国古代文论家中最早提出以"滋味"论诗的文艺理论批评家。其"滋味"论也影响到司空图、严羽、王士禛、王国维等人的诗歌意境理论。唐宋以后，诗话、词话成为中国古代文论中数量最多的著作，这与《诗品》的开拓有很大关系，所以它又被称为百代诗话之祖。

诗品序（节选）

钟嵘

序曰：气之动物，物之感人[1]，故摇荡性情，形诸舞咏[2]。欲以照烛三才，晖丽万有[3]。灵祇待之以致飨，幽微藉之以昭告[4]。动天地，感鬼神，莫近于诗[5]。

昔《南风》之辞，《卿云》之颂，厥义夐矣[6]。夏歌曰："郁陶乎予心。"[7]楚谣曰"名余曰正则。"[8]虽诗体未全，然略是五言之滥觞也[9]。

逮汉李陵，始著五言之目矣[10]。"古诗"眇邈，人世难详。推其文体，固是炎汉之制，非衰周之倡也[11]。

> ### 注释

[1]"气"是我国古代哲学术语，也是文艺评论术语。这两句的意思是说节气变化，萌动万物，万物的盛衰又触发了人的感情。它说明了诗歌与"物"即客观现实生活的关系，认为诗歌根源于客观现实生活。

[2]摇荡：振动，感发。

[3]烛：照。照烛：照耀。三才：指天、地、人。晖丽：辉映，光彩照耀。万有：万物。颜延之《归鸿》诗："万有皆同春。"

[4]祇（qí）：地神。灵祇指天地。致飨：享用祭品，此处指祭祀。幽微：即幽冥，代指鬼神。昭告：明告，告白。

[5]"动天地"三句语出《毛诗序》："故正得失，动天地，感鬼神，莫近乎诗。"孔颖达《疏》："何休云：莫近，犹莫过之也。"

[6]《南风》：歌名。《礼记·乐记》："昔者舜作五弦之琴，以歌《南风》。"歌辞见《孔子家语·辩乐》："南风之薰兮，可以解吾民之愠兮；南风之时兮，可以阜吾民之财兮。"《卿云》：歌名。《尚书大传·虞夏传》："维十有五祀，……于时卿云聚，俊乂集，百工相和而歌《卿云》，……帝乃倡之曰：'卿云烂兮，纠缦缦兮，日月光华，旦复旦兮。'"厥：其，指其歌唱的时代。夐（xiòng）：久远，深长。

[7]夏歌：相传是夏朝的歌曲，此处指《五子之歌》。《尚书·夏书·五子之

歌》："太康失邦，昆弟五人，须于洛汭，作《五子之歌》。"歌共五章，其五："呜呼曷归？予怀之悲。万姓仇予，予将畴依？郁陶乎予心，颜厚有忸怩。弗慎厥德，虽悔可追？"

[8] 见屈原《离骚》："名余曰正则兮，字余曰灵均。"

[9] 钟嵘认为"夏歌""楚谣"是五言诗的萌芽。滥觞：开端，起源。滥，水溢出；觞，古代酒器。指江河发源处水很小，仅可浮起酒杯，比喻事物的起源。

[10] 逮：到。李陵：汉名将李广孙，官骑都尉。《文选》载李陵《与苏武诗三首》。目：名目。

[11] 古诗：齐梁时对汉魏佚名五言诗的总称。眇邈：久远，遥远。人世难详：作者和时代都难以详察。推其文体：文指古诗，体谓风格。炎汉：古代有水、火、木、金、土五行之德交替为王的说法，汉以火德王，故称炎汉。制：作，指诗作。衰周：指周末。倡：通"唱"，此指诗歌。

自王、扬、枚、马之徒，词赋竞爽，而吟咏靡闻[1]。从李都尉迄班婕妤，将百年间，有妇人焉，一人而已[2]。诗人之风，顿已缺丧。东京二百载中，惟有班固《咏史》，质木无文致[3]。

降及建安，曹公父子，笃好斯文[4]；平原兄弟，郁为文栋[5]；刘桢、王粲，为其羽翼[6]。次有攀龙托凤，自致于属车者[7]，盖将百计。彬彬之盛，大备于时矣[8]。

注释

[1] 王、扬、枚、马：王褒、扬雄、枚乘、司马相如，都是西汉的辞赋家。《汉书·艺文志·诗赋略》著录王褒赋十六篇、扬雄赋十二篇、枚乘赋九篇、司马相如赋二十九篇。竞爽：争胜比美。吟咏靡闻：没有听说有诗歌传世。吟咏，代指诗歌，这里指五言诗。

[2] 迄：到。班婕妤：汉成帝（刘骜）婕妤（女官名）。《文选》载班婕妤《怨歌行》一首（《玉台新咏》作《怨诗》），后人多疑为伪托。妇人：指班婕妤。一人：指李陵。此处的意思是说，自李陵生活的汉武帝时期至汉成帝之际，百年间，除一位女作者外，写诗者不过一个人而已。

[3] 自东汉光武帝（刘秀）建武元年至献帝（刘协）建安二十五年（公元25—220），凡一百九十五年，此取其成数。东京：指东汉。东汉都洛阳，故史称长安为西京，洛阳为东京。班固：字孟坚，东汉史学家兼文学家。所作《咏史》诗一首，咏汉太仓令淳于意女缇萦救父，促使汉文帝废除肉刑的故事。质木无文致：批评班固的《咏史》诗缺少文采。质、木都是质朴的意思。文致与质木对文，谓文采风致。

[4]建安：汉献帝年号（196—220）。曹公父子：曹操、曹丕、曹植。笃：深，甚。斯：此。文：本泛指文化，这里指文学。

[5]平原兄弟：曹丕、曹植。曹植于建安十六年（211）封平原侯。郁为文栋：指曹丕、曹植为当时文坛的主要人物。刘勰《文心雕龙·明诗》："文帝（注：曹丕）、陈思（注：曹植），纵辔以骋节。"郁，盛。栋，栋梁。

[6]刘桢：字公干，"建安七子"之一。王粲：字仲宣，"建安七子"之一。羽翼：喻左右辅佐的人。

[7]攀龙托凤：指依附曹氏父子的人。龙、凤，喻有声望的人。自致于属车者：指自愿归附曹氏父子的人。属车，古代帝王出行时的从车，又称副车。

[8]彬彬：文质兼备，这里指文学。语出《论语·雍也》："文质彬彬，然后君子。"极言当时文学之盛，真可谓备极一时了。

　　尔后陵迟衰微[1]，迄于有晋。太康中，三张、二陆、两潘、一左，勃尔复兴，踵武前王，风流未沫，亦文章之中兴也[2]。

　　永嘉时，贵黄、老，尚虚谈[3]。于时篇什，理过其辞，淡乎寡味[4]。爰及江表，微波尚传，孙绰、许询、桓、庾诸公诗，皆平典似《道德论》。建安风力尽矣[5]。

　　先是郭景纯用隽上之才，变创其体[6]；刘越石仗清刚之气，赞成厥美[7]。然彼众我寡，未能动俗[8]。逮义熙中，谢益寿斐然继作[9]。元嘉初，有谢灵运，才高词盛，富艳难踪，固已含跨刘、郭，凌轹潘、左[10]。故知陈思为建安之杰，公幹、仲宣为辅[11]；陆机为太康之英，安仁、景阳为辅[12]；谢客为元嘉之雄，颜延年为辅[13]。斯皆五言之冠冕，文词之命世也[14]。

注释

[1]尔后：此后，指建安以后。陵迟：犹陵夷，引申为衰颓。衰微：衰落。

[2]太康：晋武帝（司马炎）年号（280—289）。三张：张载（字孟阳）、张协（字景阳）、张亢（字季阳）。二陆：陆机（字士衡）、陆云（字士龙）。《晋书·陆云传》："（云）少与兄机齐名，虽文章不及机，而持论过之，号曰'二陆'。"又《张载传》："时人谓载协亢，陆机云曰'二陆''三张'。"两潘：潘岳（字安仁）、潘尼（字正叔）。一左：左思（字太冲）。勃尔：勃然，兴盛的样子。踵武前王：语出屈原《离骚》："及前王之踵武。"踵，继。武，踪迹。这里是继承前人文学事业的意思。风流：遗风。未沫：未消，未已。文章：文学，这里指诗歌。

[3]永嘉：晋怀帝（司马炽）年号（307—313）。黄老：黄帝、老子，道家之

祖，因以称道家。虚谈：玄谈，清谈。

[4] 篇什：《诗经》中的雅、颂，十篇为什，编为一卷，后以篇什泛指诗篇。理过其辞：批评玄言诗一味地谈玄说理。淡乎寡味：玄言诗平淡，缺少诗味。

[5] 爰：乃，于是。江表：即江外，指长江以南的地方。这里指东晋，因东晋都建康（今南京）。微波：指玄言诗的余波。孙绰、许询、桓、庾诸公诗：孙绰（字兴公）、许询都是东晋玄言诗人。桓、庾指桓温（字元子）、庾亮（字元规），一说指桓伟、庾友、庾蕴、庾阐。平典，平淡雅正。《道德论》，指何晏、夏侯玄、阮籍等所著的阐发老庄哲学的玄学著作。建安风力：风力即风骨。风骨或风力，都是说的文学或诗的"质"即内容方面（和词采相对）。一般认为建安文学是最能代表这种风骨或风力的，所以也说"建安风骨"或"建安风力"。

[6] 郭景纯：东晋诗人郭璞，字景纯。刘勰《文心雕龙·明诗》："江左篇制，溺乎玄风，嗤笑徇务之志，崇盛亡机之谈。袁（宏）、孙（绰）已下，虽各有雕采，而辞趣一揆，莫与争雄；所以景纯仙篇，挺拔而为俊矣。"隽上之才：出众的才华。赞扬郭璞以出众的才华，开始改变玄言诗风，开创新体。

[7] 刘越石：东晋诗人刘琨，字越石。刘勰《文心雕龙·才略》："刘琨雅壮而多风。"赞，助。赞成厥美：指刘琨与郭璞一起改变永嘉以来的玄言诗风。

[8] 未能动俗：没能根本转变玄言诗的风气。

[9] 义熙：东晋安帝（司马德宗）年号（405—418）。谢益寿：诗人谢混，字叔源，小字益寿。斐然：有文采的样子。本句意为谢混以斐然文采继起改变玄言诗风。

[10] 元嘉：元嘉是宋文帝（刘义隆）年号（424—453）。谢灵运：小名客儿，诗开山水诗派。难踪：难以追及。含跨：超越。刘、郭：刘琨和郭璞。凌轹潘、左：压倒潘岳和左思。凌，超越。轹（lì），车轮碾压。凌轹，超越。

[11] 陈思为建安之杰：曹植封陈王，卒谥思，建安时期最负盛名的诗人，所以称他为"建安之杰"。辅：辅佐。

[12] 陆机为太康之英：钟嵘认为陆机是太康诗人中成就最突出的。英，英杰。

[13] 谢客为元嘉之雄：谢灵运是元嘉时最著名的诗人，所以称他为"元嘉之雄"。颜延年：颜延之字延年，谥宪子，南朝宋诗人，诗歌成就不及谢灵运。

[14] 冠冕：帽子，引申为首位，第一。命世：名世，闻名于世。

夫四言，文约意广，取效《风》、《骚》，便可多得。每苦文烦而意少，故世罕习焉[1]。五言居文词之要，是众作之有滋味者也，故云会于流俗[2]。岂不以指事造形，穷情写物，最为详切者耶[3]！

故诗有六义焉：一曰兴，二曰比，三曰赋[4]。文已尽而意有余，兴也；因物喻志，比也；直书其事，寓言写物，赋也[5]；弘斯三义，酌而用之，干之以风力，润之以丹彩，使咏之者无极，闻之者动心，是诗之至也[6]。

若专用比兴，则患在意深，意深则词踬[7]。若但用赋体，则患在意浮，意浮则文散。嬉成流移，文无止泊，有芜漫之累矣[8]。

注释

[1] 广：推广。《风》《骚》本义指《国风》《离骚》，此处泛指《诗经》和《楚辞》。故世罕习焉：指齐梁时代已少有人能熟练运用四言诗的形式。世，指齐梁时代。习，娴熟，熟悉。

[2] 五言居文词之要：这句话的意思是五言诗文辞不繁不简，最合适。这是关于诗歌形式发展的一种进步观点。当时另有一种以四言诗为诗歌正宗的观点。刘勰《文心雕龙·明诗》："四言正体，则雅润为本；五言流调，则清丽居宗。"要，当中。滋味：即诗味。故：同"固"。云：语助词，无义。会：合。流俗：世俗。

[3] 这几句说明五言诗的特点。指事：指说事情。刘勰《文心雕龙·比兴》："附理者，切类以指事。"造形：摹写形状，即形象地描写。穷情：抒情。穷，尽。写物：描写事物。

[4]《诗大序》："《诗》有六义焉：一曰风，二曰赋，三曰比，四曰兴，五曰雅，六曰颂。"《诗品》只讲赋、比、兴，并把原来的赋、比、兴的次序，改为兴、比、赋，有更强调兴和比的意思。

[5] 关于赋、比、兴，历来有不同的解释。

[6] 弘：通"宏"，扩大，光大。干：主干，骨干，引申为本质的意思。丹彩：文采，词藻。诗之至：最好的诗。至，最，极。"干之以风力，润之以丹彩"是贯穿《诗品》全书的批评标准。

[7] 则患在意深：意深，意思深奥难懂。踬（zhì）：跌倒。指文词艰涩，不顺畅，令人费解。

[8] 则患在意浮：意浮，意思肤浅。文散：文辞散漫。嬉成流移，文无止泊：指文辞漂浮、无所归依。止泊，归宿。芜漫：芜杂、散漫。

若乃春风春鸟，秋月秋蝉，夏云暑雨，冬月祁寒，斯四候之感诸诗者[1]也。嘉会寄诗以亲，离群托诗以怨[2]。至于楚臣去境[3]，汉妾辞宫[4]，或骨横朔野，或魂逐飞蓬[5]；或负戈外戍，杀气雄边[6]；塞客衣单[7]，孀闺泪尽；又士有解佩出朝[8]，一去忘返；女有扬娥入宠，再盼倾国[9]：凡斯种种，感荡心灵，非陈诗何以展其义；非长歌何以释其情[10]？故曰：《诗》可以群，可以怨。[11]"使穷贱易安，幽居靡闷，莫尚于诗矣[12]。

……故词人作者，罔不爱好[13]。今之士俗[14]，斯风炽矣。才能胜衣，甫就小学，必甘心而驰骛焉[15]。于是庸音杂体，各各为容[16]。至使膏腴子弟，耻文不逮，终朝点缀，分夜呻吟[17]。独观谓为警策，众睹终沦平钝[18]。

次有轻荡之徒，笑曹、刘为古拙，谓鲍照羲皇上人，谢朓今古独步[19]。而师鲍照，终不及"日中市朝满"；学谢朓，劣得"黄鸟度青枝"[20]。徒自弃于高听，无涉于文流矣[21]。

注释

[1] 祁：大。这几句说明四时节候的变化感荡人心，是写作诗歌的原因，呼应"气之动物，物之感人。故摇荡性情，形诸舞咏"。

[2] 寄：借，凭借。这两句说明社会人事与诗歌创作的关系。嘉会：欢会。离群：与亲友分离。

[3] 楚臣：指屈原。去境：谓屈原受谗毁被流放。《史记·太史公自序》："屈原放逐，著《离骚》。"

[4] 汉妾：指汉元帝（刘奭）宫人王嫱（昭君）。王嫱和亲匈奴事见《汉书·元帝纪》。

[5] 骨横：骨横于野，指战死。朔：北方。野：指郊野，这里指战场。飞蓬：飘飞的蓬草。

[6] 杀气：阴气，秋气，引申为军旅杀伐之气。雄：劲，盛。

[7] 塞客：指戍边的将士。

[8] 解佩：指辞官。佩，古代为官者系于官印上的带子或饰物。

[9] 女有扬娥入宠：指汉武帝（刘彻）李夫人入宫得宠事。扬娥：形容得意的样子。娥，娥眉。再盼倾国：汉李延年《李夫人歌》："北方有佳人，绝世而独立。一顾倾人城，再顾倾人国。宁不知倾城与倾国，佳人难再得。"

[10] 陈诗：赋诗。长歌：长声歌咏，亦引申为赋诗。

[11]《论语·阳货》："子曰：小子何莫学夫诗？诗可以兴，可以观，可以群，可以怨。"

[12] 幽居：隐居。陶渊明《答庞参军》："我实幽居士。"靡：不，没有。闷：郁闷。尚：超过。

[13] 罔：无。此谓文人作家无不爱好五言诗。

[14] 士俗：指当时士族的风气。士，士族。

[15] 才能胜衣：刚能承受得起衣服，极言年幼。甫：始。甘心：情愿。驰骛：奔走趋赴。这里指致力于写作诗歌。

[16] 庸音：指平庸的诗歌。陆机《文赋》："放庸音以足曲。"杂体：杂乱无章，不合规范之体式。容：法则，准绳。

［17］膏腴子弟：富贵人家子弟。膏腴，本指土地肥沃，借指富贵人家。终朝点缀：整天写作。终朝，终日。分夜呻吟：吟咏到深夜，谓苦吟。分夜，半夜。呻吟，吟诵。

［18］独观谓为警策：自以为精彩。警策，指诗文中精彩处。众睹终沦平钝：众人却看得平庸。平钝，平庸、笨拙。

［19］轻荡之徒：浅薄的人。笑曹、刘为古拙：嘲笑曹植、刘桢的诗古朴笨拙。谓鲍照羲皇上人：把鲍照说成是羲皇以上时代的人。认为时人不恰当地尊崇鲍照在诗坛上的地位。鲍照，南朝宋杰出诗人，但在《诗品》中被列于中品。羲皇，传说中的上古帝王伏羲氏。今古独步：古今第一。独步，独一无二。这几句批评时人不能正确地评论某些诗人。

［20］终不及"日中市朝满"：批评时人学习鲍照，终究赶不上他的"日中市朝满"这样的诗句。此句见鲍照《代结客少年场行》。劣得"黄鸟度青枝"：批评时人学习谢朓，仅能写出"黄鸟度青枝"这样的诗句。劣，仅。"黄鸟度青枝"，见虞炎《玉阶怨》。

［21］高听：敬辞，高明之意。文流：文章之流，诗歌的行列。

嵘观王公搢绅之士[1]，每博论之余，何尝不以诗为口实，随其嗜欲，商榷不同？淄渑并泛，朱紫相夺，喧议竞起，准的无依[2]。近彭城刘士章，俊赏之士，疾其淆乱，欲为当世诗品，口陈标榜[3]，其文未遂[4]。嵘感而作焉。

昔九品论人[5]，《七略》裁士，校以宾实，诚多未值。至若诗之为技，较尔可知，以类推之，殆均博弈[6]。

方今皇帝，资生知之上才，体沈郁之幽思。文丽日月，学究天人。昔在贵游，已为称首[7]。况八纮既奄，风靡云蒸。抱玉者联肩，握珠者踵武[8]。固以瞰汉、魏而不顾，吞晋、宋于胸中[9]。谅非农歌辕议[10]，敢致流别。嵘之今录，庶周旋于闾里，均之于谈笑耳[11]。

上海古籍出版社2011年刊本曹旭《诗品集注》

注释

［1］搢绅之士：士大夫。搢，同"缙"，插。绅，衣带。

［2］商榷：榷，同榷。斟酌，商讨。淄渑并泛：喻好坏作品不分。淄、渑（miǎn）：水名，都在山东省。相传二水味异，合则难辨。这里比喻不同的作品。朱紫相夺：比喻将坏作品当作好作品。朱被认为是正色，紫是杂色。夺，乱，代替。准的无依：没有标准可以依据。准的，标准。

[3]刘士章：刘绘，字士章。俊赏：卓越的鉴赏能力。疾其淆乱：不满于这种混乱的情况。标榜：品评。

[4]未遂：未成。

[5]九品论人：班固《汉书·古今人表》将古今人物分为九等。魏晋以后，又有九品官人法（见《三国志·魏志·陈群传》）。《七略》裁士：刘歆《七略》分文献为七类。裁，判断。《汉书·艺文志》："会向卒，……歆于是总群书，而奏其《七略》，故有《辑略》，有《六艺略》，有《诸子略》，有《诗赋略》，有《兵书略》，有《术数略》，有《方技略》。"

[6]校以宾实：从名、实两方面加以检验。校，考核，检验。宾实，名与实。值：当。较尔：显然。殆均博奕：差不多与棋戏一样。殆，几乎、差不多。博奕，古代的棋戏。这里以博奕喻作诗。

[7]方今皇帝：指梁武帝萧衍。资：禀赋。生知之上才：《论语·季氏》："孔子曰：生而知之者上也。"学究天人：天人指自然和人事。贵游：《南史·梁武帝纪》："（齐）竟陵王（萧）子良开西邸，招文学，帝（萧衍）与沈约、谢朓、王融、萧琛、范云，任昉、陆倕等并游焉，号曰'八友。'"贵游即指此。游，交游，交往。首：为首，首领。

[8]八纮：八维，八方。奄：覆盖，包括。风靡云蒸：如风之披靡，云之蒸腾，有许多人出来辅佐君王。抱玉者、握珠者：比喻有才学的人。联肩、踵武：极言人多，同比肩、继踵。这几句极言萧衍统一天下后，文学之盛。

[9]这两句是说当时文学之盛，已远超过汉、魏、晋、宋。

[10]谅：信，诚。辕：驾车用的直木或曲木。农歌辕议：农人唱的歌谣，赶车人发的议论，自谦之词。致流别：辨析、评论作家作品之风格、渊源。

[11]庶：庶几，大概。周旋：应接，打交道。闾里：乡里，民间。均之于谈笑耳：把它当作谈笑罢了。均，等。

问题与思考

一、谈谈钟嵘在《诗品序》中提出的"诗有三义"说的内涵。

二、如何理解钟嵘《诗品》关于感情论的段落。

知识链接

诗者，志之所之也。在心为志，发言为诗。情动于中而形于言，言之不足故嗟叹之；嗟叹之不足故永歌之；永歌之不足，不知手之舞之，足之蹈之也。……至于王道衰，礼义废，政教失，国异政，家殊俗，而变风、变雅作矣。国史明乎得失之迹，伤人伦之变，哀刑政之苛，吟咏情性，以风其上，达于事变而怀其旧俗者也。（《诗大序》）

建安之末，区宇方辑。魏武以相王之尊，雅爱诗章；文帝以副君之重，妙善辞赋；陈思以公子之豪，下笔琳琅；并体貌英逸，故俊才云蒸。仲宣委质于汉南，孔璋归命于河北，伟长从宦于青土，公幹徇质于海隅，德琏综其斐然之思，元瑜展其翩翩之乐。文蔚休伯之俦，于叔德祖之侣，傲雅觞豆之前，雍容衽席之上；洒笔以成酣歌，和墨以藉谈笑。（刘勰《文心雕龙·时序》）

"比"者，附也；"兴"者，起也。附理者切类以指事，起情者依微以拟议。起情故"兴"体以立，附理故"比"例以生。"比"则畜愤以斥言，"兴"则环譬以托讽。（刘勰《文心雕龙·比兴》）

赋者，敷陈其事而直言之者也。比者，以彼物比此物也。兴者，先言他物，以引起所咏之词也。（朱熹《诗集传》）

诗话之源本于钟嵘《诗品》……《诗品》之于论诗，视《文心雕龙》之于论文，皆专门名家，勒为成书之初祖也。《文心》体大而虑周，《诗品》思深而意远。盖《文心》笼罩群言，而《诗品》深从六艺溯流别也。（章学诚《文史通义·诗话》）

附录

文心雕龙·明诗

刘勰

大舜云："诗言志，歌永言。"圣谟所析，义已明矣。是以"在心为志，发言为诗"，舒文载实，其在兹乎？诗者，持也，持人情性；三百之蔽，义归"无邪"，持之为训，有符焉尔。

人禀七情，应物斯感，感物吟志，莫非自然。昔葛天乐辞云，《玄鸟》在曲；黄帝《云门》，理不空绮。至尧有《大唐》之歌，舜造《南风》之诗，观其二文，辞达而已。及大禹成功，九序惟歌；太康败德，五子咸怨：顺美匡恶，其来久矣。自商暨周，《雅》《颂》圆备，四始彪炳，六义环深。子夏监绚素之章，子贡悟琢磨之句，故商赐二子，可与言诗。自王泽殄竭，风人辍采；春秋观志，讽诵旧章，酬酢以为宾荣，吐纳而成身文。逮楚国讽怨，则《离骚》为刺。秦皇灭典，亦造《仙诗》。

汉初四言，韦孟首唱，匡谏之义，继轨周人。孝武爱文，柏梁列韵。严马之徒，属辞无方。至成帝品录，三百余篇，朝章国采，亦云周备；而辞人遗翰，莫见五言，所以李陵班婕好见疑于后代也。按《召南·行露》，始肇半章；孺子《沧浪》，亦有全曲；《暇豫》优歌，远见春秋；《邪径》童谣，近在成世；阅时取证，则五言久矣。又古诗佳丽，或称枚叔，其

《孤竹》一篇，则傅毅之词。比采而推，两汉之作乎？观其结体散文，直而不野，婉转附物，怊怅切情，实五言之冠冕也。至于张衡《怨》篇，清典可味；《仙诗缓歌》，雅有新声。

暨建安之初，五言腾踊，文帝陈思，纵辔以骋节；王徐应刘，望路而争驱；并怜风月，狎池苑，述恩荣，叙酣宴，慷慨以任气，磊落以使才；造怀指事，不求纤密之巧，驱辞逐貌，唯取昭晰之能：此其所同也。乃正始明道，诗杂仙心；何晏之徒，率多浮浅。唯嵇志清峻，阮旨遥深，故能标焉。若乃应璩《百一》，独立不惧，辞谲义贞，亦魏之遗直也。

晋世群才，稍入轻绮。张潘左陆，比肩诗衢，采缛于正始，力柔于建安。或析文以为妙，或流靡以自妍：此其大略也。江左篇制，溺乎玄风，嗤笑徇务之志，崇盛忘机之谈。袁孙已下，虽各有雕采，而辞趣一揆，莫与争雄；所以景纯仙篇，挺拔而为俊矣。宋初文咏，体有因革，庄老告退，而山水方滋；俪采百字之偶，争价一句之奇，情必极貌以写物，辞必穷力而追新，此近世之所竞也。

故铺观列代，而情变之数可监；撮举同异，而纲领之要可明矣。若夫四言正体，则雅润为本，五言流调，则清丽居宗；华实异用，惟才所安。故平子得其雅，叔夜含其润，茂先凝其清，景阳振其丽；兼善则子建仲宣，偏美则太冲公幹。然诗有恒裁，思无定位，随性适分，鲜能通圆。若妙识所难，其易也将至；忽之为易，其难也方来。至于三六杂言，则出自篇什；离合之发，则明于图谶；回文所兴，则道原为始；联句共韵，则柏梁余制；巨细或殊，情理同致，总归诗囿，故不繁云。

赞曰：民生而志，咏歌所含。兴发皇世，风流《二南》。神理共契，政序相参。英华弥缛，万代永耽。

人民文学出版社 1958 年刊本范文澜《文心雕龙注》卷二

沧浪诗话·诗辩（节选）

严羽

夫诗有别材，非关书也；诗有别趣，非关理也。然非多读书，多穷理，则不能极其至。所谓不涉理路、不落言筌者，上也。诗者，吟咏情性也。盛唐诸人惟在兴趣，羚羊挂角，无迹可求，故其妙处，透彻玲珑，不可凑泊，如空中之音，相中之色，水中之月，镜中之象，言有尽而意无穷。近代诸公乃作奇特解会，遂以文字为诗，以才学为诗，以议论为诗。夫岂不工，终非古人之诗也。盖于一唱三叹之音，有所歉焉。且其作多务使事，不问兴致；用字必有来历，押韵必有出处，读之反复终篇，不知着到何处。其末流甚者，叫噪怒张，殊乖忠厚之风，殆以骂詈为诗。诗而至此，可谓一厄也。然则近代之诗无取乎？曰：有之，我取其合于古人者而已。国初之诗，尚沿袭唐人：王黄州学白乐天，杨文公、刘中山学李商隐，盛文肃学韦苏州，欧阳公学韩退之古诗，梅圣俞学唐人平淡处。至东坡、山谷始自出己意以为诗，唐人之风变矣。山谷用工尤为深刻，其后法席盛行，海内称为江西宗派。近世赵紫芝、翁灵舒辈，独喜贾岛、姚合之诗，稍稍复就清苦之风；江湖诗人多效其体，一时自谓之唐宗，不知止入声闻、辟支之果，岂盛唐诸公大乘正法眼者哉！嗟乎！正法眼之无传久矣。唐诗之说未唱，唐诗之道或有时而明也。今既唱其体曰唐诗矣，则学者谓唐诗诚止于是耳。得非诗道之重不幸邪！故余不自量度，辄定诗之宗旨，且借禅以为喻，推原汉、魏以来，而截然谓当以盛唐为法。虽获罪于世之君子，不辞也。

中华书局 1981 年刊本何文焕《历代诗话》下册

原诗·内篇下（节选）

叶燮

大约才识胆力，四者交相为济，苟一有所歉，则不可登作者之坛。四者无缓急，而要在先之以识。使无识，则三者俱无所托。无识而有胆，则为妄，为卤莽，为无知，其言背理叛道，蔑如也；无识而有才，虽议论纵横，思致挥霍，而是非淆乱，黑白颠倒，才反为累矣；无识而有力，则坚僻妄诞之辞，足以误人而惑世，为害甚烈。若在骚坛，均为风雅之罪人。惟有识则能知所从，知所奋，知所决，而后才与胆力，皆确然有以自信，举世非之，举世誉之，而不为其所摇，安有随人之是非以为是非者哉？其胸中之愉快自足，宁独在诗文一道已也。然人安能尽生而具绝人之姿，何得易言有识。其道宜如大学之始于格物，诵读古人诗书，——以理、事、情格之，则前后中边，左右向背，形形色色，殊类万态，无不可得，不使有毫发之罅，而物得以乘我焉。如以文为战，而进无坚城，退无横阵矣。若舍其在我者，而徒日劳于章句诵读，不过剿袭依傍、摹拟窥伺之术，以自跻于作者之林，则吾不得而知之矣。

上海古籍出版社 1978 年刊本王夫之《清诗话》下册

解题

刘勰，字彦和，东莞莒（今山东莒县）人。东晋时，莒县已沦陷，晋明帝在京口（今江苏镇江）侨置南东莞郡，刘勰祖、父即居于此。刘勰大约生于南朝宋明帝泰始三年（467）。他曾官县令、步兵校尉、东宫通事舍人，颇有清名。刘勰虽任多种官职，但其名不以官显，却以文彰，《文心雕龙》奠定了他在中国文学批评史上的地位。

《文心雕龙》撰成于齐末。当时儒家思想的独尊地位不复存在，玄学和佛学兴起，同时文学创作蓬勃发展。自建安以来，诗歌写作非常兴盛，五言诗成为诗人们最喜爱的体裁，写作风气遍及朝野。七言诗创作在南朝也取得了重要进展。大量抒写日常生活情景的优秀作品涌现出来，题材不断扩展，艺术表现、语言技巧也日益精美。赋的写作也由汉代的气势恢宏而不忘美刺讽喻的大赋为主，转向魏晋南北朝抒情小赋的蓬勃发展。各种文体，包括政治和社会生活中的实用文体，都讲究辞藻的华丽，讲究运用对偶、典故，并且追求声音的和谐悦耳。骈文由此而产生。由于讲求写作艺术、修辞技巧，使得实用性文体也成了审美对象。

文学创作的发达促成了文学批评和理论的发展，这一时期的文学批评和理论，如曹丕的《典论·论文》、陆机的《文赋》都着重从文学本身立论，而不是像汉代学者那样强调作品与政教的关系。文章总集的编撰也兴盛起来，其中最著名的是晋代挚虞编的《文章流别论》、南朝则有梁代萧统编的《文选》。文章总集的编纂为刘勰著《文心雕龙》提供了许多方便，产生了不小的影响。

总之，魏晋南北朝时期文学创作和文学批评、理论的发达，乃是《文心雕龙》产生的基础。刘勰囊括古今，既吸收了先秦汉代文章和文学理论中的合理因素，又总结了魏晋南北朝时期的文论成果，加以分析、深刻体会，从而形成了《文心雕龙》这一部体大思精的文论著作。

《文心雕龙》原是一部文章写作的指导书，以今天我们的眼光看，其中也包括许多文学理论的内容。我国古代许多诗文批评著作，往往将理论思考、审美感受通过印象式的、缺少理论体系的言论表述出来，《文心雕龙》却不一样，全书共五十篇，其结构经过精心安排，理论观点之间回环照应，逻辑严密，体系完整，篇章结构的安排大致如下：

上部，从《原道》至《辨骚》五篇，刘勰自称为"文之枢纽"，意思是作文的关键，提出了关于写作的基本思想；《明诗》以下的二十篇，为"论文叙笔"，属于文体论的范围；从《神思》到《程器》的二十四篇，为"割情析采"，属于创作论的范围。以上共四十九篇，加上最后叙述作者写作此书的动机、态度、原则的《序志》，共五十篇。《文心雕龙》是此前文论的集大成之作。

《文心雕龙》评述作家作品，止于东晋，对刘宋以及齐、梁作家都不加评论。不过对于刘宋时的一些重要文学现象，如谢灵运等开创的描绘山水物色的风气，如文辞力求新异的倾向，也有中肯的论述。

《四库全书总目提要》列《文心雕龙》有二本：一为内府藏本，一为黄叔琳注本。此两本皆非国内现存的《文心雕龙》的最早版本。现存最早的写本为敦煌石室发现的残卷，最早的刻本系元至正本。1991年上海书店正式出版了由林其锬、陈凤金合作整理的《敦煌遗书〈文心雕龙〉残卷集校》，书后还附有《宋本〈太平御览〉引〈文心雕龙〉辑校》。主要刊本有范文澜《文心雕龙注》、王利器《文心雕龙校证》。

《文心雕龙》立论以儒学为宗，《原道》又是"文之枢纽"排名第一的篇章，首先说明文章的本原是"道"，并与《征圣》《宗经》两篇相衔接，从而建立起"道沿圣以垂文，圣因文以明道"的理论逻辑，提出作文必须"宗经"，即以儒家经书为典范的主张。《原道》在《文心雕龙》中的地位至关重要。

原　道[1]

刘勰

文之为德也[2]大矣，与天地并生者何哉！夫玄黄色杂[3]，方圆体分[4]；日月叠璧[5]，以垂丽天之象[6]；山川焕绮[7]，以铺理地之形[8]；此盖道之文也。仰观吐曜[9]，俯察含章[10]，高卑定位[11]，故两仪既生矣[12]。惟人参之[13]，性灵所钟[14]，是谓三才[15]。为五行之秀[16]，实天地之心[17]。心生而言立，言立而文明，自然之道也。傍及万品[18]，动植皆文。龙凤以藻绘呈瑞[19]，虎豹以炳蔚凝姿[20]；云霞雕色，有逾画工之妙[21]；草木贲华[22]，无待锦匠之奇。夫岂外饰，盖自然耳。至于林籁结响[23]，调如竽瑟[24]；泉石激韵，和若球锽[25]：故形立则章成矣，声发则文生矣。夫以无识之物，郁然有彩[26]，有心之器，其无文欤！

注释

[1] 原道：探原文章的根本道理。原，探原，推究。道，天地自然之理，也是文章之本原。

[2] 文之为德：犹文之德，即文章的作用、意义。德，德性，引申为功用、意义。

[3] 玄黄色杂：天地色彩混杂。玄，黑赤色。古人认为天玄而地黄。

[4] 方圆体分：即天地分判。

[5] 璧：环状的玉。叠璧：古人认为天圆地方，日月像璧那样重叠起来。

[6] 垂：流布，表现。丽：附著。

[7] 焕绮：鲜明华丽。焕，焕发；绮，绮丽。

[8] 铺：陈列，展示。理：条理。

[9] 曜（yào）：光耀，明亮。

[10] 章：文采，华美。

[11] 高卑：指天地。

[12] 两仪：指天地。《易·系辞上》："是故易有太极，是生两仪。"

[13] 参之：即人配天地为三。参，三。

[14] 性灵：指人的智慧。钟：聚。

[15] 三才：指天、地、人。

[16] 五行：指金、木、水、火、土，古人认为这是组成天地万物的五种元素。五行之秀，即万物之精华。

[17] 天地之心：天地之心灵。

[18] 傍：通"旁"。

[19] 藻：文采，这里指龙鳞之美。绘：五彩之绣，这里指凤羽之美。

[20] 炳：光明，这里指虎色之美。蔚：文采华丽，这里指豹色之美。

[21] 逾：超过。

[22] 贲（bì）：文饰。华：同"花"。

[23] 籁：从孔窍中发出的声音。

[24] 竽：古代管乐器。瑟：弦乐器。

[25] 球：玉磬，古代石制敲击乐器。锽：钟声。

[26] 郁：繁盛。

人文之元[1]，肇自太极[2]。幽赞神明[3]，《易》象惟先[4]。庖牺画其始[5]，仲尼翼其终[6]。而《乾》《坤》两位[7]，独制《文言》[8]。言之文也，天地之心哉[9]！若乃《河图》孕乎八卦[10]，《洛书》韫乎九畴[11]，玉版金镂之实[12]，丹文绿牒之华[13]，谁其尸之[14]？亦神理而已[15]。

注释

[1]元：开始。

[2]肇：开始。太极：古代用以指天地混沌、蒙昧未分之时。

[3]幽：指深暗不明之事物。赞：佐助。神：指微妙难言之事物。

[4]《易》象：《易经》之卦象，是一套具有象征意义的符号，以阳爻和阴爻相配合而成。

[5]庖（páo）牺：即伏羲，传说中的"三皇"之一。

[6]仲尼：孔子。翼：辅助。《周易》有经传之分，其中《易传》有《彖辞》上下、《象辞》上下、《系辞》上下、《文言》《说卦》《序卦》和《杂卦》，共十篇，称为"十翼"，相传为孔子所作。

[7]《乾》《坤》：《易经》之前两卦。

[8]《文言》："十翼"之一，是对《乾》《坤》二卦的解释。

[9]天地之心：指天地的意志。

[10]《河图》孕乎八卦：相传伏羲时黄河中有龙献出图来，伏羲仿之而作八卦。

[11]《洛书》韫乎九畴：相传大禹时洛水中有龟献出书来，大禹依法而作九畴大法。九畴，九类治国大法。

[12]玉版：刻有象征意义的图形或文字之玉片。相传尧在水边得之，方尺，图天地之形。镂：雕刻。

[13]丹文绿牒：朱书绿字的图版。纬书中有"河龙出图""赤文绿字"之语。牒：古代的书版。

[14]尸：主持。

[15]神理：神妙之理，即自然之道。

自鸟迹代绳[1]，文字始炳[2]。炎皞遗事[3]，纪在《三坟》[4]；而年世渺邈[5]，声采靡追[6]。唐虞文章[7]，则焕乎为盛[8]。元首载歌[9]，既发吟咏之志；益稷陈谟[10]，亦垂敷奏之风[11]。夏后氏兴[12]，业峻鸿绩[13]，九序惟歌[14]，勋德弥缛[15]。逮及商周[16]，文胜其质[17]，《雅》《颂》所被[18]，英华日新[19]。文王患忧[20]，繇辞炳曜[21]；符采复隐[22]，精义坚深。重以公旦多才[23]，振其徽烈[24]，制诗缉《颂》[25]，斧藻群言[26]。至夫子继圣，独秀前哲[27]，镕钧六经[28]，必金声而玉振[29]；雕琢性情[30]，组织辞令；木铎起而千里应[31]，席珍流而万世响[32]，写天地之辉光，晓生民之耳目矣。

注释

[1]鸟迹代绳：相传太古之时，结绳而治，后仓颉受鸟兽足迹之启发而创造文字。

[2]炳：明，彰显。

[3]炎：指炎帝神农氏。皞：指太皞伏羲氏。

[4]《三坟》：古书名。

[5]渺邈：久远。

[6]声采：音节文采，指文章面貌。靡追：无从考索。

[7]唐虞：唐尧、虞舜。

[8]为：通行本作"始"，宋本《太平御览》引作"为"。

[9]元首：君主，此处指舜。载：开始。歌：指《尚书·益稷》所载歌诗。

[10]益稷：舜的大臣，伯益和后稷。陈谟：陈述计谋。谟，计谋，谋议。

[11]敷奏：指臣下向君主进言。敷：陈。

[12]夏后氏：指禹，其国号夏。

[13]业峻鸿绩：指高功伟业，成就巨大。

[14]九序惟歌：指治理天下的九种功业，皆有其诗歌。

[15]缛：繁密的采饰。

[16]逮及：及至，等到。

[17]文胜其质：即文采胜过质朴。

[18]被：加，及。

[19]英华：比喻语言文辞之美。

[20]文王：指周文王。患忧：周文王为西伯时，曾被殷纣王囚于羑里（今河南汤阴）。

[21]繇辞：占卜之辞，指《易经》的卦、爻辞，传说是周文王被囚羑里时所作。耀，通行本作"曜"，宋本《太平御览》引作"耀"。

[22]符采：玉的横文，比喻作品的文采。复：繁复，多重。隐：隐藏，深奥。

[23]公旦：周公名旦。才：通行本作"材"，宋本《太平御览》引作"才"。

[24]振：振兴，发扬。徽：美。烈：功业。

[25]制：通行本作"剬"，宋本《太平御览》引作"制"。

[26]斧藻：删改修饰。斧：斫削。

[27]秀：出众，卓异。

[28]镕钧：熔铸金属的模具和制作陶器的转轮，比喻整理、编定。六经：六种儒家经典，即《诗》《书》《礼》《乐》《易》《春秋》。

[29]金声而玉振：演奏音乐时以钟发声，以磬收韵，集音之大成，此喻孔子集一切圣贤之大成。金，指钟。玉，指磬。

[30]性情：通行本作"情性"，元至正本作"性情"。

[31]木铎：以木为舌的大铃，传为古代施政教巡行振鸣时所用。

[32]席珍：席位上的珍宝，比喻儒者从容席上，有珍贵的道德学问供别人请教。席，坐具，指传教讲学的讲席。

爰自风姓[1]，暨于孔氏[2]；玄圣创典[3]，素王述训[4]，莫不原道心以敷章[5]，研神理而设教，取象乎《河》《洛》[6]，问数乎蓍龟[7]，观天文以极变[8]，察人文以成化[9]；然后能经纬区宇[10]，弥纶彝宪[11]，发挥事业[12]，彪炳辞义[13]。故知道沿圣以垂文[14]，圣因文而明道；旁通而无滞，日用而不匮[15]。《易》曰："鼓天下之动者存乎辞。"[16]辞之所以能鼓天下者，乃道之文也。

注释

[1]爰：语首助词。风姓：指伏羲。风为伏羲之姓。

[2]暨：至，到。

[3]玄圣：指伏羲。

[4]素王：指孔子。素，虚位。

[5]原：推究。道心：道之心，即自然之道的精神。

[6]象：图像，形象。《河》《洛》：河图和洛书。

[7]数：气数，命运。蓍龟：蓍草和龟甲，占卜用的工具。

[8]极：穷尽。

[9]人文：指社会制度、文化现象。成化：完成教化。

[10]经纬：治理。区宇：疆域，天下。

[11]弥纶：包括，统摄。彝：常理。宪：法度。

[12]挥：通行本作"辉"，宋本《太平御览》引作"辉"。

[13]彪炳：文采焕发。彪：虎纹。

[14]沿：顺流而下，引申为通过。

[15]匮：缺乏，穷尽。

[16]语出《周易·系辞上》。辞：指文辞，泛指一般文辞。

赞曰[1]：道心惟微[2]，神理设教。光采玄圣[3]，炳耀仁孝。龙图献体，龟书呈貌。天文斯观，民胥以效[4]。

人民文学出版社 1958 年刊本范文澜《文心雕龙注》卷一

注释

[1] 赞：明。《文心雕龙》五十篇均以四言八句赞语结束，以总括每篇大意。
[2] 微：神妙。
[3] 玄圣：此指孔子。
[4] 胥：全，都。

问题与思考

一、《原道》所推究的"道"指的是什么？刘勰如何看待文学审美的历史生成？
二、结合《文心雕龙》，思考中国古代"文章"观念的内涵是什么。

知识链接

故人者，其天地之德，阴阳之交，鬼神之会，五行之秀气也。……故人者，天地之心也，五行之端也，食味、别声、被色而生者也。（《礼记·礼运》）

刚柔交错，天文也。文明以止，人文也。观乎天文，以察时变。观乎人文，以化成天下。（《易·贲·彖》）

是故天生神物，圣人则之。天地变化，圣人效之。天垂象，见吉凶，圣人象之。河出图，洛出书，圣人则之。（《易·系辞上》）

附录

序 志

刘勰

夫"文心"者，言为文之用心也。昔涓子《琴心》，王孙《巧心》，"心"哉美矣，故用之焉。古来文章，以雕缛成体，岂取驺奭之群言"雕龙"也？夫宇宙绵邈，黎献纷杂；拔萃出类，智术而已。岁月飘忽，性灵不居；腾声飞实，制作而已。夫有肖貌天地，禀性五才，拟耳目于日月，方声气乎风雷；其超出万物，亦已灵矣。形同草木之脆，名逾金石之坚，是以君子处世，树德建言。岂好辩哉？不得已也！

予生七龄，乃梦彩云若锦，则攀而采之。齿在逾立，则尝夜梦执丹漆之礼器，随仲尼而南行；旦而寤，乃怡然而喜。大哉，圣人之难见哉，乃小子之垂梦欤！自生人以来，未有如夫子者也！敷赞圣旨，莫若注经，而马郑诸儒，弘之已精，就有深解，未足立家。唯文章之用，实经典枝条；

五礼资之以成，六典因之致用，君臣所以炳焕，军国所以昭明；详其本源，莫非经典。而去圣久远，文体解散；辞人爱奇，言贵浮诡；饰羽尚画，文绣鞶帨；离本弥甚，将遂讹滥。盖《周书》论辞，贵乎体要；尼父陈训，恶乎异端；辞训之异，宜体于要。于是搦笔和墨，乃始论文。

详观近代之论文者多矣：至于魏文述《典》、陈思序《书》、应玚《文论》、陆机《文赋》、仲洽《流别》、宏范《翰林》，各照隅隙，鲜观衢路。或臧否当时之才，或铨品前修之文，或泛举雅俗之旨，或撮题篇章之意。魏《典》密而不周，陈《书》辩而无当，应《论》华而疏略，陆《赋》巧而碎乱，《流别》精而少巧，《翰林》浅而寡要。又君山公干之徒，吉甫士龙之辈，泛议文意，往往间出，并未能振叶以寻根，观澜而索源。不述先哲之诰，无益后生之虑。

盖《文心》之作也，本乎道，师乎圣，体乎经，酌乎纬，变乎骚；文之枢纽，亦云极矣。若乃论文叙笔，则囿别区分；原始以表末，释名以章义，选文以定篇，敷理以举统。上篇以上，纲领明矣。至于割情析采，笼圈条贯：摛神性，图风势，苞会通，阅声字；崇替于《时序》，褒贬于《才略》，怊怅于《知音》，耿介于《程器》；长怀《序志》，以驭群篇。下篇以下，毛目显矣。位理定名，彰乎"大易"之数；其为文用，四十九篇而已。

夫铨序一文为易，弥纶群言为难。虽复轻采毛发，深极骨髓，或有曲意密源，似近而远，辞所不载，亦不胜数矣。及其品列成文，有同乎旧谈者，非雷同也，势自不可异也。有异乎前论者，非苟异也，理自不可同也。同之与异，不屑古今；擘肌分理，唯务折衷。按辔文雅之场，环络藻绘之府，亦几乎备矣。但言不尽意，圣人所难；识在瓶管，何能矩镬。茫茫往代，既沉予闻，眇眇来世，倘尘彼观也。

赞曰：生也有涯，无涯惟智。逐物实难，凭性良易。傲岸泉石，咀嚼文义。文果载心，余心有寄！

第二十六讲
文 选

解 题

萧统（501—531）字德施，小字维摩，南兰陵（江苏常州西北）人。梁武帝萧衍长子，天监元年（502）被立为太子，未及即位，卒于中大通三年（531）。谥"昭明"，后世称其为"昭明太子"。

萧统主持编撰的《文选》又称《昭明文选》，是现存最早的一部诗文总集。选录了自先秦至梁代八百多年间各种文体的作品，涉及一百多位作者、七百余篇作品。《文选》把文体分为三十七类：赋、诗、骚、七、诏、册、令、教、文、表、上书、启、弹事、笺、奏记、书、檄、对问、设论、辞、序、颂、赞、符命、史论、史述赞、论、连珠、箴、铭、诔、哀、碑文、墓志、行状、吊文、祭文。一说为三十八类，"移"单独为一类；一说为三十九类，即在三十八类的基础上，认为"难"单独为一体。总之，三十七、三十八、三十九类说的争议主要在于"移""难"是否可以单独立体。

《文选》反映了萧统的文学观，而要了解《文选》，则必须了解《文选序》。

关于《文选》的编纂，《文选序》讲得很清楚：是萧统利用"监抚余闲，居多暇日"之际编纂的。萧统是一个极为勤奋和博学的人，"研精博学，手不释卷"，对于前代的典籍，"莫不殚兹闻见，竭彼绵缃；总括奇异，征求遗逸"（萧纲《昭明太子集序》），由此可见其读书之勤与搜罗之全。以他为中心，形成了东宫文士集团。《文选》大致就是在这种背景下编纂而成的。而编《文选》的目的，则是"盖欲兼功"，对前代的篇章能够做到"略其芜秽，集其清英"，从而达到指导阅读和写作的目的。

在《文选序》中，萧统说明了《文选》的编辑体例："凡次文之体，各以汇聚。诗赋体既不一，又以类分；类分之中，各以时代相次。"即按照文体的分类进行编排，大类中再分小类，小类中再按照时代的先后来进行编排。

在萧统看来，随着时代的进步，文学随时变改，经历的是一个"踵事增华""变本加厉"的过程，文学由简趋繁，由质趋华，是文学发展的必然结果。显然，萧统坚持文学发展进化观念。

《文选》之"文"的范围，是不包括经、史、子等学术著作的，只有史书中少量的赞论、序述。而这些少量的赞论、序述之所以可以入选，是因为具有"综缉辞采""错比文华"的特点，"事出于深思，义归乎翰藻"，即这些作品讲究辞采、对偶、声律、隶事等，在文学的总体形式上具有华美的特征，而这也基本上就是萧统选"文"的标准。

"有韵者谓之文，无韵者谓之笔"，在当时"文笔之辨"大背景下，不但重视文的形式，而且在当时也形成了"文"高于"笔"的价值判断。由此可见，萧统的观点也是当时文章学观念的普遍反映。从中国文学批评史的角度来看，从曹丕的《典论·论文》，到陆机的《文赋》、挚虞的《文章流别论》，再到刘勰的《文心雕龙》，等等，文章的辨体意识日趋明确，文章的形式化因素也越来越重要，这是文学演进的必然结果。但毋庸置疑的是，六朝文学由此走向了"采丽竞繁，而兴寄都绝"的形式化道路。当然，这不是《文选》的责任，而是历史发展的必然逻辑。

《文选》所选的篇目均是先秦到梁代文章的精华，因此，《文选》一直是封建时代文人士子学习辞章的典范。隋末唐初，已有"文选学"；唐代的杜甫要求儿子"熟精《文选》理"（《宗武生日》）；宋代则有"文选烂，秀才半"（陆游《老学庵笔记》）之说，等等，由此可以看出《文选》在中国古代文学史与文化史上的深远影响。

《文选》注本主要有两种：一是唐显庆年间李善注本，一是唐开元六年（718）吕延祚进表呈上的五臣（吕延济、刘良、张铣、吕向、李周翰）注本。通行本主要有《四部丛刊》本、《四部备要》本及中华书局 1977 年影印出版的胡克家据南宋尤袤、李善注刻本的覆刻本。

文　选　序

萧统

式观元始[1]，眇觌玄风[2]，冬穴夏巢之时，茹毛饮血之世，世质民淳，斯文未作[3]。逮乎伏羲氏之王天下也[4]，始画八卦[5]，造书契[6]，以代结绳之政，由是文籍生焉。《易》曰："观乎天文，以察时变；观乎人文，以化成天下。"文之时义远矣哉[7]！若夫椎轮为大辂之始[8]，大辂宁有椎轮之质[9]？增冰为积水所成[10]，积水曾微增冰之凛[11]。何哉？盖踵其事而增华，变其本而加厉。物既有之，文亦宜然；随时变改，难可详悉。

注释

［1］式：发语词。元始：起始，这里指远古时代。

［2］眇觌：远观。觌，观察。玄风：指远古之风。

［3］斯文：指礼乐教化与典章制度。

［4］伏羲氏：古代传说中的中华民族人文始祖。王（wàng）天下：治理天下。

［5］八卦：指乾、坤、震、巽、坎、离、艮、兑。

［6］书契：这里指刻画的文字符号和甲骨文字，《易·系辞下》："上古结绳而治，后世圣人易之以书契。"

［7］时义：因时而生的意义与价值。

［8］椎轮：原始的无辐的车轮。大辂：古代君王乘坐的车子。《礼记·乐记》："所谓大辂者，天子之车也。"

［9］质：质朴。

［10］增冰：层冰。增，通"层"。

［11］曾：竟，乃。微：没有。凛：寒冷。

尝试论之曰：《诗序》云："诗有六义焉：一曰风，二曰赋，三曰比，四曰兴，五曰雅，六曰颂。"至于今之作者，异乎古昔。古诗之体，今则全取赋名。荀宋表之于前[1]，贾马继之于末[2]。自兹以降，源流实繁。述邑居，则有"凭虚""亡是"之作[3]。戒畋游，则有《长杨》《羽猎》之制[4]。若其纪一事，咏一物，风云草木之兴，鱼虫禽兽之流，推而广之，不可胜载矣。又楚人屈原[5]，含忠履洁，君匪从流[6]，臣进逆耳，深思远虑，遂放湘南。耿介之意既伤，壹郁之怀靡诉[7]。临渊有"怀沙"之志，吟泽有"憔悴"之容[8]。骚人之文，自兹而作。

注释

［1］荀宋：指荀子（约前313—前238）和宋玉（约前298—前222）。荀子，战国末期赵国人，哲学家、思想家。宋玉，战国末期楚国人，文学家。

［2］贾马：指贾谊（前200—前168）和司马相如（约公元前179—前118）。贾谊，洛阳（今河南洛阳）人，西汉初年著名政论家、文学家。司马相如，字长卿，蜀郡成都（今属四川）人，西汉辞赋家。

［3］邑居：城市住宅。"凭虚""亡是"：这里指虚构的人物。司马相如《天子游猎赋》中虚构了"子虚先生""乌有先生"和"亡是公"三个人物。

［4］畋（tián）：打猎。《长杨》《羽猎》：汉代辞赋家扬雄（前53—18）的代表作。扬雄，字子云，西汉蜀郡成都（今属四川）人。汉代辞赋家、语言学家。

［5］屈原（前340—前278），楚国丹阳（今湖北秭归）人，战国时期楚国诗人、政治家。其代表作有《离骚》《九章》《九歌》等。

［6］君：这里指楚怀王（？—前296）和顷襄王（？—前263）。楚怀王，前

329—前299 年在位，前期励精图治，后期听信谗言，破坏了楚齐联盟，楚国走向衰落。顷襄王，楚怀王之子，前298—前263 年在位，当时楚国已处于衰落状态。匪：同"非"。从流：从谏如流，听从意见就像水从高处流下一样顺畅，形容善于听从他人的意见。

〔7〕壹郁之怀靡诉：满腔抑郁的心情无处倾诉。

〔8〕临渊有"怀沙"之志，吟泽有"憔悴"之容：身临江边有"怀沙沉江"的心志，行吟江畔有"颜色憔悴"的面容。形容极度困苦的样子。怀沙，指屈原的作品《怀沙》，关于该诗的题旨，一说"怀抱沙石以自沉"，表达就死的决心。一说"曰怀沙者，盖寓怀其地（指长沙），欲往而就死焉耳。"《渔父》中有"行吟泽畔，颜色憔悴"之句。关于这篇作品，东汉王逸《楚辞章句》认为是屈原所作，这里萧统从王逸之说。

     诗者，盖志之所之也[1]。情动于中而形于言：《关雎》《麟趾》[2]，正始之道著[3]；桑间濮上，亡国之音表[4]。故风雅之道[5]，粲然可观[6]。自炎汉中叶[7]，厥途渐异，退傅有"在邹"之作[8]，降将著"河梁"之篇[9]。四言五言[10]，区以别矣。又少则三字，多则九言[11]，各体互兴，分镳并驱[12]。颂者，所以游扬德业，襃赞成功[13]。吉甫有"穆若"之谈[14]，季子有"至矣"之叹[15]。舒布为诗[16]，既言如彼[17]；总成为颂[18]，又亦若此[19]。次则箴兴于补阙[20]，戒出于弼匡[21]，论则析理精微[22]，铭则序事清润[23]，美终则诔发[24]，图像则赞兴[25]。又诏诰教令之流[26]，表奏笺记之列[27]，书誓符檄之品[28]，吊祭悲哀之作[29]，答客指事之制[30]，三言八字之文[31]，篇辞引序[32]，碑碣志状[33]，众制锋起[34]，源流间出。譬陶匏异器[35]，并为入耳之娱；黼黻不同[36]，俱为悦目之玩。作者之致，盖云备矣[37]！

注释

〔1〕志：心志，思想感情。之：第一个"之"字用于主谓之间，取消句子的结构独立性，虚词。第二个"之"字表示"到"的意思，动词。该句语本《毛诗序》："诗者，志之所之也。在心为志，发言为诗。情动于中而形于言。"

〔2〕《关雎》《麟趾》：《关雎》是《周南》的第一篇，《麟趾》是《周南》的最后一篇，这里用以代指整个《周南》。《毛诗序》："《关雎》，后妃之德也，《风》之始也，所以风天下而正夫妇也。"《周南·麟之趾》："麟之趾，振振公子。"郑玄笺："喻今公子亦信厚，与礼相应，有似于麟。"

〔3〕正始之道：正其初始之道。《毛诗序》："《周南》、《召南》，正始之道。"刘

良注："正始之道，谓正王道之始也。"著：显现。

[4]"桑间濮上"二句：语本《礼记·乐记》："桑间濮上之音，亡国之音也。"《汉书·地理志下》："卫地有桑间濮上之阻，男女亦亟聚会，声色生焉。"表：出现。

[5]风雅：指《诗经》中的"国风""大雅"和"小雅"。

[6]粲然：鲜明的样子。

[7]炎汉：汉人按照五德终始的观念，认为汉属火德，故称炎汉。李周翰注："汉火德，故称炎。"中叶：一个世纪或一个朝代的中期。

[8]退傅有"在邹"之作：韦孟（前228？—前156），彭城（今江苏徐州）人。汉高帝六年（前201），为楚元王傅，又傅其子楚夷王刘郢客及其孙刘戊。刘戊荒淫无道，汉景帝二年（前155）被削王，与吴王刘濞谋乱，次年事败自杀。韦孟在刘戊乱前，作诗以谏，《文选》卷十九收有《讽谏诗》。其形式为四言诗。后退居在邹（今山东邹城），作有《在邹诗》。

[9]降将著"河梁"之篇：指西汉名将李陵（？—前74），字少卿，陇西成纪（今甘肃秦安）人，李广之孙。天汉二年（前99），出征匈奴，率五千步兵与八万匈奴作战，因寡不敌众，最后败降。被汉武帝夷灭三族。相传李陵送别苏武时作诗三首，《文选》收录有李少卿《答苏武诗》，其第三首有"携手上河梁，游子暮何之"之句。

[10]四言五言：这里分别指韦孟的四言诗和李陵的五言诗。

[11]三字九言：分别指三言诗和九言诗。

[12]分镳（biāo）并驱：比喻各种诗体兴起后并行不悖。镳，马勒在口旁的部分。

[13]"颂者"三句：颂，用来称颂德业的一种文体。《毛诗序》："颂者，美圣德之形容，以其成功告于神明者也。"游扬：称扬。德业：道德功业。

[14]吉甫有"穆若"之谈：周宣王的大臣尹吉甫作《大雅·烝民》，颂扬周宣王的大臣仲山甫，其中有"吉甫作诵，穆如清风"之句。穆，和。若，通"如"，形容词词尾。这里取诗中"穆若"两字代指这首诗。

[15]季子有"至矣"之叹：季子：指春秋时吴国公子季札（前576—前484）。据《左传·襄公二十九年》，季札出使鲁国，观周乐。听到歌《颂》诗，感叹道："至矣哉！……盛德之所同也。"

[16]舒布：抒发陈述。

[17]既言如彼：已经如以上所说的那些。既，已经。彼，指以上所言的诗篇。

[18]总成为颂：总括而言，称之为颂。总成，总括。

[19]又亦若此：又像以上所提到的那样。此，指上述尹吉甫所作的《烝民》和季札赞扬的《颂》诗。

[20]箴（zhēn）兴于补阙：箴这种文体产生于补缺的需要。箴：用以规戒功告的一种文体。补阙，弥补过失。

［21］戒出于弼（bì）匡：戒这种文体产生于辅佐君王的需要。戒：用以警醒提示的一种文体。弼，辅助。匡，纠正。

［22］论则析理精微：论则要求剖析事理精细入微。论，用以阐明道理的一种文体。析，分析。

［23］铭则序事清润：铭则要求叙述事情清晰温润。铭，用以颂扬功德或申明鉴戒的一种文体。序，叙述，通"叙"。清润，清爽温润，语言少而精，风格平和。

［24］美终则诔发：赞美死去的人则产生了诔这种文体。终，这里指死去的人。诔，用以赞美并追悼死者的一种文体。

［25］图像则赞兴：出于配合人物画像的需要则产生了赞这种文体。赞，萧统认为，赞是与人物画像相配合而产生的一种文体。

［26］诏诰教令：诏，皇帝发布的诏书。诰，皇帝发布的文告。教，诸侯王公发布的文书。令，诸侯王公发布的文书类命令。

［27］表奏笺记：表，指臣下向皇帝进谏的一种文体。奏，对君王陈事的一种文体。笺，下级对上级的书信。记，这里指奏记一类的文体。

［28］书誓符檄（xí）：书，用于表达意见或建议的书信。誓，用于誓师的文告。符，传达命令的一种文体。檄，用以晓喻、征召或声讨的文书。

［29］吊祭悲哀：以上都是用以悼念死者的三种文体。吊，吊文。祭，祭文。哀，哀文。悲也是一种文体，张铣注："伤痛之文也。"盖指梁任昉《文章缘起》所列的蔡邕《悲温舒文》一类的文体。一说，悲放于文中，用以凑足四个音节。

［30］答客指事：回答别人的问难以抒怀或议论的一种文体，如东方朔《答客难》。指事，据吕延济注，指《解嘲》一类的文体。一说指陈事情以阐发事理的一种文体，如枚乘的《七发》之类。

［31］三言八字之文：不详所指，或指的是隐语。如《古微书》引《李经援神契》："宝文出，刘季握。卯金刀，在轸北。字禾子，天下服。"其中"卯金刀"是"刘"，"禾子"是"季"，这是三言的隐语。《后汉书·曹娥传》李贤注引《会稽录》：邯郸淳作《曹娥碑》，"操笔而成，无所点定。……其后蔡邕又题八字曰：'黄娟幼妇，外孙齑臼。'"这八字是"绝妙好辞"的隐语。据《世说新语·捷悟》，曹操与杨修过曹娥碑下，见碑背上题作"黄绢幼妇，外孙齑臼"八字。杨修将其解为："黄绢，色丝也。于字为绝。幼妇，少女也，于字为妙。外孙，女子也，于字为好。齑臼，受辛也，于字为辞。所谓'绝妙好辞'也。"

［32］篇辞引序：篇，当指《文选》中收录的曹植《美女篇》《白马篇》《名都篇》一类的乐府诗。辞，指的是汉武帝《秋风辞》、陶渊明《归去来辞》之类的作品。引，《文选》中有曹植《箜篌引》，当指此类作品。序，宋代王应麟《辞学指南》"序者，序典籍之所以作"，这里指的是《文选》中的卜子夏《毛诗序》、孔安国《尚书序》之类的作品。

［33］碑碣志状：碑，指碑文，刻在石碑上的一种文体，石碑的顶部为方形。碣，刻在石碑上的一种文体，石碑的顶部为圆形。关于碑与碣的区别，《后

汉书·窦宪传》注："方者谓之碑，圆者谓之碣。"志，墓志，《文选》收有任彦升《刘先生夫人墓志》。状：行状，旌扬死者的德行功迹的一种文体，内容一般包括叙述死者世系、生卒年月、籍贯、事迹等，常由死者门生故吏或亲友撰述，留作撰写墓志或史官立传的依据。南朝梁刘勰《文心雕龙·书记》："状者，貌也。体貌本原，取其事实，先贤表谥，并有行状，状之大者也。"

［34］众制锋起：各种文体纷纷出现。

［35］陶匏（páo）异器：指陶埙、匏笙之类不同材质的乐器发出的乐音。《礼记·郊特牲》："器用陶匏。"陶、匏均为中国古代的八音之一，前者如埙之类，后者如笙、竽等。

［36］黼黻（fǔfú）：泛指礼服上的秀美花纹，半黑半白的图案为黼，半青半黑的图案为黻。

［37］作者之致，盖云备矣：作者的情致，因为有这么多的文体，可以得到完全的表达。致，情致。

　　余监抚余闲[1]，居多暇日。历观文囿，泛览辞林[2]，未尝不心游目想[3]，移晷忘倦[4]。自姬、汉以来[5]，眇焉悠邈[6]。时更七代[7]，数逾千祀[8]。词人才子，则名溢于缥囊[9]；飞文染翰，则卷盈乎缃帙[10]。自非略其芜秽[11]，集其清英[12]，盖欲兼功[13]太半，难矣[14]！

注释

［1］监抚：监国、抚军。皇帝外出时，太子留守，管理事务，是谓监国。皇帝亲征时，太子随军，安抚军心，是谓抚军。

［2］历观文囿，泛览辞林：历览文囿辞林。文囿、辞林，形容文章之多。

［3］心游目想："心想目游"的倒文，即心里想，眼睛看。

［4］移晷（guǐ）忘倦：形容读书勤奋，忘记了疲劳。移晷，日晷移动，表示时间流逝，这里指经过了很长一段时间。晷，古代测日观时的工具，这里也可以代指日影。

［5］姬、汉：周代和汉代。姬，周人姬姓，故称。

［6］眇焉悠邈：这里指年代久远。眇焉，久远的样子。悠邈，久远。

［7］时更七代：时间经历了七个朝代。更，经历。七代，指周、秦、汉、魏、晋、宋、齐。

［8］千祀：千年。形容时间的久远。

［9］名溢于缥囊：形容作者很多。缥囊，青白色绸子做的书袋。缥，青白色的绸子。囊，袋子。

［10］卷盈乎缃帙（zhì）：形容作品很多。缃帙，浅黄色绸子做的书套。帙，

书套。

[11] 自非略其芜秽：若非删汰掉那些芜乱的文章。芜秽，驳杂而不整洁，此处指不好的文章。

[12] 集其清英：集中那些精美纯粹的作品。清英，指好的文章作品。

[13] 兼功：在"略其芜秽"和"集其精英"两个方面都取得成效。

[14] 太半：大半，多半。太，通"大"。

若夫姬公之籍[1]，孔父之书[2]，与日月俱悬，鬼神争奥[3]，孝敬之准式[4]，人伦之师友[5]，岂可重以芟夷[6]，加之剪截？老、庄之作[7]，管、孟之流[8]，盖以立意为宗，不以能文为本，今之所撰，又以略诸[9]。若贤人之美辞，忠臣之抗直，谋夫之话，辨士之端[10]，冰释泉涌，金相玉振[11]。所谓坐狙丘，议稷下，仲连之却秦军[12]，食其之下齐国[13]，留侯之发八难[14]，曲逆之吐六奇[15]，盖乃事美一时，语流千载，概见坟籍[16]，旁出子史[17]。若斯之流，又亦繁博。虽传之简牍[18]，而事异篇章，今之所集，亦所不取。至于记事之史，系年之书[19]，所以褒贬是非，纪别同异[20]，方之篇翰[21]，亦已不同。若其赞论之综缉辞采[22]，序述之错比文华[23]，事出于深思，义归乎翰藻[24]，故与夫篇什[25]，杂而集之。远自周室，迄于圣代[26]，都为三十卷[27]，名曰《文选》云耳[28]。

注释

[1] 若夫：至于。姬公：即周公旦，姬姓，故称。周文王之子，周武王的同母弟。西周初期的政治家、军事家、思想家、教育家。

[2] 孔父：指孔子（前551—前479），生于鲁国陬邑（今山东曲阜），春秋时期的思想家、教育家。

[3] 争奥：较量深玄奥妙。

[4] 准式：准则。

[5] 人伦：人与人之间的正常关系。

[6] 芟夷：删削。

[7] 老、庄：老子和庄子。老子，春秋时期楚国苦县厉乡曲仁里（今河南鹿邑境内）人，道家创始人。庄子，战国时期道家的代表人物。

[8] 管、孟：管子（？—前645）和孟子（约前372—约前289）。管子：名夷吾，字仲，春秋时期法家代表人物。孟子，名轲，字子舆，战国时期的思想家、教育家。

[9] 今之所撰，又以略诸：意思是《文选》略去了周公和孔子的著作（经）以

及先秦诸子的作品（子）。

[10] 辨士之端：辨士的言辞。端，舌端，这里代指言辞。《韩诗外传》卷七："君子避三端：避文士之笔端，避武士之锋端，避辨士之舌端。"

[11] 金相玉振：以金玉为质地，声音振扬动听。比喻文章的内容和形式非常精美。相，质。振，振扬。《大雅·棫（yù）朴》："追琢其章，金玉其相。"《孟子·万章》："集大成也者，金声而玉振之也。"

[12] 坐狙丘，议稷下：在狙丘、稷下纵横议论。狙丘、稷下，均为齐地名，在今山东境内。曹植《与杨德祖书》李善注引《鲁连子》："齐之辩者曰田巴，辩于狙丘而议于稷下，毁五帝，罪三王，一日而服千人。"仲连之却秦军：鲁仲连，战国末期齐人。赵孝成王时，秦军继长平之战坑赵卒四十万之后，围困邯郸。魏国的救赵部队慑于秦，不敢进兵，魏王反而派将军新垣衍劝赵国尊秦为帝。鲁仲连痛陈利害，使魏打消了帝秦的念头，秦为之退军五十里。事见《史记·鲁仲连邹阳列传》。

[13] 食其（yìjī）之下齐国：郦食其是汉王刘邦的重要谋士，楚汉相争时，汉派郦食其说服齐王田广归汉，下齐七十余城。事见《史记·郦生陆贾列传》。

[14] 留侯之发八难（nàn）：留侯，指张良（前250—前186），刘邦的重要谋士，后被封为留侯。楚汉相争时，刘邦准备从郦食其之计，封六国之君的后代以达到收买人心的目的，从而削弱项羽的力量。张良一连提出了八个问题，指出"其不可八"，使刘邦取消了原来的打算。事见《史记·留侯世家》。难，问难。

[15] 曲逆之吐六奇：陈平（？—前178），阳武户牖乡（今河南兰考）人，西汉开国功臣之一，曾封曲逆侯。司马迁《史记·陈丞相世家》："凡六出奇计，辄益邑，凡六益封。奇计或颇秘，世莫能闻也。"

[16] 坟籍：泛指典籍。《尚书序》："伏牺、神农、黄帝之书，谓之三坟，言大道也。"

[17] 子史：子书和史书。

[18] 简牍：指竹简、木牍等用来书写的材料，这里泛指书籍。

[19] 记事之史，系年之书：这里泛指史书。记事之史，纪传体如《史记》，国别体如《国语》等，都可以算作记事的史书。系年之书，编年体史书，如《春秋》。

[20] 褒贬是非，纪别同异：指在史书中确立是非，进行褒贬，分辨异同。

[21] 方之篇翰：与篇章相比。方，比。篇翰，即上文所说的"篇章"，指文学作品。

[22] 赞论：《文选》中设有"史论"一类。史论在史书中有的题为"赞"，有的题为"论"，故这里称为"赞论"。综缉：连缀。辞采：华美的辞藻。

[23] 序述："史述赞"一类的文体，对历史人物进行简要的评论褒贬。错比：错综比次。文华：华美的辞采。

[24] 事出于深思，义归乎翰藻：事实、义理出于深刻的构思，用华美的辞采表达出来。事，事实。义，义理。

［25］篇什：《诗经》中的雅颂十篇为一组，称"什"。这里泛指除了经、子、史之外，加上"赞论""序述"之类的作品，这说明《文选》所确定的入选之"文"，已接近今天的文学作品。

［26］圣代：梁代。

［27］都：总。

［28］云耳：两个虚词连用，以加强语气。

　　凡次文之体[1]，各以汇聚[2]。诗赋体既不一，又以类分[3]；类分之中，各以时代相次。

中华书局 1977 年影印本《文选·序》

注　释

［1］次：编次。体：体例。

［2］汇聚：即汇集以上所说的各种文类。

［3］类分：指大类中再分为小类。如赋分为"京都""郊祀"等十五类，诗分为"补亡""述德"等二十三类。

问题与思考

一、结合上下文，翻译"盖踵其事而增华，变其本而加厉"，请分析"踵事增华"与"变本加厉"的古今义有无不同？

二、结合《文选序》所提到的文类，在《文选》中找到其相应的代表作。

三、请查阅有关资料，说明"诗六义"在不同时代的内涵及其变迁。

四、你认为今天有无必要在写作上强调文体意识？为什么？

知识链接

　　窃以文之为义，大哉远矣。故孔称性道，尧曰钦明，武有来商之功，虞有格苗之德。故《易》曰："观乎天文，以察时变；观乎人文，以化成天下。"是以含精吐景，六卫九光之度；方珠喻龙，南枢北陵之采。此之谓天文。文籍生，书契作，咏歌起，赋颂兴。成孝敬于人伦，移风俗于王政，道绵乎八极，理浃乎九垓。赞动神明，雍熙锺石。此之谓人文。若夫体天经而总文纬，揭日月而谐律吕者，其在兹乎？……

　　研精博学，手不释卷，含芳腴于襟抱，扬华绮于心极；韦编三绝，岂直爻象，起先五鼓，非直甲夜；而歌案无休，书幌密倦。此十二德也。

群玉名记，洛阳素简，西周东观之遗文，刑名儒墨之旨要，莫不殚兹闻见，竭彼绨缃；总括奇异，征求遗逸，命谒者之使，置籝金之赏；惠子五车，方兹无以比，文终所收，形此不能匹。此十三德也。（萧纲《昭明太子集序》，《四部丛刊》影明本梁《昭明太子文集》卷首）

昭明太子，业膺守器，誉贞问寝。居肃成而讲艺，开博望以招贤。搴中叶之词林，酌前修之笔海。周巡縣峤，品盈尺之珍；楚望长澜，比径寸之宝。故撰斯一集，名曰《文选》。后进英髦，咸资准的。（李善《上文选注表》）

附录

金楼子·立言（节选）

萧绎

古之学者为己，今之学者为人。学而优则仕，仕而优则学，古人之风也。修天爵以取人爵，获人爵而弃天爵，末俗之风也。古人之风，夫子所以昌言。末俗之风，孟子所以扼腕。然而古人之学者有二，今人之学者有四。夫子门徒，转相师受，通圣人之经者，谓之儒。屈原、宋玉、枚乘、长卿之徒，止于辞赋，则谓之文。今之儒，博穷子史，但能识其事，不能通其理者，谓之学。至如不便为诗如阎纂，善为章奏如柏松，若此之流，泛谓之笔。吟咏风谣，流连哀思者，谓之文。而学者率多不便属辞，守其章句，迟于通变，质于心用。学者不能定礼乐之是非，辩经教之宗旨，徒能扬榷前言，抵掌多识。然而挹源知流，亦足可贵。笔退则非谓成篇，进则不云取义，神其巧惠笔端而已。至如文者，惟须绮縠纷披，宫徵靡曼，唇吻适会，情灵摇荡。而古之文笔，今之文笔，其源又异。至如象系风雅，名墨农刑，虎炳豹郁，彬彬君子。卜谈四始，刘言七略，源流已详，今亦置而弗辨。潘安仁清绮若是，而评者止称情切，故知为文之难也。曹子建、陆士衡皆文士也，观其辞致侧密，事语坚明，意匠有序，遗言无失。虽不以儒者命家，此亦悉通其义也。遍观文士，略尽知之。至于谢玄晖，始见贫小，然而天才命世，过足以补尤。任彦升甲部阙如，才长笔翰，善辑流略，遂有龙门之名，斯亦一时之盛。

夫今之俗，搢绅稚齿，闾巷小生，学以浮动为贵，用百家则多尚轻侧，涉经记则不通大旨。苟取成章，贵在悦目，龙首豕足，随时之义；牛头马髀，强相附会。事等张君之弧，徒观外泽；亦如南阳之里，难就穷检矣。射鱼指天，事徒勤而靡获；适郢首燕，马虽良而不到。夫挹酌道德，宪章前言者，君子所以行也。是故言顾行，行顾言。原宪云："无财谓之贫，学道不行谓之病。"末俗学徒，颇或异此。或假兹以为伎术，或狎之以为戏笑。若谓为伎术者，犁轩眩人，皆伎术也。若以为戏笑者，少府斗猴，皆戏笑也。未闻强学自立，和乐慎礼若此者也。口谈忠孝，色方在于过鸿；形服儒衣，心不则于德义。既弥乖于本行，实有长于浇风。一失其源，则其流已远，与其"不陨获于贫贱，不充诎于富贵，不畏君王，不累长上，不闻有司"者，何其相反之甚。

《知不足斋丛书》本《金楼子》卷四

书梁昭明太子文选序后

阮元

昭明所选，名之曰"文"。盖必文而后选也，非文则不选也。经也，子也，史也，皆不可专名之为文也，故《昭明文选序》后三段特明其不选之故。必沉思翰藻，始名之为文，始以入选也。或曰：昭明必以沉思翰藻为文，于古有征乎？曰：事当求其始。凡以言语著之简策，不必以文为本者，皆经也，子也，史也。言必有文，专名之曰文者，自孔子《易·文言》始。《传》曰："言之无文，行之不远。"故古人言贵有文。孔子《文言》实为万世文章之祖。此篇奇偶相生，音韵相和，如青白之成文，如咸韶之合节，非清言质说者比也，非振笔纵书者比也，非佶屈涩语比也。是故昭明以为经也，子也，史也，非可专名之为文也，专名为文，必沉思翰藻而后可也。自齐、梁以后，溺于声律，彦和雕龙，渐开四六之体。至唐，而四六更卑。然文体不可谓之不卑，而文统不得谓之不正。自唐、宋韩、苏诸大家以奇偶相生之文为八代之衰而矫之，于是昭明所不选者，反皆为诸家所取，故其所著者，非经即子，非子即史。求其合于《昭明序》所谓文者，鲜矣；合于班孟坚《两都赋序》所谓文章者，更鲜矣。其不合之处，盖分于奇、偶之间。经子史多奇而少偶，故唐、宋八家不尚偶；《文选》多偶而少奇，故昭明不尚奇。如必以比偶非文之古者而卑之，则孔子自名其言曰"文"者，一篇之中，偶句凡四十有八，韵语凡三十有五，岂可以为非文之正体而卑之乎？况班孟坚《两都赋序》及诸汉文，其体皆奇偶相生者乎？《两都赋序》白麟神雀二比、言语公卿二比，即开明人八比之先路。明人号唐、宋八家为古文者，为其别于《四书》文也，为其别于骈偶文也。然《四书》文之体皆以比偶成文，(《明史选举志》曰"《四子书》命题"代古人语气体用排偶谓之八股。)不比不行，是明人终日在偶中而不自觉也。且洪武、永乐时《四书》文甚短，两比四句，即宋四六之流派。宏治、正德以后，气机始畅，篇幅始长，笔近八家，便于摹取，是以茅坤等知其后而昧于前也。是《四书》排偶之文，真乃上接唐、宋四六为一派，为文之正统也。然则今人所作之古文，当名之为何？曰：凡说经讲学皆经派也，传志记事皆史派也，立意为宗皆子派也，惟沉思翰藻乃可名之为文也。非文者尚不可名为文，况名之曰古文乎。或问曰：子之所言，偏执己见，谬托古籍，此篇书后自居何等？曰：言之无文，子派杂家而已。

清道光文选楼本《揅经室集》卷二

解题

　　韩愈（768—824），字退之，河南河阳（今河南孟州市）人，唐代文学家、哲学家。郡望昌黎，世称韩昌黎。谥号"文"，又称韩文公。德宗贞元八年（792）登进士第，先后任节度推官、监察御史、阳山令等职。宪宗元和十二年（817），升任刑部侍郎。元和十四年（819），因上表谏止宪宗迎佛骨入大内，被贬为潮州刺史。后回朝任吏部侍郎等职，故又称韩吏部。韩愈在思想上尊儒排佛，以孔孟道统的继承者自居。传在《新唐书》卷一七六、《旧唐书》卷一六〇。

　　韩愈的古文，影响深远，苏轼称之为"文起八代之衰"（《潮州韩文公庙碑》）。其代表作主要有《原道》《论佛骨表》《师说》《进学解》《柳子厚墓志铭》《送孟东野序》《送董邵南序》等。诗歌方面的代表作主要有《山石》《八月十五夜赠张功曹》《左迁至蓝关示侄孙湘》等，有"以文为诗"的倾向。韩愈集最通行的注本有明徐世泰所刊东雅堂本《昌黎先生集》，今人较好的校注本有马其昶校注、马茂元整理的《韩昌黎文集校注》（上海古籍出版社 1986 年版）和刘真伦、岳珍校注的《韩愈文集汇校笺注》（中华书局 2010 年版），诗注则有清方世举的《韩昌黎诗集编年笺注》（中华书局 2012 年版）和今人钱仲联的《韩昌黎诗系年集释》（上海古籍出版社 2007 年版）等。

　　唐德宗贞元十七年（801），韩愈给李翊回复了此处选的这封信，信中回答了如何写文章的问题。

　　六朝时期骈文盛行，文学观念在得以纯化的同时，文风也日趋卑弱。至初唐时期，陈子昂已感叹"文章道弊五百年矣"（《与东方左史虬修竹篇序》）。至中唐时期，韩愈反对骈文，力倡古文说，并与柳宗元一道，创立了新的古文典范。韩愈所谓的"古文"，除了在形式上是先秦两汉散行单句的文章体式，与六朝讲究辞采、声律、对偶、用典的骈文恰相反对之外，在内容上则以自觉地弘扬儒家之道为己任。

　　韩愈的一生，可以说是"好古"的一生，"嗟予好古生苦晚"（韩愈《石鼓歌》），就是他的夫子自道。而在这封短短的复信中，韩愈凡五次言及"古"字，对于"古"，可谓反复致意。韩愈力倡古文的目的，其出发点和落脚点在于他"文以明道"的观念。韩愈曾多次谈到，"愈之志在古道，又甚好其言辞"（《答陈生书》），此处所谓的"古道"，就是其《原道》篇所指出的尧、舜、禹、汤、文、武、周公、孔子、孟子一脉相承的儒家之道。在他看来，写文章的目的，在于"立言"，"立言"的目的在于"明道"。在这封信中，韩愈指出了"蕲至于古之立言者"的作者，其所作之文绝非"肖如器"，取舍皆取决于人。文是因明道而存在的，这里实际上涉及了"道"与"文"的问题，韩愈的"文以明道"，继承的正是先秦两汉以来的文章传统。

韩愈指出，要写出好的文章，其根本途径在于加强道德修养。加强道德修养的过程，同时也是一个培根固本的过程，只有不受外界的诱惑，不为狭隘的功利目的所驱使，以"仁义之人"为典范，才能写出好的文章。"行之乎仁义之途，游之乎《诗》、《书》之源，无迷其途，无绝其源，终吾身而已矣"，这应该是每一个有志于古道的为文者终生的事业。

韩愈还传授了自己二十余年的写作经验，提出了"务去陈言"的文学主张。在《南阳樊绍述墓志铭》中，韩愈称赞樊绍述的文章"必出于己，不袭蹈前人一言一句"，与该信中所陈述的观念，也是完全一致的。这充分说明，"务去陈言"正是其一贯的主张。至于韩愈谈到的"非三代两汉之书不敢观"，结合其《进学解》，对韩愈的这句话可以有更为具体的理解——"沉浸醲郁，含英咀华，作为文章，其书满家。上规姚、姒，浑浑无涯；周诰、殷《盘》，佶屈聱牙。《春秋》谨严，《左氏》浮夸；《易》奇而法，《诗》正而葩。下逮《庄》《骚》，太史所录；子云、相如，同工异曲。先生之于文，可谓闳其中而肆其外矣。"韩愈对先秦两汉之文的评述之所以如此切当，也是他长期以来含英咀华、浸润其中的结果。

至于信中提出的"气盛言宜"说，继承的正是孟子"养气说"的传统。所谓的"气盛"，正是道德修养的结果，"气盛，则言之短长与声之高下者皆宜"。所表述的正是创作主体与作品形式之间的关系，并且在中国文学批评史上产生了深远的影响。

总之，《答李翊书》可以看作是韩愈文学观念的"宣言书"，其力倡古文的观念，其"文以明道""务去陈言""气盛言宜"说等，在这封信中都有简要明晰的反映。如果以此为中心，再结合韩愈的文章和其他论述加以研判，则对韩愈文学观念的了解，可以思过半矣。

韩愈作为"唐宋八大家"之首，其文章最大的意义在于"文起八代之衰"。韩愈以创作实绩为古文的重新崛起确立了新的文章典范，这对于革除六朝以来的卑弱文风，起到了积极的作用。但是其过度强调独创性的主张，过分追求奇崛险怪的风格，为"韩门弟子"所继承，并且带来了一定的消极影响。

答 李 翊 书

韩愈

六月二十六日[1]，愈白李生足下[2]：生之书，辞甚高，而其问何下而恭也[3]？能如是，谁不欲告生以其道？道德之归也有日矣，况其外之文乎？抑愈所谓望孔子之门墙而不入于其宫者，乌足以知是且非邪[4]？虽然，不可不为生言之。

注释

[1]六月二十六日：有的版本无"六""二十六"四字，有的无此六字。此篇作于贞元十七年（801）。

[2]李生：即李翊，生平不详，贞元十八年（802）年登第。足下：对人的敬称。

[3]下：谦卑。

[4]"抑愈所谓"二句：语本《论语·子张》："夫子之墙数仞，不得其门而入，不见宗庙之美，百官之富。得其门者或寡矣。"这是韩愈自谦之辞，意思是，我只了解孔子学说的大体而未能登堂入室，哪里能够分辨出是非呢？抑，可是，但是。

生所谓立言者[1]是也，生所为者与所期者，甚似而几矣[2]。抑不知生之志[3]，蕲胜于人而取于人邪？将蕲至于古之立言者邪[4]？蕲胜于人而取于人，则固胜于人而可取于人矣[5]，将蕲至于古之立言者，则无望其速成[6]，无诱于势利[7]。养其根而俟其实[8]，加其膏而希其光[9]。根之茂者其实遂[10]，膏之沃者其光晔[11]。仁义之人，其言蔼如也[12]。

注释

[1]立言：留下可以流传的精辟言论或学说。立德、立功、立言，古人视为"三不朽"。《左传·襄公二十四年》："太上有立德，其次有立功，其次有立言，虽久不废。"

[2]几：差不多。

[3]志：志向。

[4]"蕲胜于人"二句：意思是，希望胜过别人被别人取用呢，还是希望达到古人立言的境界呢？蕲，通"祈"，希望。

[5]固：本来。

[6]无望其速成：不要希望短时间内很快就可以达到。无，不。望，希望。

[7]无诱于势利：不要被权势名利所诱惑。

[8]养其根而俟其实：培养它（文中指树）的根而等待它的果实。俟，等待。

[9]加其膏而希其光：给它（文中指灯）加油而等待它的光芒。膏，灯油。

[10] 茂：旺盛。遂：充备。

[11] 沃：充足。晔：光亮。

[12] 蔼如：和蔼可亲的样子。

抑又有难者，愈之所为，不自知其至犹未也[1]。虽然[2]，学之二十余年矣。始者非三代两汉之书不敢观[3]，非圣人之志不敢存[4]。处若忘，行若遗[5]，俨乎其若思，茫乎其若迷[6]。当其取于心而注于手也，惟陈言之务去，戛戛乎其难哉[7]！其观于人也，不知其非笑之为非笑也[8]。如是者亦有年，犹不改，然后识古书之正伪，与虽正而不至焉者，昭昭然白黑分矣[9]。而务去之，乃徐有得也。当其取于心而注于手也，汩汩然来矣[10]。其观于人也，笑之则以为喜，誉之则以为忧，以其犹有人之说者存也。如是者亦有年，然后浩乎其沛然矣[11]。吾又惧其杂也[12]，迎而距之，平心而察之[13]，其皆醇也[14]，然后肆焉[15]。虽然，不可以不养也。行之乎仁义之途，游之乎《诗》、《书》之源，无迷其途，无绝其源，终吾身而已矣[16]。

注释

[1] 愈之所为，不自知其至犹未也：我所做的，不知道达到了古人立言的境界还是没有。

[2] 虽然：虽是如此。

[3] 三代：指夏、商、周。两汉：指西汉和东汉。

[4] 圣人之志：这里指以孔孟为代表的儒家思想。

[5] 处若忘，行若遗：静处或行走的时候，好像忘掉或遗失了什么。形容一直在思考这一问题。

[6] 俨乎其若思，茫乎其若迷：严正的时候或茫茫然的时候，好像在思考着或着了迷一样。形容时刻在思考的样子。俨，严正，矜持。

[7] 戛戛：困难费力的样子。

[8] 非笑：非难、讥笑。

[9] 昭昭然：分明的样子。

[10] 汩汩然：水急流的样子。

[11] 沛然：水势浩大的样子。

[12] 杂：驳杂。

[13] 迎而距之，平心而察之：从相反的方向来挑剔我的文章，平心静气地考察它。迎，方向相反。距，同"拒"，排斥，挑剔。

［14］醇：纯正。

［15］肆：放。

［16］"行之乎仁义之途"五句：意思是，应该把学习儒家的思想和经典作为终身的修养，这才是写文章的正途。

　　气，水也；言，浮物也。水大而物之浮者小大毕浮，气之与言犹是也。气盛，则言之短长与声之高下者皆宜。虽如是，其敢自谓几于成乎？虽几于成，其用于人也奚取焉？虽然，待用于人者，其肖于器邪？用与舍属诸人[1]。君子则不然，处心有道，行己有方[2]，用则施诸人，舍则传诸其徒，垂诸文而为后世法。如是者，其亦足乐乎？其无足乐也！

注　释

［1］"待用于人者"三句：意思是，等待被人采纳的见解，难道像器具一样吗？用或不用取决于别人。

［2］处心有道，行己有方：（君子）心中有道，行事有原则。

　　有志乎古者希矣，志乎古必遗乎今，吾诚乐而悲之。亟称其人[1]，所以劝之[2]，敢褒其可褒而贬其可贬也。问于愈者多矣，念生之言不志乎利，聊相为言之。愈白。

中华书局 2010 年刊本刘真伦、岳珍《韩愈文集汇校笺注》卷六

注　释

［1］亟（qì）：屡次，一再。

［2］劝：勉励。

问题与思考

　　一、文中谈到，"非三代两汉之书不敢观，非圣人之志不敢存"，你认为韩愈的这种观念是不是意在"复古"？既然如此，则与"惟陈言之务去"是不是相互矛盾？联系时代背景，这种观念有没有合理性？

　　二、"有志乎古者希矣，志乎古必遗乎今，吾诚乐而悲之"，韩愈为什么会"乐而悲之"？

　　三、韩愈提出的"气盛言宜"说，在写作上可以给你哪些启发？

（韩愈）常以为自魏、晋已还，为文者多拘偶对，而经诰之指归，迁、雄之气格，不复振起矣。故愈所为文，务反近体；抒意立言，自成一家新语。后学之士，取为师法。当时作者甚众，无以过之，故世称"韩文"焉。（《旧唐书》卷一六〇《韩愈传》）

愈之志在古道，又甚好其言辞。（韩愈《答陈生书》）

然而必出于己，不袭蹈前人一言一句，又何其难也！必出入仁义，其富若生蓄，万物必具，海含地负，放恣横从，无所统纪，然而不烦于绳削而自合也。（韩愈《南阳樊绍述墓志铭》）

大凡物不得其平则鸣。草木之无声，风挠之鸣；水之无声，风荡之鸣。其跃也或激之，其趋也或梗之，其沸也或炙之。金石之无声，或击之鸣。人之于言也亦然，有不得已者而后言。其歌也有思，其哭也有怀。凡出乎口而为声者，其皆有弗平者乎！（韩愈《送孟东野序》）

始吾幼且少，为文章，以辞为工。及长，乃知文者以明道，是固不苟为炳炳烺烺，务采色、夸声音而以为能也。凡吾所陈，皆自谓近道，而不知道之果近乎，远乎？吾子好道而可吾文，或者其于道不远矣。故吾每为文章，未尝敢以轻心掉之，惧其剽而不留也；未尝敢以怠心易之，惧其弛而不严也；未尝敢以昏气出之，惧其昧没而杂也；未尝敢以矜气作之，惧其偃蹇而骄也。抑之欲其奥，扬之欲其明，疏之欲其通，廉之欲其节，激而发之欲其清，固而存之欲其重，此吾所以羽翼夫道也。本之《书》以求其质，本之《诗》以求其恒，本之《礼》以求其宜，本之《春秋》以求其断，本之《易》以求其动，此吾所以取道之原也。参之穀梁氏以厉其气，参之《孟》、《荀》以畅其支，参之《庄》、《老》以肆其端，参之《国语》以博其趣，参之《离骚》以致其幽，参之太史公以著其洁，此吾所以旁推交通而以为之文也。凡若此者，果是耶，非耶？有取乎，抑其无取乎？吾子幸观焉择焉，有余以告焉。苟亟来以广是道，子不有得焉，则我得矣，又何以师云尔哉？取其实而去其名，无招越、蜀吠怪，而为外廷所笑，则幸矣！（柳宗元《答韦中立论师道书》）

附录

应　责

柳开

或责曰："子处今之世，好古文与古人之道，其不思乎？苟思之，则子胡能食乎粟、衣乎帛、安于众哉？众人所鄙贱之，子独贵尚之，孰从子之化也，忽焉将见子穷饿而死矣。"

柳子应之曰：于乎！天生德于人，圣贤异代而同出。其出之也，岂以汲汲于富贵，私丰于己身也，将以区区于仁义，公行于古之道也。己身之不足，道之卒，何患乎不足；道之不足，身之足，则孰与足？今之世与古之世同矣，今之人与古之人亦同矣。古之教民，以道德仁义；今之教民，亦以道德仁义。是今与古，胡有异哉？古之教民者，得其位，则以言化之，是得其言也，众从之矣；不得其位，则以书于后，传授其人，俾知圣人之道易行，尊君敬长，孝乎父，慈乎子。大哉斯道也，非吾一人之私者也，天下之至公者也。是吾行之，岂有过哉？且吾今恓恓草野，位不及身，将以言化于人，胡从于吾矣。故吾著书自广，亦将以传授于人也。

子责我以好古文。子之言，何谓为古文？古文者，非在辞涩言苦，使人难读诵之；在于古其理，高其意，随言短长，应变作制，同古人之行事，是谓古文也。子不能味吾书，取吾意，今而视之，今而诵之；不以古道观吾心，不以古道观吾志，吾文无过矣。吾若从世之文也，安可垂教于民哉？亦自愧于心矣。欲行古人之道，反类今人之文，譬乎游于海者，乘之以骥，可乎哉？苟不可，则吾从于古文。吾以此道化于民，若鸣金石于宫中，众岂曰丝竹之音也，则以金石而听之矣。

食乎粟，衣乎帛，何不能安于众哉？苟不从于吾，非吾不幸也，是众人之不幸也；吾岂以众人之不幸，易我之幸乎？纵吾穷饿而死，死即死矣，吾之道岂能穷饿而死之哉？吾之道，孔子、孟轲、扬雄、韩愈之道；吾之文，孔子、孟轲、扬雄、韩愈之文也。子不思其言，而妄责于我。责于我也即可矣；责于吾之文，吾之道也，即子为我罪人乎！

《四部丛刊》影旧抄本《河东先生集》卷一

古文约选序例

方苞

《太史公自序》，"年十岁，诵古文，"周以前书皆是也。自魏、晋以后，藻绘之文兴。自唐韩氏起八代之衰，然后学者以先秦盛汉辨理论事，质而不芜者为古文。盖《六经》及孔子、孟子之书之支流余肄也。

我国家稽古典礼，建首善自京师始。博选八旗子弟秀异者，并入于成均。圣上爱育人材，辟学舍，给资粮，俾得专力致勤于所学；而余以非材，实承宠命，以监临而教督焉。

窃惟承学之士必治古文，而近世坊刻，绝无善本。圣祖仁皇帝所定《渊鉴古文》，闳博深远，非始学者所能遍观而切究也。乃约选两汉书、疏及唐宋八家之文，刊而布之，以为群士楷。

盖古文所从来远矣，六经、《语》《孟》，其根源也。得其枝流而义法最精者，莫如《左传》《史记》，然各自成书，具有首尾，不可以分剟。其次《公羊》《穀梁传》《国语》《国策》，虽有篇法可求，而皆通纪数百年之言与事，学者必览其全，而后可取精焉。惟两汉书、疏及唐宋八家之文，篇各一事，可择其尤，而所取必至约，然后义法之精可见。故于韩取者十二，于欧十一，余六家，或二十三十而取一焉。两汉书、疏，则百之二三耳。学者能切究于此，而以求《左》《史》《公》《穀》《语》《策》之义法，则触类而通，用为制举之文，敷陈论、策，绰有余裕矣。

虽然，此其末也。先儒谓韩子因文以见道，而其自称则曰："学古道，故欲兼通其辞。"群士果能因是以求六经、《语》《孟》之旨，而得其所归，躬蹈仁义，自勉于忠孝；则立德立功，以仰答我皇上爱育人材之至意者，皆始基于此。是则余为是编以助流政教之本志也夫！雍正十一年春三月，和硕果亲王序。

一，三《传》《国语》《国策》《史记》为古文正宗，然皆自成一体；学者必熟复全书，而后能辨其门径，入其窔奥。故是编所录，惟汉人散文，及唐、宋八家专集。俾承学治古文者，先得其津梁，然后可溯流穷源，尽诸家之精蕴耳。

一，周末诸子精深闳博，汉、唐、宋文家皆取精焉。但其著书，主于指事类情，汪洋自恣，不可绳以篇法。其篇法完具者，间亦有之，而体制亦别，故概弗采录，览者当自得之。

一，在昔议论者，皆谓古文之衰，自东汉始，非也。西汉惟武帝以前之文，生气奋动，倜傥排宕，不可方物，而法度自具。昭、宣以后，则渐觉繁重滞涩，惟刘子政杰出不群，然亦绳趋尺步，盛汉之风邈无存矣。是编自武帝以后至蜀汉，所录仅三之一；然尚有以事宜讲问，过而存之者。

一，韩退之云："汉朝人无不能为文。"今观其书、疏、吏牍，类皆雅饬可诵。兹所录仅五十余篇，盖以辨古文气体，必至严乃不杂也。既得门径，必从横百家，而后能成一家之言。退之自言，"贪多务得，细大不捐"是也。

一，古文气体，所贵清澄无滓。澄清之极，自然而发其光精，则左传、史记之瑰丽浓郁是也。始学而求古求典，必流为明七子之伪体。故于《客难》《解嘲》《答宾戏》《典引》之类皆不录，虽相如《封禅书》亦姑置焉。盖相如天骨超俊，不从人间来。恐学者无从窥寻，而妄摹其字句，则徒敝精神于塞浅耳。

一，子长《世表》《年表》《月表序》，义法精深变化，退之、子厚读经、子，永叔史志论，其源并出于此；孟坚《艺文志》《七略序》，淳实渊懿，子固序群书目录，介甫序《诗》《书》《周礼义》，其源并出于此。概弗编辑，以《史记》《汉书》，治古文者必观其全也。独录《史记·自序》，以其文虽载家传后，而别为一篇，非《史记》本文耳。

一，退之、永叔、介甫俱以志铭擅长。但序事之文，义法备于《左》、《史》；退之变《左》《史》之格调，而阴用其义法；永叔摹《史记》之格调，而曲得其风神；介甫变退之之壁垒，而阴用其步伐。学者果能探《左》《史》之精蕴，则于三家志铭，无事规模，而自与之并矣。故于退之诸志，奇崛高古清深者，皆不录。录《马少监》、《柳柳州》二志，皆变调，颇肤近。盖志铭宜实徵事迹，或事迹无可徵，乃叙述久故交亲，而出之以感慨，马志是也。或别生议论，可兴可观，《柳志》是也。于永叔独录其叙述亲故者，于介甫独录其别生议论者，各三数篇。其体制皆师退之，俾学者知所从入也。

一，退之自言："所学在辨古书之真伪，与虽正而不至焉者。"盖黑之不分，则所见为白者，非真白也。子厚文笔古隽，而义法多疵。欧、苏、曾、王亦间有不合。故略指其瑕，俾瑜者不为掩耳。

一，《易》《诗》《书》《春秋》及四书，一字不可增减，文之极则也。降而《左传》、《史记》、韩文，虽长篇，句字可剗荂者甚少。其余诸家，虽举世传诵之文，义枝辞冗者，或不免矣。未便削去，姑钩划于旁，俾观者别择焉。

　　　　　　上海古籍出版社 1983 刊本刘季高校点《方苞集·集外文》卷四

论文偶记（节选）

刘大櫆

一

凡作文，总有个讲究的便不是。

二

文字只求千百世后一人两人知得，不求并时之人人人知得。

三

行文之道，神为主，气辅之。曹子桓、苏子由论文，以气为主，是矣。然气随神转，神浑则气灏，神远则气逸，神伟则气高，神变则气奇，神深则气静，故神为气之主。至专以理为主者，则犹未尽其妙也。盖人不穷理读书，则出词鄙倍空疏。人无经济，则言虽累牍，不适于用。故义理、书卷、经济者，行文之实，若行文自另是一事。譬如大匠操斤，无土木材料，纵有成风尽垩手段，何处设施？然即土木材料，而不善设施者甚多，终不可为大匠。故文人者，大匠也；义理、书卷、经济者，匠人之材料也。

四

作文本以明义理，适世用。而明义理，适世用，必有待于文人之能事；朱子谓："无子厚笔力发不出。"

五

当日唐、虞纪载，必待史臣。孔门贤杰甚众，而文学独称子游、子夏。可见自古文字相传，另有个能事在。

六

古人文字最不可攀处，只是文法高妙。

七

神者，文家之宝。文章最要气盛；然无神以主之，则气无所附，荡乎不知其所归也。神者气之主，气者神之用。神只是气之精处。古人文章可告人者惟法耳。然不得其神而徒守其法，则死法而已。要在自家于读时微会之。李翰云："文章如千军万马；风恬雨霁，寂无人声。"此语最形容得气好。论气不论势，文法总不备。

八

今粗示学者：古人行文至不可阻处，便是他气盛。非独一篇为然，即一句有之；古人下一语，如山崩，如峡流，觉阑当不住，其妙只是个直的。

九

气最要重。予向谓文须笔轻气重，善矣，而未至也。要知得气重，须便是字句下得重；此最上乘，非初学笨拙之谓也。

一〇

文法之钝拙处，乃为极高妙之能事；非真钝拙也，乃古之至耳。古人能此者，史迁尤为独步。

一一

昔人云："文以气为主，气不可以不贯；鼓气以势壮为美，而气不可以不息。"此语甚好。

一二

文章最要节奏；譬之管弦繁奏中，必有希声窈渺处。

一三

神气者，文之最精处也；音节者，文之稍粗处也；字句者，文之最粗处也；然论文而至于字句，则文之能事尽矣。盖音节者，神气之迹也；字句者，音节之矩也。神气不可见，于音节见之；音节无可准，以字句准之。

一四

音节高则神气必高，音节下则神气必下，故音节为神气之迹。一句之中，或多一字，或少一字；一字之中，或用平声，或用仄声；同一平字仄字，或用阴平、阳平、上声、去声、入声，则音节迥异，故字句为音节之矩。积字成句，积句成章，积章成篇，合而读之，音节见矣；歌而咏之，神气出矣。

人民文学出版社 1959 年刊本舒芜校点《论文偶记》

第二十八讲
历代名画记

中国画以我国特有的笔、纸、绢帛、墨、颜料为用具，采用勾、皴、点、染等手法，创造点团线条和墨色变化，经营位置，描写物象，呈现出阴、阳、向、背、虚、实、疏、密等效果，表达象外之意，由此寄托中国文化的意蕴和精神。中国画常用散点透视，取景布局，视野宽广。中国画强调"外师造化，中得心源"（唐代张璪《绘境》），要求形神兼备、遗貌取神，做到"意存笔先，画尽意在"（唐代张彦远《历代名画记》），被称作"无声诗"（《古诗话》）。

中国画的题材，有六门、十门、十三科等不同划分。大致来说，其表现对象不外乎人、自然、神话。常见的国画一般大致分为人物画、山水画、花鸟画三类。还可以从其他角度进行分类，如水墨、设色，工笔、写意，文人画、院体画、民间画。其中山水画可以分为水墨、设色两个大类，而设色山水又可进一步细分为青绿山水、金碧山水、浅绛山水、淡彩山水等形式。

中国古代画论对绘画实践进行总结和指引，出现了很多名篇。魏晋南北朝画论有顾恺之《论画》、孙畅之《述画记》、谢赫《古画品录》、姚最《续画品》等，比较注重传神写照。顾恺之提出了"以形写神""传神写照"的绘画观，成为中国画创作及品评的重要美学原则。谢赫"六法"总结了晋宋至齐梁的绘画创作规律。唐代画论承前启后，蔚为大观。李嗣真《画后品》继承了谢赫、姚最画论，主张"夫丹青之妙，未可尽言，皆法古而变今也"。张璪《绘境》一文久已失传，而其中的名言"外师造化，中得心源"则流芳后世。朱景玄《唐朝名画录》借鉴张怀瓘书法理论《书断》所列神、妙、能三品定其等格。裴孝源《贞观公私画史》品评了魏晋至唐代贞观年间收藏的前人画迹。张彦远《历代名画记》内容极为赅备，提出了"书画用笔同法"，第四卷至第十卷相当于第一部绘画通史。五代荆浩《笔法记》是山水画论之经典，提出了绘画"六要"（气、韵、思、景、笔、墨）。宋代画论极力推崇士大夫之画，注重推究物理、观察自然，强调气韵生动、传神写心。郭若虚《图画见闻志》直继张彦远《历代名画记》，叙述了唐会昌二年（842）至北宋熙宁七年（1074）的画派本末。郭熙、郭思父子所著《林泉高致》是一部画法专著。《宣和画谱》记录了宋徽宗朝内府所藏名画，认为"书画同体"。赵希鹄《洞天清录》认为："善书必能画，善画必能书，实一事尔。"明清画论重在传承总结。明代董其昌标榜文人画，提出绘画"南北宗"理论，以李思训为山水画北宗之祖，王维为南宗之祖。清代画论注重总结元明画家的创作经验，受董其昌画学思想影响很大，重视文人画的发展，提倡"以书入画"。

本讲选篇唐代张彦远《论画六法》，对南朝画家谢赫画论著作《古画品录》提出的"六法"进行了专题论述。《古画品录》成书于梁武帝时，为我国现存最古的画论著作。该篇记录了三国至南梁画家近三十人（现存本含二十七人），分列六品，加以评析。既往艺术评论的文体大都为"论"，统而论之，不分等次。南朝齐梁期间出现了"品"这种新的评论文体，开始分品而评，进一步细化诗书画的论评。《古画品录》序言提出的"画有六法"理论被奉为中国画的金科玉律，对历代绘画创作和绘画批评起了重大影响。

《论画六法》为张彦远《历代名画记》第一卷第四篇。《历代名画记》内容繁富，共有十卷，主要内容可分两大部分：前三卷属于画论，四至十卷为画家小传。前三卷一共十五篇，分别介绍了古代绘画的各个方面：一《叙画之源流》，论述了绘画与政治教化的关系；二《叙画之兴废》，叙述汉代至唐代帝王贵胄对名画的搜罗、流传情况；三《叙自古画人姓名》；四《论画六法》；五《论画山水树石》，评述山水画发展历程，重点叙述唐代山水画；六《论师资传授南北时代》，综述历代流派、传承情况；七《论顾陆张吴用笔》，概括顾恺之、陆探微、张僧繇、吴道子的成就和特色，说明绘画艺术的演变；八《论画体工用拓写》，述唐代绘画颜料和摹画方法；九《论名价品第》，述名家书画价格；十《论鉴识收藏阅玩》，述鉴藏名画注意事项；十一《叙自古跋尾押署》，述皇家藏品鉴定者的署记；十二《叙古今公私印记》，述收藏家印章；十三《论装背褾轴》，述绘画装裱活动；十四《记两京外州寺观画壁》，述隋唐著名寺庙画作及作者；十五《述古之秘画珍图》，记录重要的绘画目录。第四卷以下的画家小传，构成了一部绘画通史。

论 画 六 法

张彦远[1]

昔谢赫[2]云："画有六法：一曰气韵生动[3]，二曰骨法用笔[4]，三曰应物象形[5]，四曰随类赋彩[6]，五曰经营位置[7]，六曰传模移写[8]。"自古画人，罕能兼之。彦远试论之曰：

古之画，或能移其形似，而尚其骨气[9]。以形似之外求其画，此难可与俗人道也。今之画，纵得形似，而气韵不生。以气韵求其画，则形似在其间矣。

上古之画，迹简意澹而雅正，顾陆之流是也[10]。中古之画，细密精致而臻丽，展郑之流是也[11]。近代之画，焕烂而求备。今人之画，错乱而无旨，众工之迹是也[12]。

夫象物必在于形似，形似须全其骨气。骨气形似，皆本于立意，而归乎用笔，故工画者多善书。

然则古之嫔[13]，擘织而胸束[14]；古之马，喙尖而腹细；古之台阁竦峙，古之服饰容曳[15]，故古画非独变态有奇意也[16]，抑亦物象殊也[17]。

至于台阁、树石、车舆、器物，无生动之可拟，无气韵之可侔，直要位置向背而已[18]。顾恺之曰："画人最难，次山水，次狗马。其台阁，一定器耳[19]，差易为也[20]。"斯言得之。

至于鬼神、人物，有生动之可状，须神韵而后全。若气韵不周，空陈形似；笔力未遒，空善赋彩，谓非妙也。故韩子[21]曰："狗马难，鬼神易。狗马乃凡俗所见，鬼神乃谲怪之状[22]。"斯言得之[23]。

至于经营位置，则画之总要。

自顾、陆以降，画迹鲜存，难悉详之。唯观吴道玄之迹[24]，可谓六法俱全，万象必尽，神人假手[25]，穷极造化也。所以气韵雄壮，几不容于缣素[26]；笔迹磊落，遂恣意于墙壁。其细画又甚稠密，此神异也。

至于传模移写，乃画家末事。

然今之画人，粗善写貌。得其形似，则无其气韵；具其彩色，则失其笔法。岂曰画也！呜呼，今之人斯艺不至也[27]！

宋朝顾骏之常结构高楼[28]，以为画所，每登楼去梯，家人罕见。若时景融朗，然后含毫[29]；天地阴惨，则不操笔。今之画人，笔墨混于尘埃，丹青和其泥滓，徒污绢素[30]，岂曰绘画！

自古善画者，莫匪衣冠贵胄、逸士高人，振妙一时，传芳千祀，非闾阎鄙贱之所能为也[31]。

[明]毛晋《津逮秘书》本

注释

[1] 张彦远（约815—907），字爱宾，蒲州猗氏（今山西省临猗县）人。出身于宰相世家，富于收藏，学问渊博，擅长书画。著有《法书要录》《历代名画记》。《历代名画记》成书于大中元年（847）。

[2] 谢赫（479—502），南朝杰出画家，尤擅画人物。谢赫著有《古画品录》，其序言中提出的"画有六法"理论影响深远。南陈姚最《续画品录》肯定"六法"

之说，唐代张彦远《历代名画记》对"六法"进行了分析阐释。五代荆浩提出"六要"，宋代刘道醇提出"六要""六长"，清代盛大士提出"六长"，皆未能超越谢赫"六法"。

[3] 气韵生动：画家富于情味和韵致的天赋和性灵，贯穿于一气呵成的创作过程，使得作品刻画的形象以及整个绘画作品气韵流转，富于生机，显示出一种生动的风气韵度。

[4] 骨法用笔：勾勒造型的线条准确自然，而且内含骨力，富于质感，能够生动传达出对象的结构、体态、表情，所画形象的骨相气质。

[5] 应物象形：不是单纯以形似描摹对象，而是进行中心立意，通过惟妙惟肖的形象外观生动再现对象的特质与精神。

[6] 随类赋彩：根据对象的类别特点，在形象的基础上赋以自然生动的色彩表现。

[7] 经营位置：运思构图，认真组织和布置画面的格局章法，处理好画面元素的主次、远近、大小、虚实等关系，使整个画面和谐统一。

[8] 传模移写：传本《古画品录》作"传移模写"。一般认为意为善于临仿，能够像翻模一样精准临摹前人的优秀画作。或说"传移模写"是对绘画创作活动的系统行为的概括和总结，意为统筹运用以上五法的各种技巧，将所表现的客观对象（人物、山水、花鸟等）生灵活现地传移到画面上。"传移模写"所要强调的核心思想是：画家应该能够总结并继承传统，唯此乃能发扬光大，推陈出新。

[9] 骨气：气概，气势，气韵。

[10] 顾、陆：指顾恺之、陆探微。顾恺之（约345—409），东晋画家，字长康，小名虎头。曾任桓温、殷浩、桓玄的参军。为人率直通脱，亦黠亦痴。绘画师从卫协。顾恺之每画人成，往往数年不下点睛之笔。顾恺之比较重视理论总结，有《论画》《魏晋胜流画赞》《画云台山记》等被归其名下。其画作今存摹本《女史箴图》《洛神赋图》《斫琴图》《列女仁智图》等。陆探微（？—约485），南朝宋画家，在宋明帝时称一代大家。所画以道释人物为主，"笔迹劲利，如锥刀焉"；所画人物极妙，而山水草木不过粗成，未脱人物画之背景。一幅之中，着重表现人物楼台，山水仅为点缀而已。

[11] 展、郑：指展子虔、郑法士。展子虔（约550—604），著名画家，历北齐、周、隋。善画人物，细描晕色，意度俱足，栩栩如生。今存设色绢本《游春图》恰如其分地表现出一派明媚的山水春光。展子虔由北周被召入隋，当时以人物画为主，山水画不很被重视，而且，朝士为山水画家的主体，注意力在台阁摹写，宗炳那样的山林高士所崇尚的清淡山水不合时好。而展子虔《游春图》已经以透视方法表现出物象之间的高低大小和纵深关系，截然不同于此前"人大于山，水不容泛"的面目。郑法士，北周末隋初画家。善画人物，师法南朝梁画家张僧繇。《贞观公私画史》著录其《擒明卢明月像》《洛中人物车马图》等十卷，《图画见闻志》著录其《明堂朝会图》，《宣和画谱》著录其《游春苑图》《游春山图》等。

〔12〕以上二小节着重阐释"气韵生动",强调气韵的重要性,指出过于细密的形迹刻画反而会妨碍生成气韵。

〔13〕嫔:妇人美称。

〔14〕擘(bò):大拇指。

〔15〕容曳:宽松舒展貌。

〔16〕变态:由于表现的视角以及事物位置和运动状态的差异,事物在画面上的情状表现出各种生动的变化。

〔17〕抑:或许,可能。

〔18〕直:特,但,只不过。

〔19〕一定:固定不变。

〔20〕差:比较,略微。

〔21〕韩子:韩非子。《韩非子》卷十一:客有为齐王画者,齐王问曰:"画孰最难者?"曰:"犬马难。""孰易者?"曰:"鬼魅最易。夫犬马,人所知也,旦暮罄于前,不可类之,故难;鬼魅,无形者,不罄于前,故易之也。"

〔22〕谲怪:奇异怪诞。

〔23〕以上四小节以"形似"问题为中心,将"象形""赋彩""用笔"结合在一起探讨,并强调所有这一切归宗于"气韵"。鉴于"应物""随类"的需要,这一部分认真甄别了今物与古物之间可能的形象变化、生物与静物之间的韵味差别,以及运动变化、位置向背产生的变态奇意。

〔24〕吴道玄(约685—758),又名吴道子,阳翟(今河南禹州)人,盛唐画家。吴道子年少孤贫,而极有绘画天赋,十多岁就颇有造诣。漫游至东都洛阳,唐玄宗召为内供奉。吴道子尤其擅画人物,早年行笔差细,中年后笔似莼叶,一改顾恺之以来粗细一律的铁线描,突破了南北朝的"曹衣出水"面目,以粗细、顿挫变化的线条表现衣饰袍袖的皱褶和迎风飘举的动势,展现出所谓"吴带当风"的独特风貌。传吴道子绘《送子天王图》,又名《释迦降生图》,今存宋摹。

〔25〕神人:神仙。假手:借他人之手来达到自己的目的,特指请人代笔。

〔26〕不容于缣素:类似于"跃然纸上",表示生动逼真地显现,似乎要从画面上活动出来。

〔27〕从行文逻辑和结构层次来说,这一部分并未对"经营位置"和"传移模写"作出更具体的阐释,主要对比了古人"六法俱全"而游刃有余的潇洒、今人"斯艺不至"而顾此失彼的尴尬,由此强调"六法"的关联性和系统性。

〔28〕顾骏之:南朝宋画家,吴(今江苏苏州)人。张墨弟子。擅道释人物。画迹有严公像,著录于《历代名画记》,永嘉法王寺亦有其壁画,著录于《贞观公私画史》。

〔29〕含毫:含笔于口中。比喻构思为文或作画。

〔30〕缣素:未曾染色的白绢。这里指绘画载体。

〔31〕闾阎:本意为里巷内外的门,后多指里巷,泛指民间,借指平民。最后

的两小节意在探寻在把握"六法"方面今人不如古人的根本原因。前一小节指出今人对待绘画的态度和意识存在问题，后一小节则是思考画者的身份、修养、气质对其画作品格的影响。

问题与思考

一、绘画作品如何能够做到"气韵生动"？

二、你如何看待"书画同源""以书入画"的观念和主张？

三、明代画家唐寅《题画诗》云："红树中间飞白云，黄茅檐底界斜曛。此中大有逍遥处，难说于君画与君。"请对诗意加以分析。

知识链接

气者，心随笔运，取象不惑。韵者，隐迹立形，备遗不俗。（五代荆浩《笔法记》）

"凡画，气韵本乎游心。"（宋郭若虚《图画见闻志》）

气块然太虚，升降飞扬，未尝止息，《易》所谓"絪缊"、庄生所谓"生物以息相吹""野马"者与！此虚实动静之机，阴阳刚柔之始。浮而上者阳之清，降而下者阴之浊。其感遇聚散，为风雨，为雪霜，万品之流形，山川之融结，糟粕煨烬，无非教也。（宋张载《正蒙·太和篇第一》）

画家六法，一气韵生动。气韵不可学，此生而知之，自有天授。然亦有学得处。读万卷书，行万里路，胸中脱去尘浊，自然丘壑内营，立成鄞鄂，随手写出，皆为山水传神矣。（明董其昌《画禅室随笔》卷二《画诀》）

夫条理即是生气之可见者。……故必先有成意于胸中，而后斟酌其轻重多寡，疏密浓淡，能有一气呵成之势，方有一丝不紊之妙。……盖意既不联属，则气自难贯串。（清沈宗骞《芥舟学画编·平贴》）

言，身之文；画，心之文也。学画当先修身，身修则心气和平，能应万物。未有心不和平而能书画者。读书以养性，书画以养心，不读书而能臻绝品者，未之见也。（清张式《画谭》）

画山水贵于气韵。气韵者，非烟云雾霭也，是天地间之真气也。（清唐岱《绘事发微》）

作书作画无论先辈后学，皆以气胜得之者，精神灿烂，出之纸上，意懒则浅薄无神，不成书画。……故有真精神、真命脉，一时发现纸上，力透纸背，皆是大手眼，用气力推锋陷刃，不可禁当，遂令百世后晶荧不灭，即如文天祥先生所谓"风檐展书读，古道照颜色"也。（清石涛《石涛画语录》）

附录

古画品录·序

谢赫

夫画品者，盖众画之优劣也。图绘者，莫不明劝戒，著升沉；千载寂寥，披图可鉴。虽画有六法，罕能尽该，而自古及今，各善一节。

六法者何？一气韵生动是也，二骨法用笔是也，三应物象形是也，四随类赋彩是也，五经营位置是也，六传移模写是也。唯陆探微、卫协备该之矣。然迹有巧拙，艺无古今，谨依远近，随其品第，裁成序引。故此所述，不广其源，但传出自神仙，莫之闻见也。

〔明〕毛晋《津逮秘书》本

画 山 水 序

宗炳

圣人含道应物，贤者澄怀味象。至于山水，质有而趣灵，是以轩辕、尧、孔、广成、大隗、许由、孤竹之流，必有崆峒、具茨、藐姑、箕首、大蒙之游焉。又称仁智之乐焉。夫圣人以神发道而贤者通；山水以形媚道而仁者乐。不亦几乎？

余眷恋庐衡，契阔荆巫，不知老之将至。愧不能凝气怡身，伤跕石门之流。于是画象布色，构兹云岭。

夫理绝于中古之上者，可意求于千载之下。旨微于言象之外者，可心取于书策之内。况乎身所盘桓，目所绸缪，以形写形，以色貌色也。且夫昆仑山之大，瞳子之小，迫目以寸，则其形莫睹；迥以数里，则可围于寸眸。诚由去之稍阔，则其见弥小。今张绡素以远映，则昆阆之形，可围于方寸之内。竖划三寸，当千仞之高；横墨数尺，体百里之迥。是以观画图者，徒患类之不巧，不以制小而累其似，此自然之势。如是，则嵩华之秀、玄牝之灵，皆可得之于一图矣。

夫以应目会心为理者，类之成巧，则目亦同应，心亦俱会。应会感神，神超理得。虽复虚求幽岩，何以加焉？又神本亡端，栖形感类，理入影迹，诚能妙写，亦诚尽矣。

于是闲居理气，拂觞鸣琴，披图幽对，坐究四荒，不违天励之藂，独应无人之野。峰岫峣嶷，云林森渺，圣贤映于绝代，万趣融其神思。余复何为哉？畅神而已。神之所畅，孰有先焉。

［明］毛晋《津逮秘书》本

第二十九讲
笔髓论

中国书法是以毛笔书写汉字的方式抒发文化情怀的一门艺术。

汉字是中国书法的基本元素。中国人的文化追求和思维方式决定了汉字构型的特殊性。汉字的笔画规范和架构特征所形成的空间分割效果，本身已经具有丰富的审美内涵。书法超越实用书写的基本要求，对汉字基本结构作出疏密、开合、参差等等变化处理，呈现出艺术化的结体和章法效果，从而形成特别富有感染力的艺术风貌。

在漫长的发展过程中，汉字出现了篆书、隶书、楷书、行书、草书等多种字体，彼此之间有着一脉相承的关联性，而又各具独特的规范和美妙。在实用性的日常书写中，每个历史时期一般只把某一种较新的成熟字体确立为通行的正规字体。而在书法领域，各种字体都被延续运用于艺术创作，由此形成了一个极为丰富的审美参照体系，彰显出每一种字体的风格特色。

书写工具的特殊性代表了中国书法的特殊创作手法。毛笔的柔软性能够书写出笔势翻跃、生动多变的笔画线条，传达出书写者情绪和动作的微妙变化。宣纸的洇化效果与墨汁的浓淡干湿相结合，形成云烟变幻的艺术效果。碑刻的工艺痕迹对自然书写提供了有益的启发，毛笔书写可以有效地模拟勒刻，从而形成了帖派、碑派的不同书风，丰富了书法的风格体系。

毛笔书写挥洒、笔势字势章法、诗文篇章脉络，这些都是书法作品的必要构成，都暗含着美妙的旋律、生动的节奏。这几个方面汇集在一起，成为书法作品中悄无声息而又起伏汹涌的音乐交响。

中国书法的基本法则是"立象以尽意"。

书法的"象"，是超越于具体物象的意向、气象，高度简约，朦胧抽象。形式的简约抽象，使书法能够贯注、融汇更为丰富复杂的内涵，寄托无限之"意"。

书法的"意"，源自书写者的情绪和情怀。书写过程中，精神世界的波澜流泻、融合到笔墨之中，产生一种富有神韵、充满意境的艺术之美。中国书法具有多层次、多向度的审美品格，书写者即时的喜怒哀乐能够影响书写的速度和节奏，体现为笔画的质感、结体的情性；更重要的是，书写者的胸次决定了书法作品的格调、气息，书法作品能够折射书写者悠远的生命体验、文化憧憬、天人之思。与其他视觉艺术相比，书法最可贵之处在于，它的"意"具有非常浓烈的文化品格和超世俗性。高层次的书法之"意"，取决于书写者的文化素养，也离不开鉴赏者的移情默契、通感附会。

中国书法力求以有形的有限表现无形的无限，如此方能"尽意"。这非常符合中国文化化繁为简、以简驭繁的基本原则，所以书法被视为最高艺术。书法洗练简约的形式构成，既有具体的指向性，又有一定的模糊性，如此形成含蓄美感和多义效果，造成自由联想的阔大空间。

中国书法史上，出现了张芝、王羲之、张旭、颜真卿、苏东坡等书法大家。他们的书法作品传达出人生追求的理想境界，因而被人们尊称为"书圣""草圣"。中国书法这种意味深长的精神表达方式，能够传达语言难以表述的内容，体现时代文化精神，因此产生"晋尚韵、唐尚法、宋尚意"的书法风格。

"古代书法理论"内容比较庞杂，涉及书法学的所有内容，极少是纯粹的艺术理论。理论研究的核心内容是原理分析和审美批评。考察古代书法理论尤其有必要从中分析、总结古代在书法原理、书法批评方面的思想，包括书法的本质、书法的功能、书法的一般原则以及书法审美、书法批评的范畴、标准和概念。

两汉时代，书法的审美价值受到相当重视，对文字书写的视角超越了纯粹实用而扩大到带有明显的审美意识，书法美学思想逐渐走向成熟，东汉中晚期，中国书法理论批评开始形成。西汉末年扬雄《法言》中说："书，心画也。"东汉许慎《说文解字·叙》提出"书者，如也"。东汉末年出现了一批书法理论著作，其中已经蕴涵了后世书法理论通常采用的一般思路和基本范畴。崔瑗（78—143）《草书势》保存于晋代卫恒《四体书势》中，它是如今可见的最早书法专论。《草书势》以生命体的运动来比喻草书的动态美，但其所谓"法象"已经不局限于自然之象，还加入了对草书本体形象的关注，"法象"理论与许慎的"象形"理论相比有了一个理论飞跃。略晚于崔瑗的赵壹也专门针对草书写了一篇《非草书》，极力反对当时一些书家热衷草书的态度。蔡邕（133—192）的《九势》《笔论》《篆势》代表着东汉书法理论的更高阶段，他不仅重视"形"之"象"，还重视"形"之"势"。东汉大段处于隶变时期，各种字体纷纷出现，对字体问题的探讨是汉代书论的重要内容。卫恒的《四体书势》就是对有关情况的一种总结。

随着各体的体势逐渐走向定型，西晋的理论家开始考虑各体的规范，在"离析"之后"守道"，在新形势下重新建立一种秩序。东晋是书法的辉煌时代，但书论并不很多。南朝书论对书体源流、书史、书风、技巧、审美等进行了探讨。

由隋至唐，楷书不断规范、成熟，越发注重书法的法度。隋、唐书论对于结构、笔画以及执笔有了比较务实的细致探讨。与此相对应，虞世南延续了魏晋南北朝书论对于神韵的追求，同时在法度的阐释方面进行开拓。孙过庭《书谱》是著名的古代书论。开元年间的书法理论家张怀瓘代表着盛唐书论的最高水平。关于书法技巧、鉴赏理论、艺术观念等等，在张怀瓘各篇书论中也多有涉及。天宝年间窦臮、窦蒙弟兄的《述书赋并注》纵论历代书家，是一篇书法史著述。

宋代书论以随感式或题跋式的语录体最为典型，常常闪烁着耀眼的灵感，但往往极少考虑其体系、架构之完备，而且一些脱口而出的快语必须放到当时书坛的特殊背景中去理解。朱长文《续书断》承继张怀瓘《书断》对唐、宋书家按神、妙、能三品评传。《宣和书谱》为宋徽宗组织编写，采录当时宫内所藏书迹。与北宋尚意的书法理论相区别，南宋书论重视书统和法则。朱熹的书法理论对元代产生了很大影响。

元代书法实践和理论的核心人物是赵孟頫，他直接继承了南宋的复古思想，重视传统和法则，他强调"用笔千古不易"，他对魏晋书法追寻最多的不是韵致，而是法度。

明代万历年间项穆的《书法雅言》在理论体系的建构上非常合理、成熟，是古代书法理论的典范性篇章。项穆把书法批评细致地剖析为很多层面，并努力建立各个方面的评判标准，总的原则是"中和"，始终以正统为指归。董其昌的书法思想延续了北宋尚意理论的部分精髓，将禅宗思想融入书学，追求虚和萧散的雅淡悠远之境。明末黄道周的书学思想还能接上朱熹以来的绪脉。

清朝书法进入了一个帖学逐渐衰微、碑学逐渐崛起的时期，书法理论也明显带有这样的时代特色。清代书论对书法的各个方面讨论得更为细致，但因体例不能统一，故稍显琐碎。清代阮元、包世臣、康有为的一些崇碑的理论另辟蹊径，首先对历史做回顾与反思。康有为《广艺舟双楫》是碑学理论的集大成著作，继承并发挥了包世臣崇碑抑帖、尊魏卑唐的思想。

本章选读虞世南《笔髓论》，唐韦续编《墨薮》、宋陈思《书苑菁华》、宋朱长文《墨池编》等皆有收录，某些段落的文字有明显出入，本章作了一些斟酌取舍。《笔髓论》分七个部分，兼述用笔法及行草各体书写规则，并分析书法艺术的神韵，内容比较系统。《辨应》《契妙》两部分有很强的理论性，乃全篇精髓。关于书法的技法，一直到魏晋南北朝的书法理论也不作实际阐释，而是基本沿袭"笔法神授"的说法。而《指意》《释真》《释行》《释草》等章节具体涉及了用笔方法，将《叙体》倡导的"自悟其旨"付诸实践。

笔 髓 论[1]

虞世南[2]

叙 体[3]

文字，经艺之本[4]，王政之始也[5]。

仓颉象山川江海之状[6]，虫蛇鸟兽之迹，而立六书[7]。战国政异俗殊，书文各别。秦患多门，定为八体[8]。后复讹谬，凡五易焉，然并不述用笔之妙[9]。

及乎蔡邕[10]、张[11]、索[12]之辈，锺繇[13]、卫[14]、王[15]之流，皆造意精微，自悟其旨也[16]。

辨　　应[17]

心为君，妙用无穷，故为君也。手为辅，承命竭股肱之用，故为臣也[18]。力为任使[19]，纤毫不挠[20]，尺寸有余故也[21]。管为将帅，处运用之道[22]，执生杀之权，虚心纳物，守节藏锋故也[23]。毫为士卒，随管任使，迹不凝滞故也[24]。字为城池[25]，大不虚、小不孤故也[26]。

指　　意[27]

用笔须手腕轻虚。虞安吉[28]云："未解书者，一点一画皆求象本[29]，乃转自取拙，岂成书耶！"太缓而无筋，太急而无骨。横毫侧管，则钝慢而肉多；竖管直锋，则干枯而露骨。终其悟也，粗而能锐，细而能壮；长者不为有余，短者不为不足。

注释

[1] 笔髓：书法的要旨。笔，书写，这里借指书法。髓，精华，要旨。

[2] 虞世南（558—638），唐代书法家，字伯施，越州余姚（今属浙江）人。初仕南朝陈，隋迁起居舍人，入唐官至秘书监，进封永兴县公，世称"虞永兴""虞秘监"。年轻时从同郡沙门智永学书，尽得右军笔法。其书气秀色润，意和笔调，而谨守法度，合含刚特。撰有书论《笔髓论》《书旨述》。

[3] 叙体：该标题在有的版本中作"原古"。这一节相当于全篇的序言（叙），推究了书法的起因和本质，指出文字是书法的基础，揭示了书法和文字的根本是文化和政治，简单排列了字体发生、演变的头绪、条理，触及了书法与一般书写的差异。这里的"体"包括了书法本体、汉字字体两方面的含义。

[4] 经艺：儒家经书、经学。"六经"在古代也被称作"六艺"。

[5] 工政：国君的政令；工道，仁政。

[6] 仓颉：古代传说中的汉字创造者，据说他是黄帝时的史官。

[7] 六书：东汉许慎等人后来根据秦汉小篆将汉字的造字、用字方法归纳为六种，分别为指事、象形、形声、会意、转注、假借。

[8] 八体：秦朝的八种字体，分别为大篆、小篆、刻符、虫书、摹印、署书、殳书、隶书。战国时各国文字异形。秦朝建立后，以秦国文字作为规范文字的基本标准，一共有八种书体，六国文字由此废绝。

[9] 用笔之妙：指书法。起初的字体改造和文字日用只是为了识读、流通的需

要，不属于书法。书法有着审美境界和文化寄托的追求，超越于一般的书写，在笔形、笔势以及执笔、用笔等各方面有着非同寻常的讲究，因而此处以"用笔之妙"指代书法的法则。

[10] 蔡邕（133—192），东汉著名书法家、文学家、画家、音乐家。字伯喈，陈留圉（今河南杞县）人。官至中郎将，封高阳侯。蔡邕篆、隶绝世，尤得八分之精微。体法百变，穷灵尽妙，独步今古。又创造飞白，妙有绝伦。著有书论《篆势》。

[11] 张芝（？—约192），东汉书法家，字伯英，敦煌人，徙居弘农华阴。朝廷以有道征，不就，故时称"张有道"。好书，凡家之衣帛皆书而后练，尤善章草书。张芝在章草基础上创变今草，上下牵连，结体飞动。

[12] 索靖（239—303），西晋书法家，字幼安，敦煌龙勒人，张芝姊之孙，任西晋征南司马。索靖善章草，世称章草《月仪帖》《史孝山〈出师颂〉》《七月二十六日帖》《急就章篇》为其书迹。

[13] 钟繇（151—230），三国魏书法家，字元常，颍川长社（今河南长葛）人。工正、隶、行、草、八分各体，有小字《宣示表》《贺捷表》《荐季直表》《力命表》等刻本传世。传《上尊号碑》《受禅表》为钟繇书丹。

[14] 卫瓘（220—291），西晋书法家，字伯玉，官太保。卫瓘师法张芝，参用其父卫觊书法，由他开创用于书信往来的"草槁"书，对当世影响很大。今无书迹传世。

[15] 王羲之（约303—361），东晋书法家，字逸少，琅琊临沂（今属山东）人，官至右军将军、会稽内史，世称"王右军"。王羲之被尊为"书圣"，其书史功绩正在于"增损古法，裁成今体"，将传统书法的"古质"之风变成他所创"新体"的"今妍"。王羲之的"新体"行书令人耳目一新。羲之传世书迹有唐摹《兰亭序》《快雪时晴帖》和唐代集字碑刻《集王圣教序》等行书，以及章草《豹奴帖》刻本、今草《十七帖》刻本、小楷《黄庭经》拓本等。

[16] 其旨：即标题所谓"笔髓"。

[17] 辨应：本节辨析、阐释书法活动中各要素的关联性、统一性、整体性。辨，辨别，区分；指明，详悉。应，呼应，感应。心、手、力、管、毫、字等各自的职责，有所区分，但一统于心，互通互感，不可割裂。

[18] 股肱：本意为大腿和胳膊，比喻左右辅佐之臣。

[19] 力：力量，能力，才力。这里指手指、手腕的运用能力，包括力度、灵活性、运笔达到的范围等方面。任使：差遣，委用。

[20] 挠：阻挠，违背。

[21] 这一句的意思是：运用指腕的能力绰有余裕，能够满足大小不等字形、力道不同笔画的各种要求，所以在具体运用的时候能够完全听从心的差遣，把运笔、行笔等发力的各方面分寸拿捏得恰到好处，没有丝毫的违背，无过、无不及。

[22] 运用：这里指进行书法创作活动时的整个运转机制。这一句是说笔管在

整个书写活动的机制体系中处于非常关键的一个位置。

[23]此句中"藏锋"与"纳物""虚心"相承，而"虚心""守节"之说则发端于对竹子自然特征所进行的格物比德。"藏"与"守"意思统一，"藏锋"就是"守节"的一个方面。本句的大意是：笔管是"处运用之道，执生杀之权"的将帅，它具有虚心含容的品质，能够肩负起守节藏锋的使命。

[24]凝滞：停滞，停止。

[25]字为城池：结字如同君臣将士所凭据、所图谋的城池。每个字要写得生动有致，这是结字。依据已经写出的字，规划将要书写的字，彼此之间要有关联、呼应，这就是章法、布白。

[26]大不虚、小不孤：大字不显得虚弱，小字有呼应而不显得孤立无援。

[27]指意：稽考其意。指，通"稽"。

[28]虞安吉：晋代书法家。唐代韦续《墨薮·九品书第二》第三品"上下十九人"列有"晋虞安吉正草大篆"。王羲之草书《十七帖》第二十九通尺牍为《虞安吉帖》，信中说虞安吉是益州刺史周抚的中表亲戚。

[29]本：本真，准则。

释 真

笔长不过六寸，捉管不过三寸，真一、行二、草三，指实掌虚。

右军云："书虚纸强笔；强纸弱笔。"[1]强者弱之，弱者强之[2]。

迟速虚实，若轮扁斫轮，不疾不徐。得之于心，应之于手，口所不能言也[3]。拂掠轻重，若浮云蔽于晴天；波撇勾截，若微风摇于碧海[4]。气如奔马，亦如朵钩[5]，轻重出乎心，而妙用应乎手。

然则体约八分，势同章草[6]，而各有趣，无间巨细，皆有虚散。

其锋圆毫蒍[7]，按转易也。岂真书一体，篆、草、章、行、八分等，当覆腕上抢，掠毫下开，牵、撇、拨、历、锋转[8]。行草稍助指端钩距转腕之状矣[9]。

释 行

行书之体，略同于真。[10]至于顿挫盘礴，若猛兽之搏噬；进退钩距，若秋鹰之迅击。故覆腕抢毫，乃按锋而直引其腕，则内旋外拓，而环转纤结也[11]。旋毫不绝，内转锋也。加以掉笔联毫，若石璺玉瑕自然之理[12]。亦如长空游丝，容曳而来往；又似虫网络壁，劲而复虚。右军云："游丝断而能续，皆契以天真，同于轮扁。"又云："每作一点画，皆悬管掉之，令其锋开，自然劲健矣。"

释 草

草即纵心奔放。

覆腕转蹙，悬管聚锋，柔毫外拓[13]。左为外，右为内。起伏连卷，收揽吐纳，内转藏锋也[14]。既如舞袖，挥拂而萦纤；又若垂藤，缪盘而缭绕。蹙旋转锋，亦如腾猿过树，逸蚪得水，轻兵追虏，烈火燎原[15]。

或体雄而不可抑，或势逸而不可止，纵于狂逸，不违笔意也。右军云："透嵩华兮不高，逾悬壑兮能越[16]。"或连或绝，如花乱飞，若雄若强[17]。

若强逸意而不相副，亦何益矣[18]？但先缓引兴，心逸自急也；仍接锋而取兴，兴尽则已[19]。

又生掅锋，任毫端之奇象，兔丝之萦结。转剔刓角，多钩篆体[20]。

或如蛇形，或如兵阵，故兵无常阵，字无常体矣。谓如水火，势多不定，故云字无常定也[21]。

注释

[1] 虚纸：一作"弱纸"。

[2] 王羲之《书论》："若书虚纸，用强笔；若书强纸，用弱笔。强弱不等，则蹉跌不入。"

[3]《庄子·天道》：轮扁曰："斫轮，徐则甘而不固，疾则苦而不入。不徐不疾，得之于手，而应于心。口不能言，有数存焉于其间。臣不能以喻臣之子，臣之子亦不能受之于臣。是以行年七十而老斫轮。"

[4] 此句讲各种笔画的轻重长短。拂掠、波撇，指各种笔画。勾截：延长与截止。勾，引，延续。

[5] 朵钩：从手中快速出击的钩。朵，动。钩，兵器名。

[6] 这一句说楷书的形体比隶书略微简约，而姿态像章草一样开张。约：简单，省减。八分：隶书。

[7] 蓮（jué）：小貌。

[8] 覆腕：握笔后，落笔前，腕部朝下。上抢：笔头从上方向纸面快速落笔。抢，用笔由蹲而斜上急出。掠毫下开：落笔之后，将笔锋轻轻撑展开来，继续行笔。牵、撇、拔、历：指手指、手腕遣送笔毫的各种动作。锋转：笔毫的运行方向、深浅，在手指、手掌驱使下发生各种变化。这一句是说：在行笔过程中，根据笔势效果需要，手指、手腕朝着不同方向做出各种动作，笔毫随之产生各种转变。

[9] 这一小节的大意是：书写楷书时，起笔、行笔的动作要领，以及对于笔管、笔头的掌控运用，与书写篆、隶、章草、行书、草书时大体一样，只不过在书写行草时，运指、运腕的动作应更加主动、细腻，而力度要稍稍加强。助，增添，增加。这几句在不同版本中异文较多："开下"一作"下开"，"牵、撇、拔、历"一作"牵撇拔趯"，"锋转。行草稍助"一作"锋转则稍有筋力"，"钩距转腕"一作"横钩蹲踞转腕"。

［10］行书接近楷书，但是节奏和动感更为强烈。

［11］此句阐释起笔和行笔时复杂的运腕动作。

［12］石璺（wèn）：岩石的裂缝。璺，裂纹。

［13］转蹙：急速运转。悬管聚锋：将笔管上悬，聚拢笔锋。外：左为外。

［14］以上两句强调运笔要"外拓""内转"相结合。"起伏连卷""收揽吐纳"是内转运笔的各种动作。藏锋：行笔时笔尖隐含在笔道之内。

［15］这一节阐释草书的运笔方法，形容草书笔势的审美意境。

［16］此二句形容草书体势之奔放，大意是：逾越嵩山、华山而不觉其高，跨过深阔的沟谷而不觉相距遥远。逶：跳跃。悬：距离遥远。

［17］这一节说明草书的字势特色和字组特点。

［18］这句话的意思是：草书需要纵心奔放，可是如果心情比较安静，那又怎么办呢？

［19］这一节通过"引兴""取兴""兴尽"强调"兴"在草书创作中的重要性。"兴"就是开头所说的"纵心奔放"。引兴：酝酿、触发创作草书的兴致和热情。自急：自我激发。急，同"激"。取兴：趁兴而书。

［20］这句话的意思是：草书把楷书向上勾挑的折笔都改为转笔，把顿挫之处的棱角全部削去，这些特点显得草书与篆书有很多关联。别：此处同"踢""趯"，指向上勾挑的笔画。刓（wán）：亦作"园"，削去棱角。钩：牵连。

［21］这一节说明草书的行气和章法效果。

<h1 align="center">契　　妙[1]</h1>

欲书之时，当收视反听，绝虑凝神，心正气和，则契于妙。心神不正，书则欹斜；志气不和，字即颠仆。其道同鲁庙之器，虚则欹，满则覆，中则正[2]。正者，冲和之谓也[3]。

然则字虽有质，迹本无为[4]。禀阴阳而动静，体万物以成形[5]。达性通变[6]，其常不主[7]。故知书道玄妙必资神遇[8]，不可以力求也；机巧必须心悟[9]，不可以目取也[10]。

字形者，如目之视也。为目有止限，由执字体[11]。既有质滞[12]，为目所视远近不同。如水在方圆，岂由乎水？且笔妙喻水[13]，方圆喻字，所视即同[14]，远近即异[15]。故明执字体也[16]。

字有态度，心之畅也；心悟非心，合于妙也[17]。且如铸铜为镜[18]，明非匠者之明；假笔转心，妙非毫端之妙。必在澄心运思，至微至妙之间，神应思彻。又同鼓琴轮指[19]，妙响随意而生；握管使锋，逸态逐毫而应[20]。学者心悟于至道[21]，则书契于无为；苟涉浮华[22]，终懵于斯理也。

［宋］陈思《书苑菁华》本

注释

[1]妙：高明而精微的奥妙。这一章的核心是强调"心"的作用，首先正心，继而自然无为，乃能达性通变，展示为书法的种种风貌。

[2]道：事理，规律。《荀子·宥坐篇第二十八》：孔子观于鲁桓公之庙，有欹器焉，孔子问于守庙者曰："此为何器？"守庙者曰："此盖为宥坐之器。"孔子曰："吾闻宥坐之器者，虚则欹，中则正，满则覆。"

[3]冲和：淡泊平和。

[4]然则：如此，那么。连接句子，表示连贯关系。质：形体，外貌。迹：行为，行动。

[5]此句大意是：顺应自然万物的常理而进行书写，字迹也自然呈现万物自然变化的生动姿致。

[6]达性：清楚事物的性质、性能。通变：通晓变化之理，而能不拘常规、适时变动。

[7]其常不主：不拘守其常规。

[8]玄妙：难以捉摸的微妙。神遇：从精神上去感知事物或事理。语出《庄子·养生主》："臣以神遇，而不以目视。"陆德明《经典释文》引向秀语曰："暗与理会谓之神遇。"

[9]机巧：聪慧灵巧。

[10]不可以目取也：书法内在的玄妙和机巧，仅凭目取和力求是无法获得的，必须依靠心悟和神遇。

[11]由：听凭，听任。执：固执，拘泥，片面而孤立地理解并固执于事物的妄情和妄想。

[12]滞：局限，拘泥，固执。

[13]且：如果。

[14]即：尽管，即使。

[15]即：便，就。

[16]明：明察，分辨。字体：字的形体结构。这一小节的意思是：书法的内涵会以不同形态呈现出来，所以必须努力破除"目取""力求"对于字形结构的错觉，而应该"神遇""心悟"。

[17]这句话的意思是：如果能够把心意充分表达出来，书法就有一种气势、姿态；如果能够做到自然而不刻意，就有可能达到极其高明的境界。态度：气势，姿态。畅：舒展，表达；尽情，尽兴。心意得到充分表达，谓之"畅心"。非心：无心。

[18]且如：即如，就像。

[19]轮指：弹奏乐器的一种指法。几个手指交替动作，连续弹拨。

[20] 这几句话的含义、关系是：握管使锋，虽然逸态逐毫而应，但妙非毫端之妙，而是假笔转"心"。这就如同铸铜为镜，明非匠者之明；又如同鼓琴轮指，妙响随"意"而生。这些说明：书法的根源在于"心""意"，因此必须澄心运思，神应思彻，乃能表现为书法作品的至微至妙。

[21] 学者：这里指学习、研究书法的人。

[22] 浮华：浮于表面的华美。

问题与思考

一、书法与写字是什么关系？

二、书法理论对于书法学习有没有价值？

三、《笔髓论》涉及书法理论的哪些范畴？

四、你如何看待"书如其人"这个说法？

知识链接

昔庖牺氏画卦以立象，轩辕氏造字以设教。至于尧舜之世，则焕乎有文章，其后盛于商周，备夫秦汉，固夫所由远矣。文章之为用，必假乎书；书之为征，期合乎道。故能发挥文者，莫近乎书。若乃思贤哲于千载，览陈迹于缣简，谋猷在觌，作事粲然，言察深衷，使百代无隐，斯可尚也。及夫身处一方，含情万里，标拔志气，黼藻精灵，披封睹迹，欣如会面，又可乐也。（唐张怀瓘《书断》）

臣闻：形见曰象。书者，法象也。心不能妙探于物，墨不能曲尽于心。虑以图之，势以生之，气以和之，神以肃之，合而裁成，随变所适。法本无体，贵乎会通。观彼遗踪，悉其微旨，虽寂寥千载，若面奉徽音。其趣之幽深，情之比兴，可以默识，不可言宣。亦犹冥密，鬼神有矣，不可见而以知，启其元关，会其至理，即与大道不殊。夫经是圣文，尚传而不秘；书是妙迹，乃秘而不传。存殁光荣，难以过此，诚不朽之盛事。（唐张怀瓘《六体书论》）

圣人作《易》，立象以尽意。意，先天，书之本也；象，后天，书之用也。（清刘熙载《书概》）

附录

说文解字叙

许慎

古者庖牺氏之王天下也，仰则观象于天，俯则观法于地，视鸟兽之文与地之宜，近取诸身，远取诸物，于是始作《易》八卦，以垂宪象。

及神农氏，结绳为治，而统其事，庶业其繁，饰伪萌生。

黄帝之史仓颉，见鸟兽蹄迒之迹，知分理之可相别异也，初造书契。百工以乂，万品以察，盖取诸夬。夬"扬于王庭"，言文者宣教明化于王者朝廷，君子所以"施禄及下，居德则忌"也。

仓颉之初作书，盖依类象形，故谓之文。其后形声相益，即谓之字。字者，言孳乳而浸多也。著于竹帛，谓之书。书者，如也。

以迄五帝三王之世，改易殊体，封于泰山者七十有二代，靡有同焉。

《周礼》：八岁入小学，保氏教国子，先以六书。一曰指事，指事者，视而可识，察而见意，上下是也。二曰象形，象形者，画成其物，随体诘诎，日月是也。三曰形声，形声者，以事为名，取譬相成，江河是也。四曰会意，会意者，比类合谊，以见指㧑，武信是也。五曰转注，转注者，建类一首，同意相受，考老是也。六曰假借，假借者，本无其事，依声托事，令长是也。

及宣王太史籀，著大篆十五篇，与古文或异。至孔子书六经，左丘明述《春秋传》，皆以古文，厥意可得而说。其后诸侯力政，不统于王，恶礼乐之害己，而皆去其典籍。分为七国，田畴异晦，车涂异轨，律令异法，衣冠异制，言语异声，文字异形。

秦始皇帝初兼天下，丞相李斯乃奏同之，罢其不与秦文合者。斯作《仓颉篇》，中车府令赵高作《爰历篇》，太史令胡毋敬作《博学篇》，皆取史籀大篆或颇省改，所谓小篆者也。

是时，秦烧灭经书，涤除旧典，大发吏卒，兴役戍，官狱职务繁，初有隶书，以趋约易，而古文由此绝矣。自尔秦书有八体：一曰大篆，二曰小篆，三曰刻符，四曰虫书，五曰摹印，六曰署书，七曰殳书，八曰隶书。

汉兴有草书。《尉律》：学僮十七已上始试，讽籀书九千字乃得为史。又以八体试之，郡移太史并课，最者以为尚书史。书或不正，辄举劾之。今虽有尉律，不课，小学不修，莫达其说久矣。孝宣时，召通《仓颉》读者，张敞从受之，凉州刺史杜业、沛人爰礼、讲学大夫秦近，亦能言之。孝平时，征礼等百余人，令说文字未央廷中，以礼为小学元士。黄门侍郎扬雄采以作《训纂篇》，凡仓颉已下十四篇，凡五千三百四十字。群书所载，略存之矣。

及亡新居摄，使大司空甄丰等校文书之部，自以为应制作，颇改定古文。时有六书：一曰古文，孔子壁中书也；二曰奇字，即古文而异者也；

三曰篆书，即小篆，秦始皇帝使下杜人程邈所作也；四曰佐书，即秦隶书；五曰缪篆，所以摹印也；六曰鸟虫书，所以书幡信也。壁中书者，鲁恭王坏孔子宅，而得《礼记》《尚书》《春秋》《论语》《孝经》。又北平侯张仓，献《春秋左氏传》。郡国亦往往于山川得鼎彝，其铭即前代之古文，皆自相似，虽叵复见远流，其详可得略说也。

而世人大共非訾，以为好奇者也。故诡更正文，乡壁虚造不可知之书，变乱常行，以耀于世。诸生竞逐说字解经谊，称秦之隶书为仓颉时书，云父子相传，何得改易？乃猥曰：马头人为长，人持十为斗；虫者，屈中也。廷尉说律，至以字断法。苛人受钱，苛之字，止句也。若此者甚众，皆不合孔氏古文，谬于史籀。俗儒鄙夫，玩其所习，蔽所希闻，不见通学，未尝睹字例之条，怪旧艺而善野言，以其所知为秘妙，究洞圣人之微旨。又见《仓颉篇》中"幼子承诏"，因号古帝之所作也，其辞有神仙之术焉。其迷误不谕，岂不悖哉？

《书》曰："予欲观古人之象。"言必遵修旧文，而不穿凿。孔子曰："吾犹及史之阙文，今亡矣夫。"盖非其不知而不问，人用己私，是非无正，巧说衺辞，使天下学者疑。盖文字者，经艺之本，王政之始；前人所以垂后，后人所以识古。故曰：本立而道生，知天下之至赜，而不可乱也。

今叙篆文，合以古籀，博采通人，至于小大，信而有证，稽譔其说。将以理群类、解谬误，晓学者，达神恉。分别部居，不相杂厕。万物咸睹，靡不兼载。厥谊不昭，爰明以谕。其称《易》，孟氏；《书》，孔氏；《诗》，毛氏；《礼》《周官》《春秋左氏》《论语》《孝经》，皆古文也。于其所不知，盖阙如也。

［汉］许慎《说文解字》，四部丛刊本

<h2 align="center">九　势</h2>

蔡邕

夫书肇于自然，自然既立，阴阳生焉；阴阳既生，形势出矣。藏头护尾，力在字中，下笔用力，肌肤之丽。故曰：势来不可止，势去不可遏，惟笔软则奇怪生焉。

凡落笔结字，上皆覆下，下以承上，使其形势递相映带，无使势背。

转笔，宜左右回顾，无使节目孤露。

藏锋，点画出入之迹，欲左先右，至回左亦尔。

藏头，圆笔属纸，令笔心常在点画中行。

护尾，点画势尽，力收之。

疾势，出于啄磔之中，又在竖笔紧趯之内。

掠笔，在于趱锋峻趯用之。

涩势，在于紧驶战行之法。

横鳞，竖勒之规。

此名九势，得之虽无师授，亦能妙合古人，须翰墨功多，即造妙境耳。

〔宋〕陈思《书苑菁华》本

笔 意 赞

王僧虔

书之妙道，神彩为上，形质次之，兼之者方可绍于古人。以斯言之，岂易多得？必使心忘于笔，手忘于书，心手达情，书不忘想，是谓求之不得，考之即彰。乃为笔意赞曰：

剡纸易墨，心圆管直；浆深色浓，万毫齐力。先临《告誓》，次写《黄庭》。骨丰肉润，入妙通灵。努如植槊，勒若横钉。开张凤翼，耸擢芝英。粗不为重，细不为轻。纤微向背，毫发死生。工之尽矣，可擅时名。

〔宋〕陈思《书苑菁华》本

指 意

李世民

夫字，以神为精魄，神若不和，则无态度也。以心毫为筋骨，心若不坚，则无劲健也。以副毛为皮肤，副若不圆，则字无温润也。所资心副相参，神气冲和为妙。今比重明轻，用指腕不如锋芒，用锋芒不如冲和之气。自然手腕虚，则锋含沉静。夫心合于气，气合于心。神心之用也，心必静而已矣。虞安吉云：夫解书意者，一点一画，皆求象本，乃转自取拙，岂是书耶？纵放类本，体样夺真，可图其字形，未可称解笔意，此乃类乎效颦，未入西施之奥室也。故其始学，得其粗，未得其精。太缓者滞而无筋，太急者病而无骨。横毫侧管，则钝慢而肉多；竖笔直锋，则干枯而露骨。及其悟也，心动而手均；圆者中规，方者中矩；粗而能锐，细而能壮；长者不为有余，短者不为不足；思与神会，同乎自然，不知所以然而然矣。

［宋］朱长文《墨池编》四库全书本

第三十讲
花间集

　　词起源于隋唐，大盛于两宋，衰落于明代，中兴于清代。词在刚刚产生之时，本是歌女传唱的歌词，相比于文学性，音乐性是其更加本质的属性。一般认为，词是配合新兴音乐燕乐演唱的歌词。这种音乐风靡一时，上至达官贵人，乃至九五之尊，下至贩夫走卒，无不对它喜爱备至。文人士大夫虽爱其曲调，但有感于歌词词意重复，鄙俗不堪，遂亲自投入到词的创作中，因而使词真正成为兼具音乐性和文学性双重属性的文体。

　　晚唐五代时后蜀赵崇祚所编《花间集》，是第一部文人词集，收录温庭筠、韦庄等十八位词人的作品五百首，分为十卷。集中作品多描写上层贵族美人日常生活，歌舞筵席所见、男女情爱和相思离别之情，辞藻华丽，深具艳骨。欧阳炯《花间集序》是有词以来的第一篇词论，对词的起源、文人词在初创期的审美情趣、体貌风格等重要问题作出梳理和归结，对后世词史的发展有奠基之功并产生深远影响。《花间集》的经典地位在后世被不断强化，至晚清而达至顶峰。

　　由于内容风格侧艳狭窄，所以文坛普遍流行着一种观念：词为诗余，即属小道，难登大雅之堂。有些文人也因此不肯涉足词坛，但大多数文人虽持有此种观念，仍然认为词有能言诗文所不能言处，因而酷爱填词，这也使词具有了某种"潜能"，即表面上写的是男女情爱，实则暗喻了君臣之义，甚至家国情怀。这种特点上承"香草美人"的文学传统，虽不必在字句间坐实，却为词增加了内容的厚度和幽微要眇的情味。

　　此外，词的表现内容也在不断扩大。有文人如张先率先尝试用词记录自己的私人生活并为词题序；有文人如范仲淹、欧阳修等则尝试用词来创作边塞题材或较为阳刚风格的作品，使词脱离原有的狭窄的表现范畴，苏轼成为以诗为词并大力创作豪放词的第一人，后又经南宋词人辛弃疾、清初词人陈维崧的不断接力，使词出入经史，无事不可写，无意不可入。

　　总之，词的发展历程是其不断被雅化的进程，为了推尊词体，词不断地借鉴诗歌甚至散文的表现手法和内容风格，遂使专意为词的作家产生困惑，自觉地生出"辨体"的要求而强调"词别是一家"，强调音乐性、音律的重要性和婉约风格都是为"辨体"所做出的努力。其实，无论是向诗体学习，还是与诗体划清界限，都出自推尊词体的目的。李清照的《词论》便是在词应多大程度向诗学习的困惑中写成。为了区别于诗体，她强调词的音乐性，而为了合乐，格律变得越发谨严，最终为可供诵读的音乐性取代真正的音乐提供必要条件。这大概并非李清照本人所能预期。

至此，词从歌辞之词，经由李煜等人的努力，最终由苏轼完成到诗化之词的转变，这是北宋词的主要特征；而统领南宋词坛的赋化之词在学习诗体和别于诗体上都取得很好的成绩。此类作品具有专意写长调，格律谨严，严分四声，风格婉约，章法分明，避免直接抒情而更多借助用典、咏物等手法含蓄地表情达意等特点，由周邦彦开创。周虽为北宋人，却"结北开南"，为词的发展开辟了新纪元。南宋词坛的赋化之词大略又分为疏密两派，即以姜夔为代表的"清空"一派和以吴文英为代表的"质实"一派。

元明词学衰微，词曲相混，而曲学大盛。降至清代，传统文体迎来中兴。整个清词的发展皆是在标榜北宋或南宋的大旗下进行，"南北宋之争"也成了贯穿清词发展的重要命题。常州词派的代表人物周济主张学词应由南宋入北宋，提供了学词的重要法门。

花 间 集 序

欧 阳 炯

镂玉雕琼[1]，拟化工而迥巧[2]；裁花剪叶，夺春艳以争鲜。是以唱云谣则金母词清[3]；挹霞醴则穆王心醉[4]。名高白雪[5]，声声而自合鸾歌[6]；响遏行云[7]，字字而偏谐凤律[8]。杨柳大堤之句[9]，乐府相传[10]；芙蓉曲渚之篇[11]，豪家自制[12]。莫不争高门下，三千玳瑁之簪[13]；竞富樽前[14]，数十珊瑚之树[15]。则有绮筵公子[16]，绣幌佳人[17]，递叶叶之花笺[18]，文抽丽锦[19]；举纤纤之玉指，拍按香檀[20]。不无清绝之辞，用助娇娆之态。自南朝之宫体，扇北里之倡风[21]。何止言之不文[22]，所谓秀而不实[23]。有唐已降，率土之滨[24]，家家之香径春风，宁寻越艳[25]；处处之红楼夜月，自锁嫦娥。在明皇朝[26]，则有李太白应制《清平乐》词四首[27]。近代温飞卿复有《金筌集》[28]。迩来作者[29]，无愧前人。今卫尉少卿字弘基[30]，以拾翠洲边[31]，自得羽毛之异；织绡泉底[32]，独殊机杼之功[33]。广会众宾，时延佳论[34]。因集近来诗客曲子词五百首，分为十卷。以炯粗预知音[35]，辱请命题[36]，仍为序引。昔郢人有歌阳春者[37]，号为绝唱，乃命之为《花间集》。庶以阳春之甲[38]，将使西园英哲[39]，用资羽盖之欢[40]；南国婵娟[41]，休唱莲舟之引[42]。时大蜀广政三年[43]夏四月日序。

中华书局 2014 年刊本赵崇祚编、杨景龙校注《花间集校注》

注释

[1] 镂玉雕琼：雕刻美玉，形容刻画功夫。琼，美玉。

[2] 化工：自然形成的工巧。迥巧：绝巧，精巧。

[3] 唱云谣则金母词清：西王母唱云谣而歌词清丽。云谣，据《穆天子传》记载，相传周穆王和西王母宴饮于瑶池之上，西王母唱道“白云在天”，故名云谣。此处也暗指唐代敦煌曲子辞的总集《云谣集杂曲子》，编者不详，所收皆是无名氏的作品。金母，神话传说中的女神，俗称西王母。

[4] 挹（yì）霞醴则穆王心醉：周穆王酌仙酒而心神俱醉。挹，酌。霞醴，仙酒。穆王，指周穆王。

[5] 白雪：古琴曲名，是一种高雅难学的曲子，也用来比喻格调高雅的诗词。

[6] 鸾歌：本意指鸾鸟鸣唱，这里比喻美妙的声音或歌乐。

[7] 响遏（è）行云：形容声音高昂激越。遏，阻拦，阻止。行云，游动的云。典故出自《列子·汤问》。

[8] 凤律：据《吕氏春秋·古乐》载：“听凤凰之鸣，以别十二律”，后世因以“凤律”指音律。

[9] 杨柳：乐府歌辞有《折杨柳》。大堤：亦指乐府歌辞名称。

[10] 乐府：本指西汉朝廷管理音乐的机关，后来把这个机关所采制的歌诗也称作乐府。

[11] 芙蓉曲渚（zhǔ）：与“杨柳大堤”相对，既用别具代表性的语码列举乐歌名曲，又描绘出诗词中常见的美丽景致。

[12] 豪家：指高门望族。

[13] 三千玳瑁（dàimào）之簪：形容来客众多且富有。玳瑁之簪，装饰有玳瑁的发簪。玳瑁，海中所产的有花纹的贝壳。这里暗用赵国平原君使者以玳瑁簪向春申君夸富事，详见《史记·春申君列传》。

[14] 樽：指酒杯。

[15] 数十珊瑚之树：用《世说新语·汰侈》中石崇和王恺比阔斗富事：晋武帝是王恺的外甥，曾赠予王恺一株二尺来高的珊瑚树，王恺拿给石崇看，石崇不屑一顾，用铁如意敲碎了它。王恺大怒，石崇说：“我现在赔给你就是。”于是遣人将家中的珊瑚树全拿出来，三尺、四尺高的有六七棵，像王恺那株的珊瑚就更多了。王恺看了，自感失落。

[16] 绮（qǐ）筵：盛筵，美筵。绮，盛美。

[17] 绣幌（huǎng）：刺绣花纹的帷幔。

[18] 叶叶：一页又一页。叶，指书页。

[19] 文抽丽锦：词作展示犹如美丽的锦缎。抽，展示。

[20] 拍按香檀：以檀板为节拍。

[21] 自南朝之宫体，扇北里之倡风：在南朝宫体诗中的艳情色彩和对女性狎玩的态度的影响下，市井里巷、青楼妓馆中的唱曲之风兴盛起来。北里，唐代长安平康里，因在城北，故称北里。其地为妓院所在，因用为妓院的代称。

[22] 何止言之不文：据《左传·襄公二十五年》载孔子语："言之无文，行之不远"，指在宫体诗的艳情色彩影响下，北里娼妓所唱的、产生于坊曲里巷歌妓乐工之手的歌辞不仅缺乏文采，而且尚处于曲子词发展历程的初期阶段。

[23] 秀而不实：据《论语·子罕》："有秀而不实者矣"，指这些曲子词虽已蕴含着美好品质，但还没有达到完美、成熟的状态。秀，农作物吐花。实，结出果实。

[24] 率土之滨：谓境域之内。语出《诗经·小雅·北山》。

[25] 宁寻越艳：难道不寻找越地美女。宁，难道。越艳，暗指春秋时期越国美人西施。

[26] 明皇朝：指唐玄宗李隆基在位期间。

[27] 李太白应制《清平乐》词四首：李白受皇命作了四首《清平乐》词。应制，受皇命而作。

[28] 温飞卿：温庭筠（约812—约866），本名岐，字飞卿，晚唐著名诗人，花间派代表词人。《金荃集》：词集名。

[29] 迩来：近来。

[30] 卫尉少卿字弘基：指《花间集》的编纂者赵崇祚，生卒年不详，字弘基，五代时期后蜀甘肃天水人，编此集时任卫尉少卿。

[31] 拾翠：拾取翠鸟羽毛以为首饰，后多指妇女游春。纪少瑜《游建兴苑》诗："踟蹰怜拾翠，顾步惜遗簪。"

[32] 织绡泉底：据《博物志》载："南海水有鲛人，水居如鱼，不废织绩，其眼能泣珠。"这里用拾翠、织绡喻指赵崇祚编辑《花间集》之功。

[33] 独殊机杼（zhù）：比喻文章的命题和构思独特新颖，与众不同。机杼，本指织布机的转轴和梭子，后来引申为文章的构思和布局。

[34] 延：引导，引入，迎接。

[35] 炯：指本文的作者欧阳炯（896—971），益州人，通音律，是花间词派的重要作家。

[36] 辱请命题：承蒙（您）请我为词集命名。辱，谦词，承蒙之意。命题，命名，指《花间集》书名。

[37] 阳春：古歌曲名，是一种高雅难学的曲子，调高难和。

［38］庶：副词，希望，但愿。

［39］西园：园林名，代指游宴之地。

［40］羽盖：以翠羽装饰的车盖。

［41］南国婵娟：南方美女。婵娟，姿态美好，代指美女。

［42］莲舟之引：指《采莲曲》，乐府清商曲辞。

［43］大蜀广政三年：后蜀年号，相当于公元 940 年。

问题与思考

一、怎样看待《花间集序》对词的功用所作的表述？

二、怎么看待词为"小道"、词为诗余的观念？

知识链接

《花间集》皆唐末五代时人作。方斯时，天下岌岌，生民救死不暇，士大夫乃流宕如此，可叹也哉！或者亦出于无聊故耶！笠泽翁书。

唐自大中后，诗家日趣浅薄。其间杰出者，亦不复有前辈闳妙浑厚之作，久而自厌，然梏于俗尚，不能拔出。会有倚声作词者，本欲酒间易晓，颇摆落故态，适与六朝跌宕意气差近，此集所载是也。

故历唐季五代，诗愈卑。而倚声者辄简古可爱。盖天宝以后，诗人常恨文不逮，大中以后，诗衰而倚声作。使诸人以其所长，格力施于所短，则后世孰得而议？笔墨驰骋则一，能此不能彼，未易以理推也。

开禧元年十二月乙卯，务观东篱书。

明汲古阁覆宋本陆游跋《花间集》

附录

词　论

李清照

乐府声诗并著，最盛于唐。开元天宝间，有李八郎者，能歌擅天下。时新及第进士开宴曲江。榜中一名士先召李，使易服，隐姓名，衣冠故敝，精神惨沮，与同之宴所。曰："表弟愿与坐末"，众皆不顾。既酒行，乐作，歌者进。时曹元谦、念奴为冠。歌罢，众皆咨嗟称赏。名士忽指李曰："请表弟歌。"众皆哂，或有怒者。及转喉发声，歌一曲，众皆泣下。罗拜曰："此李八郎也。"自后郑卫之声日炽，流靡之变日烦。已有《菩萨蛮》、《春光好》、《莎鸡子》《更漏子》《浣溪沙》《梦江南》《渔父》等词，不可遍举。五代干戈，四海瓜分豆剖，斯文道熄。独江南李氏君臣尚文雅，故有"小楼吹彻玉笙寒""吹皱一池春水"之词。语虽奇甚，所谓"亡国之音哀以思"者也。逮至本朝，礼乐文武大备。又涵养百余年，始有柳屯田永者，变旧声作新声，出《乐章集》，大得声称于世，虽协音律，而词语尘下。又有张子野、宋子京兄弟、沈唐、元绛、晁次膺辈继出，虽时时有妙语，而破碎何足名家。至晏元献、欧阳永叔、苏子瞻，学际天人，作为小歌词，直如酌蠡水于大海，然皆句读不葺之诗尔，又往往不协音律者。何耶？盖诗文分平侧，而歌词分五音，又分五声，又分六律，又分清浊轻重。且如近世所谓《声声慢》《雨中花》《喜迁莺》，既押平声韵，又押入声韵；《玉楼春》本押平声韵，又押上去声，又押入声。本押仄声韵，如押上声则协；如押入声，则不可歌矣。王介甫、曾子固文章似西汉，若作一小歌词，则人必绝倒，不可读也。乃知词别是一家，知之者少。后晏叔原、贺方回、秦少游、黄鲁直出，始能知之。又晏苦无铺叙；贺苦少典重；秦即专主情致而少故实，譬如贫家女，虽极研丽丰逸，而终乏富贵态；黄即尚故实而多疵病，譬如良玉有瑕，价自减半矣。

人民文学出版社 1979 年刊本王仲闻《李清照集校注》

宋四家词选目录序论

周济

右宋词若干首，别为四家，以周、辛、王、吴为之冠。序曰：清真，集大成者也。稼轩敛雄心，抗高调，变温婉，成悲凉；碧山餍心切理，言近指远，声容调度，一一可循；梦窗奇思壮采，腾天潜渊，返南宋之清泚，为北宋之秾挚。是为四家，领袖一代。余子荦荦，以方附庸。夫词非寄托不入，专寄托不出，一物一事，引而伸之，触类多通，驱心若游丝之罥飞英，含毫如郢斤之斫蝇翼，以无厚入有间。既习已，意感偶生，假类毕达，阅载千百，謦欬弗达，斯入矣。赋情独深，逐境必寤，酝酿日久，冥发妄中，虽铺叙平淡，摹缋浅近，而万感横集，五中无主，读其篇者，临渊窥鱼，意为鲂鲤，中宵惊电，罔识东西，赤子随母笑啼，乡人缘剧喜怒，抑可谓能出矣。问涂碧山，历梦窗、稼轩以还清真之浑化。余所望于世之为词人者盖如此。

商务印书馆 1940 年刊本周济辑《宋四家词选》

第三十一讲
红楼梦

关于《红楼梦》的作者，学界一般认为是曹雪芹。曹雪芹生年，有康熙五十四年乙未（1715 年）说，康熙五十八年己亥（1719 年）说，雍正二年甲辰（1724 年）说等，现多数学者倾向乙未说；曹雪芹卒年，有乾隆二十七年壬午除夕（1763 年 2 月 12 日）说，乾隆二十八年癸未除夕（1764 年 2 月 1 日）说。较早记载《红楼梦》信息的是乾隆五十七年壬子（1792 年）刊刻的袁枚的《随园诗话》，其中称曹雪芹为曹寅之子，现多数学者认为曹雪芹是曹寅之孙（但曹氏宗谱中不见曹雪芹或曹霑的名字）。曹寅之父曹玺为顺治亲信近臣，曹玺之妻为康熙乳母，曹寅少年时做过康熙的"伴读"。康熙二年（1663 年），曹玺任江宁织造，这是内务府的"肥缺"；曹玺除了为宫廷置办各种御用物品外，还充当康熙的耳目，访察江南吏治民情。继曹玺之后，曹寅及子曹颙、曹頫（嗣子）（曹雪芹之父究竟是曹颙、曹頫还是其他人，众说不一）继续担任这一要职，共约六十年。曹家与皇室有着特殊关系，康熙六次南巡，四次由曹寅负责接驾，驻跸于织造府。雍正继位后，曹家失势，雍正五年（1727 年），曹頫因"行为不端""骚扰驿站"及"织造款项亏空"等罪名被革职抄家。学界一般认为曹雪芹少年时代曾经历过一段富贵繁华的贵族生活，随着曹家衰败，终于陷入穷困潦倒的窘境，带着这种生活体验与人生感悟，曹雪芹创作了《红楼梦》。

《红楼梦》本名《石头记》，是无才补天的顽石"枉入红尘"的传记。这块顽石幻化为贾宝玉，历经了"木石前盟"和"金玉良缘"的爱情婚姻悲剧，目睹了"金陵十二钗"等女儿的悲惨人生，体验了"昌明隆盛之邦，诗礼簪缨之族"由盛到衰的巨变，带着对人生与尘世的独特感悟，最终了却尘缘。《红楼梦》广泛而深刻地展示了十八世纪中国社会的世态人情，作品弥漫着悲凉气氛与末世情结，堪称中国封建社会的百科全书。

《红楼梦》采用多条线索并进，交互发展的网状结构方式；重在表现人物的心灵，侧重描写人物的内心冲突，塑造了性格鲜明丰富的人物群像；作者以北方口语为基础，熔铸书面语和口语于一体，使中国古代通俗小说走向雅化乃至诗化。

《红楼梦》版本，一是抄本，署名"脂砚斋""畸笏叟"等评语的抄本，学界称为"脂评本"或"脂本"，计有十多种。主要有甲戌本（1754 年），残存十六回；己卯本（1759 年），残存四十一回又两个半回；庚辰本（1760 年），残存七十八回，上述三者均题名《脂砚斋重评石头记》。甲辰本（1784 年），存八十回，书名题为《红楼梦》。列藏本（藏于苏联列宁格勒图书馆），存七十八回，题名《石头记》。脂砚斋等批语中有涉及作者家世、卒年及素材来源等内容，因而受到学界重视。然脂砚斋是谁，学界众说纷纭，或认为是曹雪芹叔父，或认为是其兄弟，或认为是其续弦，或认为是其关系亲近的人，或认为是曹雪芹自己。由于这些抄本收藏记录不清，传承线索不明，且都是在胡适《〈红楼梦〉考证》发表以后面世，书中不避康熙名讳等，因而近年有学者对脂本的真伪问题提出商榷，甚至有学者认为脂评本不是《红楼梦》的版本，而是后出的伪本。二是刊本，乾隆五十六年辛亥（1791 年）萃文书屋活字排印程伟元、高鹗整理的一百二十回《红楼梦》为现存最早刊本，通称"程甲本"。第二年，程、高对甲本做"补遗订讹""略为修辑"的工作，重新排印，通称"程乙本"。《红楼梦》早期以抄本形式传播，程、高整理的《红楼梦》一百二十回活字印刷本面世后，受到人们的热烈欢迎，《红楼梦》遂广泛传播开来。

红 楼 梦 序[1]

程伟元

《红楼梦》小说本名《石头记》，作者相传不一，究未知出自何人，惟书内记雪芹曹先生删改数过。好事者每传抄一部，置庙市中，昂其值得数十金，可谓不胫而走者矣[2]。然原目一百廿卷，今所传只八十卷，殊非全本。即间称有全部者，及检阅仍只八十卷，读者颇以为憾。不佞以是书既有百廿卷之目[3]，岂无全璧？爰为竭力搜罗，自藏书家甚至故纸堆中无不留心，数年以来，仅积有廿余卷。一日偶于鼓担上得十余卷[4]，遂重价购之，欣然缮阅，见其前后起伏，尚属接笋，然漶漫殆不可收拾[5]。乃同友人细加厘剔，截长补短，抄成全部，复为镌板，以公同好，《红楼梦》全书始全是告成矣。书成，因并志其缘起，以告海内君子。凡我同人，或亦先睹为快者欤？小泉程伟元识。

北京图书馆出版社 2001 年影印《程甲本红楼梦》

注释

[1] 程伟元，字小泉，苏州人。程所作序交代了《红楼梦》早期传播情况以及当时一般人对《红楼梦》作者的认识问题；《红楼梦》后四十回的发现、整理排印，

对于《红楼梦》研究及传播具有重要意义。

［2］不胫而走：谓《红楼梦》迅速流传、传播。胫，小腿，此处作动词。

［3］不佞：自谦词，不才，无才。

［4］鼓担：指做旧物收购生意的小贩，旧时北京这类小贩因挑担打鼓，故称，又称"打鼓儿的"。

［5］漶（huàn）漫：模糊不可辨别。漶，模糊，不可辨识。

红 楼 梦 叙 [1]

高 鹗

予闻《红楼梦》脍炙人口者，几廿余年，然无全璧，无定本。向曾从友人借观，窃以染指尝鼎为憾[2]。今年春，友人程子小泉过予，以其所购全书见示，且曰："此仆数年铢积寸累之苦心，将付剞劂公同好[3]。子闲且惫矣，盍分任之？"予以是书虽稗官野史之流，然尚不谬于名教，欣然拜诺，正以波斯奴见宝为幸，遂襄其役[4]。工既竣，并识端末，以告阅者。时乾隆辛亥冬至后五日铁岭高鹗叙并书。

北京图书馆出版社2001年影印《程甲本红楼梦》

注 释

［1］高鹗（1738—1815），字云士，号秋甫，别号兰墅。祖籍辽东铁岭，属汉军镶黄旗。乾隆六十年（1795年）进士，官至翰林院侍读。高鹗序交代了他与程伟元将《红楼梦》前八十回与后四十回合成并以木活字排印的情形。胡适认为《红楼梦》后四十回为高鹗续补，此说并不可靠。

［2］染指尝鼎：典故出自《左传·宣公四年》。郑国大夫子公不待君命，擅自用手指蘸取鼎中的鳖羹而加以品尝。

［3］剞劂（jījué）：刻刀，因泛称书籍雕版为剞劂。

［4］襄：成，相助，辅佐之意。

问题与思考

一、小说在古代被视为小道，通俗作品更等而下之，从程伟元、高鹗序，分析程、高对《红楼梦》的态度与评价。

二、王国维《红楼梦评论》称"《红楼梦》一书与一切喜剧相反，彻头彻尾之悲剧也"，谈谈你对《红楼梦》悲剧性质的认识。

知识链接

吾闻绛树两歌，一声在喉，一声在鼻；黄华二牍，左腕能楷，右腕能草。神乎技矣！吾未之见也。今则两歌而不分乎喉鼻，二牍而无区乎左右，一声也而两歌，一手也而二牍，此万万所不能有之事，不可得之奇，而竟得之《石头记》一书，嘻！异矣。夫敷华掞藻，立意遣词，无一落前人窠臼，此固有目共赏，姑不具论。第观其蕴于心而抒于手也，注彼而写此，目送而手挥，似谲而正，似则而淫，如《春秋》之有微词，史家之多曲笔。试一一读而绎之：写闺房则极其雍肃也，而艳冶已满纸矣；状阀阅则极其丰整也，而式微已盈睫矣；写宝玉之淫而痴也，而多情善悟不减历下琅琊；写黛玉之妒而尖也，而笃爱深怜不啻桑娥石女。他如摹绘玉钗金屋，刻画芗泽罗襦，靡靡焉几令读者心荡神怡矣，而欲求其一字一句之粗鄙猥亵，不可得也。盖声止一声，手止一手，而淫佚贞静，悲戚欢愉，不啻双管之齐下也。噫！异矣。其殆稗官野史中之盲左、腐迁乎？（戚蓼生《石头记序》）

《红楼梦》一书，全部最要关键是"真假"二字。读者须知，真即是假，假即是真；真中有假，假中有真；真不是真，假不是假。明此数意，则甄宝玉、贾宝玉是一是二，便心目了然，不为作者冷齿，亦知作者匠心。（王希廉《红楼梦总评》）

附录

三国志通俗演义序

庸愚子

夫史，非独纪历代之事，盖欲昭往昔之盛衰，鉴君臣之善恶，载政事之得失，观人才之吉凶，知邦家之休戚，以至寒暑、灾祥、褒贬、予夺，无一而不笔之者，有义存焉。吾夫子因获麟而作《春秋》。《春秋》，鲁史也。孔子修之，至一字予者，褒之；否者，贬之。然一字之中，以见当时君臣父子之道，垂鉴后世，俾识某之善，某之恶，欲其劝惩警惧，不致有前车之覆。此孔子立万万世至公至正之大法，合天理，正彝伦，而乱臣贼子惧。故曰："知我者其惟《春秋》乎，罪我者其惟《春秋》乎！"亦不得已也。孟子见梁惠王，言仁义而不言利；告时君，必称尧、舜、禹、汤；答时臣，必及伊、傅、周、召。至朱子《纲目》，亦由是也，岂徒纪历代之事而已乎？然史之文，理微义奥，不如此，乌可以昭后世？语云："质胜文，则野，文胜质，则史。"此则史家秉笔之法，其于众人观之，亦尝病焉。故往往，舍而不之顾者，由其不通乎众人，而历代之事，愈久愈失其传。前代尝以野史，作为评话，令瞽者演说，其间言辞鄙谬又失之于野，士君子多厌之。

若东原罗贯中，以平阳陈寿传，考诸国史，自汉灵帝中平元年，终于晋太康元年之事，留心损益，目之曰：《三国志通俗演义》。文不甚深，言不甚俗，事纪其实，亦庶几乎史。盖欲读诵者，人人得而知之，若诗所谓里巷歌谣之义也。书成，士君子之好事者，争相誊录，以便观览，则三国之盛衰治乱，人物之出处臧否，一开卷，千百载之事，豁然于心胸矣。其间亦未免一二过与不及，俯而就之，欲观者有所进益焉。予谓诵其诗，读其书，不识其人，可乎？读书例曰：若读到古人忠处，便思自己忠与不忠；孝处，便思自己孝与不孝。至于善恶可否，皆当如此，方是有益。若只读过，而不身体力行，又未为读书也。

予尝读《三国志》，求其所以，殆由陈蕃、窦武立朝未久，而不得行其志，卒为奸宄谋之，权柄日窃，渐浸炽盛，君子去之，小人附之，奸人乘之。当时国家纪纲法度，坏乱极矣。噫，可不痛惜乎！矧何进，识见不远，致董卓乘衅而入，权移人主，流毒中外，自取灭亡，理所当然。曹瞒虽有远图，而志不在社稷，假忠欺世，卒为身谋，虽得之，必失之，万古奸贼，仅能逃其不杀而已，固不足论。孙权父子，虎视江东，固有取天下之志，而所用得人，又非老瞒可议。惟昭烈，汉室之胄，结义桃园，三顾草庐，君臣契合，辅成大业，亦理所当然。其最尚者，孔明之忠，昭如日星，古今仰之；而关张之义，尤宜尚也。其他得失，彰彰可考，遗芳遗臭，在人贤与不贤。君子小人，义与利之间而已。观演义之君子，宜致思焉。

弘治甲寅仲春几望，庸愚子拜书。

人民文学出版社 1975 年影印明嘉靖本《三国志通俗演义》

读第五才子书法（节选）

金圣叹

大凡读书，先要晓得作书之人是何心胸。如《史记》须是太史公一肚皮宿怨发挥出来，所以他于《游侠》、《货殖传》特地着精神，乃至其余诸记传中，凡遇挥金杀人之事，他便啧啧赏叹不置。一部《史记》，只是"缓急人所时有"六个字，是他一生著书旨意。《水浒传》却不然。施耐庵本无一肚皮宿怨要发挥出来，只是饱暖无事，又值心闲，不免伸纸弄笔，寻个题目，写出自家许多锦心绣口，故其是非皆不谬于圣人。后来人不知，却于《水浒》上加"忠义"字，遂并比于史公发愤著书一例，正是使不得。

《水浒传》有大段正经处，只是把宋江深恶痛绝，使人见之，真有犬彘不食之恨。从来人却是不晓得。

《水浒传》独恶宋江，亦是"歼厥渠魁"之意，其余便饶恕了。

或问：施耐庵寻题目写出自家锦心绣口，题目尽有，何苦定要写此一事？答曰：只是贪他三十六个人，便有三十六样出身、三十六样面孔、三十六样性格，中间便结撰得来。

题目是作书第一件事。只要题目好，便书也作得好。

或问：题目如《西游》、《三国》，如何？答曰：这个都不好。《三国》人物事体说话太多了，笔下拖不动，趱不转，分明如官府传话奴才，只是把小人声口替得这句出来，其实何曾自敢添减一字。《西游》又太无脚地了，只是逐段捏捏撮撮，譬如大年夜放烟火，一阵一阵过，中间全没贯串，便使人读之，处处可住。

《水浒传》方法，都从《史记》出来，却有许多胜似《史记》处。若《史记》妙处，《水浒》已是件件有。

凡人读一部书，须要把眼光放得长。如《水浒传》七十回，只用一目俱下，便知其二千余纸，只是一篇文字。中间许多事体，便是文字起承转合之法。若是拖长看去，却都不见。

《水浒传》不是轻易下笔，只看宋江出名直在第十七回，便知他胸中已算过百十来遍。若使轻易下笔，必要第一回就写宋江，文字便一直帐，无擒放。

某尝道《水浒》胜似《史记》，人都不肯信，殊不知某却不是乱说。其实《史记》是以文运事，《水浒》是因文生事。以文运事，是先有事生成如此如此，却要算计出一篇文字来，虽是史公高才，也毕竟是吃苦事。因文生事即不然，只是顺着笔性去，削高补低都由我。

江苏古籍出版社 1985 年刊本《金圣叹全集》

西游记题词

幔亭过客

文不幻不文，幻不极不幻。是知天下极幻之事，乃极真之事；极幻之理，乃极真之理。故言真不如言幻，言佛不如言魔。魔非他，即我也。我化为佛，未佛皆魔。魔与佛力齐而位逼，丝发之微，关头匪细，摧挫之极，心性不惊。此《西游》之所以作也。说者以为寓五行生克之理，玄门修炼之道。余谓三教已括于一部，能读是书者，于其变化横生之处引而伸之，何境不通？何通不洽？而必问玄机于玉匮，探禅蕴于龙藏，乃始有得于心也哉？至于文章之妙，《西游》《水浒》实并驰中原。今日雕空凿影，画脂镂冰，呕心沥血，断数茎髭而不得惊人只字者，何如此书驾虚游刃，洋洋数百万言，而不复一境，不离本宗；日见闻之，厌饫不起；日诵读之，颖悟自开也！故闲居之士，不可一日无此书。

上海古籍出版社 2010 年《续修四库全书》集部小说类

《李卓吾先生批评〈西游记〉》

后 记

《中华优秀传统文化经典选读》是由首都师范大学中国国学教育学院组织编写的大学通识教材。鉴于当下的中国古代传统文化教材多以通论为主，故本教材选择中国古代传统文化经典篇目进行导读。

该教材初步酝酿是在 2015 年秋季。随后，相继召开两次编写会议。

第一次编写会议于 2015 年 12 月 4 日到 6 日召开。会上对教材主编拟定的编写大纲进行讨论，包括篇目选择的依据及原则、编写体例、单讲样稿等。讨论进行得非常深入。会后，主编根据与会者提出的意见，对编写大纲作出补充修改，初选篇目有较大调整。

第二次编写会议于 2015 年 12 月 25 日至 27 日召开，主要内容是确定所选篇目、讨论书写格式、具体人员分工。会议决定，2016 年 3 月 15 日前各讲撰写者将书稿交付主编，统一董理。上述计划按期执行，在此期间，部分书稿由撰写者作出修改。全书电子文稿由贾学鸿统一合成编排。

参加两次编写会议的人员，除教材的撰写者之外，还有咨询专家詹福瑞、韩经太、左东岭、吴相洲等诸位教授。他们为教材把关定向，许多建设性的意见被采纳。

本教材撰写的具体分工如下（以姓氏音序为次）：

白奚（首都师范大学）：第十二、十三讲。

蔡雯（首都师范大学）：第六、三十讲。

何学森（首都师范大学）：第二十、二十八、二十九讲。

贾学鸿（扬州大学）：第七、八、十四、十六、十九讲。

冷卫国（首都师范大学）：第二十六、二十七讲。

李彬（首都师范大学）：第十五讲。

李炳海（中国人民大学）：导论（与赵敏俐合写），第一、二、三、四、十七、十八、二十一讲。

林冬梅（首都师范大学）：第二十五讲。

刘刚（湖北文理学院）：第五、九、十、十一讲。

张庆民（首都师范大学）：第三十一讲。

张煜（首都师范大学）：第二十四讲。

赵敏俐（首都师范大学）：导论（与李炳海合写），第二十二、二十三讲。

教材对已有的中国传统文化教材有所借鉴，秦佳佳、曾鸿雁两位博士生核对了全书引文，谨致谢意。对于教材的缺欠及错误，欢迎批评指正，以便在使用过程中逐步修改完善。

编　者

读者意见反馈

为收集对教材的意见建议，进一步完善教材编写并做好服务工作，读者可将对本教材的意见建议通过如下渠道反馈至我社。

咨询电话　400-810-0598

反馈邮箱　hepsci@pub.hep.cn

通信地址　北京市朝阳区惠新东街4号富盛大厦1座
　　　　　高等教育出版社理科事业部

邮政编码　100029

防伪查询说明

用户购书后刮开封底防伪涂层，利用手机微信等软件扫描二维码，会跳转至防伪查询网页，获得所购图书详细信息。

防伪客服电话　（010）58582300